技術の現状と展望

超高層マンション
大規模修繕に関する考え方

日本建築仕上学会

【超高層編集委員会】

2011年3月9日、「第1回超高層集合住宅の大規模修繕に関する考え方」のセミナーを開催した。セミナー会場は100名以上の参加者で熱気に包まれた。超高層建築物の現状報告では様々な事例を紹介し会場からも質問が多くあり、超高層建築物に取組む重要性を関係者で認識した。これが本誌「超高層マンションの大規模修繕の考え方」をまとめるきっかけとなったのである。まさに東日本大震災の2日前のことである。

2日後に発生した東日本大震災を受け、超高層建築物の被害も多くあり、第2回目のセミナーを翌年3月9日に実施し、地震による超高層建築物の被害例の紹介をした。この時に、超高層WGの活動が正式に始動し始めたのである。丁度5年前のことである。

WGの立上げに際し、メーカー各社に超高層建築物を対象とした材料開発の現状についてヒヤリングを行った結果、「200m程度の超高層建築物は、一般建築物と環境が同程度である、超高層建築物用の材料開発の必要性を感じない」などの理由で取り組んでいなかった。それが、一昨年前からメーカーが新規材料を開発している報告を受けるようになった。ほんの5年間で企業の方針はこんなに変わるのである。この数年間で超高層建築物に対する興味や危機意識が増加していることはいうまでもない。それは建築関係者だけではない。居住者やマンション管理会社なども含めて多くの関係者が当事者として考え始めたのである。

WGでは、計画SWG、工事SWG, 材料SWGに分かれ情報交換をしながら様々なことに取り組んでいる。

計画SWGでは、実務経験者へのアンケートを実施し、多種多様な項目に30棟以上の実建物に関して貴重な回答を得た。その結果は全て費用も含めて生データであり、修繕工事の計画には役立つ資料になる。さらに、超高層マンションのモデルを設計し、工事費用の見積りを各社に依頼し、長期修繕のサイクルの見直しについて検討した。

アンケートや見積りに協力して頂いた関係者各位にこの場をお借りして感謝の意を示します。

工事SWGでは、現場の様々な劣化状態や不具合状況の報告、各種仮設計画の優位性報告、現場見学など工事に関係する情報交換を行い、大規模修繕工事における留意点についてまとめた。

材料SWGでは、高強度コンクリートの補修について実験をしながら確認をおこない、補修材の優位性などについても検討した。さらに、各種仕上材料については、劣化現象や不具合事例を集め、その要因について意見交換をした。

本誌をまとめるにあたり、目次は読者が読みやすいように超高層マンションの大規模修繕を計画から実施するまでのながれにそうように項目立てをした。

また、情報収集した貴重な内容の一部、例えば特殊な劣化状況や建物名がわかる項目、同意が得られなかった事項などについては、本誌から割愛している。割愛している内容こそが、超高層マンションの抱える課題の一つでもあるため、まことに残念である。これは、クローズドとして実施している会議だからこそ得られた情報と言える。今後は同様のケースが発生した時には、取り上げていきたいと考えている。さらに掲載内容については、できるだけ実データを提示することを目標に、編集委員会で確認し、一部表現などを変えている箇所があるが、ご了承いただきたい。

本誌の原稿を集めてからまとめる最終作業をおこなった2カ月間は、長時間の会議を週末も含めて定期的に続けた。完璧な1冊とはいいがたいが、本で示しているデータなども含めて読み解けば、実態に則した充実した内容が盛り込まれていると自負している。

本誌の情報が、超高層マンションの大規模修繕に際し、これから携わる方達も含めて関係者の参考の一助となることを期待してやまない。

本誌の完成には、出版に賛同して頂いた超高層WGの皆様、執筆者の皆様、そしてまとめる作業に苦労したリーダの鍋島氏を始めとした編集委員会の皆様、テツアドー出版の社長及び編集者の方達、日本建築仕上学会の関係者及び事務局、そして最後までグラフの編集をしていた日本大学永井研究室の学生達の協力によるところが大であったことを記して、厚く御礼を申し上げたい。

2017年3月1日

超高層WG主査

永井　香織

目次

目次

第1章 はじめに

第1章 はじめに

1.1 目的

超高層マンションの建設が始まったのは、1970年代、何と40年以上も前の事である。当初の建物は、大規模修繕工事が1回目、2回目と過ぎ、3回目の計画に進んでいる。超高層マンションの大規模修繕とはどのような内容をどんなふうに実施しているのだろうか。すでに中高層マンションは、建替えを含んで多くの大規模修繕工事が実施されている。

超高層マンション時代とうたわれて久しく、様々な課題が挙げられ始めている。しかし、超高層マンションならではの課題や、超高層マンションだから考えなくてはならないポイントなどについては、あまり報告されていない。では、超高層マンションと中高層マンションは違いがあるのだろうか。

本誌は、建設された超高層マンションを100年以上維持し、効率よく、適切な計画と工事が行われるための情報を提供することを目的としている。

従って、超高層マンションとは何か、という基本的な切り口から、工事の計画や実施する際に必要となる具体的な課題に対する方策を様々な方面からまとめている。

具体的な内容としては、環境配慮や長寿命化が求められている現在、超高層マンションの長期修繕計画が従来の30年ではなく、60年または100年を見越した場合に何を考慮しなくてはならないのか、という点について現状を把握しながら検討を行ったものである。

提供する対象者は、超高層マンションの管理会社や管理組合、設計者、施工会社、専門工事業、各メーカーなど関係する立場の方々、さらには超高層マンションの居住者である。

本誌は、超高層マンションに関係する様々な立場の方々が本誌を見るだけで、その時知りたい事柄を即座に得られることを目指したものである。

1.2 適用範囲

超高層マンションの大規模修繕において本誌における適用範囲は、建築を主体とし電気・機械などの設備は対象外としている。さらに、超高層マンションの新築時の設計において計画される公開空地やエントランスに設置されている高価なオブジェなどのメンテナンスに関係する項目や、コンシェルジュなどの付加価値としてのサービスについても含んでいない。

内容としては、超高層マンションの長寿命化や施設の良好な維持を考慮した長期修繕計画や大規模修繕工事における調査診断から劣化現象の把握、工事・仮設計画、材料選定に関係する一連の項目までを対象に、現状の把握と留意点について述べている。

本誌で検討されている項目を以下に示す。

1) 超高層マンションに関係する定義や法律
2) 修繕計画をするための調査診断方法
3) 外壁劣化の現状と対策
4) 超高層マンションの特徴的な劣化現象
5) 修繕工事を行うための計画の立て方
6) 長期修繕計画のシミュレーション
7) 大規模修繕工事で使用される各種材料の事例
8) 仮設計画と工事計画
9) 超高層マンションの修繕工事における留意点
10) 100年建築にむけた取組

巻末には、参考資料として実際の大規模修繕工事を行っている事例のアンケート調査の結果分析、ニューヨークでの超高層建築物視察の報告、超高層マンションに関する構造や仮設、各種材料などの変遷も含めて掲載している。

第2章 超高層マンションの歴史

超高層マンションの歴史

2.1 超高層マンションとは

建築基準法では高さ60mを超える建築物の構造方法について、高さ60m以下とは異なる技術的基準が規定されている。そのことから、一般的に高さ60mを超える建築物は高さ60m以下の建築物と区別して「超高層建築物」と称されている。

「超高層建築物」の建物用途に複数の住宅を含む建築物を「超高層集合住宅」と称されている。

明確な法的定義は今のところないが、「超高層集合住宅」の中でも分譲された集合住宅の通称として『超高層マンション』がよく用いられている。しかし、既存の超高層集合住宅において分譲と賃貸を識別することが難しいため、統計資料などは賃貸マンションを含んでいることも多い。

そもそもマンションの語源である「mansion（英語）」は、主に大邸宅を示す言葉であるが、日本においては「マンションの管理の適正化の促進に関する法律（2001年施行）」により定義された法律用語である。

また、実態としては、高さ60mを超えるマンションは20階建て以上となることが多いため、20階建て以上のマンションを『超高層マンション』と称することが多い。

本誌においては、上記定義にて『超高層マンション』を捉えることとする。

2.2 日本における超高層マンションの始まりと変遷

1963年の建築基準法改正に伴ない、従来の絶対高さ制限（通称「100尺制限」）が一部撤廃され、31m以上の高層建築物が建築可能となり、1964年の東京オリンピックに向けた国際的な基準の宿泊施設として1964年9月に開業したホテルニューオータニ（高さ73m地上17階、S造）を皮切りに建築物の高層化が進み、1968年に霞が関ビルディング（高さ174m、地上36階地下3階、S造）が日本初の超高層建築物として完成した。

超高層集合住宅としては、1972～1976年完成の広島市営基町高層アパート18～20号棟（高さ64m、地上20階、RC+S混構造一部SRC造）及び1973年完成のUR兵庫駅前ビルが先駆けである。

超高層マンションとしては、1976年1月完成の与野ハウス（高さ66m、地上21階、SRC造）や1976年5月完成のプレジデント椿（高さ99m、地上28階、SRC造）に始まり、2015年までの累計完成棟数1308棟（株式会社不動産経済研究所データ）となっている。

図表2.2-1の完成棟数推移を見ると1980年代後半から増え始め、2000年代後半に年間100棟を超える超高層マンションが完成していることが判る。

1990年代後半以降に完成棟数が増加したのは、中古物件として値崩れが起き難く換金性に優れていることが人気を呼び、その高い人気ぶりが首都圏、近畿圏といった大都市から、地方中核都市・県庁所在地等まで波及していったからである。これらのことが要因で、規制緩和による駅前再開発の計画も大きく影響して2000年以降急激に増えていった。

2007年以降に価格高騰によるマンションの販売不振、2008年9月にはリーマンショックにより様変わりした経済情勢によって、図表2.2-2でも判るとおりマンション供給計画は縮小した。2009年には超高層マンションの年間完成戸数が3万5,000戸を突破したが、2010年には1万7,900戸台まで落ち込んだ。

2012年以降には増加傾向が現れ、第2次安倍内閣の経済政策であるアベノミクスや東京2020オリンピック・パラリンピック競技大会開催決定などの流れに乗り、2013年には東京の湾岸地域を中心に超高層マンションが増え続けてきた。2015年には6年ぶりに年間完成戸数が2万戸を上回った。（図表2.2-2参照）

現在の超高層マンションの建設地の傾向としては、都心部の再開発事業に関わるものに集中してきており、規模においても地上階数が50階を超える物件やマンション1棟において1,000戸を超える物件など巨大なマンションが増えてきている。

超高層マンションの建設市場の動向として、2016年以降に完成を予定している超高層マンション（2016年3

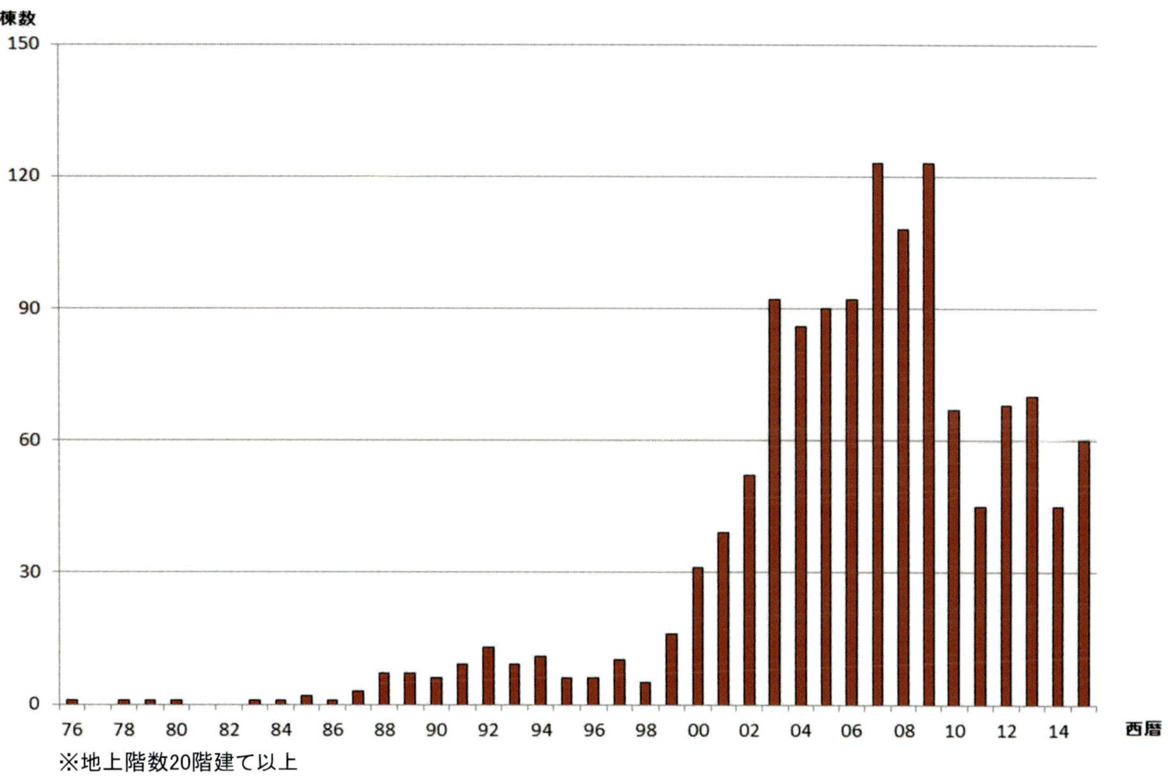

図表 2.2-1　超高層マンション完成・計画戸数 < 全国 >

完成年	首都圏		近畿圏		その他		合計	
	棟数	戸数	棟数	戸数	棟数	戸数	棟数	戸数
2006年	52	14,834	21	5,285	19	2,804	92	22,923
2007年	74	23,313	25	5,547	23	3,955	122	32,815
2008年	59	21,075	26	5,884	23	4,528	108	31,487
2009年	52	19,139	39	10,148	32	6,320	123	35,607
2010年	38	11,710	14	3,341	15	2,916	67	17,967
2011年	24	8,312	12	3,435	9	1,574	45	13,321
2012年	38	8,874	13	3,473	17	3,713	68	16,060
2013年	39	11,208	18	6,133	13	2,418	70	19,759
2014年	24	5,620	17	5,091	4	644	45	11,355
2015年	37	14,738	11	3,615	12	2,182	60	20,535

※ 地上階数20階建て以上

図表 2.2-2　超高層マンションの完成年次別棟数・戸数 < 全国 >

完成年	首都圏		近畿圏		その他		合計	
	棟数	戸数	棟数	戸数	棟数	戸数	棟数	戸数
2016年	24	9,473	8	2,200	8	2,047	40	13,720
2017年	29	11,146	10	6,051	15	3,188	54	18,285
2018年	25	7,876	12	3,401	11	2,059	48	13,336
2019年	20	8,239	15	4,432	3	1,344	38	14,015
2020年以降	47	28,278	0	0	11	2,210	58	30,488
合計	145	65,012	45	13,984	48	10,848	238	89,844

※ 2016年3月末現在判明している地上階数20階建て以上

図表 2.2-3　超高層マンションの完成予定年次別計画棟数・戸数 < 全国 >

月末現在）が238棟（8万8,944戸）となっており、今後も着実に超高層マンションが増え続けていくと予想されている。（図表2.2-3参照）

2.3 超高層マンションの技術開発の変遷

超高層マンションの歴史は建築技術の開発の歴史でもあり、タワー型高層マンションの施工技術については1971年完成の三田綱町パークマンション（高さ52m、地上19階、S造+SRC造）が、またRC造の高層化技術については1974年完成の椎名町アパート（高さ59.15m、地上18階地下1階、RC造）が先鞭をつけたことに始まり、独自の技術開発に基づいて多種多様な超高層マンションが建築されてきた。

地震に対する構造的な要求性能が他国に比べて非常に高い日本において、世界的に広く用いられている鉄筋コンクリート構造（RC造）と鉄骨構造（S造）を組合せて日本独自に発達させた鉄骨鉄筋コンクリート構造（SRC造）に始まり、建築物の自重（圧縮力）を支えるコンクリートの高強度化技術の躍進により年々高層化が進み、最も高い超高層マンション（2016年3月末現在）は2009年3月完成のThe Kitahama（北浜タワー、高さ209.35m、地上54階、RC造一部CFT造）となっている。

構造形態においては、従来から中高層マンションで採用されている地震動に対して剛の力で耐える耐震構造だけでなく、建築物に対する地震動の影響（揺れ）を熱エネルギーに変えて減衰させる制振構造や建築物に対する地震動に対して逆位相の力で影響（揺れ）を抑える制振構造、建築物に伝わる地震動を少なくする免震構造を採用することが多くなっている。（図表2.3-1参照）

制振構造の中でも特に地震に対する揺れを抑えるメカニズムを組み込んだ構造を制震構造と称していたが、最近は制振構造に用語統一する傾向が見られる。

2000年以前の超高層マンションは、鉄骨鉄筋コンクリート造を中心とした20～30階程度が主流であり、形状やデザインもシンプルなタワー型と呼ばれるものが多い。2000年以降になると、高強度コンクリートの採用により、鉄筋コンクリート造とするものが主流となり、より高層化すると共に、形状やデザインも変化に富むものが増え、タワー型の他に中高層マンションに多くみられた板状タイプの超高層マンションも開発されている。規模も大きく複数棟で構成されているものも多く、住宅以外の商業施設やホテル、公的施設等との複合用途とするものも少なくない。

施工技術においても中高層マンションとは異なる技術が発達してきており、構造躯体に関しては、中高層マンションで一般的に用いられている工法として、建設現場で型枠を組み立てて鉄筋コンクリートを整形する在来工法と異なり、工場や工事現場の作業場で事前に整形した鉄筋コンクリート部材（柱・梁部材や壁・床部材）をクレーン等で組み立てるプレキャストコンクリート（PCa）工法が普及している。

構造躯体ではない外壁部材については、軽くて断熱性に優れているALCパネルが多く用いられている。住戸間の界壁については、鉄筋コンクリートの壁と同等の遮音性能及び耐火性能を備えたLGS・断熱材（グラスウールやロックウール）・石膏ボードを組合せた乾式間仕切りが多く用いられている。

建築技術だけでなく、住宅に必要な給排水や換気・空調などの技術開発も同様に発達してきている。

2.4 大規模修繕工事とは

建物の外壁の修繕工事を行うためには、職人が作業を行うために工事中のみ設置する仮設の足場が必要となる。

日本の分譲マンションにおいては、住民が住んでいる中で実施する修繕工事に対して、セキュリティ等の観点から一時期に出来るだけ短期間で工事を行うことを優先事項とすることが多い。中高層マンションにおいては枠組足場と称される仮設の足場を地上から屋上まで組み上げて、建物全周の外壁をまとめて修繕することが一般的になっている。

建物全周に仮設足場を設置することから、外壁等修繕工事は大規模な工事となり、多額の費用と工事期間を要する工事となる。

分譲マンションにおいては、給排水管の更新工事などの大規模な工事もあるが、住民が体験する頻度の多い外壁等修繕工事を「大規模修繕工事」と称することが多くなっていることから、本誌においても、外壁等修繕工事を「大規模修繕工事」と称することとする。

「大規模修繕工事」と似た用語として、建築基準法で定められている「大規模な修繕」という用語もあるが、これは「建築物の主要構造部の一種以上について行う過半の修繕をいう」と定義されている。

耐震構造

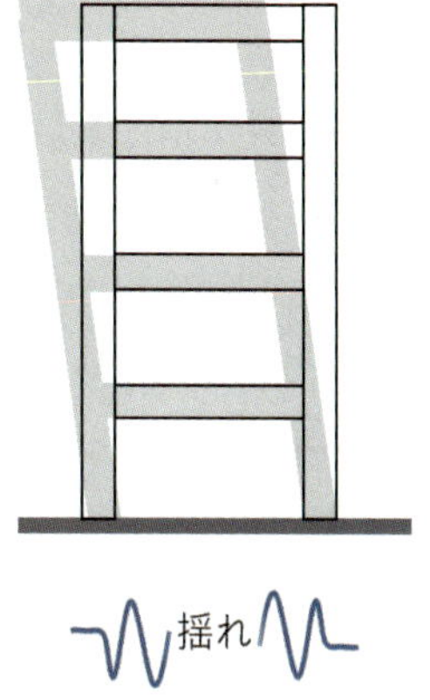

・強度と粘りで耐える
・柱や梁・壁が地震のエネルギーを吸収
・大地震時には構造体にある程度の損傷が生じる

免震構造

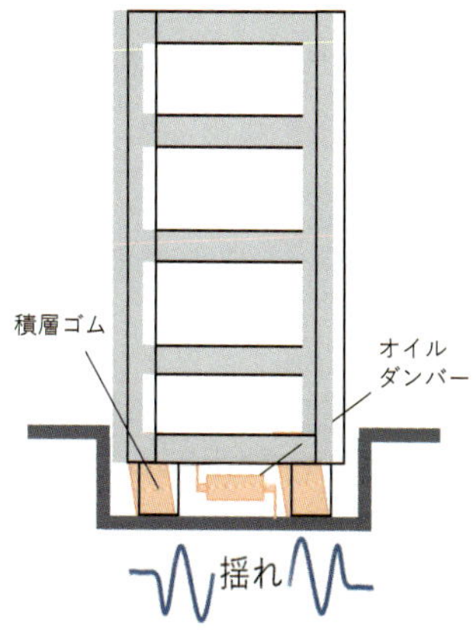

・建物の基礎または中間階に設置された
免震装置が地震のエネルギーを吸収する
・大地震時に構造体にはほとんど損傷が生じない

制振構造（制震構造）

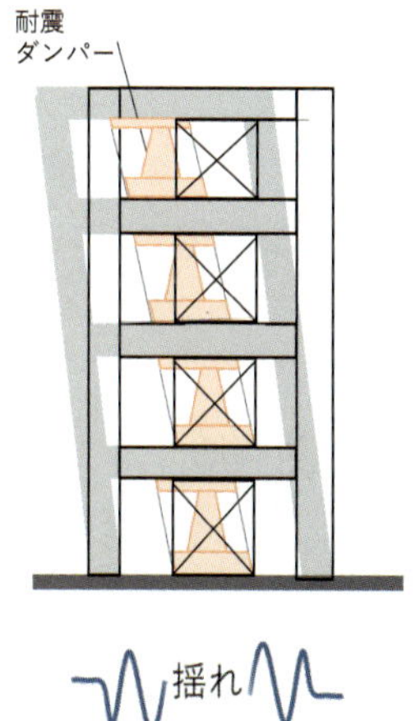

・建物の中に組み込んだダンパー等の装置が揺れを
熱エネルギーに変換して素早く吸収する。
・大地震でも揺れが小さいので建物が損傷しづらい。

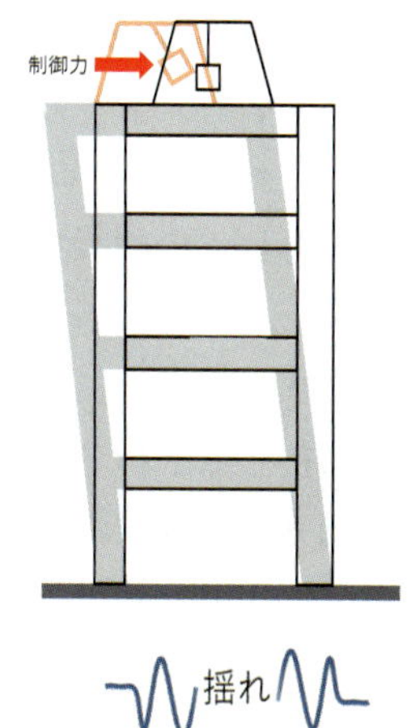

・制振（制動制御）のメカニズムをとり入れた構造。
・風や地震による揺れを抑える目的で用いられる。
・大地震でも揺れが小さいので建物が損傷しづらい。

図表 2.3-1　耐震構造・制振構造・免震構造のイメージ

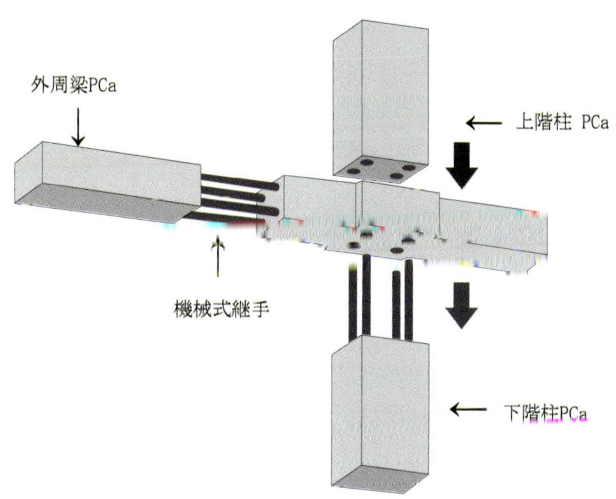

図表 2.3-2　プレキャストコンクリート（PCa）工法のイメージ

2.5 超高層マンションの大規模修繕工事の現状

超高層マンションに限らず、建築物は完成した瞬間から劣化を始めている。一般的にマンションは鉄筋コンクリート（または鉄骨鉄筋コンクリート）で造られているため、一見強固で半永久的な建築物に見えるが、経年と共に劣化が進むことは避けられないため、適時適切に修繕工事等を行うことが大切となる。

分譲マンションは、専有部分と共用部分で建物等が構成されており、共用部分については区分所有者全員で団体（管理組合）を構成し管理を行うことになる。

共用部分の修繕工事等は大規模な工事が多いため、費用が多額となり工事実施時に一括で工事費用を支払うことは区分所有者にとって経済的に大きな負担となるだけでなく、工事内容が住民の生活に大きく影響することが多い。そのため、予測される修繕工事の時期と費用を予め想定して、全住民に修繕工事等の必要性と想定実施時期を認識しておいてもらうと共に、修繕工事等で必要となる多額の費用を月々の修繕積立金として管理組合で積立てていくことが重要となる。

国の施策も相まって、現在の分譲マンションにおいては、過去実績に基づいて将来予想される修繕工事等の実施時期及び概算費用を想定し、当該修繕工事等を円滑に実施するために必要な修繕積立金の積立額や収支を定めた資金計画を定めた長期修繕計画を作成し、区分所有者全員で合意形成を図っている。

中高層マンション向けに国土交通省が示した「長期修繕計画標準様式、長期修繕計画作成ガイドライン・同コメント（平成20年6月国土交通省策定）」において、共用部分の修繕工事等として代表的な工事となる外壁等修繕工事は12年周期で実施する計画となっている。

超高層マンションにおける外壁等修繕工事を中高層マンションと同様に12年周期で実施すると想定すると、2015年頃から急激に増加してくる予測となる。但し、この12年周期とは長期修繕計画を策定する際の予防保全の考えに基づいており中高層マンションにおいても実態としては12年より長い周期で実施されている。また、超高層マンションにおいても図表2.5-1に示した外壁等修繕工事着工予測ほど増えていないのが実情である。しかし、近い将来に超高層マンションの外壁等修繕工事が急激に増加してくることは避けられない事実であるといえる。

その際に問題となるのが、日本全国における超高層マンションの外壁等修繕工事の累積実績数が約400棟であり、中高層マンションほどに実績数が多くないことと、超高層マンションは技術革新と共に増えていったため、どの超高層マンションにおいても独自の技術が組み込まれていると言っても過言でないほど、多種多様な建築手法が採られていることである。

超高層マンションの外壁等修繕工事の実績数が少ないということは、その実績を持つコンサルティング事務所及び修繕工事会社が限られているだけではなく、地上から仮設作業足場を組上げて修繕を行う中高層マンションと異なり、ゴンドラ等の中空に浮かせた作業足場で修繕を行う手法が確立されていないため、手探りでの修繕工事となっている可能性が高い。

2000年以前の超高層マンションにおいては、近年2回目や3回目の大規模修繕工事を迎えるものが出てきており、超高層マンションとしては未経験の手すりやサッシの更新といった部材を取り替える工事が予想され、更新部材の搬出入を含めた新たなる仮設計画が求められる。

超高層マンション等で利用されている仮設足場の方式も時代の変遷と共に変化しており、今後も複雑な形状の建物に対応すべく開発が進められていくものと思われる。

また、超高層マンションが独自の技術で建築されていることにより、修繕工事においても独自の技術を求められることが多くなっている。そのため、長期修繕計画等の作成において修繕等に関わる概算費用を算出することは至難の業となる。

従って、今後間違いなく増えてくる超高層マンションの外壁等修繕工事に対する修繕技術の確立が社会的に急務　となってきていると共に、今まで各社独自で行っていた　超高層マンションの修繕の視点における新築へのフィードバックを超高層マンションの新築市場に広く普及することが重要と思われる。

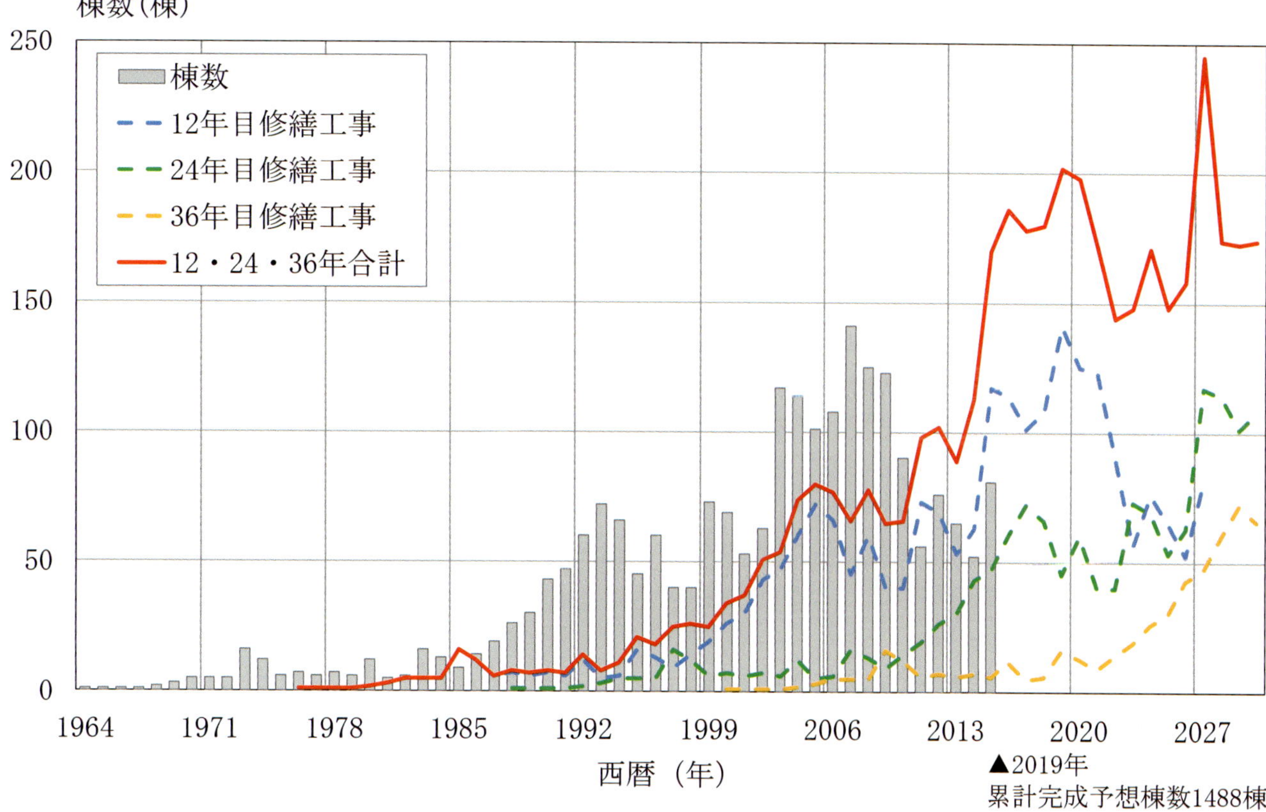

図表 2.5-1 超高層マンションの完成予定年次別計画棟数・戸数〈全国〉

［参考文献］

1) 株式会社不動産経済研究所データ：超高層マンションの完成年次別計画棟数・戸数
2) 国土交通省策定：長期修繕計画標準様式、長期修繕計画作成ガイドライン・同コメント, 2008年6月, http://www.mlit.go.jp/jutakukentiku/house/jutakukentiku_house_tk5_000052.html
3) 鹿島建設のHP：http://www.kajima.co.jp/news/digest/mar_2002/techno/index-j.htm
4) 住友不動産販売HP：http://www.stepon.co.jp/premier/mansion_history/tower.html
5) 三井不動産レジデンシャルHP：http://www.mfr.co.jp/company/history/
6) 大林組HP：https://www.obayashi.co.jp/service_and_technology/n_014detail01

コラム❶　日本におけるマンションという名称の由来

マンションという名称は、今では当たり前のように使われている。国語や英語の辞書で調べると大邸宅とか豪邸と記載されていて、どうも日本でしか通用しない建物名称の様である。他にアパートという言葉もあるが、これはアパートメントで共同住宅となっている。どちらかというとアパートメントの方が内容としては近い気がするね。

では何時から日本でマンションと呼ぶようになったのだろうか。日本においては新しい呼び方だろうから、由来も含めて時代を遡って調べて見よう。

いちばん先に頭に浮かぶのは、何といっても落語で良く聞いたことがあるが、侘しさの中に笑いを誘う「長屋の花見」だね。大家さんの発案で、八さん、熊さん等長屋の連中が、先立つものが無いのでお酒はお茶、旨い食べ物は似た形の違う何かで置き換えて花見をするといった話である。そうそう長屋といえば、時代劇で傘貼りをする浪人や、外でおかみさん達が行う井戸端会議、それから井戸水を汲んで野菜等を洗っている場面が良く現れるのを見ましたね。小生の記憶をたどれば、子供の頃、こういったみんなで楽しく生活していた状況が思い出されるよ。現代はというと、家庭がそれぞれ壁のようなカーテンを引いていて、他人とは煩わしいのか縁を絶ち会話も殆ど無いようで寂しく感じるな。

江戸時代は落語や映画で何となくわかったような気もするが、それより前については映画でもあまり表現されていない。それ故、調べはしないが、共同で生活する、それなりの建物があったかもしれない。しかし、タイムマシンででも行ってみなければわからないね。

その後については、明治時代にも引き続き長屋があったようで、この時代に呼び名が長屋からアパートに変わったとされているね。大正時代になると鉄筋コンクリート（RC）造の共同住宅が建てられ、12年には市営アパート、14年にアパートとして代表的な「御茶ノ水文化アパート」が完成したようだ。皆さんご存じの「同潤会のアパート」も大正時代に関東大震災で集まった義捐金を原資として建てられたようだが、完成は昭和になってからの様だ。

昭和に入り、初期に建てられたアパートでもエレベータや集中暖房設備等が整備されたものもあったようで、びっくりするね。昭和12年から20年までは、残念ながら戦争の真っただ中にあり戦局の悪化に伴ない建築は減少していったようだ。男が殆どいないのだから、建設なんて到底無理といったところだっただろうね。アパートの建設はというと、恐らく戦後に多くの男達が戻り、かつ国民の生活が多少安定してから、進められたのだろうね。

当初のアパートは、賃貸形式だったようだが、分譲マンションという形でのアパートは、60年前の1956年（昭和31年）に建てられた四谷コーポラスが最初のようだ。昭和生まれの小生は、33～36年頃叔父が住んでいた川崎市中原区の市営の宮前アパートに行った記憶が残っている。確か、エレベータは無く階段で上ったし、それが当たり前だったな。その後マンションブームは、昭和40年代に到来し、1969年（昭和44年）に「マンション」という名称が現れたようだ。小生も兄が川崎市の登戸で既に「マンション」という名称の建物の一室（2DK）を昭和45年に購入しているから、間違いないと思うよ。

「マンション」としたのは、日本の発展や国民の意気を上げるためのものだったと感じるね。その後、「オクション」という言葉も表れ、本当に豪邸になったという感じもするが、外国かぶれで見栄のようにも感じるね。そういえば、マンションのパンフレットに堂々完成と書かれていて、何故そのような表現をするのかと感じた事もあったね。堂々という言葉は、そのマンションを第三者が評価して使う言葉じゃないのかと感じたからだが。だけど、今や超高層マンション、土地の広い外国でも建設されているから、ステイタスといったところだね。城の天守閣より高い所から、下界を望むのは景観を楽しむだけでなく、ストレスも発散できるのかも知れないね。名称も超高層や超高価ということで、「スーパーハイマンション」となるかも。塔状なのは、微妙に揺れていてストレスにならないと良いのだけれど。

第3章 超高層マンションの特徴

第3章 超高層マンションの特徴

3.1 法的な特徴

3.1.1 主な関係法令

超高層マンションにおいては、建設行為に対する法令である「建築基準法（昭和25年5月24日法律第201号）」だけでなく、「都市計画法（昭和43年6月15日法律第100号）」、「消防法（昭和23年7月24日法律第186号）」、「航空法（昭和27年7月15日法律第231号）」、「駐車場法（昭和32年5月16日法律第106号）」、「自転車の安全利用の促進及び自転車等の駐車対策の総合的推進に関する法律（昭和55年11月25日法律第87号）」、「高齢者、障害者等の移動等の円滑化の促進に関する法律（平成18年6月21日法律第91号）」、「住宅の品質確保の促進等に関する法律（平成11年6月23日法律第81号）」、「建物の区分所有等に関する法律（昭和37年4月4日法律第69号）」、「建築物のエネルギー消費性能の向上に関する法律（平成27年7月8日法律第53号）」、「環境影響評価法（平成9年6月13日法律第81号）」、「マンションの管理の適正化の推進に関する法律（平成12年12月8日法律第149号）」など多くの法令に則り建設されている。

東京都では2001年4月より「東京における自然の保護と回復に関する条例（平成12年12月22日条例第216号）」において、一定基準以上の敷地における新築・増改築の建物に対して、その敷地内（建築物の上部等を含む）への緑化を義務付けた。この条例は事実上の屋上緑化推進となっている。また、2004年の「都市緑地法（昭和48年9月1日法律第72号）」の改正により市町村が指定した区域での大規模ビル開発などの際に一定割合の緑化を義務付ける内容が盛り込まれた。兵庫県、大阪府、京都府、埼玉県でも同様の条例が施行されており、条例のある都道府県の超高層マンションは、ほぼ全てに適用されている。

超高層マンションは、建築物の用途と規模から建築基準法第12条第1項に規定されている「特定建築物」に該当しており、都市部の多くの特定行政庁が定期的に調査や検査を実施し、その結果を特定行政庁に報告する対象建物として指定している。

その他、超高層マンションの維持管理に関わる関係法令に基づくものとしては、消防法や航空法に基づき設置が義務付けられている各種設備があり、安全に関わる設備となることから適正な維持管理が求められると共に、定期的な各種点検と諸官庁への報告が義務付けられている。

3.1.2 主な法定点検

⑴特定建築物の定期調査・検査報告

建築基準法第12条第1項及び第3項に基づき特定行政庁が定期調査・検査報告の対象として指定した場合、特定行政庁が定める時期に建築物の定期調査及び建築設備等の定期検査を実施し、報告する。義務が建築物所有者または管理者に生じる。

建築物の定期調査は「特定建築物定期調査」と呼ばれ、建築物の敷地、構造及び建築設備の状況について安全上、防火上または衛生上支障がないことを確認するものとして、国土交通大臣が定めた調査項目、方法及び結果の判定基準に基づき、一級建築士もしくは二級建築士または建築物調査員資格者証の交付を受けている者にその状況の調査（対象の建築物の敷地及び構造についての損傷、腐食その他の劣化の状況の点検を含む）させて、定められた書式により特定行政庁に結果報告しなければならない。報告する時期は、おおむね6ヶ月から3年までの間隔をおいて特定行政庁が定める時期と規定されており、マンション（共同住宅）においては、ほぼ全ての特定行政庁が3年間隔を指定している。

建築設備等の定期検査には「防火設備定期検査」、「建築設備定期検査」及び「昇降機等定期検査」と3種類が規定されており、建築設備等の状況について安全上、防火上または衛生上支障がないことを確認するものとして、国土交通大臣が定めた検査項目、事項、方法及び結果の判断基準に基づき、一級建築士もしくは二級建築士または建築設備等検査員資格者証の交付を受けている者に検査（対象の特定建築設備等についての損傷、腐食その他の劣化の状況の点検を含む）させて、定められた書式により特定行政庁に結果報告しなければならない。報告する時期は、おおむね6ヶ月から1年までの間隔をおいて特定行政庁が定める時期と規定されており、マンションに関わる主な建築設備等においては、ほぼ全ての特定行政庁が1年間隔を指定している。

⑵外壁全面打診調査

「建築物の定期調査報告における調査及び定期点検における点検の項目，方法並びに結果の判定基準並びに調査結果表を定める件（平成20年国土交通省告示第282号）」には、特定建築物定期調査の外壁の調査項目として、「タイル、石貼り等（乾式工法によるものを除く。）、モルタル等の劣化及び損傷の状況」が定められており、調査方法として、「開口隅部、水平打継部、斜壁部等のうち手の届く範囲をテストハンマーによる打診等により確認し、その他の部分は必要に応じて双眼鏡等を使用し目視により確認し、異常が認められた場合にあっては、落下により歩行者等に危害を加えるおそれのある部分を全面的にテストハンマーによる打診等により確認する。ただし、竣工後、外壁改修後もしくは落下により歩行者等に危害を加えるおそれのある部分の全面的なテストハンマーによる打診等を実施した後10年を超え、かつ3年以内に落下により歩行者等に危害を加えるおそれのある部分の全面的なテストハンマーによる打診等を実施していない場合にあっては、落下により歩行者等に危害を加えるおそれのある部分を全面的にテストハンマーによる打診等により確認する（3年以内に外壁改修等が行われることが確実である場合または別途歩行者等の安全を確保するための対策を講じている場合を除く。）。」と規定されている。

上記の規定により、少なくとも約12年毎には落下により歩行者等に危害を加えるおそれのある部分の外壁の全面打診調査を実施しなければならない。外壁全面を修繕対象とした大規模修繕工事を12年周期で実施すれば問題とはならないが、大規模修繕工事を15年周期や18年周期で計画した場合は、大規模修繕工事とは別に外壁全面打診調査を単独で実施しなければならない。常設ゴンドラが設置されていない超高層マンションにおいては、外壁全面打診調査を単独で実施する際に多額な費用をかけて仮設足場を設置しなければならないため、大規模修繕工事の実施周期と共に考慮しなければならない事項となる。

⑶各種設備の点検

上記の建築基準法で定められた定期検査の他に、消防法などの各種法令や指針で定められている各種設備の定期点検等があるが、内容として中高層マンションとほぼ同様である。

しかし、超高層マンションの各種設備は中高層マンションに比べて高機能であり、設備規模も大きくなっているため、維持管理において高度な専門的技能を求められると共に、設備に事故が起きた際の被害が中高層マンションに比べて大きくなる。そのため、中高層マンション以上に綿密な維持管理を行うと共に、予防保全の観点に基づく適切な修繕計画が重要となる。

3.2　建物形状・施設等の特徴

超高層マンションでは建物の構造計画上様々な形状が見られ、それが大規模修繕工事において様々な影響を及ぼすことが分かってきている。

形状の一例を挙げると、柱梁が建物の外側にあるアウトフレーム型、柱梁の外側にバルコニーを片持ちで突き出したインフレーム型が主な構造形状で、それに対しバルコニーをぐるりと一周出来る連続型、角住戸部分で途切れる非連続型が付随する。他にも共用部バルコニーがあるものと、全てが住戸バルコニーで構成されているものなど、形状及び用途も様々である。これらは建物のコア（階段やエレベータなどの共用部分）がどの位置に設定されているかにもよって異なり、建物の中央部にコアのあるセンターコア型と、主に北側など住戸を設定しにくい部分にコアのある偏心コア型などがある。

角住戸部分の外壁がカーテンウォールとなっているものなども増えている。他にも中央部に吹き抜けがあり開放廊下が吹き抜けに面している建物もある。

外形上では上階でセットバックのあるものや、下階より上階の平面形状が大きいオーバーハング、平面が円形など成形ではないものなど、建物を特徴付ける外観形状をした建物も多い。

写真 3.2-1　超高層マンションの立ち並ぶ大川端リバーシティ
一つとして同じ形状の建物はない

これらの形状の違いにより、後述する外壁修繕の際の仮設足場計画及び工事費用に大きく影響を及ぼすので、注意が必要である。

3.2.1　平面プランの形状

平面プランによって仮設足場を利用しないと作業できない範囲のボリュームが変わってくる。例えば、センターコア型では、エレベータホールと内廊下で構成されるために、外周面のみの仮設足場となることに対し、ボイド型で吹抜けに面して開放廊下が設けられている場合は、外周に加えて吹く抜けも仮設足場が必要となる。

バルコニーが回廊式か非回廊式かによっても施工計画が大きく変わってくる。回廊式の場合は、バルコニー戸境の隔て板を通行できるように改良することによって、仮設足場側からバルコニーに出入りすることなく、共用廊下からのアクセスが可能となる。このことにより、仮設足場を用いて施工するのは建物外周に絞ることができ、バルコニー内の作業を別工程で利用できる。逆に非回廊式の場合はバルコニーごとへの出入りを足場から行う必要があり、作業効率が悪くなる傾向にある。

⑴センターコア型

コア（エレベータや階段などの共用部分）が外部に面さないため、住戸へのアクセスはエレベータホールからとすることが多く、原則的には内廊下となる建物が多い。

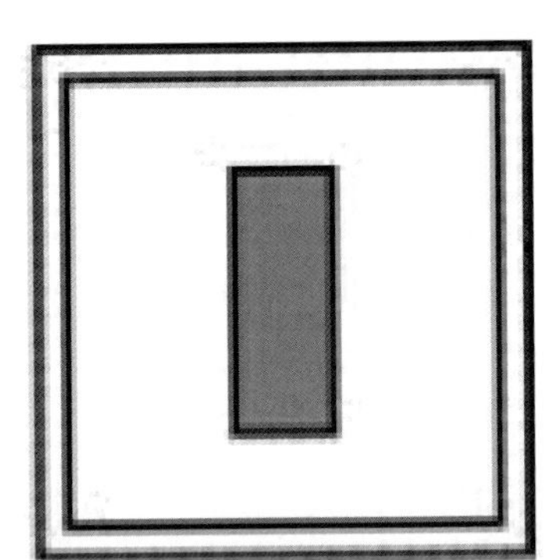

⑵ボイド型

建物の中央に吹抜空間（ボイド）をもち、住戸へはエレベータホールを介して、ボイド周囲に設けた開放廊下からアクセスする。

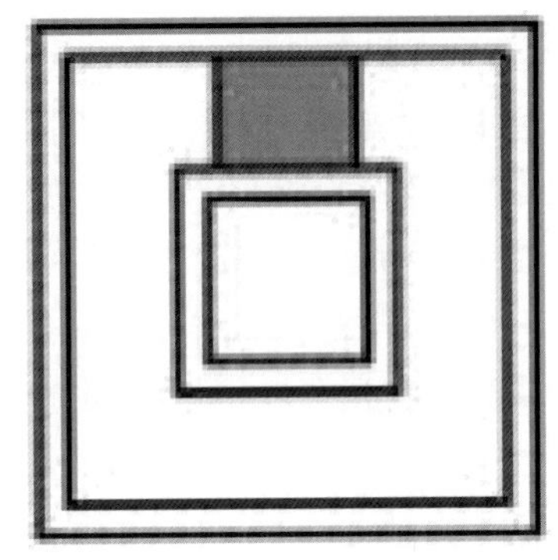

⑶Ｕ字型（偏心コア型）

センターコア型の改良型であり、外殻の一部をコアに近接することで、コアを外気に面することが可能となる。

⑷ジョイントコア型

コアを挟んで住戸を配置し、住戸へは内部廊下からアクセスする。

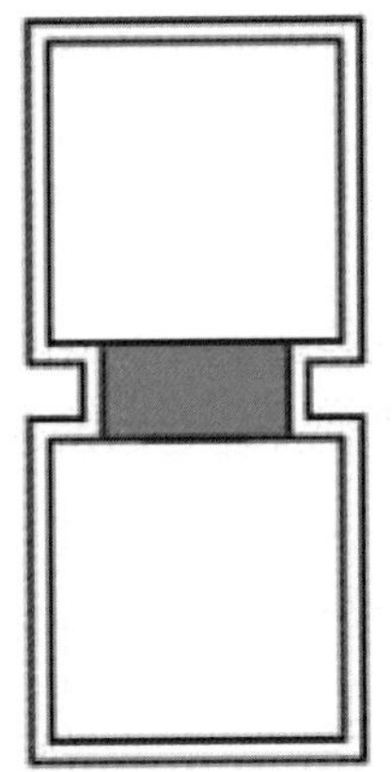

⑸板状型

中層に多くみられるタイプで、超高層の場合複数のコアを設けることが多い。住戸へはエレベータホールを介して、開放廊下もしくは内部廊下からアクセスする。

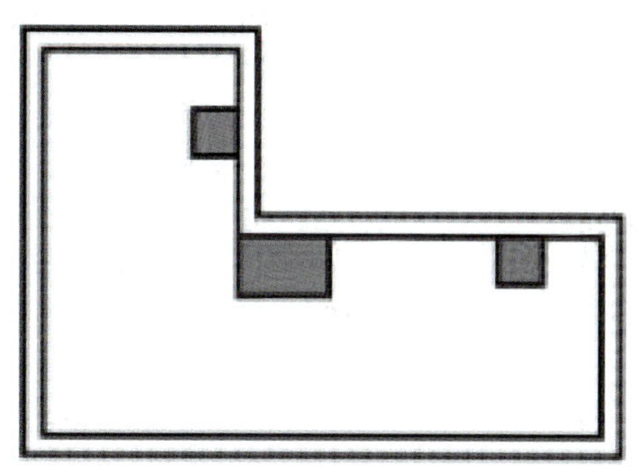

⑹複合型

前述までの形状の複合型も存在し、ボイドの中央部分にコアを設け日の字形状をしたジョイントコアの変形タイプや、南北軸の端部にコアを設け東西住戸配置した偏心コア型の板状タイプ、外部鉄骨階段のあるものなど、敷地やその他の条件ごとに平面形状は正形に限らず、円形などさまざまである。

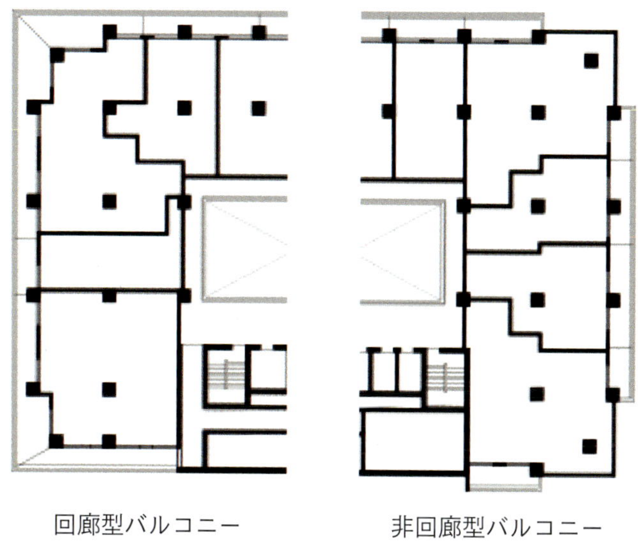

回廊型バルコニー　　非回廊型バルコニー

3.2.2　構造・架構

建築物の構造は、各階の荷重を基礎に伝達する要素と地震や風などの水平力に対して抵抗する要素で成り立っている。一般的に超高層建築物は、水平力を重視した構造、架構とすることが多い。超高層マンションでは、鉄骨鉄筋コンクリート造が多かったが、1990年代に入り高強度コンクリートが開発、実用化され鉄筋コンクリート造が多くなっている。代表的な架構方式は、下記のとおりで、地震や風に対しての揺れを軽減するために、制震構造とすることがある。固有周期の短い中低

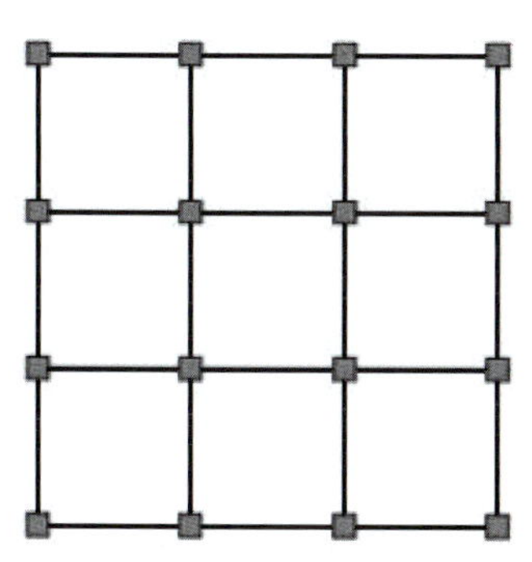

純ラーメンフレーム構造

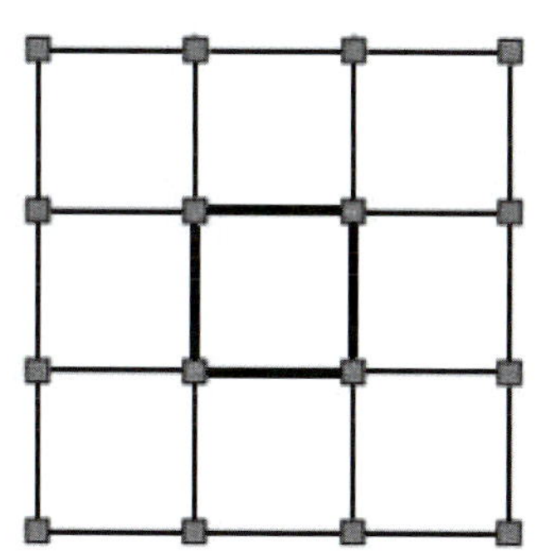

ラーメンフレーム＋耐震構造（塔状）

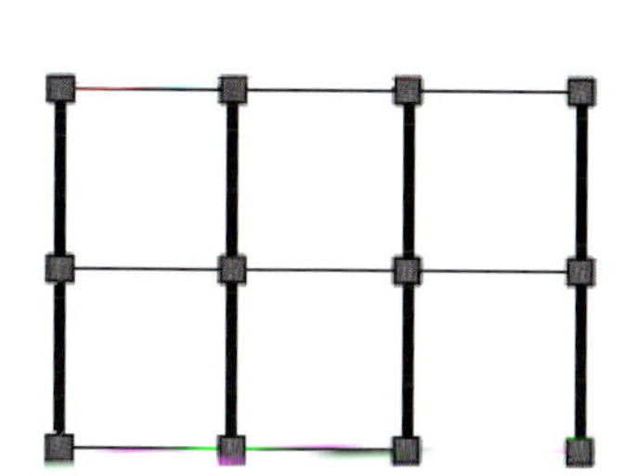

ラーメンフレーム＋耐震構造（板状）

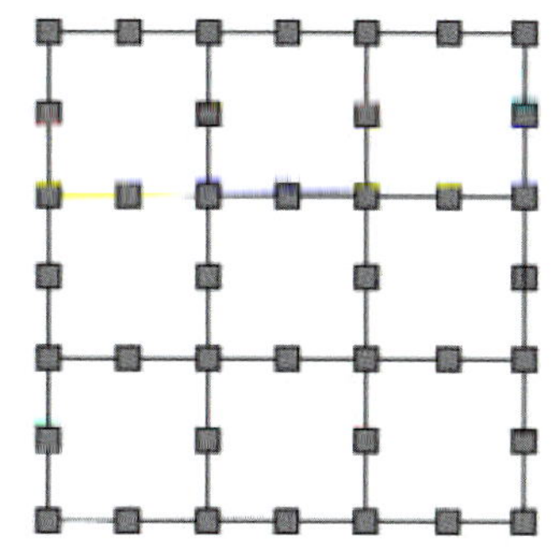

純ラーメンフレームチューブ構造（井桁）

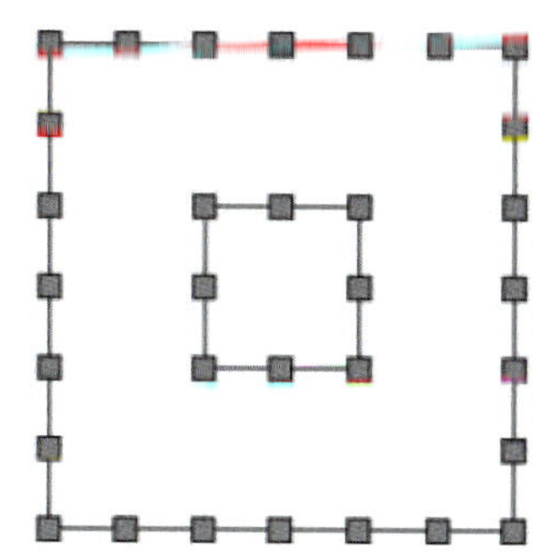

純ラーメンフレームチューブ構造（ダブルチューブ）

層建物に採用されることが多い免震構造も、超高層に対応できる免震装置が開発・採用されている。仮設計画においては、アンカーを躯体に仮設するため、穿孔の対象となる躯体の構造断面を事前に確認しておくことや、免震構造の場合は、免震機能に合わせた仮設計画とする必要がある。

⑴純ラーメンフレーム

柱梁のラーメンフレームを形成し、靱性に富む構造形式。

⑵ラーメンフレーム＋耐震構造（塔状、板状）

塔状の場合、水平力の大半を剛性の高いコアの部分に負担させ、周辺のラーメンフレームで変形を抑制する。板状の場合は、住戸の戸境を耐震壁としバルコニーや廊下など開口を有する方向をラーメンフレームとするもの。

⑶純ラーメンフレームチューブ構造

主として超高層建築物に用いられる架構で、外周の柱を細かく配置し剛性の高い構面を形成する。内外のチューブを有機的につなぐと「井桁構造」となり、内部に二重にチューブを設置したものを「ダブルチューブまたは、チューブインチューブ構造」と呼ばれ、中央部を吹抜けとする場合もある。

3.2.3　立面の形態

立面の形態により、選択できる仮設が限られることや、外周面（仮設足場から施工する部位）の施工面積が大きく異なる。

⑴頂部

超高層マンションにおいては、頂部を象徴的なデザインとすることも多く、ライトアップを意図した形状であったり、ヘリコプターのホバリングスペースを隠すためのファーリングなどの設置、それらを複合したものなど、デザイン的に凝った形状の場合が多い。

写真 3.2-2　ヘリポート装飾ファーリングの例

⑵中間層

初期はバルコニーの水平線を強調したデザインとし、低層から高層に至るまで均質なデザインとすることが多かったが、グリッドや垂直線を強調するデザインが増え、階層により外観デザインや形状に変化を持たせるものも認められる。

写真 3.2-3　中間階で平面形状の異なる建物もある

⑶基壇部

エントランスホールやロビー、集会室などマンションの共用室を設けるほか、管理室や防災センターなどの管理上の主要諸室を設けることが多い。比較的規模の大きいマンションの場合、基壇部の建築面積を基準階（中間層）よりも広くとり、アトリウムや商業施設など住棟以外の機能を持たせることもある。外装仕上げを石張りとすることもあり、その場合は磁器タイルや塗装と比べて仮設アンカーの固定方法も、その後の補修も難しくなる。

⑷セットバック・オーバーハング

下層階に対して上層階で平面形状が減少しルーフバルコニーのあるタイプをセットバック、逆に下層階より上層階で平面形状が大きくなるタイプをオーバーハングと呼ぶ。

どちらも立面形状としては仮設計画が難しく、仮設費用だけでなく工事費用も高額になる傾向にある。

写真 3.2-4　セットバックの例

写真 3.2-5　オーバーハングの例

3.2.4　構造上、材料上の観点からみた特徴

構造の面から見ると、初期の超高層マンションでは鉄骨造や鉄骨鉄筋コンクリート造による耐震型の建物が主であったが、徐々にプレキャストコンクリートの鉄筋コンクリート造へ移り、パネルゾーンだけは現場打ちコンクリートだったものが、現在では当該部位も含めて PCa 化されたものが主流となっており、施工会社ごとの特殊工法や認定工法などもありその詳細は様々である。

建物全体の対地震の観点からは旧来の耐震型の設計から、免震・制震構造による設計が一般的になっている。

3.2.5　超高層マンションにおける設備の特徴

超高層マンションには利便性を考慮したり、法令に則った特殊な設備が多く含まれており、常用エレベータ、非常用エレベータ及び附室、エスカレーター、防災センター設置の防災盤・警報盤等、自家発電設備、自火報設備、スプリンクラー設備、消火設備、給排気設備、空調設備、給水設備（受水槽、揚水ポンプ）、セントラル給湯システム、自然冷媒ヒートポンプ給湯器、ガス設備、電気設備（高圧受電盤等）、排水設備、汚水槽、ホバリングスペース、ヘリポート、航空障害灯、機械式駐車場（タワー型や屋外設置のものなど様々）、常設の点検・清掃用ゴンドラ、インターホン設備などがあり、これらも修繕を要するもので、計画修繕の対象となる。

設備機器類の修繕は非常に高額になるケースも多く、専門家を招いての修繕検討・計画的な修繕が欠かせない。

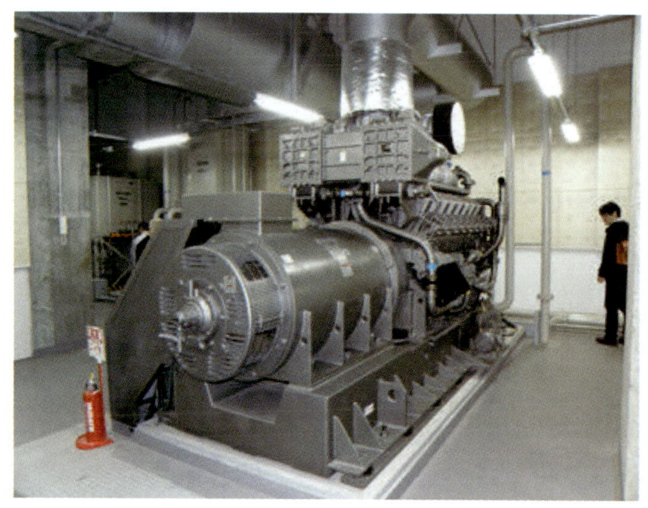

写真 3.2-6　自家発電機

3.2.6　防災対策

現代の超高層マンションにおいては、起こり得る様々な災害に対しての対策を講じておくことは設計段階から必須の事項となっている。

地震対策として免震構造や制震構造などの構造部材を組み込むことは、もはや当たり前となっているが、計画的な修繕などの観点からはまだまだ立ち後れている現状が見受けられる。例えば免震装置に使われる積層ゴムアイソレーターなどは、鋼板とゴム板を積層させた製品であるため、ゴム部分の劣化により交換が必要となる可能性があるため、長期修繕計画には組み込む必要があると考えられる。また地震などの大きな外力を受けた場合には点検、状況によっては交換の必要など想定外の費用がかかることを認識しておくべきである。

制震部材に関して、メーカーはメンテナンスフリーとしているのが一般的であるが、点検口の不備や設置場所が専有部内や住戸間の界壁の中に設置されているケースなど、容易に点検することが出来ない建物があり、設計時に適切な点検や交換などが行えるような計画にする事が望まれる。

現在では一定量の防災備蓄をするためのスペースを設けることなどが条例化されている自治体もあるが、既にある超高層マンションで防災設備が完備されていない場合、どのように対策が出来るかが今後の非常に重要な課題である。当然に防災用備蓄倉庫などは共用部に属するため、それらは管理組合による維持管理の対象となる。また新たにこれらを設けようにも、その場所を確保する事が難しいことから、新設の検討をする場合には法的にも注意が必要となる。他にも湾岸・沿岸域や海近くの河川周辺の建物では、高潮や津波の影響を考慮する必要があることも認識しておくべきで、特に地下に機械設備類が集中している場合は、致命的な問題となる恐れがある。地域のハザードマップで津波や浸水の被害などを確認の上、防潮板の設置や、水が地階へ回り込まないための対策を講じるべきである。

またマンションの管理組合においては、これら災害時にどのように行動するか防災対策計画を綿密に検討しておくことが必須である。特に超高層マンションにおいては居住者の数が多いために、地元自治体が設置する避難所への受け入れを当初から認めていない自治体もあり、その際の物資の支援なども遅れることが想定され、マンション独自の備蓄は欠かせないのが実情である。

3.2.7 用途による特徴

超高層マンションは、市街地の再開発事業にて建てられる事が多いため、低層部に店舗や事務所、またそれらをまとめて所有している大口のオーナー区分所有者（元々の地権者や開発デベ等の場合が多い）、行政機関などが区分所有しているケースも見られ、住居だけの用途ではない建物がほとんどである。他にも付属棟としての店舗棟やスポーツ施設（住民専用のジム等）、駅と直結した通路やホール、公共の駐車場・駐輪場などが併設されているケースもあり、それらも含めて超高層マンションの共用部修繕の対象になる。

この中でも特に今後問題となる事例は、行政機関が区分所有者となっている建物においての修繕積立金などの考え方による問題が上げられる。そもそも行政機関には計画修繕と言う考え方そのものが存在せず、当然に修繕のための費用を積み立てると言う考えも習慣も存在しない。原則的に単年度ごとの予算要求とその予算建てによって決定されるものであり、マンションの大規模修繕においては基本的な考え方である工事数量を想定した上での実数清算により契約金額が変動する、と言う考え方も存在しない。これら考え方の違いをどのように解決し、必要となる計画的な大規模修繕工事を適切に行えるかが非常に重要となる。最近竣工した豊島区役所などは、上階を超高層マンションとして売り出し、その売却益で区役所を建設し、実質自己負担なしで庁舎を建て替えた希有な事例であるが、計画的な長期修繕の観点から今後の動向が注目される。

また別の事例としては、マンションの部屋全体の1/3程度を区分所有し賃貸住戸として貸し出しているような大口の区分所有者が存在するケースもある。この場合総会等での特別決議事項（区分所有者全体の面積比率割合の3/4での可決、管理規約の改正や共用部分の大幅な変更等）に関してこの1区分所有者が投じた賛否票

写真 3.2-7　別棟でスポーツ施設などが設置されている

写真 3.2-8　別棟でスーパーマーケット等の商業施設がある

が影響して全てが決定してしまう事態も起こりえる。従って区分所有者全体の意見とは言いがたい結論になる可能性も有ることから、今後の動向が注目される。

3.2.8　その他の計画が難しい共用部分

　エントランスホール、展望ラウンジ、ゲストルーム、内部廊下、居住者用トランクルームなどの屋内共用部分に関しても大規模修繕の対象部位である。しかし構造躯体である外壁などと異なり意匠上の見た目を改善することが主眼となること、外部の足場とは直接関係せずに工事が行えることなどから、修繕時期の設定が難しい。また、マンションによっては上層階と下層階で内装仕様のグレードが異なるケースが見られ、同じ修繕積立金で異なるグレードの工事を実施することになり、積立金額の不公平感からトラブルとなる場合があるため注意が必要である。近年の超高層マンションでは、上階に居住者専用のプールやバー、レストラン、スポーツジム、屋外デッキ等を備えたものもあり、これらの維持管理も修繕積立金を使うことになるため、注意が必要である。

　公開空地、噴水、池、外構、ペデストリアンデッキ、植栽などの屋外工作物といった外構部分も共用部分であるため共用部修繕の対象部位である。これら外構部分には設備機器や配管・配線なども多く含まれており、計画修繕だけでなく日常の保守点検や小修繕も必要になる。大規模修繕工事実施となると、足場の架設に伴う植栽の伐採や、構内通路などの床タイルやアスファルト舗装、植え込み腰壁などコンクリート部分の補修や塗装、それらの各部位に使用されているシーリングや防水などの修繕も必要になるので、修繕を考慮した適切な修繕計画が求められる。

　付属棟、駐輪場、機械式駐車場（タワー型、二段式、三段式など多数）などの建物やその地下部分、建物本体とは別に設置された工作物も共用部修繕の対象である。付属棟の内外装の修繕や駐輪設備の修繕や塗装や、機械式駐車場設備が屋外設置されている場合にはパレットや鉄骨部分の錆が発生しているケースも多く、当該部位には特殊塗装が必要なこともあり、計画修繕に組み込むとともに、大規模修繕工事の中で修繕することを検討することが望ましい。

　屋上ファーリング、ヘリポート、航空障害灯、装飾用照明機器といったものも共用部修繕の対象となる。外部鉄骨階段や、屋上の装飾などは外壁とは別途に仮設足場が必要なものもあることから、工事費用も含め綿密な修繕計画が必要な部位と言える。

写真 3.2-9　川のながれる居住者専用ホワイエ

写真 3.2-10　公開空地に池や川、植栽などの設置がある

写真 3.2-11　屋上ファーリング
（装飾用照明機器航空障害灯内蔵）
仮設や修繕の方法に綿密な計画が求められる

3.3 材料・施工・計画上の特徴

3.3.1 高強度コンクリート

高強度コンクリートの出現により超高層建築物がRC造となり、それまでの鉄骨鉄筋コンクリート造に比べ安価で、かつ工場生産のプレキャストコンクリート部材を組み立てることで施工の手間の省力化も図れるようになったことが、超高層マンションが加速度的に普及した要因であることは事実だが、その一方でその高強度コンクリートそのものの修繕の方法が確立されていないということもまた事実であり、現状では設計者や施工者が手探りで方法を模索しながら修繕を行っているというのが実態である。

超高層マンションの柱は、下層階へ行くほどより多くの自重を支持するため、下層部ほど強度の高いコンクリートを採用する設計がなされている。必然的に高さ60m以上といわれ、100m以上ともなる超高層マンションには、ある階数以下にて高強度コンクリートが採用されることなる。設計時の高強度コンクリートの分布の実例を下記図に示す。

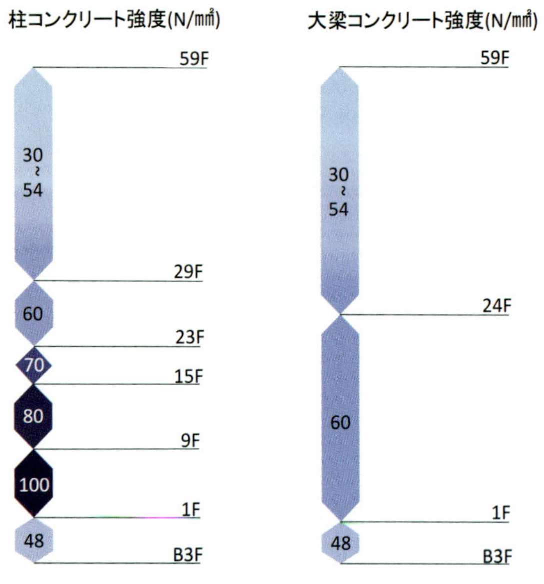

図表 3.3-1 高強度コンクリートの分布
(引用文献：工事記録、コンクリート工学、p.39、2007.3)

高強度コンクリートと一言で言っても、その概念は時代と共に変遷しており、高強度コンクリートが使われ始めた1970年代中盤は、日本建築学会のJASS5に定めるコンクリートの設計基準強度が最高で225kgf/㎠であったため、現在では極一般的な300kgf/㎠（30N/㎟に相当）でも高強度コンクリートに相当した。その後、建築研究所での高強度コンクリートの研究が実施されるなど、高強度化は日進月歩となり、20世紀中に設計基準強度130N/㎟を実現している。

現在では一般的に高強度コンクリートといえば、JIS規格にて呼び強度45までを「普通コンクリート」、呼び強度50～60を「高強度コンクリート」と定めていることもあり、設計基準強度60N/㎟以上は超高強度コンクリートとするのが一般的な定義とされている。しかしその後200N/㎟を超え、現在では300N/㎟クラスも実用化される現在においては、設計基準強度100N/㎟程度以上で初めて超高強度コンクリートと認識されるような状況に変わりつつある。

コンクリートを高強度化するには、組織をより密実にしていく必要があり、セメントを多く使用して、水セメント比を下げることが基本的な方法である。そのため材料的な特徴としては、セメント量が多くアルカリ性が高くなる上に緻密となり、透水性・透気性が低下することで、一般に強度が高いほど内部鉄筋の腐食可能性が低くなり、それに伴う断面欠損等の不具合発生の可能性が低下するということが挙げられる。もちろん適切な鉄筋のかぶり厚さが確保出来ていることが前提となるが、超高層マンションには、部材を工場で生産するPCa部材を採用する事例が多く、その場合にかぶり厚さが不足する可能性は、現場で施工するコンクリートと比べて大きく低下することが考えられる。

よって、高度経済成長期に設計基準強度18N/㎟程度の設計にて現場施工され、中性化の進行が早くかつかぶり厚さの精度も良くなかった構造物で多々認められるような、経年を伴った鉄筋腐食に起因する断面欠損等の不具合は、高強度コンクリートでは生じがたいものになる。しかし現実の部材を採用した超高層マンションにおいては、中性化の進行は無いものの、何らかの要因で躯体内に雨水が進入することに起因する鉄筋発錆による断面欠損（主にバルコニー上げ裏においてだが、極稀に柱や梁、壁面パネルでも確認されている）が発生することは確認されている。

3.3.2 免震装置

免震装置とは、地震時の水平の揺れを伝え難くするアイソレーターと、地震エネルギーを吸収するダンパーから構成される機械的装置の事を指す。基本的概念として免震とは「構造設計（とくに建築構造）の概念であり、地震力を抑制することによって構造物の破壊を防止することを意味する。目的は同じだが類似の用語の制振や耐震とは区別される。(1)」とある。

つまり一般的に建物の重量は垂直に地面へ安定した状態で接しているのに対し、一旦地震が来ると縦揺れや横揺れなどと複合的に建物へ力が加わる。この力を極力建物へ力が加わらないように、機械的装置によって建築物及び人命を護る事を目的としたものである。

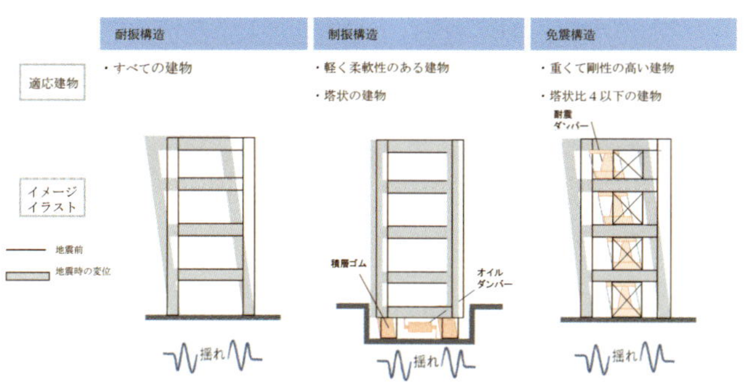

図表 3.3-2
地震動による耐震型、免震型、制振型の変形イメージ

⑴免震装置の種類と設置場所

免震装置にはその種類と設置場所に特徴がある。

1）種類

①アイソレーター：平時より建物の重量を支えている。地震時に水平に大きくゆっくりと変形する装置。種類には「積層ゴム」「すべり支承」「転がり支承」等がある。

②ダンパー：平時には建物の重量は支えていない。ダンパー自体が地震エネルギーを吸収して揺れを押さ、バネ等の力で建物を元の位置に戻す働きがある。種類には粘性を利用したものと金属の延性（のび）を利用したものがある。

2）設置場所

a）基礎免震：建物の基礎部分に設置。

b）中間免震：建物の基礎より上部に設置。
例：1階柱上

c）複層階免震：基礎免震と中間免震の両方に設置。

⑵免震装置の設置と維持

免震装置はメーカーが作ったものを第三者機関がその性能を評価した物でなければ、国内で使用する事は出来ない。また、設置する技術者及び維持管理のための点検を行う技術者も、資格を有するものでなければならない。

点検は法的に定められており、定期的な点検の他に、建物が大地震や強風を受けた後や、免震層に水害や火災が及んだおそれがあった場合には応急点検を行う。地震等により建物が動いた場合には、エキスパンションジョイント等の仕上げ材の補修工事が必要になる場合もある。

写真 3.3-1　積層ゴムアイソレーター

写真 3.3-2　免震オイルダンパー
（写真提供：カヤバシステムマシナリー株式会社）

3.3.3　制振装置

制振装置とは「建築設計上の概念であり、建物に入力される地震力を、建物内部の機構により減衰させたり増幅を防いだりすることで、建物の振動を低減させることを指す。」とある。最近の傾向として、木造住宅から超高層建築物まで多様なる建築物に採用されていて今後も採用されてゆく傾向が強く、まさしく強靭化されつつある傾向である。

⑴制振装置の種類

制振装置の種類には、一般的に、低降伏点鋼の弾塑性変形履歴を利用するものと、粘性体またはオイルの粘性抵抗力により揺れを低減するものとがあり、以下の3種類に大別される。

a：鋼材ダンパー、
b：粘性ダンパー、
c：オイルダンパー

制振形式には構造的見地から

a：層間ダンパー型、
b：マスダンパー型、
c：連結型

の3種類がある。

また制振装置自体がエネルギーを必要とするものとしないものとに分類される。エネルギーを必要とするものとは、例えばオイルダンパーのコンピュータによる電気制御装置などもある。種類は以下の3種類である。

a：パッシブ制振型、
b：セミアクティブ制振型、
c：アクティブ制振型

これらの種類の多さから上記に述べたように住宅使用から超高層建築物、木造からRC造、SRC造、S造と多様なる仕様への対応があったり等、各装置製造メーカーは多様なる対応に迫られていたりまたは専門得意分野に特化したりと、まだまだ成長過程を残す分野である。

その原因の一つとして、建築物には2つと同じものが存在しないからである。新築時は構造設計者が設計時の設計基準に基づいて構造設計を行うのが常であり、極端に述べれば建物形状特性により各々の場所毎の制振装置一つずつにおける応力負担が異なってくる。よって同一建物内でも微妙に異なる装置がついている、と考えても良い。また特に既存建物にこれから改修工事によって制振装置を施す時も、新築時の設計から構造計算を紐解き、尚且つ現在の構造設計指針を盛り込みながら新しく制振装置を付けるなど新築時とは異なる条件が出てくるので、装置の仕様変更を余儀なくされる場合も散見される。

このように装置は多様なるものが存在するので、各装置の詳細は専門分野の論述に任せたい。

写真 3.3-3　鉛ダンパー

写真 3.3-4　制振オイルダンパー
（写真提供：カヤバシステムマシナリー株式会社）

⑵制振装置の維持

制振装置は種類の違いにより、それぞれの特性にあった維持管理を行う必要がある。定期点検は原則必要とされていないものが多いが、大地震や強風が発生した場合や、火災や冠水の場合には、制振ダンパーへの影響の有無を確認するために速やかに点検を行う必要がある。制振ダンパーは変形することにより振動を低減するため、大地震発生後にダンパー本体及び周囲の仕上げ材に変形が残る場合がある。

これら装置が被災後に確認が出来るような位置への設置や、点検口などを適切に配置し、速やかに点検出来、場合によっては交換などが行えるような設計的な配慮が望まれる。

写真 3.3-5　低降伏点鋼による制振部材　左：制振柱　右：制振壁
（写真提供：三井住友建設株式会社）

3.3.4　プレキャストコンクリート（precast concrete）

プレキャストコンクリートとは、専用の製作工場にて製作された柱や梁、床盤などのコンクリート製品の事を言う。またこの製品を建設現場に輸送搬入し、それを接続して建設物をつくる工法をプレキャストコンクリート工法という。

この工法にて作製された建築物では住宅から超高層建築物まで、また土木では道路の縁石から橋梁、トンネル用壁面材料、他には電柱や鉄道の枕木等々広く使用されている。現代日本のインフラの礎として多大なる貢献をしている製品であり工法である。

最近の超高層マンションはこのプレキャストコンクリート工法で建設されている物件が主流となり、在来工法に比べ品質や工期、コスト面においての貢献度が高い。これは超高層マンションとなるとコンクリート材料が高強度コンクリ―トを使用しているため、現場での品質管理が非常に難しくなり、それを克服するための多様なる手だてが必要で仮設費が非常に高くなる。それに比べ工場にて作製するという事はコンクリート製品の品質が安定化する事が出来、製品納入後即日に取付可能なため全体工期の短縮化がはかられ、尚且つ労働者の省力化と安全性の向上が見込めるという、まさに現代の建設業を大きく支えている。

また工場で製作後仕上げ工程も工場にて施工をする事により、仕上げ材の品質の安定化、仕上労働者の平準化作業が可能であり、且つ高所作業が少なくなるため労働の安全性も向上させることが出来る。

写真 3.3-6　PCa の壁をタワークレーンで
吊り降ろし施工する

3.3.5　外壁打込みタイル、現場後張りタイル

超高層マンションのプレキャスト化に伴ない、仕上である外壁タイルも工場でコンクリート打設時に型枠に取り付け、打込みタイルとすることで躯体と一体化し、現場で張り付ける手間が不要な工法が一般的となっている。アウトフレーム形式の建物においては、柱梁などの高強度コンクリート部材に打ち込まれるケースも多い。

打込みタイルは、原則として目地も躯体コンクリートであることから、タイルそのものが躯体と一体となっており、現場後張りタイルと異なり浮きや剥落の心配がないと言われていたが、近年の超高層マンション大規模修繕工事の事例の中には、経年による打込みタイルの浮きや、はく離が発生していることが報告されている。よって、打込みタイルの浮きやはく離個所に対する補修は必要となるが、一般に行われるような浮き補修（エポキシ樹脂注入工法やタイル張替え工法）は、高強度コンクリート部材に打ち込まれたタイルでは困難である。

工場より搬入されたプレキャストコンクリート部材のタイル張り付け状況は、現場搬入時に一度全面打診を行い、浮きなどの無いことを確認してから所定の場所にセットするのが一般的であるが、人の手によっての検査であるため、漏れや見落としがある可能性も否めない。また、工場で作成しているとはいえ、型枠内へのコンクリート充填が完全に行われているかというと、実例から判断するに出隅の部分などでタイル裏へのコンクリートが十分に充填されておらず、ジャンカのような状態が確認されている。

プレキャストコンクリートによる打込みタイル工法を標準としている場合でも、基準階でない建物低層部では、現場でタイルを後張りするケースが多い。また、基準階であっても、据付け時のタワークレーン吊り上げ部位や部材接続のためのグラウト注入口などの部分にはタイルが打込まれていない状態で搬入され、据付け後に当該個所だけ現場でタイルを張り付けているのが実際である。築年の古い超高層マンションではタイルを現場で張る際に付着を良くするための躯体の目荒らしを行っておらず、タイルの付着性が悪い状態であるケースも確認されている。

この部分が一番最後に行われる外壁の工事であるため、施工後の仕上がり状態を検査することは足場が外された後では施工会社であっても難しい。そのため、修繕工事時にそれらの部位で新築時の不具合が見つかるケースもある。

写真 3.3-7　タイル打込みプレキャスト PC の柱梁、パネルゾーン

写真 3.3-8

施工中の超高層マンションには必ずタワークレーンの設置があり、取り付け部分がどのように仕上げられているか確認が必要

写真 3.3-9

タワークレーンの取付けてあった金物の部分はタイルが現場張りになっており、金物が錆びてタイルに浮きを生じさせていた事例もある

3.3.6　施工会社ごとの特殊工法、大臣認定工法など

超高層マンションは先述したように、プレキャストコンクリート（以下 PCa）が主要構造部を占めている。このPCaの主材料は昨今高強度コンクリートが主になってきたが、材料配合においても各社特殊性をもって行っているが、ここでは工法を主たる論旨とするので3.3.1 高強度コンクリートを参照されたい。

工法において第三者認定されたものは、特に自社に技術研究所を持っている施工会社系に多く見られる。PCaの割り付け上柱と梁の接合部分に多く見られ、PCaの形状と鉄筋の種類、配筋量及び緊結方法等、各社それぞれに工夫を凝らしている。それらがどのような工法であるかによっては、修繕の方法を考慮しなくてはならないケースも見られるので注意が必要である。

3.3.7　ALCパネル

超高層マンションの帳壁（非耐力壁の外壁または間仕切り壁）には、ALCパネル、押出成形セメント板、GRCパネルなどが用いられている。特にALCパネルは、軽量であり、耐火、耐震、耐風圧、断熱、施工性などの各性能を高いレベルで兼ね備えており、これを採用している物件が多い。

一方で、ALCパネルは多孔質な材料であり、表面強度が小さいため、欠けやすく、吸水性が他の窯業系建築材料に比べて高い、という特徴がある。このため、防水性、耐久性を確保するため、ALCパネル表面の仕上げやパネル間などの目地の止水性を適切に維持する必要がある。

躯体への取付け方としては、過去の地震被害も軽微で層間変形に対する追従性に優れる「縦壁ロッキング構法」を採用している例がほとんどである。「縦壁ロッキング構法」はALCパネルが1枚ごとに微少回転して追従する機構。ALCパネル内部に設置されたアンカーと取付け金物により躯体に取り付け、ボルトを介して微少回転可能なように取り付けることを特徴とした構法である。

仕上げとしてパネルのジョイントには止水のためのシーリングを施工し、外部に面したものは塗装を行い表面の保護を行うのが一般的であるが、屋内のエレベータホールやエレベータホールなど住民が日常的に使用する部分では塗装仕上げ、階段室など常時使用しない部分では無塗装で素地のままのケースも見受けられる。

写真 3.3-10　屋上塔屋廻り雨がかり部外壁ALCパネル
塗膜の劣化やジョイントシール上の塗膜に剥がれあり

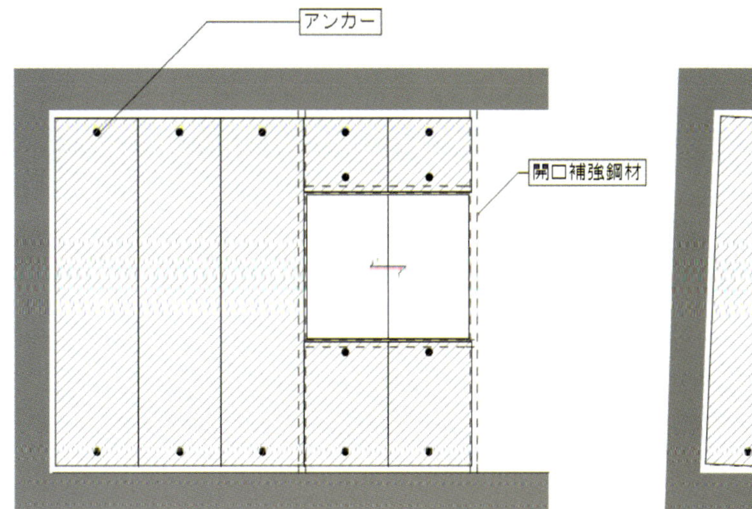

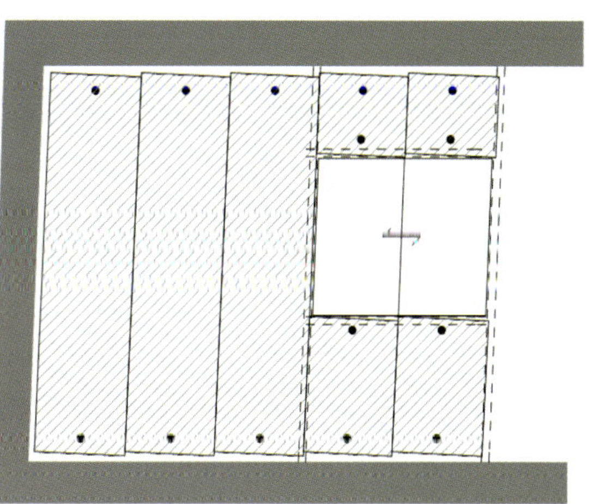

図表 3.3-3　ALCパネルの取付け方と層間変形のイメージ

写真 3.3-11　住戸バルコニー　外壁の ALC パネル

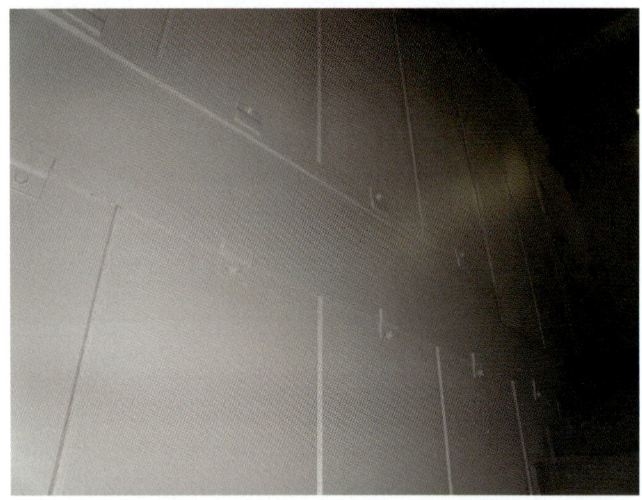

写真 3.3-12　階段室内壁 ALC パネル
基本的に屋内のため素地のままか、簡易に塗装されている程度であることが多い

3.3.8　カーテンウォール

カーテンウォールとは非耐力壁の総称で、建物の重量を軽くし、施工性を上げることが可能になる工法で、マリオン方式やパネル組み合わせ方式など、建物ごとに様々な工法で施工されている。

近年の超高層マンションでは、外壁の中でも特にコーナー部分で眺望に配慮した計画がなされており、外観の意匠的な良さからもアルミやステンレスのフレームとガラスによるカーテンウォールが用いられているケースも多くの建物で見られる。一方で、ガラスカーテンウォールの場合は通常、外壁の全面がガラスとなるため日射を遮る庇がなく、アウトフレーム形式の建物に比べると夏は暑く、冬は寒く感じられる傾向にある。そのため、窓まわりにおいて、遮熱・断熱性能の高いガラス（Low-E複層ガラス）や遮光スクリーンの採用など、室内温熱環境に配慮した材料の選択が望まれる。

カーテンウォールは超高層の事務所ビルなどで一般的な技術をマンションに転用したものであるため、技術的に特段の問題はない。ただし改修に関しては、区分所有部分の直接の外壁となること、足場などの仮設材をアンカーなどで固定することが出来ない部分になるため、計画には注意を要する。

将来的に当該部分のフレームそのものを更新する時期が来ることが想定されるが、住戸の直接の外壁であることから現実的に更新が出来るかどうかはまだ未知数であり、解決すべき問題を多く含んでいる構造であることは否めない。

写真 3.3-13　外壁コーナー部分に眺望のために
カーテンウォールが設置されている事例
足場の固定や、そのものの更新など、修繕工事における課題が多く潜む。
上：アウトフレーム逆梁型建物角部カーテンウォール
下：インフレーム型角部カーテンウォール

3.3.9　外壁塗装

建築物の仕上げ面には塗装仕上げが施されているが、各種素地によって塗装仕上げ材の種類は様々である。外壁の塗装は美観だけでなく、その保護のために施工されているもので、主にコンクリートの中性化を抑止すること、防水性付与などを目的としている。前項記載の住戸回りのALCパネルも外部に面した部分は、その防水性・耐久性の付与、パネルそのものの炭酸化を抑止する目的等で塗装がなされている。

外装塗装仕上げ材には、大きく塗料と建築用仕上塗材がある。また、塗装対象となる外壁素地には、大きくは金属系素地とセメント系素地がある。建築用仕上塗材は、凹凸模様を形成する厚みある仕上げとなるが、特にセメント系素地のコンクリート、セメントモルタル、そしてALCパネル等の素地で活用されることが多く、日本建築学会編「建築工事標準仕様書・同解説　JASS23　吹付け工事」及び「建築工事標準仕様書・同解説　JASS15　左官工事」において規定されている。

建築物の部位によっても採用される建築用仕上塗材の種類は異なる。例えば、バルコニー等の上げ裏（天井面）面には上層階床面等からの水廻り対策として、水蒸気透過性に優れる薄付け仕上塗材（リシン）が圧倒的に多いが、バルコニー等の雨掛りとならない外壁には複層仕上塗材（吹付タイル）もしくは塗り工程数の短縮された防水形外装薄塗材（単層弾性仕上塗材）なども使用されることが多い。また、外壁面には耐候性（耐久性）が要求されるため、昨今の主流としては複層仕上塗材の上塗材には耐候性の高いアクリルシリコン樹脂塗料仕上げやふっ素樹脂塗塗料仕上げが多くなって来ている。

塗料のみでの仕上げは、凹凸形状のない平滑仕上げとなる。平滑性及び表面精度の高い外装材である外装用金属建材、PCa、そして押出成形版等のパネル仕上げに採用されることが多く、日本建築学会編「建築工事標準仕様書・同解説　JASS18　塗装工事」に規定されている。

金属系素地の外装用金属建材類は、建築資材として工場加熱塗装が行われ、現地で据付施工されることが主流である。カーテンウォール工法で用いられる大型のアルミニウム外装パネルの表面仕上げはすべて工場にて行われ、主に陽極酸化皮膜処理（電解着色含む）、塗装製品においては従来の電着塗料からなる陽極酸化複合塗膜の他、耐候性に優れる加熱塗装の溶剤系ふっ素樹脂塗料がトップコートに採用されることが多い。

ドア、サッシやフェンス、据付金具等の金属建具はアルミニウムの他、亜鉛めっき鋼板やステンレス等を使用する場合もある。このような比較的小さな面積への塗装は長期耐候性よりも素材への適応性、経済性が重視され、トップコートには工場加熱塗装の溶剤系熱硬化形アクリル樹脂系塗料や溶剤系熱硬化形ポリエステル系塗料が使用される場合が多い。

一方セメント系素地のPCaは、工場での高耐久ふっ素樹脂系の塗料仕上げが採用されていることが多く、押出成形板については製造工場の工場塗装と現場塗装の二通りがあるが、共に表面の仕上げは、素地の平滑性を担保するため塗料仕上げが採用される場合が多い。

また、バルコニーなどの上げ裏（天井面）は床面から進入する水分などの透過性を確保するため、新築時にはリシン吹付け材が施工される場合が多い。

外壁等の塗装は建物の美観を保持のみならず、躯体の保護を主眼においたものでもあることを認識しておく必要があり、計画的に適切な材料での更新が必要である。

写真 3.3-14　アウトフレーム外壁塗装面（微弾性塗材）

写真 3.3-15　バルコニー上げ裏面（リシン吹付け）

3.3.10　シーリング

シーリング材は各種部材の接合部（目地）に充填することで、水密性と気密性を持たせる防水材である。また、外装仕上げ材の一部となることから美観も要求される。

シーリング材を充填する目地は以下の二種類に分類される。

①部材の接合状況や熱伸縮等によって目地幅が挙動するワーキングジョイント目地（金属取合い目地、成形板取合い目地等）
②目地の挙動が殆どないノンワーキングジョイント目地（躯体目地、タイル化粧目地等）

現在、超高層マンションでは、使用する部位に応じて主にポリウレタン系シーリング材、変成シリコーン系シーリング材、ポリサルファイド系シーリング材、シリコーン系シーリング材などが使用されている。

ただし超高層建築物であるから超高層建築物より高耐久な材料を使うということはなく、一般的な中高層建物と同様に、使用される部位や状況（雨がかり部、非雨がかり部、露出目地、塗装目地、サッシ廻りなど）に応じて、「シーリング材の適材適所表（1984年　日本シーリング材工業会　公表）」に基づいて材料が選定されていることが多い。

また、超高層マンションのサッシ廻り等の接合部や、直接雨がかり部の目地をシーリング材で防水する場合、一般的に行われているシングルシールにすると、シーリングに部分的な不具合を生じた場合は漏水事故に直結するので、ダブルシールとし1次シーリング材に部分的な不具合を生じても、2次シーリング（シーリング材やガスケット材）の防水機能によって、室内へは漏水させずに水抜きより外部へ浸入水を排水させる納まりを採用することがある。

また、手すり支柱の根元など雨水侵入の恐れのある部位にはシーリングを施工しておく場合も多い。

プレキャストコンクリートが主流となった超高層マンションにおいては、それぞれが別のピースである柱や梁の取合い部分を、必ず止水材としてのシーリングを施工しないと漏水事故に繋がることから、非常に重要な材料であることは間違いなく、その施工にあたる職人にも適切な施工が出来ることが求められる。

写真3.3-16　PCa柱とパネルゾーン取合い目地のシーリング
隙間ができて止水性能が確保されていない状態

写真3.3-17　住戸サッシ廻り、ALCパネル間のシーリング

写真 3.3-18　アルミ手すり支柱埋込根元
雨水が躯体内に浸入しないようシーリングを施工することが望ましい

3.3.11　防水

防水と一口に言ってもその内容は多岐に渡り、部位ごとに仕様が異なる。以下に代表的な防水の部位と種類を記す。

⑴屋根・ルーフバルコニー：

アスファルト防水、改質アスファルトシート防水、合成高分子系ルーフィング防水などを主に、保護コンクリートのあるもの、断熱材が敷き込まれたものなど、屋根の形状や人の出入りの有無などから、部位ごとに性能と仕様を設定し施工されている。

⑵バルコニー・開放廊下：

モルタル防水、ウレタン系塗膜防水、長尺塩ビシートなど、人の出入りのある部位のため、原則歩行対応の材料が選定されている。

特に開放廊下型の場合には、新築時から意匠に配慮して長尺塩ビシートとウレタン系塗膜防水を組み合わせて施工されているものがほとんどと思われる。

写真 3.3-19　保護アスファルト防水工法の屋上

写真 3.3-20　シート防水断熱工法の屋上

写真 3.3-21　露出アスファルト防水断熱工法の屋上

写真 3.3-22　長尺塩ビシート、ウレタン塗膜複合防水のバルコニー

写真 3.3-23　新築時からウレタン塗膜防水のバルコニー

3.3.12 金物類

⑴鋼製手すり、トップレール

住戸バルコニーやサービスバルコニー、開放廊下などの転落防止のために取付けられている鋼製部材で、主にアルミやステンレス製の縦格子状の部材。縦格子部分が目隠しパネルになっているものや、眺望に配慮してガラスやポリカーボネートのパネルになっているものなど、意匠上に配慮されたものが多い。

中高層マンションにおける手すりの躯体に取り付いている支柱根元の固定方法には、年代による違いがあり概ね2005～06年より以前の支柱根元は躯体への埋め込みによる湿式工法、それ以降はアンカー固定による乾式工法に分かれる。しかし、対風圧の高い超高層マンションにおいては、手すりがパネルの場合は特に風圧が強いことから構造計算を要し、後打ちのケミカルアンカーによる固定ではなく、2010年頃からはPCaのバルコニー先端にステンレスアンカーを埋め込んでおき、そこに手すり支柱を固定する乾式工法が主流となっている。

RC造アウトフレーム逆梁工法の建物では、コンクリート製の梁の上面に鋼製のトップレール（高さ20～30センチ程度の小規模な手すり）が取付けられているものも見受けられる。

写真3.3-24　インフレーム持ち出しバルコニーのパネル手すり

写真 3.3-25　アウトフレーム逆梁の手すりトップレール

⑵鋼製サッシ

建物外周部に設置されているアルミ製のサッシが主で、原則的に共用部に属し、専有部に面するサッシについては専有使用権が認められている。引違いの掃出し窓、引違いの腰高窓、一部が嵌め殺しになった掃出し・腰高窓等、形状は様々である。バルコニーへ出るための扉が設置されているケースもある。

超高層マンションの場合は特に対風圧性能が求められ、その性能基準値を満たしたものである必要がある。また近年では省エネ性能に優れた復層ガラスやLow-Eガラス、遮音性能の高いものが使用されるケースも見られ、マンションごとに異なる仕様が採用されているのが実情である。沿岸部のマンションにおいては、アルミの被膜に耐候性の高いものを使用し、塩害対策を施したものなどが使われる場合や、一部にはステンレスサッシを採用しているものも見受けられる。

また、サッシ枠は躯体にアンカーで固定され、その四周のALCパネルやコンクリート躯体との取合い部分は、止水のためシーリングが施工されている。

写真 3.3-26　アルミサッシ（腰窓、掃出し窓）

⑶玄関ドア

マンションの玄関ドアは特定防火設備（常時閉の防火戸）とされる防火設備であり専有使用権のある共用部分である。そのため一定の防火性能を有する必要がある。また地震時の層間変形での枠歪みによる閉じ込め事故防止性能を有する耐震型の扉が採用されている建物も多い。他にも断熱性能、防音性能、防犯性能に優れたものが採用される傾向にある。

基本的には化粧鋼板と心材で構成され、表面の仕上げはマンションの意匠やグレードに合わせて多種多様である。

共用部分であることから居住者による改修は原則認められていない部位であるが、日常使用による劣化や鍵の交換、破損などによる修繕は、管理規約に則って使用者負担での修繕が求められる。

写真 3.3-27　中廊下　住戸玄関扉、PS 扉

⑷鋼製扉、PS 扉

玄関ドア以外の防火性能を要求される部位（屋上出入口や地下機械室など）の扉は鋼製扉が使用される。概ね塗装仕上げの鋼板フラッシュ扉で構成される。

住戸の前にある設備機器を納めたシャフトの扉（PS・MB 扉）も単板の鋼製である。また共用の簡易な鍵付き設備機器のシャフト扉も同様である。

いずれも日常的な検針や点検などで開け閉めする部位であるため、塗装などの修繕工事は計画しておくべき部位となるが、屋内廊下型の PS 扉は外気に触れていないため、塗装改修の周期は開放廊下型のものに比べて長くすることが可能である。

写真 3.3-28　機械室鉄扉

⑸雨樋、ドレン

バルコニーには上階からの雨水を排水するための雨樋の設置がある。材質は塩ビ管が一般的であるが、中には鋼管を使用しているケースもある。

雨水排水の配管への接続部分として、屋上やバルコニーの床面などにドレンの設置がある。屋上のドレン部分においては防水層を貫通している部分なので、漏水に対する対策が必要である。

ドレンには雨樋の経路によっても異なるが、バルコニーの中継ドレンやルーフドレン、縦引き、横引きなどの種類があり、鋳鉄製やステンレス製など材質や形状も様々である。

写真 3.3-29　バルコニーの雨樋と中継ドレン

⑹清掃・点検用ゴンドラ設備

超高層マンションの中には、屋上に窓などの清掃用・外壁等点検用のゴンドラが設置されたものがある。吊り下げゴンドラとその駆動部（クレーン）、建物外周を移動するためのレールなどからなり、建物の外壁などの点検や、カーテンウォールの外部清掃などに利用されている。

基本的に定期点検を要する機械設備であり、可動する機械であることから修繕や将来的な更新は欠かせないため、長期修繕計画での更新時期などを設定しておく必要がある。

⑺屋上のヘリポート、ファーリングなど装飾、鉄骨階段

一定規模の超高層マンションでは屋上などに緊急時の際、ヘリコプターがホバリングするためのスペースを設けることが義務付けられている。

また、その塔屋ヘリポートなどを、装飾で隠している部分をファーリングと呼ぶ。近年では特にそれらの部分でその建物を印象づけるための意匠的な装飾が施工されているケースが多く、照明器具が仕込まれているものなどもあり、建物ごとに工夫を凝らした象徴となるようなものも多く見られる。

コンクリート製の塔やフレーム、鉄骨にアルミなどをルーバー状に取付けたものなど、意匠性に富んだものが多く見られるが、当然にその維持管理が必要で、その形状から建物の外壁以上に仮設などの修繕計画を立てるのが難しい部位でもある。

ファーリングなどの装飾を取付けるベースとなる鉄骨材には、概ね溶融亜鉛メッキ（通称ドブ漬け）鋼材が使用されており、基本的には錆などの劣化は起きにくいとされているものの、湾岸域などの風に常時晒されているような鋼材の場合には10年程度で錆が発生するケースも見られ、大規模修繕工事の際には錆止めや防食のための塗装を施工する必要がある。

装飾に使用されるアルミ材も、立地などの条件によっては点食が発生し劣化の性状を示すことから、状況に応じて補修や更新などの必要があることを認識しておくべきである。また、外部に鉄骨階段のある場合には、そこにどのような足場仮説が可能か、適切な塗装が行えるかなど、事前の計画が重要である。

写真 3.3-30　清掃、点検用の常設ゴンドラ

写真 3.3-31　ホバリングスペース廻りのファーリング

溶融亜鉛メッキ鋼材の鉄骨ベースにアルミ製ルーバー取付け

写真 3.3-32　鉄骨階段

外部鉄骨階段。溶融亜鉛メッキ鋼材やアルミルーバー、仮設や修繕仕様の設定がむずかしい

3.4　劣化原因における特徴

3.4.1　主な建物及び部材（塗装など仕上げ材料も含む）

劣化の要因は以下。

⑴紫外線（要因a）

⑵赤外線：熱、温冷繰り返し（要因b）

熱はエネルギー移動形態の一つであり、躯体など物質内での熱伝導、赤外線放射、熱対流などが考えられる。

⑶水分：雨水、結露水、湿気（要因c）

材料側の透水性や透湿性などの材料性能・材料設計にも依存する要因

⑷風：汚染物質や化学物質
（海塩粒子や酸性ガスなど）を媒介する媒体（要因d）

⑸外力：主に地震による（要因e）

地震などの外力は直接的に躯体そのものにひび割れなどの劣化要因を与え、特に長周期振動などの繰り返し応力はその傾向が強い

⑹その他

その他、考察すべき要因として、高さ、気圧、東西南北の面、周辺環境などが上げられるが、次項で現在記載できる範囲での指摘をしておくものとするが、まだ研究途上の次項も多く、今後の調査・研究が待たれる。

写真 3.4-1　沿岸部の超高層マンション群
塩害による材料劣化の可能性がある

3.4.2　超高層マンションで特徴的な劣化要因

⑴要因a：紫外線

現在の超高層マンションの高さ（100m ～200m 程度）の程度では中高層マンションと概ねその要因強度はあまり変わらないと思われる。ただし、日照量に相関するので、立地条件、遮蔽性の条件に左右される可能性はあるが、明確に判断出来る研究結果がある訳ではない。

⑵東西南北（方位）

概ね前述での紫外線（要因a）の照射時間等が面ごとに異なることで、仕上げ材料の劣化状況が異なることが考えられる。

北面などの日照量の少ない下層階や建物の陰になる部分などでは仕上げ材料にもよるが、水分量（要因c）が多く残ることに起因する微生物（黴類・藻類）汚染なども促進される傾向にある。しかし建物の形状や仕上げ材料などの要因にも因るため、一概に面による劣化が明瞭に判断できる研究データがある訳ではない。

面方位ではないが、屋上やルーフバルコニー面においてアスファルト防水保護断熱工法による仕上げがされている場合には、日照による熱の要因を繰り返し、アスファルト防水層を立ち上がり端部で破断させるような現象も見かける。しかしこれは保護コンクリートとアスファルト防水層の取合い部分で、適切な緩衝材による処理がなされていれば発生するものではないので、熱要因による劣化現象ではあるが新築時の施工に起因する劣化であると言える。

写真 3.4-2　築１年で北面のボーダー部分に発苔した事例

⑶階（高さ）

50m と100m、200m 程度の高さの違いで想定される要因の差異では材料劣化に特段の差異は考えにくいが、南面や西面など日照量が非常に多い面に、遮蔽物の少ない上階では特に熱要因（要因b）による伸び縮みなど

が考えられ、それによって劣化を促進されている可能性もあるが、明瞭な判断が出来る研究結果はまだない。

⑷周辺環境（海沿い、市街地、など）

海岸沿いにおいては、海風・山風（要因 d）が劣化要因を運搬する媒体として働く。劣化要因が漂着する環境に建物がある場合には塩害（塩化物イオン）などの影響が考えられ、アルミ手すりやサッシ等のアルミ製品に点食などが発生する率は高まるものと思われる。

アルミの点食は鉄の錆と異なり、周辺に広がらず奥へ奥へと進行し孔食を生じさせ、当該箇所から雨水（要因c-1）を支柱内に導く可能性がある。またアルミの支柱内で結露（要因c-2）を起こした水分が支柱内下部に溜る可能性もある。手すり埋め込み根元の支柱が湿式である場合、根元固定部内に鉄製のアンカーが埋め込まれていることから、内部に水分が入るとそれらが錆びて膨張し、バルコニー鼻先の部分で躯体コンクリートのひび割れや、爆裂などを生じさせる要因となる。

市街地の場合はやはり風（要因 d）により、自動車の排気ガスに含まれる亜硫酸ガスなどが、躯体や塗膜に漂着、塗膜の劣化や躯体の中性化などに影響を及ぼすことが考えられる。

市街地でかつ町工場などの風下に建物が立地する場合、煤煙や金属性粉塵などが風（要因 d）によって建物に漂着し、鋼製部材（鉄、アルミ、ステンレス問わず）にもらい錆を生じさせることがある。

写真 3.4-3

近隣の工場地帯より金属製粉塵などが風により漂着しステンレス製の手すりにもらい錆を生じさせた例

⑸外力（要因 e）

劣化の要因としては主に地震によるもので、躯体のひび割れや欠損、タイルの割れなどを生じさせる。

層間変形が許容値を超えれば、サッシや玄関扉の枠変形に伴う閉じ込め事故などの原因ともなる。また、外壁の ALC パネルなどは地震の揺れに対し、追随して動くことで大きな破損が起こらないように組み立てられているが、一定以上の揺れに対してはパネル間のシーリングの破断や、パネルそのものの角部のひび割れや欠損も発生することが分かっている。

また、内装に使用されるプラスターボードなどの乾式間仕切り壁（住戸間の壁や共用中廊下壁など）や天井（住戸内、共用部問わず）、エントランスホールなど共用部の内装石張り・タイル張り部分なども東日本大震災により破損・落下などの発生した建物の事例も多く、構造躯体ではない部分であるため建物そのものの強度などへの影響は無いが、補修をせずにおけるものではないことから外力の影響による補修は何かしら発生するものと考えておいた方がよい。

免震装置や制震装置なども大きな地震が発生した後は、各装置に異常がないかを必ず点検し、問題があれば調整・交換などを行うことが必要となる。

写真 3.4-4　地震で破損した共用廊下の内壁（プラスターボード）

写真 3.4-5　地震により落下したエントランスホールの装飾タイル

3.5　大規模修繕・躯体補修における特徴

前超高層マンションにおいては設計及び施工した各社ごとの特殊工法や、特殊な材料が使用されていることがあり、修繕設計を行う事業者が新築時の施工会社ではない場合には、修繕に先立ってそれらを把握しておく必要がある。

特にPCaタイル打込み工法で施工された建物外壁には、必ず何処かにタイル後張り部分があり、組合に保管されている竣工図では全てを把握することが不可能なため、新築時の設計者・施工者へのヒアリングや、施工図の提出を求めることなどが必要となる。

3.5.1　仮設計画

工事現場事務所や作業員の詰め所、仮設便所、洗い場、倉庫などの仮設の施設類と、仮設電力、仮設水道、仮設電話など工事に必要な設備類の引込みなど、工事全体に関わる仮設物の総称を「共通仮設」と呼ぶ。

それに対し、特定の工事を行うために必要な枠組み足場、吊り足場、移動昇降式足場などのことを総称して「直接足場」と呼ぶ。

吊り足場は屋上からワイヤーで移動用のカゴを吊り下げモーターで巻き取りながら昇降する足場であり、一般にゴンドラと称される。移動昇降式足場は躯体にマストを取り付け、そこを自走式の昇降ステージが移動するもので、両者は根本的に機構が異なる。

免震構造の建物の場合の仮設計画は特に難しく、可動域をまたいだ仮設物の設置が不可能であるため、その計画が非常に重要であり注意が必要である。

また前述の仮設物のみならず、資材の搬入出等に伴う居住者の安全対策や警備員の配置、入居者の動線計画などを含めて「仮設計画」と総称し、これらは最終的な管理組合の資産として残るものではないが、大規模修繕工事全体に大きな影響を及ぼし、かつその費用は超高層マンションの場合、大規模修繕工事の総額の30%～50%にも及ぶ。

詳細は第7章 工事計画及び、第8章 仮設計画の項を参照。

写真3.5-1
下部に枠組み足場を設置し、乗降用ステージとし、クレーンによりゴンドラなどの仮設物を揚重し設置する

写真3.5-2　移動昇降式足場
飛散防止、落下防止のため周囲を養生する

写真3.5-3　連層式吊り足場と屋上塔屋飾りへの枠組み足場の例
屋上装飾には別途枠組み足場などが必要となる

3.5.2　躯体補修

躯体ひび割れ、欠損、爆裂など、基本的なコンクリート躯体の不具合に対する補修手法としては、原則的に中高層のマンションと工法は変わらない。手すりの根元や排水ドレンなどの廻りから下階上げ裏へ水が廻れば、躯体内部の鉄筋が発錆しコンクリートを押し出すことによる躯体破損が起こるメカニズムも、コンクリート躯体を持つ建物であれば同じである。ただし、欠損をポリマーセメントモルタルなどの一般的な補修材で単に埋め戻すだけでは、超高層マンションに使用されている既存の高強度のPCa躯体との付着の問題もあり、後に当該界面ではく離を起こし落下するようなことの無いように配慮した施工方法が求められる。

プレキャストコンクリート打込みタイルの浮き、はく離、ひび割れ、欠損には超高層特有の現象が確認されており、3.3 打込みタイルの項で記載したように新築時の問題が潜んでいる恐れがあるので、打込みタイルの部分は事前に確認し、足場仮設後の調査においては問題個所を明確に記録しておくことが必要である。

東日本大震災以前に建てられた超高層マンションでは、外壁塗装面や打込みタイルにひび割れや欠損などの不具合を生じていることが考えられ、これから大規模修繕工事を実施する建物においては足場仮設後に事前調査が欠かせない。東日本大震災による長周期振動においては打込みタイルの船底状欠損や、梁面のひび割れ、タイルの浮きや剥落が確認されているため注意が必要で、その修繕の工法に関しても後にタイルが剥落する事故の起こらない補修工法の選定が非常に重要である。原則打込みタイルの場合は浮きがあってもタイル裏に空隙が明確に存在することは極めて稀であり、エポキシ樹脂注入によるタイル固定工法は適しているとは言えず、タイルがはく離して落下することを避けるためにも、タイル中央に穿孔してのピン固定などでの落下防止措置を行うことが望ましい。

既存躯体の外壁タイルが調査時に既に剥落して無くなっているようなケースや、出隅などの鋭角部でタイル裏にコンクリートが十分に充填されていないような個所でタイルを打診するだけで割れて剥落してしまうようなケースでは、タイルを貼り戻す際にも躯体コンクリートをある程度斫り取らないと、張り付けモルタルが塗布できないので手間がかかる。またその際も後にタイルが剥落する可能性のあるため、落下防止のためにピンで固定しタイルと共色に焼き付けたキャップで塞いで仕上げることが望ましい。費用対効果でモルタルで埋め戻し塗装で仕上げて完了とする選択肢もあるが、その場合もモルタルが後に剥落しないように剥落防止対策を施しておくことが重要となる。他にもタイルと同色に焼き付けたアルミフィルムをひび割れの上から張り付ける工法もある。

写真 3.5-4

高強度PCaの躯体であっても鉄筋発錆による欠損は発生する。後に当該部位が落下しないよう注意を要する

写真 3.5-5

高強度PCa打込みタイルの浮きをピンで固定し落下防止

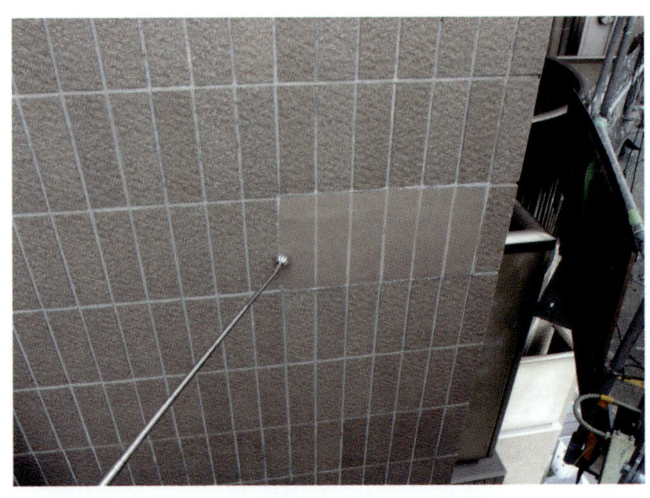

写真 3.5-6　タイル剥落部をモルタル成形塗装仕上げ

3.5.3　ALCパネル補修

外部に面したALCパネルの基本的な補修工法としては、既存塗膜の劣化に伴ない再塗装を行うことであり、既存の材料が何かにより、また長期的な視野において修繕設計者の判断により既存材料と異なる仕様を選択するなど、どのような塗装材料を使うのが最適であるかの判断は難しい。

またパネル表面のひび割れなどから雨水が侵入すれば、内部の鉄筋が腐食して膨張し、欠損を起こすこともあり適切な維持管理が必要な部材である。

屋内のパネルに関しては状況に応じて塗装を実施するかどうかの判断は異なるが、主に美観の観点からのものであり、劣化を防ぐためのものではない。

ジョイント部のシーリングの経年劣化による打ち替えも必要といわれるが、ALCパネルは非常に軽く柔らかいため、シーリング材の除去にあたってカッターを入れるだけでも削れたり、破損したりするので注意が必要であり、修繕設計者によっても修繕工事の仕様の判断が異なる部位でもある。

選択肢としてはパネル自体の保護と、シーリング材の打ち替えを省略することを両立させる、超高弾性のアクリルゴム系化粧型防水塗材などで全面を覆うことなども、初期費用は高額になるが検討の余地があると思われる。

また塗装を塗り重ねていった際にいつか塗り替える前にはく離することが可能なのか、パネルそのものを取り替える必要があるのか、炭酸化と呼ばれる劣化現象が起こった後の対処方法など、実はまだ良くわかっていないことの多い材料でもあるので、今後の動向に注意が必要である。

ALCパネルは地震など建物の挙動により、入隅や出隅など変形の大きかった一部の板に割れや欠損が発生することも分かっており、調査や補修工事実施の際にそれらが見つかれば適宜適切な専用のモルタルなどによる補修方法で補修する必要がある。内部の鉄筋の腐食などがあれば錆をケレンし防錆措置の上、補修をすることが望ましい。地震などによる被害としては、パネル間シーリング上の塗膜がALC板の挙動に伴ないひび割れていたという報告もあるため、補修工事の際には併せて補修することが望ましい。

写真 3.5-7　バルコニー内壁ALCパネルの地震によるひび割れ

写真 3.5-8　バルコニー内壁ALCパネル入隅シール上の塗膜はく離

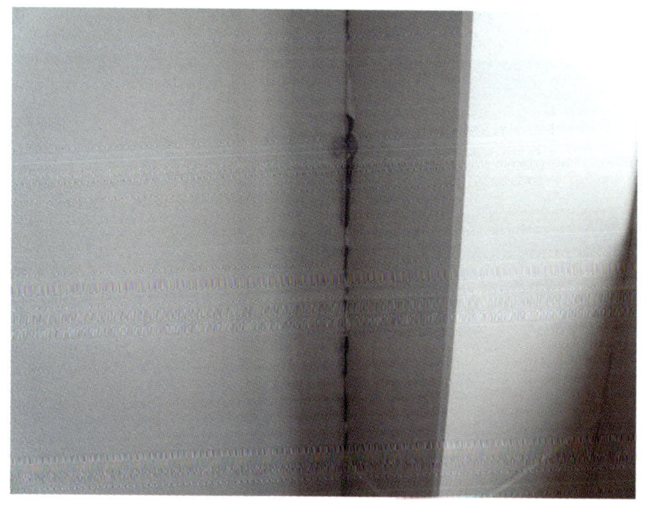

写真 3.5-9　非常用エレベータ附室
ALCパネルと躯体取合いシーリング上の塗装はく離（地震時の挙動による）

3.5.4　塗装修繕

既存塗膜の種別・状態等を適切に判断し、最適な修繕仕様を考察し、修繕設計にて検討する必要がある。

現在では高い防水性が期待出来る高弾性材料（主材層はアクリルゴム系など）や高い耐候性を期待出来る上塗材であるフッ素系、アクリルシリコン系など、既存の塗装より性能向上が要求出来る材料の仕様を検討し、長寿命化を図ることも多い。

外装塗り仕上げによる修繕の主な目的は、美観の回復（向上）、下地の保護、躯体の保護、安全性の確保、機能の変更（向上）などである。超高層マンションにおいては修繕工事仕様書の作成段階にて、以下の2項目を考慮しておく必要がある。

・目標とする外装塗り仕上げの耐用年数の確保
・建物構造に応じた仮設計画と施工工程の確保

特に塗装仕上げの耐用年数・品質は、単に適用する塗り仕上げ材料の種類やその工法の特性のみによって決定されるものではなく、下地や部位さらには使用される環境条件や用途などによっても考察するものである。また、修繕工事においては下地の補修方法や既存塗膜の処理方法などによっても大きな影響を受ける。

したがって、当該修繕工事において目標とする耐用年数を確保するためには、工事に着手する前に上述の項目以外にも材料性能を十分に発揮させるための施工・監理、さらには検査内容・精度の項目や方法などを十分に検討しておく必要がある。

なお、修繕工事における施工計画段階においては、当該修繕工事での施工環境下に応じて、適宜材料選定・施工対策を考慮しておく必要がある。また、適切な下地を形成するために外壁の洗浄工事も欠かせないが、洗浄水の飛散防止などに注意を要す他、脆弱塗膜のはく離の際にどのような仕様ではく離して回収するかなど、塗装修繕に対しての課題は非常に多い。検討すべき次項は以下。

・洗浄及び塗装施工方法の検討（低飛散性、養生など）
・既存塗膜の脆弱層等の除去範囲とその回収方法、ひび割れ補修部分の補修対策
・ゴンドラ作業などの非連続作業が必要となる場合のハンドリング性（施工性）

近年の建築物の外装面においては、特に鉄筋コンクリート素地やALCパネルなどの素地には、新築時に仕上塗材が施されている場合が多くPCaや押出成形板のような平滑性が伴ったセメント系素地面には、新築時に塗料が施されている場合が多い。

修繕工事においては、調査・診断の段階での劣化現象及び劣化度合を調査した上で改修設計する必要があるが、総じて既存塗膜が建築用仕上塗材の場合は、「可とう形改修用仕上塗材」が採用される場合が多い。

一方、既存塗膜が塗料仕上げの場合は、建築用仕上塗材仕上げにすると美観の変更となるため、結果的には塗料仕上げによる修繕事例が多くなっている。

しかし、鉄筋コンクリート素地の場合は、躯体側の劣化現象として乾燥収縮によるものや外力による「ひび割れ」が発生していることが多く、塗料仕上げでは高いひび割れ補修箇所の仕上げ精度が要求されるため、精緻なパテ処理などの段差修正が要求される。

写真 3.5-10　RC外壁のひび割れ

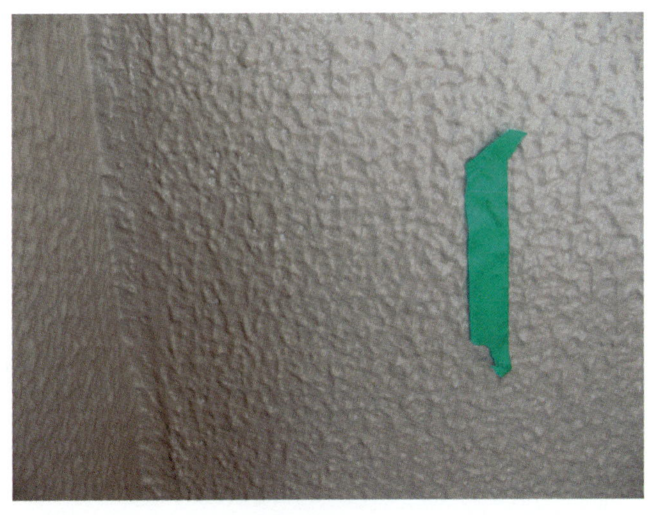

写真 3.5-11　可とう形改修塗材による改修は補修跡が目立ちにくい

建築用仕上塗材は、0.3～10.0㎜程度の塗膜厚を有し、相対的には塗料より厚く、左官仕上げよりも薄いものであるため、多孔質ローラー塗着によりさざ波模様を形成させることで、下地の凹凸段差を緩和させる効果も期待出来る。

また「可とう形改修用仕上塗材」が多く採用される理由は、塗膜層自体が可とう性を有するため、ひび割れに対して若干の追従性能が期待出来ること、さらにはローラー塗り工法であるため、施工環境面においても低飛散性の観点から修繕工事に適しているところが挙げられる。さらに近年ではよりその追従性能を向上させた材料も流通している。

また最上層の上塗材（トップコート）には、耐候性や耐汚染性などが要求される。

上塗材の耐候性については、採用される上塗材の材料設計によって異なるが、近年では水性塗料で耐候性・耐汚染性に優れた塗料が上市されており、これら製品が中心に採用されている。

仕様的には塗材にもよるが、下塗り、中塗り、仕上げと3回塗りが多く、下塗りと中塗りで色を変えるなどして確実に塗膜が重なって仕上がっていることを、工程ごとに確認することが望ましい。下地の状況や材料によっては、下塗り前にプライマーなどを施工する場合もあるので注意を要す。

その他、アクリルゴム系外壁化粧防水型塗材などは、防水性能に重点を置いた材料設計であり、ALC パネルなどに施工すればパネル間のシーリングの打替えを長期に延命出来る考察もあり、次回の大規模修繕時にもトップコートを施工するだけで可能とする検討も考察出来る。この場合、初期費用はかかるものの、当該材料を選択することも長期修繕計画の修繕周期を伸ばし、後の工事費用を削減するためには有効な手法であると言える。

軒天・段裏等の上裏部位の塗装においては、蒸気透過性が期待出来る透湿型の塗料・塗材が採用される事が多くなっている。新築当初においては、リシン仕上げである事が多いが、修繕工事の塗装仕様においては、ローラー施工（低飛散性を考慮）で透湿性能の材料が採用されている。尚、要求される耐汚染性への材料設計は外壁のものと若干、異なるが、やはり耐汚染性をも考慮した製品も近年上市されている。

写真 3.5-12　下塗り

写真 3.5-13　中塗り

写真 3.5-14　仕上げタッチアップ

3.5.5　シーリング改修

シーリングの打替え工事において、シングルシールで施工されているノンワーキングジョイント目地部は、既存のシーリング材を撤去し新規シーリング材を充填するという中高層マンションの修繕と同じである。

ダブルシールのシーリング修繕工事においては、殆どの場合1次（表面側）シーリング材は打替えるが、2次シーリング材までは打替えないことが多い。ここで注意することは、1次シーリング材を撤去する際に2次シーリング材や排水機構を損傷させないことと、納り上1次シーリング材と2次シーリング材を繋げている場合は、再度接続させることである。これを怠ると、新築工事で構築した排水機構が破壊され1次シーリングに問題を生じるとすぐに漏水事故となってしまう。この辺の納まりは建物によっても異なることと表面の目視や1次シーリングを部分的に撤去しても不明であることが多いので、新築工事のシーリング工事施工要領書や施工図等を精査したうえで、修繕工事を実施することが望まれる。

バルコニーは床面から雨水が浸入した場合、軒天目地にある水抜き穴から排水されるようにシーリング工事を施工している。また、室内への雨水浸入を防止するために梁際にシーリング材で立上りを設けている。軒天部のシーリング材を打替える際に、梁際にある「立ち上げたシール」にカッターをいれて切ってしまうと、床板内に雨水が浸入した場合、室内へ漏水し易くなる。

高耐久材料による、シーリング材の長寿命化が望まれる中、新しい材料としてポリイソブチレン系シーリング材（1998年〜）やシリル化アクリレート系シーリング材（2005年〜）が上市されている。これらの材料の耐久性区分はシリコーン系シーリング材と同じ10030であり、シリコーン系シーリング材の弱点である周辺汚染の恐れも殆どない。ただし、これらの材料の復元性や物性変化等ではシリコーン系シーリング材より劣ることと、まだ使用実績が非常に少なくいことがあげられる。

シーリング材は異種の材料の間に充填することで、防水機能を確保させるものであるから、材料劣化の他に多種多様な材料（被着体）と長期に渡って接着力の確保が求められる。部材の性能向上や環境への配慮で色々な仕上げ材が開発され上市されるが、当初はシーリング材が接着するかさえ不明なことが多い。

新築工事においては、基本的には施工前に接着試験（プライマーの種類、清掃方法、目荒しの有無等）を実施し、接着力に問題が無いことを確認したシーリング材メーカーの材料を使用するが、短期で確認可能な初期接着は良好であっても中・長期に渡る接着力に問題を生じる場合もある。また、施工後3年以上を経過して発生する偶発故障をゼロにすることは非常に困難であることより、超高層マンションのように補修が容易に出来ない建物は、材料の性能が向上したからといって単純に修繕周期を延長することは危険であり、高耐久性材料とダブルシール等を組み合わせることや中間メンテナンスを実施することによって、初めて修繕周期の長期化を検討することが望ましい。

写真 3.5-15

既存シーリングを除去、バックアップ材を入れ養生のテープを施工したところ

写真 3.5-16

修繕工事で埋込アルミ支柱根元に三角シールを新たに施工し、この上から塗装も施工し、支柱根元の止水性能を高める

3.5.6　防水改修

マンションの新築時に作成された長期修繕計画においては、予防保全の観点から概ね1回目の大規模修繕において屋根防水改修が計上されているケースが多く、「長期修繕計画通りだから」「修繕の時期だから」「保証期間を過ぎたから」といった理由で防水改修が行うケースが多い。

考え方としては、計画修繕の時期が来たとしても、防水の修繕は部位ごとに既存が何で施工されているか、新築時の施工は適切な施工であったか、現状はどのような状態か、漏水や浸水などはあるか、それをどのように修繕するかを、目視や物性などの調査によって判断し、仕様を定める必要がある。長期修繕計画では修繕の項目に入っているが、状態によっては修繕を先延ばしすると言う選択肢も視野に入れておくことも必要になり、全面的な防水改修を行う必要性があるか否かをまず判断することが必要である。

保護コンクリートのあるアスファルト防水工法が既存である場合、防水層の材料自体が腐食することは無く、適切に施工されていれば破断やはく離もそう簡単には起こらず、施工が適切であれば50年もの長期に渡って防水性能を維持することが可能であることが分かっている。露出アスファルト防水であっても基本的には同様で、問題があればその一部を補修し、立ち上がり端部金物のアスファルトコーチングは打ち増しし、保護塗装だけの修繕で十分と言うケースも多い。しかし、実態としては1回目の大規模修繕時にウレタン塗膜防水通気緩衝工法や、シート防水、アスファルト防水増し張り工法などで修繕するケースが多く見受けられる。管理組合の共用資産である修繕積立金の適切な運用や、予防保全、計画修繕として適切な時期をどう判断するかが今後の課題と言える。仮に防水改修を先延ばしにした後に漏水が発生し、修繕設計者が責任追求されてしまうケースもあることから、その判断は非常に難しい。こういったリスクも含め、事前の管理組合への説明を十分に行い理解を得る必要がある。

超高層マンションにおいては、防水層の端部立ち上がり部分がパネルなどで保護されているケースや、パラペット笠木部分にアルミなど金属製のカバーがかけられているケースなども見受けられ、防水層の保護の観点からは比較的安全をみた設計施工がなされている建物が多いため、それらの状況を良く見極めてから修繕仕様を定めることが望ましい。

写真 3.5-17　保護アスファルト防水
立上がりパネル隠蔽・一部笠木カバー金物設置の屋上

写真 3.5-18　露出アスファルト防水の塔屋屋上
保護塗装施工あり

写真3.5-19　露出アスファルト防水シートラップ部分の溶融
アスファルトはみ出し部のひび割れ
調査報告書などで「ひび割れがあり漏水の恐れがあるため修繕が必要」などの記載がみられるが、基本的に漏水の恐れはない間違った記述である

近年では屋上緑化がされているマンションもあり、建物ごとにその防水の仕様や考え方も異なるので、一概にどの工法とは言えないものも見受けられる。緑化のために土やそれに類するもの、及び植物が植えられている状態のため、その状態のままで防水の修繕ができるのか、また一旦全てを撤去して復旧するのか、それらの計画も必要となるので注意が必要である。ただし屋上緑化は新築時の環境配慮のための条例などに基づいて設置されているものであるため、安易に無くすことが出来ないことから、修繕には注意が必要である。

バルコニーや開放廊下などの場合は新築時の既存がモルタル防水や塗膜防水の場合、その状況によりウレタン塗膜防水を施工するケースが多く、組合の要望によりグレードアップさせて長尺塩ビシートとウレタン塗膜防水を組み合わせたケースなども見られる。既存が長尺塩ビシートとウレタン塗膜防水の場合は、状況により側溝と巾木のウレタン塗膜のみとする場合や、塩ビシートの張り替えを含めて更新などとする場合が多い。いずれにしてもバルコニーや開放廊下は常に人の出入り、歩行のある部位であるため、その支障が発生しないように施工する必要がある。なお、ウレタン塗膜防水は塗布量とその膜厚が防水性能を担保するので、適切な膜厚が確保されているかの計測を竣工検査前に行うことが重要となる。

その他、エントランスキャノピーや、大庇、外部に面した小さな窓のコンクリート製庇、地下階のある公開空地部分など、様々な部位に防水の仕様はあり、どの部位も漏水などが起きないようにそれぞれ適切な仕様に基づいた修繕が適宜必要である。

防水改修において大切なことは、部位ごとに既存に対し最も適切な材料及び工法の選定と修繕時期を定めることであり、それにより各部位に対し最大限の性能を得ることが可能になり、建物の長寿命化に直結する。しかし既存屋根の修繕工法に関しては、修繕設計者ごとに考え方が異なり、どのような選定をするかが異なるのが実態である。ただし、ウレタン塗膜防水で修繕されているとしても最終的には屋上の保護アスファルト防水や、露出アスファルト防水そのものを更新する時が来ることもまた事実であり、長期修繕計画にて計画しておくべき事項である。

写真 3.5-20　屋上緑化と居住者用展望ウッドデッキ

写真3.5-21　バルコニー、塩ビシートと塗膜による複合防水
空調機用のドレンレール設置

写真 3.5-22　塗膜防水の膜圧検査

3.5.7　鉄部塗装改修

⑴共用部防火扉、PS扉、消火栓収容箱、鋼製配管類、外灯、屋上のヘリポート廻り、外部鉄骨階段、機械式駐車場など

雨がかり部にある共用の鋼製部材は、経年により塗膜の劣化や錆の発生などが見られるようになる。中高層マンションでの鉄部塗装は、概ね5〜7年程度の周期で塗り替えを行うのが一般的であるので、基本的には超高層マンションでも同様であると思われる。足場を仮設しなくても出来る扉などの部位であれば大規模修繕とは別途に、計画修繕工事として実施することが望ましい。

外部鉄骨階段や機械式駐車場など、外部に面した部分に良く使用される溶融亜鉛メッキ鋼材であっても、潮風を受けるような立地など、状況により錆の発生は起こるため、調査の上で適切な鉄部塗装を仕様に組み込む必要もある。

錆があればケレンし、錆止めを塗布し、段差が無いように処理して仕上げを行う。特に機械式駐車場のパレット部分は車の乗り入れがあり、タイヤによる擦過が起こりやすいので、それに耐える強度のある材料を選定する必要があるなど、注意を要する。また、外部鉄骨階段の場合は仮設も含めての詳細な検討が必要である。

中廊下に面したPSの扉や防火戸など、雨のかからない部分にある鉄部に関しては、原則的に錆が発生することが少なく、チョーキングもそれほど発生しないので、かなり先延ばしにすることが可能と思われ、鉄部塗装は事前の調査状況を見ての判断になる。

⑵ドレン

屋上やバルコニーの雨樋に付属しているドレンは、鋳鉄製が多く経年により錆が発生し、場合によっては破断や欠損が発生することもあるため、大規模修繕工事でバルコニーの防水などを実施する際に併せて修繕する。雨水の流れ込む場所であるため、ドレン廻りは高い防水性・防錆性が求められる。

ドレンには従来はタールエポキシ樹脂塗装が施されていたが、コールタール成分に起因する安全衛生上の観点から、現在はコールタールを含まない環境対応型タールエポキシ樹脂塗装または変性エポキシ樹脂塗料（ノンタール系エポキシ樹脂塗料）が使われている。

ドレン金物の錆や破断が激しい時は、同等のものと交換することも必要になるが、目皿部分は躯体に埋め込まれているので交換は容易ではない。事前の調査により、適切な仕様を組むことが求められる。

写真 3.5-23　屋上の消火栓収容箱
鉄部塗装し、消火栓用ステッカーを貼って仕上げる

写真 3.5-24　機械式駐車場
屋内の場合は良いが、屋外で雨に当たる場所にあると錆が発生するので、厚膜ポリウレタン樹脂塗装など、専用の材料を使用する

写真 3.5-25　ドレン
錆が発生しやすいので塗装する

3.5.8　金物等の修繕

⑴アルミ手すり、ステンレス手すり

インフレームバルコニー持ち出し型の場合は、胸高のアルミ製手すりが取付けられていることが多く、その支柱の根元は前項の通り湿式の埋め込み型と、乾式のアンカー固定に大別される。

湿式のアルミ手すり支柱埋め込み根元は、内部に固定用の鋼製部材が埋め込まれ溶接されているため、当該部分に水が廻らないように補修をすることが必須である。根元回りに躯体の欠損などが発生していない状態であれば、根元回りをシーリングで止水し、根元回りの平場も塗膜などで防水することが望ましい。

しかし躯体と支柱の取合い部分や、支柱内部に入り込んだ雨水や結露水の影響で、内部の鋼製部材が錆びて膨張し、バルコニーの先端や上げ裏においてひび割れから錆汁が露出したり、鉄筋発錆による躯体欠損となって現れている状態であれば、当該部位の躯体補修はもちろん、支柱内部に溜った水を抜くことも必要となる。水を抜く場合は支柱の根元か躯体のアンカー付近に穿孔して内部の水を抜き、グラウトや樹脂を支柱根元上まで流し込み、支柱内部に入る水がその上から外部に排出されるように支柱の穴をそのまま開けておく、と言った工事が必要になる。

アルミ建材は腐食しないと思われがちであるが、日常清掃の不足や被膜の厚さ、湾岸域などでは塩害などの環境によっては腐食が発生する。アルミの錆は鉄の錆と異なり、白い点状に発生し、横に広がらず奥へ奥へと進行する性質があり、これを放置すると点状の穴が空き雨水などが回り込む原因ともなる。基本的にはこれら手すりも、居住者が日常的にアルミ材に付着するホコリや塩分などを拭き取る清掃を行うことが望ましいが、ほとんどの居住者は放置しているのが実際のところで、気がついたら腐食が進行している、と言ったケースも見られるので注意が必要である。これらの腐食に対しては、大規模修繕等の際に研磨清掃とフッ素によるコーティングなどを行い、予防保全を行っておくことなどが考えられる。

それでも最終的には金属部材は更新する時が来るものと想定されており、中高層マンションでは3回目（築36年から40年程度）の大規模修繕程度を目安に、湿式のアルミ手すりを乾式のものへ全更新する工事を行うものとされている。しかし、超高層マンションにおいての手すり更新は、一時的にバルコニーに手すりが全くない期間が出来てしまうこと、対風圧の関係で根元でのアンカー固定だけでは耐力が得られない可能性があることなど、まだ実例がないため、どのようにすれば更新工事を行うことが出来るのか分かっていない。今後の研究・開発が期待される。

写真3.5-26　埋込アルミ手すり支柱根元の水浸入によるひび割れ

写真 3.5-27

埋込アルミ手すり支柱根元間部金物の発錆をコンクリートを砕いて改修する

写真 3.5-28　アルミ手すりの点食、主に塩害によるもの

⑵専有部に面するサッシ

専有部に面するサッシは標準管理規約上、専用使用権のある共用物とされており、日常の維持管理や、通常の使用に伴う部品劣化に対しての交換工事などは、原則居住者が負担するものである。

大規模修繕の際にアンケートの結果などで、開閉の不具合などが多ければ、全住戸を対象に、住戸立ち入りでの全サッシの点検及び枠清掃、開閉調整と言った工事を修繕積立金を使って実施することが望ましい。その際に必ずサッシを一度取り外して、戸車の状態を点検・清掃し、部品交換が必要であればオプション工事として居住者負担で交換工事を行うとよい。またサッシを枠から外さないと、召し合わせ部分は通常は清掃が出来ないため、併せて清掃工事を行うことが望ましい。

サッシも何処かのタイミングで更新工事を行うことが想定されるが、中高層マンションにおいては3回目、4回目（築36～50年程度）で更新を検討する場合が多い。しかし超高層マンションにおいては、ALC パネルに囲まれたサッシの枠に、現在一般的なかぶせ工法等で更新工事が出来るのかと言うと、耐風圧などの関係で現状では更新が出来ないのではないかと言われており、今後の研究開発が望まれる。

⑶玄関扉

玄関扉もサッシと同様原則的に専用使用権のある共用物に規定される。

超高層マンションの場合、中廊下タイプが多いことから雨水などによる玄関扉の劣化はほぼないと考えられ、更新することがあるとしても中高層マンションの倍程度は維持管理ができるのではないかと思われる。

開放廊下型の建物の場合も吹き抜けに面している廊下の場合、直接的な雨水などによる劣化要因は考えにくく、湾岸域など一部の建物で塩害などによる若干の劣化が想定される程度である。

扉の修繕だけであれば、特殊塩ビフィルムなどを貼付けることで意匠性を更新することや、ハンドルや鍵、蝶番などの金属部品の交換で機能の維持が可能と思われる。

玄関扉の更新は、枠に劣化がなければ扉部分だけの更新で事足りるため、実施する場合には比較的容易な工事で済むと思われる。枠の引抜き工事や、被せ工法による玄関扉更新工事は現在のところ想定されていないものと思われ、今後の動向に注意が必要である。

写真 3.5-29　サッシを取り外しての点検、開閉調整、枠の清掃を実施

写真 3.5-30　住戸玄関ドア

既存がフィルム仕上げである場合は、特殊塩ビフィルム貼りを計画しておく

⑷カーテンウォール

カーテンウォールの改修は、基本的にパネル間の目地シーリングの打替えが主となるが、カーテンウォール部分の仮設ゴンドラなどは、取付ける躯体がないため選択肢が少ない。そのため施工の安定性に注意が必要であることから、綿密な仮設計画と工程の管理が必要になる。

改修、更新に関してはまだ全く実例がない。しかし実施するとなると当該居室の外壁がまったく無くなるという状態になるため、住民の住みながらの工事は限りなく難しいと思われる。また、耐風圧、水密、遮熱などの一定以上の性能が求められ、費用の面からも非常に難しいことが想定される。

なお、日常的な管理として外面の清掃は居住者には行えないため、常設ゴンドラを使用するか窓清掃業者へ委託して維持している。委託契約している清掃業者に、躯体やシーリングなどの材料劣化調査を併せて委託することができれば、調査の手間や費用を削減できる可能性があり、超高層マンションの維持管理上有効な手段となり得る。

写真 3.5-31　カーテンウォールのブランコによる清掃（日常管理）

⑸雨樋

雨樋は基本的には塩ビ管が使用されているため、腐食などの心配は無いものと思ってよいが、経年により汚れなどが付着し清掃するだけではきれいにならない場合もあるため、塗装することを検討するとよい。

塩ビ管は何らかの外力などの負荷がかかった場合には割れるなどの破損を起こすこともあり、その場合には交換が必要になる。また、エルボ部分など継手の部分で外れたり破断したりしている場合もあり、その場合も交換などが必要となる。雨樋が鋼管の場合には、原則として鉄部塗装が必要となる。

写真 3.5-32　鋼管の雨樋を塗装仕上げ

⑹エキスパンションジョイント（Exp.j）

高層の建物本体と低層棟の間、人工地盤やペデストリアンデッキとの間など、建物を構造的に分節している部分に空隙を設けたエキスパンションジョイントは、内部にはゴム製の雨樋を設置し、上面に金物のカバーを被せて下階への雨水侵入を防いでいる。地震などの外力を受けた際には、上部金物カバーは破損することも多く、修繕が必要となる。また、内部雨樋も不具合を起こすこともあるため、大規模修繕の際には金物カバーを取り外しての内部点検と、不具合があれば修繕を計画しておくことが望ましい。

写真3.5-33　低層と高層を分節している部分に設置されたExp.j　内部にゴム製の雨樋があり不具合が起きると漏水事故を起こす

⑺屋上装飾、ファーリング等

屋上の塔屋回りに設置されているため、改修にあたっての仮設計画が非常に難しい部位で、使用されている材料に応じた修繕工法を適宜選択することが重要である。

特に鉄骨の塗装は、鉄部塗装に従い錆止めなどの塗装が必要である。また、それら鉄骨材が躯体に取付けられている取合い部分などは、適切なシーリングなどによる止水が欠かせない。

他にも溶融亜鉛メッキ鋼材やアルミ、布製の天幕、コンクリート製のクラウンなど様々な材料で屋上装飾やファーリングが構成されており、状況に応じて適宜塗装や更新などの修繕仕様を選定する必要がある。

その他、屋上には居住者のための展望スペースが設置されているものもあり、その床にウッドデッキなど木材が使用されているケースもある。これらの改修も大規模修繕工事で実施する場合がある。

また屋上ヘリポートのヘリサインも経年で塗膜が薄れるため、大規模修繕工事の際に塗り替えを計画しておくことが必要である。

写真 3.5-34　屋上コンクリート製クラウン装飾部分

ゴンドラ等が設置できないため、別途枠組み足場や単管パイプなどを組み合わせて仮設を行い修繕する
外部に資材などを落下させないよう、最大限の注意を払う必要がある

写真 3.5-35

頭頂部で外側に突出した部分のある屋上装飾共用躯体であるので修繕が必要だが足場仮設が難しい

写真 3.5-36

頭頂部にガラスカーテンウォールの部分があり、シーリングの打ち換えなどに足場が必要だが仮設が難しい

写真 3.5-37　ライトアップで映える屋上装飾

照明器具などの設備機器更新も大規模修繕の計画に含むこともある

3.5.9　外構部改修

⑴公開空地

超高層マンションの場合、総合設計制度を活用し建物の周辺を公開空地として公開することを条件に各種緩和規定を適用させているものが多く、原則として公開空地部分の改変は認められない。場合によっては外構部に敷設されたインターロッキング舗装を、アスファルト舗装など違う路盤に改修するだけでも行政庁と協議が必要になる。

住民の利便を考慮した駐輪場の増設なども改変に該当するため、確認申請などに則って増築（駐輪場の上屋などは確認申請を要する）の申請を行おうにも、原則として許可を取ることは出来ないので、注意が必要である。

大規模修繕の際の仮設現場事務所などの仮設物を設置することは、所管の行政庁への事前申請により認められている。（詳細は第8章 仮設計画の項を参照）

⑵植栽

公開空地上の植栽はマンションの景観上、環境上の重要な役割を果たしているだけでなく、建物建設の際の各種緩和規定や緑化率などの定めに従って設置されているため、除却や改変には注意が必要である。

大規模修繕工事の際には建物周囲に足場を仮設するが、それに触れる部分の植栽の除却や樹木の枝払いなど、工事上必要となる伐採や、一時的な植え込みの撤去などは、原状に復旧出来るものであれば工事費用に計上しておく必要がある。

植栽廻りの小壁や、隣地境界の壁なども塗装の必要があり、植え込みに支障が無いように躯体補修や塗装を行う必要がある。

写真3.5-38

写真 3.5-40　足場に影響する植栽を一部撤去して仮設する

写真 3.5-39　超高層マンションの公開空地色々
近隣に開かれた公園のように使われているところも

写真3.5-41
植え込みの廻りの壁は塗装に際して植木への塗装の付着などに注意を要す

⑶舗装など

公開空地上はアスファルト舗装やインターロッキング舗装、部位によってはタイル張りなど、様々な仕様で舗装されている。前述の通り、原則的に公開空地の舗装を現状と異なる仕様に変更する際には行政庁との協議が必要となるが、既存と同じものであれば特段の申請などなく修繕が行える。

アスファルト舗装などは利用状況にもよるが、自動車が日常的に通るような場所では経年により表層が劣化し、粒状の骨材がぼろぼろとはく離するようになる。修繕するには既存をすべて除去し新設するはく離工法と、既存を一部残して上に新しいアスファルトを被せるオーバーレイ工法がある。既存の状況と費用対効果を考慮して工法を選択する事が望まれる。オーバーレイ工法を選択する場合には、排水の勾配などを適切に考慮して施工しないと、後に水溜まりなどが多く出来てしまう不具合が発生するので注意が必要である。

インターロッキング舗装は、コンクリートの基礎盤に砂を敷き詰めその上にブロックを敷き並べる工法で、意匠上の見栄えが非常に良いことからマンションの外構部などによく利用されている。徒歩利用が主であればそれほど舗装に影響は出ないが、自動車が通る部位に使われる場合は、部分的な陥没やがたつき、ブロックの割れなどが生じることもあるため、当該部分の部分補修が必要になる。基本的には既存のがたついた部分のブロックを取り外し、砂を敷き戻して調整した上で新たにブロックを敷き詰めれば良いが、修繕しない部分との色味の差を揃えることは難しい。

全体的には高圧洗浄などを実施することで汚れは落とすことが可能である。

タイル張りの床盤は外壁同様に割れや浮きが発生するが、日常的に使用する部分であるためひび割れなどが目立つ他、タイルがはく離すると段差が出来ることが問題となるため、大規模修繕の際には外構のタイル部分も併せて修繕することを計画しておくことが望ましい。

写真 3.5-42

公開空地内のアスファルト舗装をオーバーレイ工法で修繕するため、側溝際を斫り取る

写真 3.5-43　新規カラーアスファルトを敷設

写真3.5-44

自動車の出入りのある部分のインターロッキング舗装を修繕する

コラム❷ マンションの建設から引っ越し、居住に至るまで

また、超高層マンションの建設が始まったね。毎日のように地面を掘削して、杭が何本も打たれてようやく地上の工事に取り掛かったな。大きなタワークレーンが、自分で自分を持ち上げて建物の最も高いと思われるところまで立ちあがった。そのクレーンで吊られた柱や梁が組み立てられ建物が上へ上へと伸びて行く。外壁も少し遅れて立ち上り、屋上まで進んでサッシ等も入ったようだ。毎日、色々な機器材をトラックが運んで来る。恐らく中の仕事を進めているのだろうね。あれから2年近く経っただろうか、いつのまにかタワークレーンも消えて建物が立派にそびえている、竣工したのだろうか。高くて眺望は良いのだろうけど、安心や安全そして地震による揺れ等は大丈夫なのだろうか。デベロッパーも施工会社も大きいところだから多分大丈夫なのだろう。

こんなに大きな建物だから、価格も管理費も修繕積立金も高いのだろうな。住戸が完売されたかどうかは分からないが引っ越しが始まったようだ。相当たくさんの住民が引っ越してきているのか、地上でエレベータをかなり待っているようだ。超高層は費用が掛るだけでなく色々と大変なんだなぁ。これから毎日エレベータを待つようなら、上層部の方々はいらいらするだろうね。ここに住むなら、断捨離が必要だな。でも記事で見たけれどエレベータはどんどんスピードが上がってきているようでそれほど問題は無いのかも知れないね。

参考）最近の高速エレベータのスピードについて

日　立：20m/秒（1200m/分）

三　菱：20.5m/秒（1230m/分）

それより、超高層となると上と下では住んでいる環境も違うし住んでいる人たちも違うのかな。上層部の方がマンション価格は高いのだよね。環境やコストなどが違うとなると生活感も全く異なってくるかもしれないね。そのような違いはあるものの、共用部分は一緒に管理していく事になる。と言う事は、修繕を行おうとしても意見を一致させる事は相当難しい問題だね。これも超高層マンションの大きな課題ですね。更に住む方々がこんなに多いという事は、管理組合の総会決議でも大変な事になるな。重要な事を決定するとなると、何しろ3/4の数が必要になるのだからね。建替えは4/5だったかな。

しかし、高いね。上の方は殆ど見えないようだけれど、外壁はどう維持管理してゆくのかな。点検にしろ、修繕にしろ、どのように対応するのかね。でも、とても格好の良い所があるね。建物の頂上部分が無いかを表現しているかのように、例えばポール状のものが何本も経っているような物や、ガラスがはめ込まれた回廊状の物や、これは夜になるとライトアップして綺麗なのだろうね。そうそう、ロケットのお尻の部分見たいのもあるね。だけどこのような所も共用部分だから管理組合として修繕が必要になるね。実際に修繕する時は時間もコストも大変だろうね。

マンションへの居住

●区分所有者となる
●管理組合に加入する　など
●管理組合の仕事
　○25条の管理者選任
　○共用部分の管理
　○管理費・修繕費の徴収と預金積立 など
●維持管理の仕事
　○設備の管理（主要な機器等）
　　受変電設備
　　非常用発電機設備
　　電灯コンセント設備
　　受水槽設備
　　給水ポンプ設備
　　排水ポンプ設備
　　ガス設備
　　衛生器具設備
　　エアコン設備
　　給排気設備
　　エレベータ
　　エスカレータ
　　駐車機械設備
　　自転車収納機械設備
　　非常用照明
　　誘導灯設備
　　非常放送設備
　　消火設備
　　排煙設備
　○清掃管理
　○保安警備（機械）

第4章 超高層マンションで考慮すべき不具合現象とは

第4章 超高層マンションで考慮すべき不具合現象とは

4.1 不具合と補修方法

4.1.1 高強度コンクリート躯体

柱や梁といった躯体に設計基準強度60N/㎟を超えるレベルの高強度コンクリートを用いた超高層マンションの建設は1990年代後半に始まり、2001年頃から増加している。近年、それらの初期の物件を対象とした大規模修繕工事が実施され始めている。

⑴高強度コンクリートのかぶり部の欠損

60N/㎟を超えるような高強度コンクリートは普通強度のコンクリートより組織が緻密で、鉄筋腐食の要因となる二酸化炭素や水分を通し難いため、鉄筋腐食要因の一つである中性化も進み難く、通常は鉄筋腐食に起因するかぶりコンクリートの欠損が発生する可能性は大幅に低下することが想定される。しかしながら、2011年の東日本大震災時に発生した長周期地震動により超高層建築物が大きな変形を受けた際に、柱や梁の取り合い部分等においてコンクリート躯体の表層部が欠けるような事例も確認されている。

また、理論的には強度が高い程内部鉄筋が腐食する可能性は低くなるが、高強度コンクリートであっても、鉄筋腐食が何等かの要因によって生じる可能性は否定できず、鉄筋腐食を起因としたかぶりコンクリートのはく離が生じる可能性はある。

⑵高強度コンクリートのひび割れ

普通強度域のコンクリートでは硬化した後に、数か月から数年をかけて内部の余剰水分が蒸発して乾燥することで、徐々に体積の減少が進んでいく乾燥収縮という現象が顕著であり、ひび割れの発生を招く大きな原因の一つとなっている。

それに対して高強度コンクリートは強度が高い程、より緻密で余剰な水分も少なくなるため乾燥収縮量は小さくなって乾燥収縮ひび割れが発生し難くなる傾向がある。逆に打ち込み後から数時間の間に生じるセメントの水和反応時に、体積が減少するプラスチック収縮と呼ばれるような現象が見られるものの、膨張材や収縮低減剤等の使用により対策されるのが一般的である。

よって、鉄筋の腐食する確率も低い高強度コンクリートは、普通強度のコンクリートでイメージされる経年と共にひび割れが進展していくという現象は比較的起こりにくい材料である。勿論、可能性は低くなるものの、地震動の変形等ひび割れが発生する要因は考えられる。

【補修方法】

1) 高強度コンクリートの断面補修

コンクリート躯体の断面欠損等に対する補修は、「平成3年国土交通省告示第1372号・第1項」に示された試験性能を有し、かつ「平成12年建設省告示1399号・第2項」に基づき防火上支障がないことを実験等により確認したポリマーセメントモルタルまたは同等以上の品質を有するエポキシ樹脂モルタルを使用する場合のみが認められている。ただし、現状市販されているエポキシ樹脂モルタルでは不燃材料の要件を満たすことは困難であり、ポリマーセメントモルタルのみ使用可能とするのが現実的である。告示1372号にて規定されるポリマーセメントにおける要求性能を示す。(図表4.1-1)

また、「平成17年6月1日施行　改正建築基準法・同施工令等の解説」の構造耐力上の補足（第5号）において、要求性能を満たすポリマーセメントモルタルであれば断面積の5% までの補修を許容し、それ以上の断面積となる場合は母材と同等以上の圧縮強度のポリマーセメントモルタルを使用することで断面積の30% まで補修して良いとの記述がある。ただしこの様な大きな断面積の補修を実施して良いのは、架構の一部の部材のみの補修である場合に限られている。

ただし、これらの補修は欠損部からの劣化進行を防止しつつ断面を修復して元の形状に戻すことが主な目的となる。部材や損傷度合にもよるが、断面修復により損傷部材を新築時と同じ構造性能へ回復させること自体は困難であることに注意が必要である。

要求性能	試験項目		企画値等
PCMの基本性能	圧縮強度		20 (N/㎟) 以上
	曲げ強度		6 (N/㎟) 以上
	接着強度	標準	1 (N/㎟) 以上
		温冷繰り返し	1 (N/㎟) 以上
防火性	発熱性試験		不燃材料の要件を満たすこと

※試験方法はJIS A1171（ポリマーセメントモルタルの試験方法）に規定する試験による。

図表 4.1-1　告示 1372 号に規定されるポリマーセメントにおける要求性能

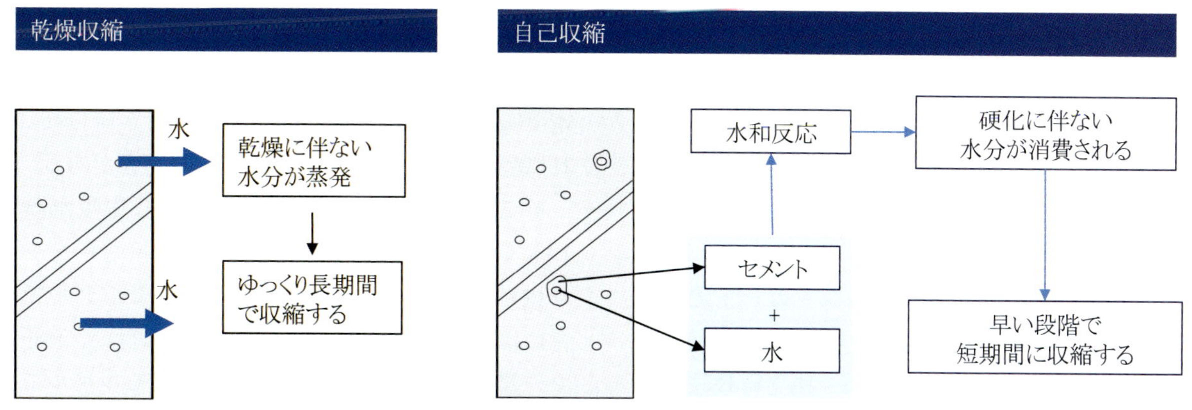

図表 4.1-2　乾燥収縮と自己収縮

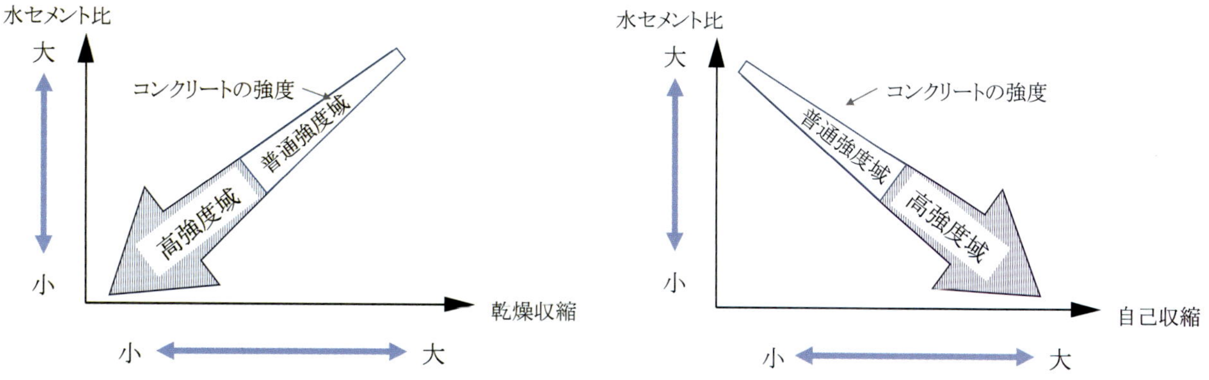

図表 4.1-3　乾燥収縮・自己収縮と水セメント比の関係（コンクリート強度に基づくイメージ）

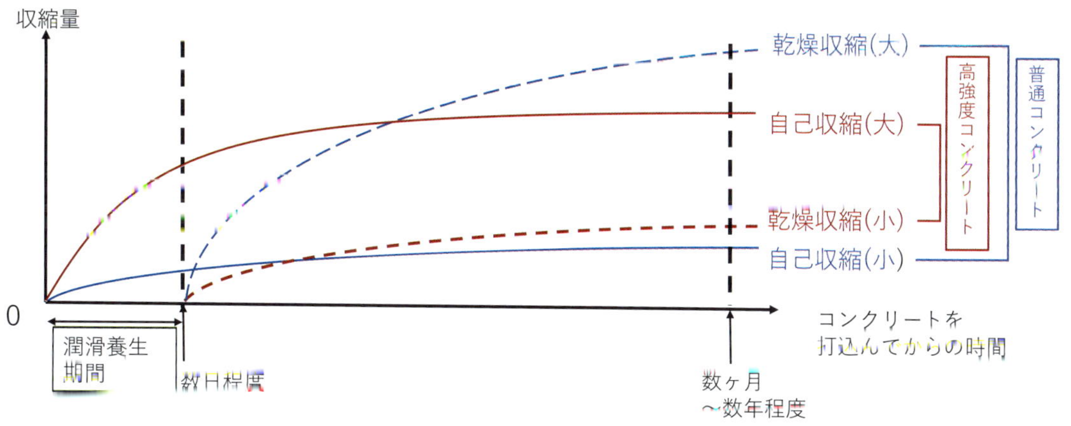

図表 4.1-4　乾燥収縮と自己収縮の関係（イメージ）

特に超高層建造物は、建物が変形し撓ることで、大地震に耐える設計となっている。構造も独自架構や免震工法を採用したり、設計過程でも応力解析による検証実施する等、非常に複雑なものとなる。よって、構造的部材が損傷を受けた場合に構造性能の回復を求める場合には、別途耐震補強と同等の検討と対策が必要となる。

なお、建築におけるコンクリート躯体の断面補修はコテ塗り施工での対応が一般的であるが、市販左官材は最高で100N/㎟程度であり、一銘柄のみという状況にあり、ほとんどのメーカ一では60N/㎟程度までしか製品化されておらず、今後の超高強度ポリマーセメントモルタル開発と上市が望まれる。

2016年12月時点にて、市販の左官施工が可能なポリマーセメントモルタルについて、メーカーカタログ値にて50N/㎟以上の強度を発現するとしている主要な製品を、強度の高い順に図表4.1-6に示すので補修材料選定時の参考とされたい。

補修方法については普通強度のコンクリートと同じで、メーカーの推奨する方法に順じて行うが、面積が広い場合等の脱落防止方法については、独立行政法人建築研究所が2013年3月の建築研究報告 No.147として発行している「鉄筋コンクリート造建築物のかぶり厚さ確保に関する研究」の P109にある「かぶり厚さ確保のための補修施工要領書（案）」に具体例が掲載されているので参考にされたい。なお、当報告は建築研究所の下記 URL より、ダウンロードして全文 PDF の入手が可能である。

http://www.kenken.go.jp/japanese/contents/publications/report/147/index.html

2)高強度コンクリートのひび割れ補修

一般に、ひび割れ補修については、ひび割れ幅や目的によって、二酸化炭素や水分等の劣化因子のひび割れ内部への侵入を防止する表面被覆工法や、エポキシ樹脂等の充填によりひび割れ内部へ劣化因子の侵入を防止しつつ、分離面を密着させる注入工法等の各種工法を用いる。高強度コンクリートにおいても普通強度と同等工法にて対応可能である。

4.1.2　タイル

外装に用いられるタイル張りの工法は、超高層マンションの基準階は、プレキャストコンクリート（PCa）打込みタイルとし、1階から2、3階の低層部は現場打ちコンクリートに後張りとすることが多い。

(1)タイルの不具合

1）高強度コンクリートに後張りしたタイルのはく離

超高層マンションの低層部では、3.3.1で述べたように、より多くの自重を受けることから一般に高強度コンクリートが採用されており、外壁をタイル張り仕上げとする場合は高強度コンクリートを下地としてタイルを後張りすることが多い。一般にコンクリート下地にタイルを後張りする場合は、モルタルとの付着を良くするために超高圧水洗等を行い、コンクリート表面を目荒しするなどの下地処理を行う必要がある。しかし、下地が高強度コンクリートの場合は、強度が高いが故に、コンクリートが硬化した後では機械的な目荒しを行うことが困難であり、また、普通強度のコンクリートに比べて高強度コンクリートの表層が緻密で吸水性が低いためモルタルの付着が得られにくく、これに起因してタイルのはく離が生じる場合がある。

そこで、新築時には、下地の目荒しや吸水調整を行わなくても接着性が確保できる弾性接着剤をタイル張り付け材に用いることや、セメントモルタルで張る場合には、表面の目荒しを早期材齢時に行い、適正なポリマー量を添加したポリマーセメントモルタルで張るなどの対策がとられている。また、あらかじめコンクリート表層にタイル剥落防止用の繊維を埋め込んでおくなどの対策がとられていることもある。

2）高強度コンクリートのPCa柱打込みタイルのはく離

アウトフレーム形式の超高層マンションでは、柱・梁などの構造部材を PCa 部材として、タイル打込みとするケースが多い。高強度コンクリートを使用した柱の自己収縮ひずみや圧縮ひずみは、通常のコンクリートの場合よりも大きい。そのため、大きな圧縮応力が生じた際の軸方向のひずみにより、タイル裏面にせん断力が生じ、タイルの母材強度を上回った際に、タイルの裏足を残しはく離する可能性が指摘されている。現在のところ、実際の不具合事例としての報告はないが、今後建物の超々高層化が進むと考慮すべき課題である。

3）地震時における不具合（柱梁取合い際及び梁部におけるタイルのひび割れ、欠損）

地震時において、柱梁の取り合い部に生じる曲げ変形に追従できずに、コンクリート躯体の欠損や、タイルの割れ、剥がれが生じることがある。伸縮目地が設けられていない柱梁取合い際のタイルが裏足を残した状態で破断したり、PCa 梁打込みタイルが陶片の欠けを伴ってひび割れた事例が確認されている。（写真4.1-1、写真4.1-2）

商品名（銘柄）	会社名	圧縮強度 カタログ値（N/㎟）	備考
スタッコウルトラモルタル･HS	日本スタッコ(株)	103	
リフレモルセットSP	住友大阪ｾﾒﾝﾄ(株)	66.2	
Cモルポリマー	二瀬窯業（株）	62.3	
JSプレミックス60H	日本スタッコ（株）	62	
なおしタルNP	(株)ニューテック	61.1	
カチモルハード	昭和電工建材（株）	59.6	
ドカモルハード	日本化成(株)	52.9	
【参考】なおしタルH	(株)ニューテック	78.5	ポリマー非配合

※（2016年12月時点）

図表 4.1-5　左官施工用上市ポリマーセメントモルタル強度順一覧

写真 4.1-1　柱梁取合い際のタイルの破断

写真 4.1-2　タイル陶片の欠けを伴うひび割れ

写真 4.1-3　鉄筋の腐食、膨張によるタイルのひび割れ、はく離

写真 4.1-4　仮設アンカーの腐食によるタイルのひび割れ、はく離

4）ジャンカやかぶり厚さ不足等によるプレキャストコンクリート先付けタイルのひび割れ、はく離

超高層に限らずタイル先付けPCa工法は、あらかじめ敷きこんであるタイルにコンクリートを直接打ち込むものであり、一般的には、タイルの接着力が安定している。しかしながら、コンクリート打設時の充填不良や鉄筋の偏りがあった場合に、躯体にジャンカやかぶり厚さの薄い部分が生じることになるが、それらは表面上はタイルに覆われているため、外観では分からない。かぶり厚さの不足から鉄筋が腐食して膨張すると、コンクリートが押し出されて、タイルにひび割れが生じ、はく離に至ることがある。また、部材を組み立てる際に使用される仮設金物跡などの後張りとなる箇所においても同様の理由で浮きやはく落を生じさせることも少なくない。（写真4.1-3、写真4.1-4）

⑵タイルの補修方法

タイル張り外壁に生じた浮きやひび割れ、欠損を補修する場合は、タイルの張替えやアンカーピンニングエポキシ樹脂注入工法などの補修を行うのが一般的である。タイルの張替えは、浮きの生じている層や浮きの面積によって、張付けモルタルとタイルを張り替える「タイル部分張替え工法」と下地モルタルを含めての張替えとなる「タイル張替え工法」が使い分けられている。アンカーピンニングエポキシ樹脂注入工法はタイルを剥がさずに行う補修であり、タイルと張付けモルタルの界面に発生するタイル陶片の浮きに対しては、注入口付アンカーピンニングエポキシ樹脂注入タイル固定工法等が行われる。超高層マンションのタイル張り外壁の補修においては、躯体が高強度コンクリートの場合は、表層が緻密で強度が高いため下地処理やアンカーの施工が困難となることや、プレキャストコンクリート先付タイルの場合は、モルタル層が無いことを考慮しておく必要がある。

1）タイルの張替え補修

タイルの張替えをモルタルで行う場合は、躯体面の目荒しや吸水調整などの下地処理が品質確保の上で重要な工程となるが、躯体が高強度コンクリートの場合は上記の理由から下地処理が困難ともいえる。また、タイルの張り付け代が無い先付けタイルでは、躯体表面をはつり取る必要もあり、躯体に脆弱な層を作ることにもなりかねない。

近年では、モルタルに代わり、弾性接着剤をタイル張り付け材に用いる工法が開発されており、躯体面表層の不純物などを除去すれば平滑な下地面に対しても接着性が得られ、目荒しなどの下地処理が不要となることから、弾性接着剤を使用した張替えが一般化していくものと思われる。

PCa先付けタイルの補修をモルタルで行う際の剥落防止処理に代わるものとしては、弾性接着剤で張り付けた後に、タイル中央部をアンカーピンで固定するなどの処理が考えられるが、その要否を含め実績が無く今後の検討課題と思われる。

2）タイル陶片のひび割れ補修

タイルのひび割れは、躯体に生じたひび割れの影響により発生するものが多い。その場合、ひび割れたタイルを一旦撤去し、躯体のひび割れを補修した後に新しいタイルを張ることになる。躯体のひび割れが構造上問題ないレベルで、ひび割れ部周辺に浮きがない場合は、無理にタイルを張り替えることなく、タイルのひび割れ部のみを補修する考え方もある。ただし、ひび割れ部からの漏水が懸念される場合は、止水性が確保できる補修材料が必要となる。現状では、透明な厚膜の樹脂塗膜をタイル面に施すことにより、意匠性をあまり損なわずに改修する工法（外壁保護改修工法）があるが、その場合は面的に施工する必要があり、ひび割れ部などの局所的な施工では補修の効果が得られない。今後、ひび割れ部のみに塗布しても止水効果が得られ、且つ、耐久性を有するような補修材料の開発が望まれる。

⑶補修を行う上での共通の課題

超高層マンションでは、ゴンドラでの作業が主になることが多く、補修の際の工程の簡素化が望まれる。特に、外壁の仮設アンカーの解体時の処理は、時間の制約によりアンカー孔の処理、タイル張り、目地詰めまでを一度の工程で行うこととなる。それぞれの作業で使用する材料の硬化時間が適正にとれないことで、施工不良となる恐れがある。

代替工法としては、アンカー孔補修の上に①塗装、②フィルムシール、③アンカー孔へのキャップ処理などがあるが、意匠性への影響や耐久性が未だ不明な点がある。

4.1.3　ALCパネル

超高層マンションでは、バルコニーや開放廊下の内壁、エレベータシャフト等にALCパネルが使用されることが多い。これらの部位でのALCパネルの劣化の要因と現象は、①外力である地震時の挙動によるひび割れや欠け、②環境における凍害、塩害、結露などによるひび割れ、内部鉄筋の腐食、③経年で生じる吸水や炭酸化によるひび割れ、内部鉄筋の腐食が考えられる。特に②環境と③経年により生ずる劣化は、表面の仕上材の状態を適切に維持・向上させていくことで長期耐久性が期待できる。また、止水性は伸縮目地やパネル間目地に施工されているシーリング材に依存しており、シーリング材の止水機能を維持することが重要である。

⑴ALCパネルの不具合

1) ALCパネルのひび割れ、欠け

超高層マンションでは一般に、躯体の変形に対する追従性が極めて高い縦壁ロッキング構法が採用されており、ひび割れや角欠けは容易に生じないものとされている。実際には、パネル新設時に補修している箇所等に、軽微なひび割れや角欠けなどが発生しているケースも見受けられる。（写真4.1-5、写真4.1-6）

2) ALCパネル塗装及びシーリング材の不具合

パネル間目地、伸縮目地廻りにおいては、ALCパネルの目地に生ずる動きに追従できずに、目地廻りの塗装材にひび割れやはく離が生じる場合がある。塗装がはがれれば、部分的とはいえ、ALC母材が風雨にさらされる状態となりALCパネルの劣化の進行が加速されることとなる。また、目地に使用されているポリウレタン系のシーリング材では仕上げ材を施さない露出仕様では使われない材料であり、塗装のはく離はシーリング材の劣化も誘引することとなる。（写真4.1-7、写真4.1-8）

⑵ALCパネルの補修・維持管理上の課題

1) シーリングの打ち替え

パネル間目地や伸縮目地のシーリングを打ち替えるときは、ALC母材内部まで入り込んだ既存シーリング材を削り落とすために、拡幅シーリング再充填工法となる。ALCパネルを長期間に渡り維持していくことを考えれば打ち替えるたびに、拡幅されることで目地幅が広がることとなってしまう。既存シーリング材の撤去は、目的が目地幅を広げることではなく、被接着面のシーリング材の除去であることを踏まえ、極力パネル母材を削らずに、撤去する配慮が必要である。

写真 4.1-5　パネルの角欠け

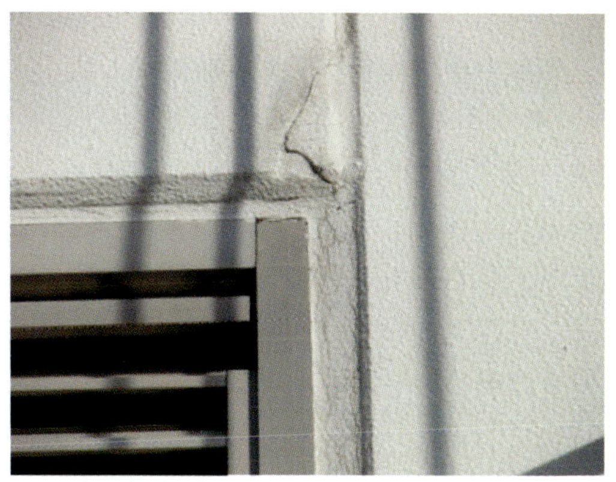

写真 4.1-6　新設時の補修部の欠け

写真 4.1-7　目地の塗装材のはく離

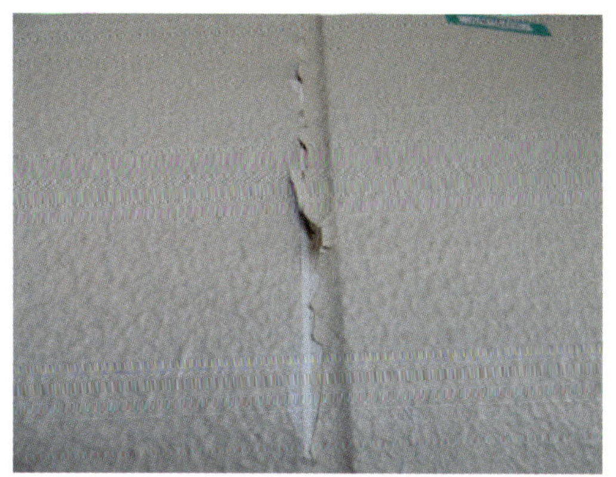

写真 4.1-8　ALCパネル母材、シーリング材の劣化

2）欠損の補修方法

ALCパネルの欠けは目地のクロスしているところで発生し、奥まで欠損している場合が多い。その場合、撤去が難しく奥まで補修を行うことが難しいことがある。また、ALCパネル間を本実（凹凸）で施工している場合、パネル間を絶縁する必要がある。（図表4.1-7）

3）塗装の撤去

ALCパネルの仕上塗装が適切に施工されている限りは、塗膜の全面ケレンが要求されるまで塗装の劣化が進行する事は稀であると想定されるが、長期的には塗膜自体の付着強度が全面にわたり低下した場合において、塗膜の全面はく離が必要となることも考えられる。

ALCパネルに仕上げられた塗装材を撤去する必要がある場合、現状ではサンダーやカップワイヤなどのケレン工具を用いた機械的な手段が選択されることが多い。この場合、物理的に脆弱した塗膜を剥がしていくこととなるので、施工の際は塵埃や騒音の問題に加え、超高層においては特に飛散の問題が生じる。

対象塗膜が有機系の場合は、はく離剤の採用も有効ではあるが、ALCパネルに吸着される溶媒成分には注意が必要である。塗膜・パネル界面まで溶媒成分が必要以上に含浸して行かない様に工夫する事が要求される。超音波ケレン方法も特に厚膜塗膜の場合、有効と判断出来るが、パネル表面も同時にケレン削除してしまうので、予め下地調整材（ポリマーセメント系・樹脂系）での表面調整の精度を確認しておくことが望ましい。

いずれの方法にしても、ケレンの程度・範囲を正確に見極める事が肝要であり、過剰にならない様に、施工時における塵埃や騒音、飛散など周囲への影響も考慮して撤去方法を慎重に選ぶ必要がある。

4）ALCパネルの劣化

ALCパネルは、乾湿の繰り返しや炭酸化収縮によりひび割れが生じると言われている。温度・二酸化炭素により、炭酸化が進行するとALCパネルは収縮し圧縮強度等が低下することが考察される。超高層マンションで施工されているALCパネルは、外面を塗装などの仕上げ材で施工し、内面に発砲ウレタンなどの断熱材を施工している部位が多い。仕上げ材等を施されていることで、雨水のパネル内への浸入を防ぐことや炭酸化の進行を遅らせることが期待できるものの、いずれ炭酸化が進行していくことは避けられない。

炭酸化した場合に生じる不具合の程度や取り付け強度、パネルの曲げ性能などへ与える影響など、将来にわたってALCパネルを更新する必要があるほどの経年劣化が生じるかは現状では明確となっていないが、部分的にでも更新が必要となる可能性はある。

⑶ALCパネルの補修工法・材料

ALCパネルの補修工法、補修に使用する材料については「ALC外壁補修工法指針（案）・同解説（日本建築仕上学会）」でまとめられており、その抜粋を参考として示す。（図表4.1-8、図表4.1-9）

⑷ALCパネル塗装の推奨仕様（新築及び改修）

単純な防水性（耐水性）、耐久性という論点だけではなく、パネルそのものの炭酸化抑制等からも考察すると、塗膜の透湿性（透気性）・透水性等の論点から複層仕上塗材（吹付タイル）がより望ましいものと判断される。かつその上塗材は初期性能（本来の性能）の維持性から考察して、耐侯型1種程度が適切であるものと考えられる。

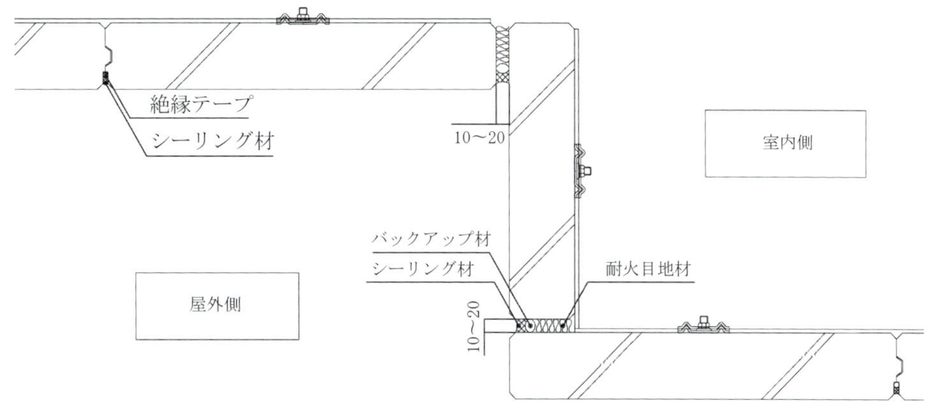

図表 4.1-7　納まり図

項目試験	品質基準	試験方法	ALC物性値
単位容積質量	1.50kg/l以下	JIS A 1174	0.45～0.55（絶乾比重）
長さ変化率	0.15&以下	NSKS-002	0.05%以下
付着強さ（標準、低温）	ALC母材破壊であること	JIS A 6916	−
			−
曲げ強度	0.7～5.0N/㎟	NSKS-002	0.78～1.18N/㎟
圧縮強度	5.0～15.0N/㎟	JIS A 6916	3.00N/㎟以上

※1　ＡＬＣ物性値は、日本建築学会建築工事標準仕様書・同解説「ALCパネル工事」より抜粋
※2　付着強さの試験方法は、JIS A 6916に準拠するが、試験用基準はJIS A 5416に規定される圧型の平パネルで、寸法が300×300×100mmのものとする。

図表 4.1-8　断面補修材の品質基準案

適用ひび割れ巾	補修工法		防水性	追従性	意匠性
0.3mm未満	シール工法		○	×	○
0.3mm以上 1.0mm未満	樹脂注入工法	硬質系	○	×	○
		軟質系	○	△	○
		発砲軟質系	○	△	○
	Uカットシール材充填工法	ウレタン系	○	○	△
		アクリル系	○	○	△
	Uカットモルタル充填工法		○	×	△
1.0mm以上	Uカットシール材充填工法	ウレタン系	○	○	△
		アクリル系	○	○	△
	Uカットモルタル充填工法		○	×	△

図表 4.1-9　ひび割れ部に対する補修工法の選定目安

4.2 不具合の事例調査と体系化

4.2.1 超高層マンションの不具合事例における考慮事項

建築物が長期に供用される場合、超高層マンションに限らず、生じる変状や不具合は、日常的な使用の中で発見されたり、定期的な点検や調査において把握される。これら変状には、経年に伴う材料劣化や、地震などの突発的な外力作用による損傷に加え、いわゆる初期欠陥や設計の瑕疵など様々な原因のものが含まれる。

また、これら変状の不具合現象は、部位ごとの「要求性能」と「建築材料の使用状況」、「環境劣化外力」、「建築材料の劣化機構」、さらには「点検などにおけるアクセサビリティ」などを考慮して体系化されるべきである。また、東日本大震災での被災事例を踏まえて「地震による損傷」についても合わせて言及する。

(1)「要求性能」と「建築材料の使用状況」

一般に超高層マンションに用いられる建築材料は、一般の鉄筋コンクリート造建築物に比して使用状況が異なるものの、材料自体は大きく異なることはない。(図表4.2-1) また、鉄筋コンクリート造の躯体部分を見ると、低層部で高強度コンクリートまたは超高強度コンクリートが使われている場合があるが、一般に、上層部は比較的強度が低く中高層マンションと大きな相違はない。一方で、建築物に要求される性能は部位に応じて異なるが、超高層マンションにおいて部位に要求される性能は、例えば耐風圧性や水密性、気密性などの要求性能が異なる。そのため、たとえ同じ材料を使用していたとしても、不具合の発生状況は異なることが理解される。

項目	特徴	中高層マンション	超高層マンション
PCa	工場で成形されたコンクリート部材を工事現場に搬入し組み立てる工法。	近年のマンションはバルコニー床及び住戸の床などに使用されているが、壁・柱や梁は現場打ちコンクリートが多い。	柱・梁及び住戸床・バルコニー床など多くのコンクリート部材がプレキャスト化されている。柱と梁の接合部分のみを現場打ちコンクリートにするケースが多い。
ALC パネル	工場で高室高圧蒸気養生した軽量気泡コンクリートパネルで強度の必要ない壁などに採用されるケースが多い。	建物の一部に使用されているケースがあるが、主要な部分に使用するケースは少ない。	軽量で耐火性・断熱性に優れ、建物に追従する取り付けができる。バルコニーや廊下の外壁、住戸間の仕切壁に多く使用されている。
GRC	ガラス繊維で補強したセメント製品。様々な造形に対応でき軽量化することもできるので外部の装飾用部品に使用される。	装飾部品はPC製品や現場打ちコンクリートを使用するケースが多いので、GRCの採用は少ない。	軽量化できるGRCの装飾部品がバルコニーや廊下面に使用されるケースがある。
外壁タイル仕上げ	近年のマンションは全面タイル張りが多く、使用されるタイルは50二丁等のモザイクタイルが多い。	現場打ちコンクリート部分に、工事現場でタイルを張る在来工法が一般的。	工場でタイルを打ち込んだPCaを現場に持ち込み、組み立てる工法を採用する。工事現場で張る工法に比べ品質が安定している。
外壁塗装仕上げ	コンクリート躯体の保護及び意匠性付与のために外壁面に塗装を行う。	新築マンションではアクリル樹脂の吹き付け塗装仕上げにしている物件が多い。	
石張り	日常的に多くの人の目に止まる部分に花崗岩などの自然石を張り、美観・質感を付与する。	マンションの顔となるエントランス回りやアプローチ回りに使用されている。	
アルミカーテンウォール	外壁をアルミ材とガラスで構成したシステムである。	住戸部分に使用されるケースは殆ど無い。	デザインの多様化や眺望を優先し、住戸の壁面にもカーテンウォールを使用する形態が見られるようになった。

[注]比較表は超高層マンションの違いを表現するために作成したものなので、地域・デベロッパー・設計者・施工者により異なる。

図表 4.2-1 超高層マンションと中高層マンションで使用されている材料の比較 [1]

⑵「環境劣化外力」

超高層マンションにおいて考慮すべき環境劣化外力の種類としては、一般環境と同様に、温度、湿度、雨、紫外線、二酸化炭素などの気体成分、その他ガスや塵埃などが挙げられる。超高層マンションにおいては、特に風環境や温度環境が大きく異なることが知られており、例えば風の速度圧を基準法に従い算定した場合、風圧力は地上部に比して数倍となる。このような風圧の増加は衝突降水量（壁面に吹き付ける雨の量で降水量と同一の単位となる）の増加につながり、高層部の環境をより過酷化していると考えられる。（図表4.2-2）

一方、温度に関しては、対流圏(高さ約10㎞)の高さまでの気温の減少率はおよそ0.6℃/100mとされるが、より地表面に近い高度における温度差は100m程度で数度の温度差が生じるとされている。（図表4.2-3）

しかしながら、これら環境条件が建築材料の劣化に及ぼす影響に関しては、風による手すりの疲労の検討など、研究は十分とは言えない。近年では、高層建築物がこれら風外力を受けた場合の壁面や手すりなどについて外装材疲労損傷評価が検討される[4]などしているが、体系だった検討は未だ不十分であり今後これらの知見の蓄積が望まれる。

⑶「建築材料の劣化機構」

⑴で述べたように、超高層マンションに用いられる建築材料は、使用される割合や仕様は異なるものの、中高層マンションに使用される材料と大きく異なることは無い。そのため、一般的に想定される劣化機構（メカニズム）にも大きな差異は無い。しかしながら、超高層マンションに使用される建築材料の劣化を正しく評価する場合、ここまで述べたように、要求性能や環境劣化外力の違いなどを考慮にいれた評価が必要となる。

例えば、超高層マンションの躯体コンクリートの場合、低層部でも地階から地上数階程度までには高強度コンクリートが用いられる場合も多い。高強度コンクリートの劣化機構自体は他の構造物で用いられる場合と相違はないが、高強度コンクリート特有の劣化機構を考慮する必要があることは言うまでも無い。高強度コンクリートは中性化の進行は極めて遅く高い耐久性を有する一方で、自己収縮と呼ばれる普通強度のコンクリートでは見られない現象によりひび割れが発生する場合がある。また、コンクリートには中高層マンションや他の鉄筋コンクリート造建築物には無い軸力が発生しており、補修などに際しては十分な配慮が必要となる。

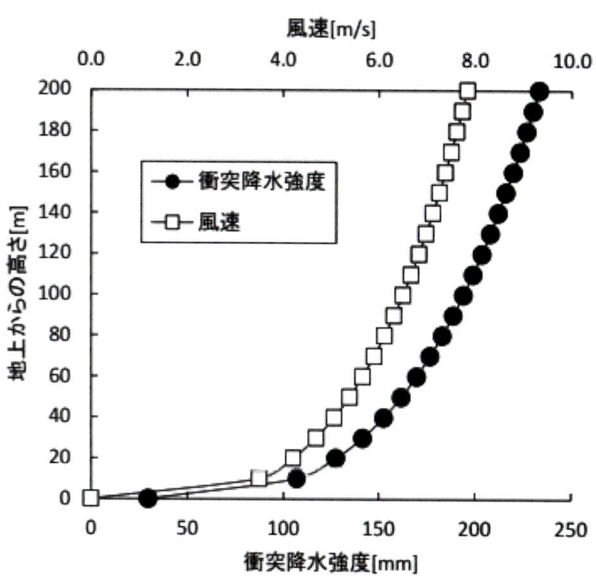

図表 4.2-2　地上からの高さと衝突降水強度の関係[2]

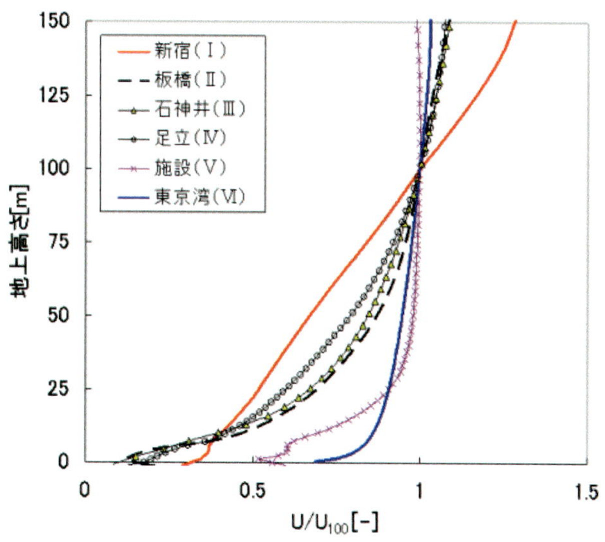

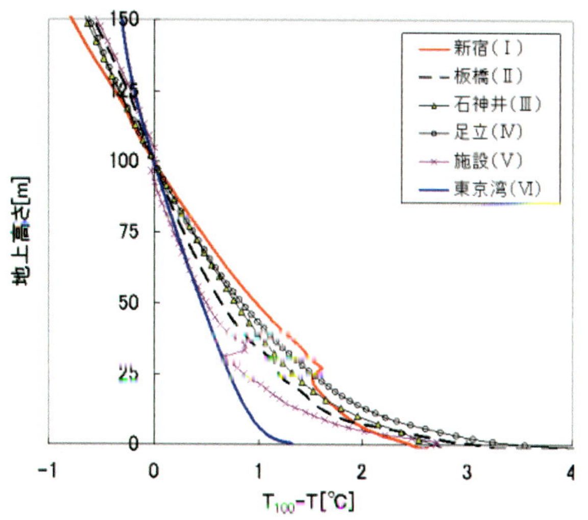

図表 4.2-3　大規模数値解析による風速比（上図）及び気温差（下図）の高さ分布の解析結果[3]

⑷「点検などにおけるアクセサビリティ」

実際の劣化事象は、通常、日常使用において居住者により発見される場合や、管理人などの日常的な点検や見回りにより発見される場合、外壁の清掃時やメンテナンス、定期点検や緊急点検、大規模修繕の調査などにより発見される場合が考えられるが、さらには、修繕工事がスタートしてから発見されるような場合も少なくない。不具合が発見されるには、発見者の技術的判断能力も必要であるが、それ以上にそもそも劣化部位へのアクセスが可能かという点にも注意が必要である。アクセサビリティがない部位としては、外壁の入隅など視認性が妨げられ現状を把握できないような部位もあれば、仕上げなどにより直接見ることのできない部位や、二重壁の内側や擁壁などそもそもアクセスの無い部位などもある。賃貸の物件では室内側の点検を居住者の入れ替わり時に無作為に実施しているようなケースもあるが、分譲マンションなどでは区分所有されている部分では、例えばユニットバスの天井裏やその周りの構造体、フローリング下などの部位は長期にわたって人目に留まらない可能性がある。また、超高層マンションの場合、外壁など日常的なアクセスが無く、視認性も極めて低い場合も少なくなく、体系だって劣化事象を把握できない可能性がある点に留意が必要である。

⑸「地震による損傷」

一般に、耐久性と言えば材料の経年変化に伴う劣化を想定しており、たとえ超高層マンションであっても、中高層マンションやその他の鉄筋コンクリート造建築物とで想定される劣化現象及びそのメカニズムが大きく変わることはないと考えられる。一方、これまで建物の長期供用を計画する際には主として材料劣化のみを考慮し、供用期間中に想定される構造的な損傷は劣化とは区別してその影響は考慮されてこなかった。これは、超高層マンションに限らず、地震の損傷を受けた建築物は必要に応じて速やかに適切に補修されることが前提であるためと考えられるが、実際の調査においては地震などによる損傷と劣化が同時に確認されることも少なくない。すなわち、経年に伴う変状としては、材料自体の変質によるものに加え、地震の損傷や損傷に起因する劣化も考慮する必要がある。特に、超高層マンションが建設されるようになって以降で最大の地震となった東日本大震災では、震源地近辺のみならず、首都圏の高層建築物においても地震による被害が確認され、加えて長周期地震動に起因すると思われる損傷も報告された。

近年では、間仕切り壁の割れや天井ボードの落下、スプリンクラーの破損、防火戸の開閉障害、壁パネルの脱落、コンクリート壁のひび割れなど躯体以外の被害についても強い関心が寄せられている。超高層マンションの場合、構造躯体以外の非構造部材や仕上材の震災被害がたとえ軽微であっても補修に大きなコストを要することから、従来の中高層マンションと同じ対策では不十分なことも想定される。

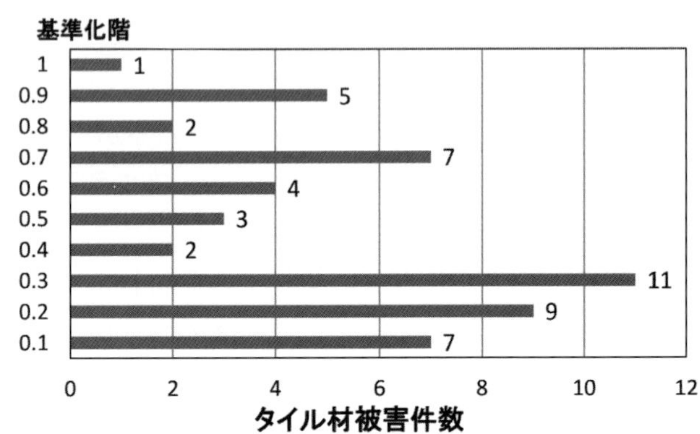

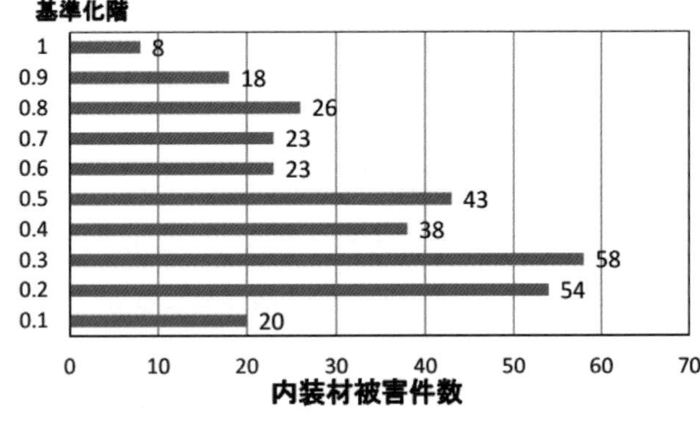

図表4.2-4　震災時の内装材・タイルの被害状況の高さ分布[5)]

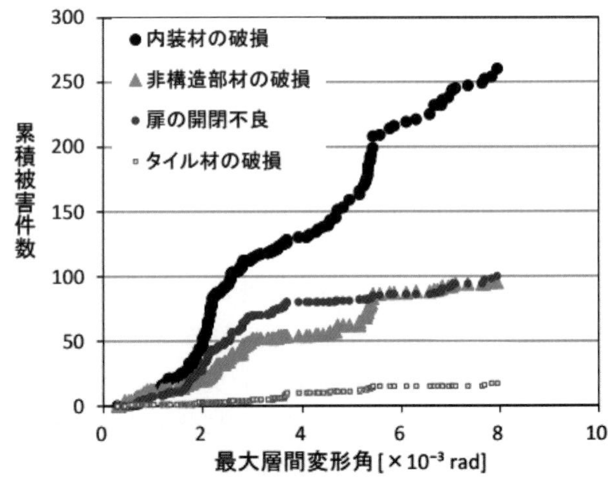

図表4.2-5　震災時の内装材、タイルの被害状況の高さ分布[5)]

記号	A	B	C	D	E	F	G	H	I	J	K	L
所在地	東京都	東京都	東京都	埼玉県	東京都	東京都	東京都	東京都	東京都	東京都	東京都	東京都
構造形式	インフレーム						アウトフレーム					
階数	地上30階	地上20階	地上32階 地下4階	地上25階	地上28階 地下1階	地上45階	33F	37F	19F	30F	25F	地上20階 地下1階
経年	13年	17年	20年	19年	13年	9年	24年	25年	25年	24年	28年	13年
仕上げ	塗装	塗装	タイル	塗装	タイル	-	塗装	タイル	タイル	塗装	塗装	タイル
3.11被害	無	有	無	無	有	有	無	有	無	有	無	有
立地・環境	内陸部 高速道 路近く	内陸部 大通り そば	内陸部 線路近 く	内陸部 大通り そば	内陸部 大通り そば	-	湾岸部	湾岸部	湾岸部	内陸部	内陸部	内陸部 線路そ ば
縦横比	1:01	1:05	1:01	1:02	1:01	-	1:01	1:01	1:01	1:01	1:01	1:03
改修	-	-	-	-	-	H25	H21.4- H22.3	H20.2- H21.12	H18.12- H19.11	H23.8- H25.2	H19.5- H20.9	

図表 4.2-6　日本建築仕上学会による調査対象物件[6)、7)]

4.2.2　超高層マンションの不具合の事例調査

(1)超高層マンションの地震被害

例えば、東日本大震災の際の被害事例の詳細については、学会などの調査で多数報告されているが、超高層マンションにおける被害事例を包括的に取りまとめた事例は多くはない。東日本大震災における被害調査では、高層階では家具などの転倒被害が多かったことが報告される一方で、内外装の被害についても報告[5)]されている。首都圏の24階建て以上のRC造耐震構造の建物を対象として、震災時の修理の必要とする被害状況を分析したもので、内外装、タイル、非構造部材、扉の開閉不良の被害など、室内側の被災状況を分析・報告している。建物階数を1として各階を比で表して（基準化階数と言う）被害状況をまとめると、図表4.2-4に示すように下層階で被害が大きくなる傾向が確認された。層間変形角と累積被害件数、内装材亀裂評価の間には一定の相関があり、図表4.2-5に示すように、最大層間変形角が5.0×10^{-3}rad（≒1/200）以上で被害が大きくなる傾向があると報告[5)]されている。このことは、供用期間中に一定量遭遇するであろう地震に対しても、損傷が想定されることを示しており、先述したアクセサビリティの観点などを考慮してこれら損傷が見過ごされた場合の劣化の促進についても今後慎重に見極める必要がある。

(2)実構造物の修繕工事にみる調査事例

日本建築仕上学会の調査グループは、先述した内装被害調査に対して超高層マンションの外装被害調査を実施している。調査グループは、震災後に実施された大規模修繕工事の記録を基に地震による外装の被害状況を報告するとともに、震災以前の事例も調査し、地震による被害が想定されない建築物についても調査を実施している[6)、7)]。調査は、東京都及び埼玉県の超高層マンション12件で、構造形式としてインフレームとアウトフレームに分類して分析を行っている。(図表4.2-6)

調査は、大規模修繕の劣化調査図を分析対象としたもので、外壁に生じたひび割れや欠損など、補修の対象となった劣化を調査対象としている。大規模修繕の実施時期に応じて、2011年の東日本大震災の被災履歴があるかを確認し、半数が震災後の大規模修繕を対象としていた。その結果を図4.2-7に示す。

一般に、最大層間変形角分布は入力地震波の特性により変化し，特に入力地震動に長周期成分を多く含む場合は，最上層階近傍及び地階で最小値となり、低層部で最大層間変形角が大きくなる傾向にあるとされる[8)]。日本建築仕上学会の調査では層間変形角は明らかになっていないが、同様に低層あるいは中高層で層間変形角が大きくなる傾向を示すと仮定すると、例えば、インフレームの超高層マンションのうち物件A、B、D、F及びH、Lは地震による被害が疑われる。

中でも、物件B、D、F、H、Lは東日本大震災後に調査が行われたものである。しかしながら、物件Aでは被災していないにも関わらず、同様に下層階での不具合が多い事例もあり、震災以外の地震による損傷が含まれている可能性が示唆される。

その一方で、頂部近傍に不具合が集中している事例も多く見られた。例えば、物件A、D、F、H、J、Kでは顕著に最上階近傍でひび割れ長さが増加する傾向が捉

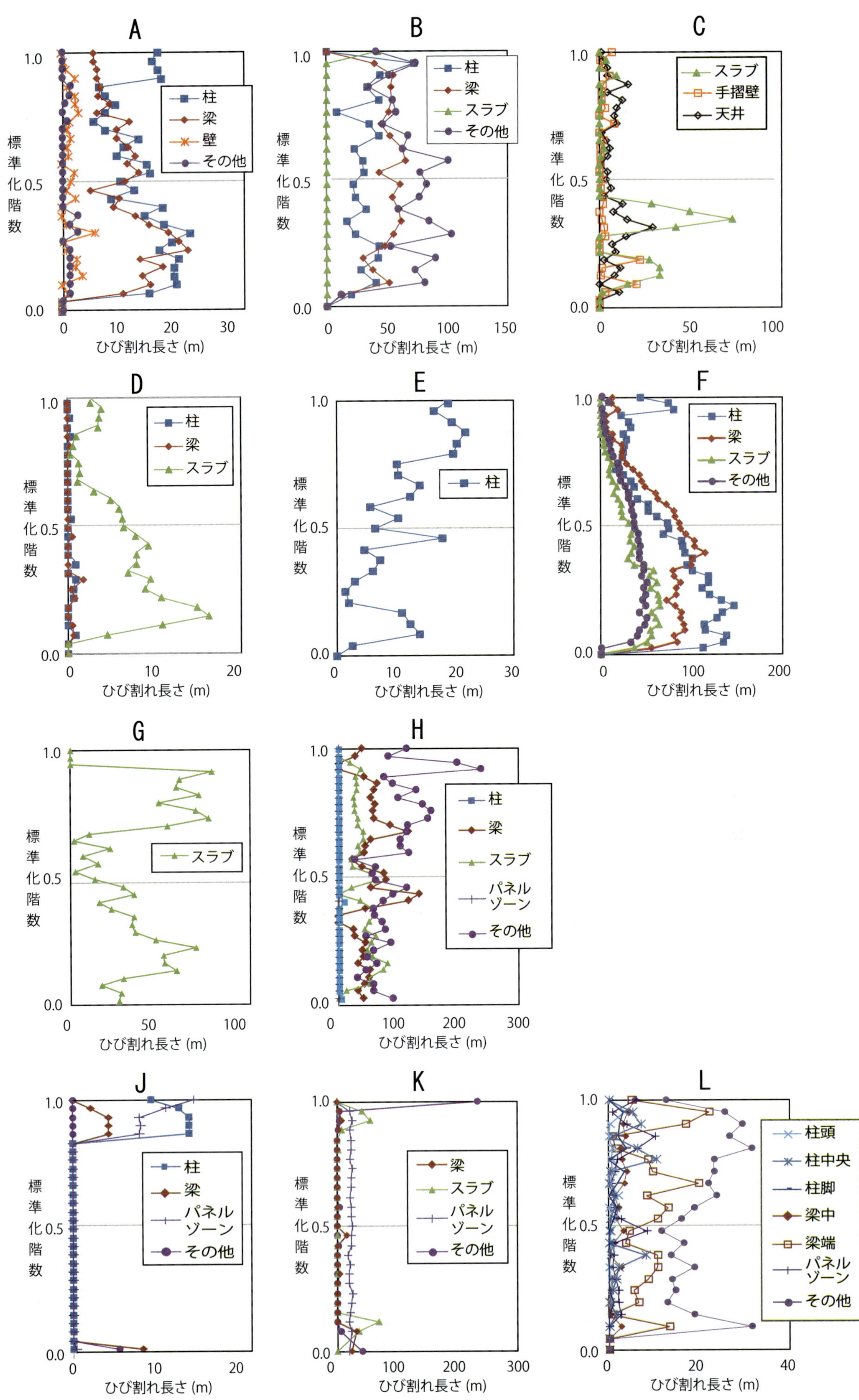

図表 4.2-7　日本建築仕上学会による調査結果[5)、6)]（ただし建物 I は未掲載）

えられている。これは、最上階のパラペット周りや最上階のベランダ上部、塔屋などにおいて劣化事象が集中している様子もうかがえる。一般に、建物頂部は日射の影響を受けて膨張するため、屋上に接する外壁部においては面外に押し出す力が作用するため、超高層マンションに限らず不具合が集中する傾向にある。近年の超高層マンションでは、高さに応じて強度の異なるコンクリートを打ち分ける傾向があり（3.3 参照）、このような傾向を複合的に捉えたものと考える。

4.2.3　まとめ

本項では、超高層マンションの不具合について考慮すべき事項として、部位ごとの「要求性能」と「建築材料の使用状況」、「環境劣化外力」、「建築材料の劣化機構」、さらには「点検などにおけるアクセサビリティ」についてまとめるとともに、実際の構造物における調査事例を紹介した。超高層マンションの場合、地震による損傷を無視することができない可能性が高いこと、劣化外力が中高層マンションなどよりも大きく、劣化を促進する可能性があることなどに留意が必要である。

［参考文献］

1) 日本建築学会，建築工事標準仕様書・同解説　JASS19 陶磁器質タイル張り工事
2) 国土交通省大臣官房官庁営繕部監修，建築改修工事監理指針，平成25年版
3) プレコンシステム協会発行，タイル先付けPCa部材製作指針タイルの貼替え指針・同解説（案），2008年4月第一版
4) 日本建築学会，建築工事標準仕様書・同解説　JASS21 ALCパネル工事
5) JIS A 5416-2007　軽量気泡コンクリートパネル（ALCパネル）
6) （独）建築研究所監修，ALC協会発行，ALCパネル構造設計指針・同解説，平成25年版
7) ALC協会発行，ALC取付構法標準・同解説，平成25年版
8) ALC協会発行，ALC取付け金物等規格，平成25年版
9) ALC協会発行（第9版），ALCパネルの仕上げおよび防水
10) 日本建築仕上学会編，ALC外壁補修工法指針（案）・同解説
11) マンションリフォーム技術協会技術委員会 超高層マンション改修小冊子編集委員会（2010年）『超高層マンション改修小冊子 長期修繕計画から工事事例まで』
12) 堤拓哉，八代直樹，辻岡展宏『超高層建築物の着雪対策に関する基礎的検討とケーススタディ』地方独立行政法人北海道立総合研究機構 建築研究本部 北方建築総合研究所 研究報告 No.368, 2016.3
13) 国土交通省国土技術政策総合研究所・独立行政法人建築研究所『地球シミュレータを用いた東京23区全域における高解像度のヒートアイランド数値解析』建築研究資料，No.123, 2010.3
14) 寺崎浩，植松康（2012）『風外力を受ける高層建物の外装材疲労損傷評価に関する検討，第22回 風工学シンポジウム』pp.331-336, 2012
15) 山根義康，永野正行，肥田剛典，保井美敏，山本健史，井川望，田沼毅彦（2011）『年東北地方太平洋沖地震時における超高層集合住宅の室内被害の分析と建物応答との対応』日本建築学会技術報告集，第20巻，第44号，pp.67-72, 2014
16) 今夏紀，永井香織，兼松学『超高層集合住宅の大規模修繕に関する研究 その2外壁における劣化の実態調査』日本建築仕上学会 2015年 大会学術講演梗概集，pp.83-86, 2015
17) 江村紀文，小山拓，Sungchul Bae，兼松学，永井香織『日本建築学会大会学術講演梗概集』超高層集合住宅の外壁劣化性状に関する調査 その3部位別劣化性状 pp.603-604, 2015.9
18) 山根 義康，永野 正行，肥田 剛典，田沼 毅彦『日本建築学会技術報告集』設計用地震応答解析モデルに基づく超高層RC造建物における最大層間変形角の高さ分布，第22巻，第50号，pp.93-98, 2016

コラム③ 超高層マンションの問題について

どんどん超高層マンションが建設され、近頃、超高層マンションの大規模修繕について色々問題視されている記事も見られるが、何故なのかな。

一般の事務所ビルでも超高層というものは多くあるし、50年以上経ったものもあるのに。

ところで超高層マンションは、中高層マンションと比べて何が違うのかね。直に高いという事はわかるけど、単純に考えてみよう。

高いとどのような事が建物に影響するのか、環境の違い、材料の違い、建設方法の違い、他にもあるかな、でも問題は何。

環境はというと、日射による紫外線や温度、風速や風圧、NOxやSOx、酸性雨位かな。材料では、建物がしっかり立っているように力強いコンクリート、風圧で割れないようなガラスや剥がれ難い塗装があるね。建設方法では、一般の足場では一番上までは恐らく無理だろうからタワークレーンで建てるのだよね。施工会社は「無足場施工が可能となった」と言っているし、今までのように現場でコンクリート打ちをするのではなく、プレキャストという工場生産の柱や梁、床パネル等を組み立てる工法のようだ。

もう少し詳しく考えてみよう。まず環境で風の強さはわかるが、高さがせいぜい200m程度であれば紫外線や温度の影響は、さほど関係無いと思うけど。たぶんNOxやSOxも問題ないだろうね。

材料はどうだろうか。外壁のタイルや塗装があり、超高層だからと言って特殊な物は使用していないと思うし。だけど、これだけの高さとなるとタイルやガラスの落下が心配になるね。10年に1度は全数のタイルを調査することが法的に義務付けられたようだが、その間にも剥がれて落下することもあるかもしれないし、恐ろしいね。カーテンウォールやサッシそして手すり等の交換も、将来必ずやることになるから気になるね。でも見てみたいよね。

建物が高くなった分、地震等にも耐えうるようにしっかりした躯体を作らなければならないよね。コンクリートは、今までの強度では当然上からの荷重で持ち堪えられないし、風力や地震等も影響する。持ち堪えるようにするには、コンクリート量を増やして柱を大きくする事も考えられるけど、住居部分の面積は減るし、荷重は増えて柱を大きくしなければならないという追いかけっこになるよね。そういう事で高強度のコンクリートが開発されたように聞いたのだけど。強度は耐えられるようになったけど、高強度コンクリートの補修を行うとなると、強度は満足するのだろうか。補修したとしても強度が安心出来ないなら、怖いよね。ところで高強度コンクリートにひびやはく離等の劣化が生じたら適切な補修方法の基準はあるのだろうか。そうでなければ、いくら処置を施したとしても破損等が生じないという保証はないし。

建設方法に関してはどうだろうか。タワークレーンで施工したとなると組立や据付けのチェックが十分だったかが気になるね。何しろ、一度取り付けると次へ次へと進んで行くようだし。どのように確認をして、ミスのないようにしているのだろうか。全てが完成したら、もうチェックのやりようが無いだろうからね。何かあったら、住んでいる人も大変だが、建直しなんかを想像するとぞっとするね。でも、超高層ビルは恐らく建替えなんて考えていないね。

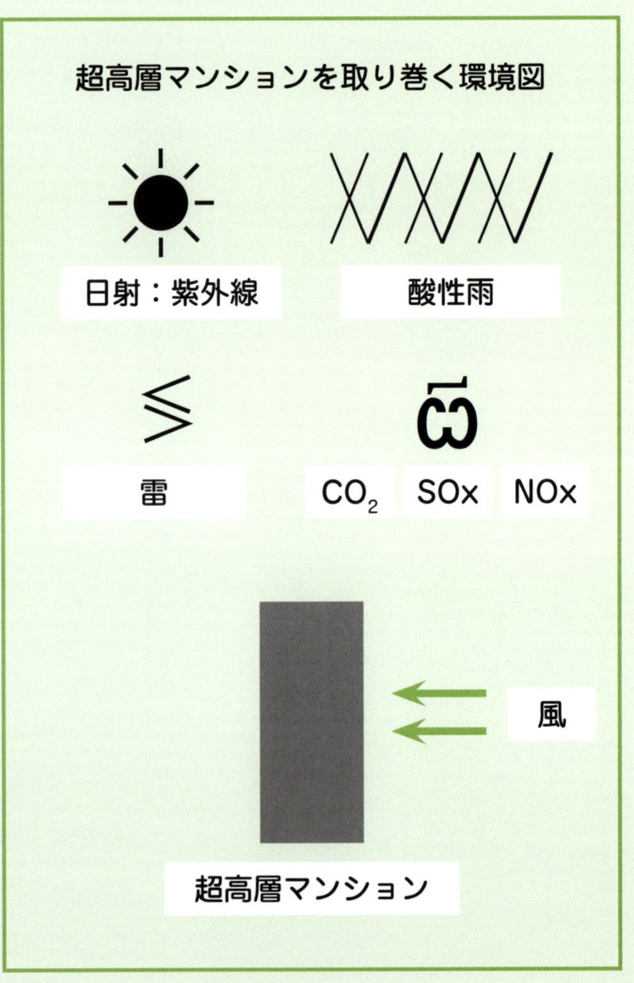

第5章 《調査・診断について》

第5章 調査・診断について

本項は、超高層マンション建築物を対象とした調査・診断を目的に記載する。調査は無目的に行ってはおらず、診断も調査者任せで行っているのではない。簡単なように見えても、技術者としての深慮遠謀なる叡智が必要である。では調査とはどのような考えで行い、どのような判断で診断を行うのか。そこでまず建築物における調査・診断の基礎概念を述べ、次に一般的調査方法を述べる。最後に、調査・診断における今後の課題を述べる。

5.1 調査・診断の基礎概念

調査とは「物事の実態・動向などを明確にするために調べること」とあり、診断とは「物事の実情を調べて、その適性や欠陥の有無などを判断すること」[1]とある。では建築物を対象とした調査・診断とはどのような事なのかを、ここで改めて問い直してみる。

建築物を人間の体に例えて説明する。一般的な日本成人男性は、年に1回は健康診断を受ける。これを建築物に置き換えると、長期計画修繕に伴う事前調査である。つまりある一定の時期に来たので、今現在どのような健康状態なのかが知りたい。よって新築時から比べてどのくらい劣化が進んだのかを把握する目的の調査・診断行為である。また人間は普通に生活をしていても病気にかかったり、交通事故や思わぬ不注意により怪我などをしてしまう事もある。そのような時は医者に掛かり、医者は病気や怪我の内容を知りたいためレントゲンやCTスキャン、MRI等の医療検査機器や試薬などを使い、原因や現状を客観的に判断してゆく。そして医者はどのようにしたら完治するかを過去の経験や事例・論文など総合判断して、治療方法を場合により患者と向き合いながら決めてゆく。これら一連の流れは、建築物においてもまったく同様と考える。つまり調査は必ずある目的があり、その結果を客観的に判断するという当たり前と言えば至極当たり前である。

5.1.1 調査

実際に建築物の調査は、目的対象がモノである。その対象には、(1)モノを対象にしたものと(2)現象を対象にしたものとに大別される。

(1)モノを対象としたもの

そもそも建築物において調査対象となるモノとはどのようなものか。現代建築物におけるモノ、つまり建材と呼ばれる建築材料を示すがこれらは概ね自然の物を人工的に加工したり、異なるものを組み合わせ加工しながら自然には存在しないものを作り上げてきたモノである。それらのモノがある目的に使用されるためには、各々基準がある。その基準を満足したものでなければ、日本国内において使用する事が出来ない。よって現在日本国内の建材会社は、その基準や規格を満たしたモノを商品として製造及び販売している。輸入品においてもしかりである。

新築時の設計者や施工会社は、建材をどのような判断で選択し使用するのか。新築時の設計図書には必ず設計図面と共に工事仕様書があり、何年度版の法律や仕様基準が表記されている。よって設計図書に基づいて施工会社は建材を選択して、建物を作り上げてゆくのが一般的な流れである。

モノの調査の最大なる目的は「モノの基準に対し、現在どのような状態なのかを客観的なる判断を行うため」である。よって、いつの基準に基づいて新築時に納入されたのかが重要となる。

建材においてモノの性状・性能が変化する要因として、劣化によるものと突発的なる外的要因に分かれる。

劣化によるものの要因はa)時間的経過によるものb)人が使用・利用した事によるものがある。時間的経過には、そのモノ自体が時間の経緯により変化する要因と、自然現象による要因、風・雨・日射等があげられる。人が使用したり、利用した事によるものとして例えば、床の摩耗・扉のノブのがたつき、蝶番の緩み、エレベータのワイヤーやモーター等々、通常の使用状況において部品の摩耗や擦り減り等があげられる。

突発的な外的要因は地震・雷・火事・津波等、通常ではありえない状況により、建材が通常ではない状態になった事を言う。

⑵現象を対象としたもの

現象における代表例として漏水、結露、音鳴り、カビの発生や仕上げ材の変色等がある。これらの現象も原因が複合的な場合もあり、原因追及に困難を極める場合も往々にして存在する。

例えば漏水現象と言っても、雨が降ると建物内部へ雨水が浸入する漏水もあれば、地下躯体に建物外部からの漏水、設備配管などからの漏水と多岐に渡る。しかも漏水がいつから始まり、漏水時間が常日頃なのかまたはある一定の条件が重なった時なのか、漏水した液体自体がどのような液体なのか等々、同一建物にあっても各々症状や原因が異なるため、漏水個所ごとに極力追及していかなければならない。

よってなぜそのような現象が起きるのかという原因の究明を第一に考慮しなければならない。建築物は多様なる建材を多様なる取付け及び接合方法により成り立っている。まず第一に、新築時の設計図面及び施工図面を十分に読み込む事が肝要である。また新築時の竣工年度も重要なる要素で、製造及び製作会社が判明すればなお良好と考える。これら基本的なる情報を基に、調査目的と調査方法を計画し、それを調査計画書としてまとめてゆく必要がある。

5.1.2　診断

診断は調査によるデータ等の資料に基づき、判断をしてゆく作業である。調査から得られた結果の客観的な判断と、建物に対する総合的な判断の融合により診断の結果を出す。

⑴モノを対象とした調査に対する診断

前述したとおり、モノには各々基準があって製造されている。ここで注意を要する事として、調査時の基準ではなく、製造時の基準である事である。つまり新築時の基準・規格が基礎となる。これに基づき数値などで比較討論をすすめる。

⑵現象を対象とした調査に対する診断

この調査における難易度はかなりの差があり、完全なる原因を掴むことが出来ない事もある。不具合を起こす原因として材料自体が悪いのか、材料の接合・接着部分の方法が悪いのかそれとも化学的反応によるのか、そこへ気象条件も重なるのか等々多種多様なる原因が複雑且つ相互に、複数的に絡み合う。また、個々の調査結果を見て判断するのではなく、往々にして建物全体を視野に入れた診断としなければならない。

建物全体を視野に入れることにより、部分現象であるのかまたは個々の超高層建築物特有の現象であるかを判断しなければならない。またその判断する時に新築時における施工方法や施工手順も十分に掌握していないとならない。それは現象によっては施工手順と使用材料を一つ一つ詳細に再検証することが求められるからである。

以上のように調査・診断の基礎概念を基に、如何に調査を実施するのかが課題となる。ここで最大の課題は調査・診断をマネジメントする人の資質で、事の成否が分かれる。マネジメントとして求められる要件として①建築・設備系の有資格者、②豊富なる経験値を有する事である。特に複雑な事象の調査診断に関しては、いくら有資格者であっても、超高層建築物の未経験者による判断過程のミスが結果を誤ませる可能性が大きいからである。

5.2　今後の課題

調査・診断は日々進化し続けているし、進化し続けなければならない。現在及び今後予想される中で、いくつかの事例を踏まえながら課題を述べる。

5.2.1　調査・診断のマネジメント

前項でも述べたが、検査・診断にはマネジメントが必携である。ここで言うマネジメントとは「検査目的を正確に把握し、最善なる検査方法を選択・実施する事が出来、結果を最大限に正確に得る知見と人脈を持ち、最善なる対応と将来像を見据えながら、これら一連の流れを全て管理する」事を言う。

このようなマネジメントを貫徹出来る技術者は、かなり希少である。大手の管理会社や設計事務所及び大手施工会社に在職している方々でも、かなり限られた存在の人々である。ではなぜそのように限られた存在になってしまうのであろうか。

マネジメント管理が出来る技術者の主なる要件として、下記事項が必須である。

①一級建築士または技術士の資格保有者
②新築建物を着工から竣工まで、一連の設計または工事経験を数棟以上の経験者

③改修工事を着工から竣工まで、一連の設計または工事経験を数棟以上の経験者

④調査・診断の計画から実施まで、一連の経験を数件以上の経験者

この要件で、④調査・診断の実地経験が最も重要な点であり且つ、一番困難な要件と考える。例えば前述した漏水調査・診断のように、多様なる場所や現象で調査方法や計画の仕方から変わってくる。しかもこれらを積極的に経験しようと考えても、調査・診断とは計画修繕の診断以外の調査診断はその建築物に対する不具合であるため、なかなか一般に周知しづらいものである。しかし現実的に施主及び建物管理者がこのような状況に直面した場合、いかにマネジメントが出来る技術者を選定し実施する事が出来るかが、第一のハードルになっている。またこのような技術者を育てる事も、建設業界としては喫緊なる課題である。

現在日本国内においては国家資格だけではなく、業界団体が自主的に資格を作りながら、技術者の技術向上と育成に向けて鋭意対応中である。しかし超高層マンションに限らず今後求められる技術者像として、管理会社や設計事務所及び居住者等々への説明能力、つまりプレゼンテーション力が今まで以上に求められる社会になってきた。

今後技術者一人ひとりがこのような社会の要請にどう答えてゆくか。技術者の育成のための教育や、それらを支える団体など、業界を超えた形で議論が必要であり将来を見据え続けることが求められている。

5.3.2　調査工法の課題

建築工法や建築材料は、日々進化し続けている。調査する機器も進化してきた。しかしまだまだ課題が多いのが現実である。その一端を以下に述べる。

⑴非破壊検査の現状と限界

建物調査を行う際、概ねその建物は使用されている状況で調査を行わなければならない。いくら調査とはいえ、例えば騒音や粉塵、振動、あるいは給水管の抜管調査による赤水の発生等々、居住者に不都合が生ずる場合がある。よって調査対象物を試験体として取り除くより、極力非破壊検査にすることで、居住者への負担が少しでも軽減されると考える。現在でも試験方法は多岐に渡るが、まだまだ改善の余地は十分にあり、より一層の機器等の開発が望まれる。

⑵閉塞部分や新工法への対応

建築物は新たなる材料や工法が開発され、それに対する調査がまだ確立されていないものもある。調査をするかしないかの判断もあるが、今まで考えていなかったものに対しても、地震等の自然災害により急に対応を迫られる場合もある。

例えば大きな地震後、建築物の健全性を調査・診断する事が緊急に発生する。超高層建築物となれば直下型地震の他にも、長周期型地震によるものに対しても対応を迫られる。同じ超高層建築物でも事務所ビルとは異なり住居用途と言う特徴上、各階毎に細かく間仕切があり、ベランダ等が多く設置されている。構造的に事務所系は鉄骨造が主流なのに対し、住宅系はRC造が主流である。尚且つRC造は高強度コンクリートを使用されている物件が近年増加傾向にあり、さらにここへ免震工法や制振工法が採用されてきている。

今後の課題として下記2点への対応を調査の必要性を含めて、議論が必要と考える。

a）仕上材等で閉塞された部分での調査・診断：例；カーテンウォール・ALCパネルの取付金具、戸境間仕切兼用の制振装置等。

b）新たに開発された工法への調査・診断：例；高強度コンクリート打込みタイル、高強度コンクリートの中性化、CFT管内のコンクリート等。

超高層マンションの特徴的な課題を今後どのように解決すべきかは、昨今ようやく動き始めたばかりである。当事者ばかりで解決を探るのではなく、日本の社会全体で熟考しなければならない時期に来ていると考える。

5.3　調査の種類と方法

調査・診断の代表的な種類として、目的別に次頁に記す。

これらはあくまでも現場において調査を行う作業のものを中心に、代表的なものを工法ごとに説明する。

［参考文献］
5.1　調査・診断の基礎概念
1）コトバンク　デジタル大辞泉の解説より　kotobank.jp/word/調査-568403

1. 外観目視調査		
方法	目視･指触	
目的	対象：仕上材 劣化状況を確認する。	
2. 外壁調査		
方法	打診調査	
目的	対象：タイル、石張り等(湿式) 浮きを確認する。 ※高所の場合は、仮設足場、ゴンドラの設置が必要。	
3. 外壁調査		
方法	赤外線調査	
目的	対象：外壁タイル 表面温度状況を可視画像化し、異常部を検出する。 ※気温、方位により調査不可となる場合がある。	
4. タイル引張試験		
方法	引張り試験	
目的	対象：タイル タイルの接着力を確認する。 ※タイル復旧が必要、タイルサイズや仕様により調査不可になる場合がある。	
5. 塗膜接着力試験		
方法	引張り試験	
目的	対象：塗装 塗膜の接着力を確認する。 ※塗装復旧が必要、塗装の仕様により調査不可になる場合がある。	
6. 塗装膜厚測定		
方法	膜厚計測定	
目的	対象：塗装 塗装の厚さを推定する。	

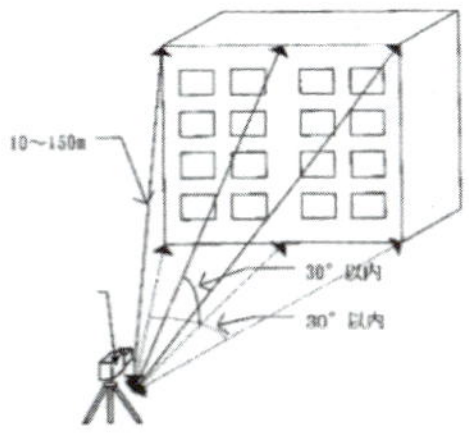

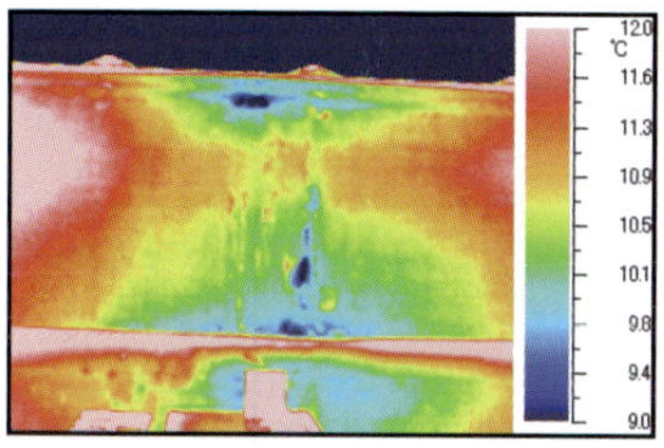

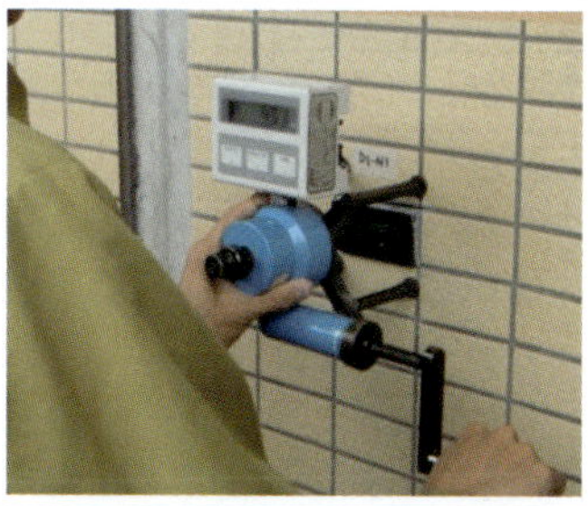

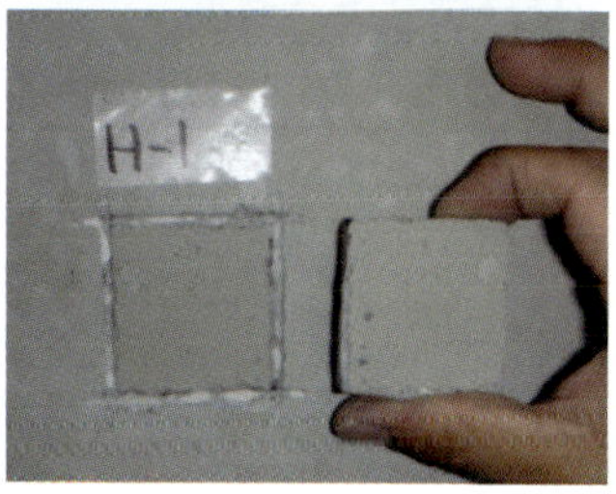

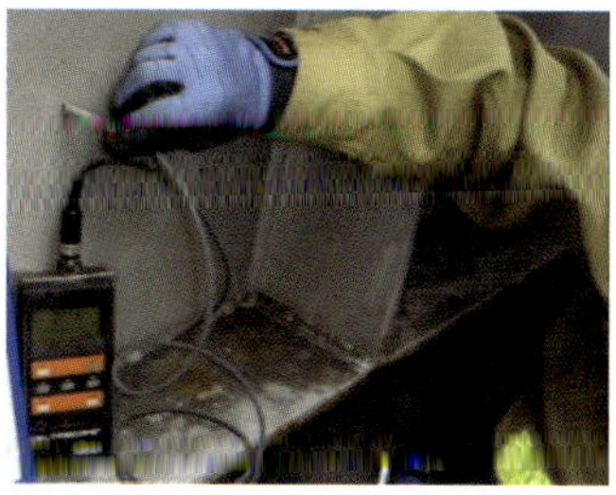

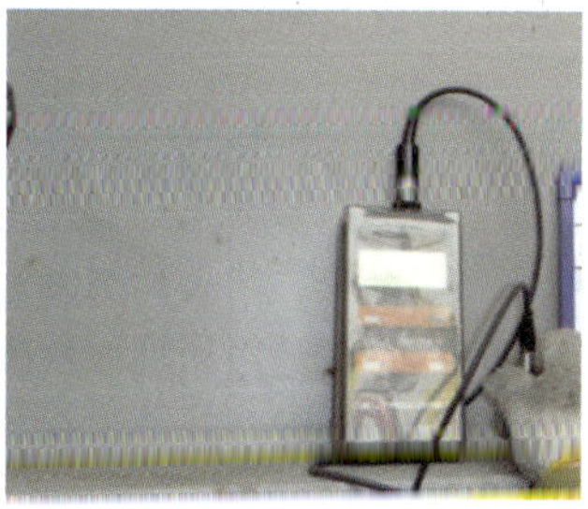

図表 5.3-1

7. 不同沈下	 
方法	レベル測定
目的	対象：床・天井 床・天井の不陸を確認する。
8. 傾斜測定	 
方法	傾斜測定
目的	対象：柱・擁壁 柱(建物)の傾斜を確認する。
9. シーリング物性調査	 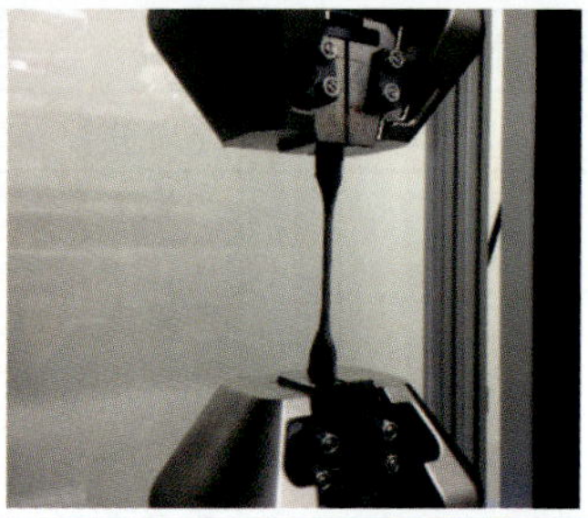
方法	引張り試験
目的	対象：外壁、建具シーリング シーリングの劣化状況を確認する。
10. ひび割れ調査	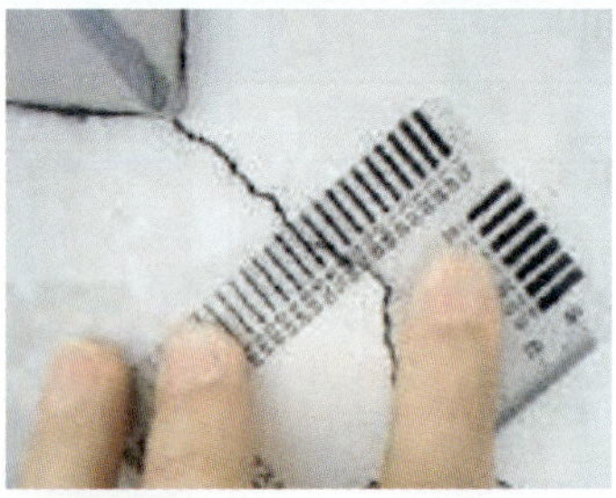 
方法	目視・クラックスケール測定
目的	対象：RC・SRC建物 ひび割れ長さ、ひび割れ幅を確認する。
11. ひび割れ深さ測定	 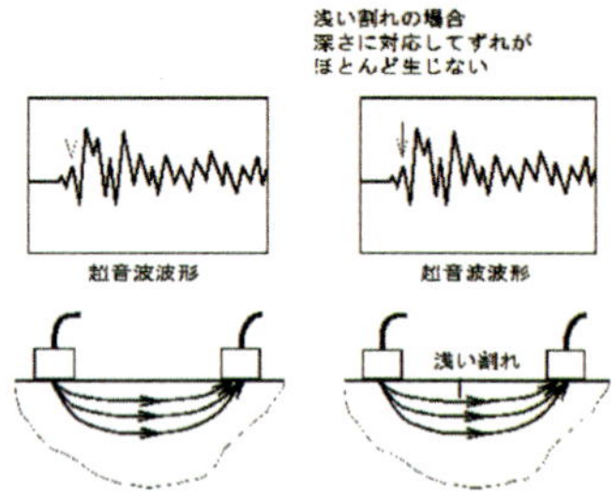
方法	超音波測定法
目的	対象：RC・SRC建物 ひび割れ深さを推定する。 ※目詰まりなどにより測定不可になる場合がある。
12. 鉄筋腐食度調査	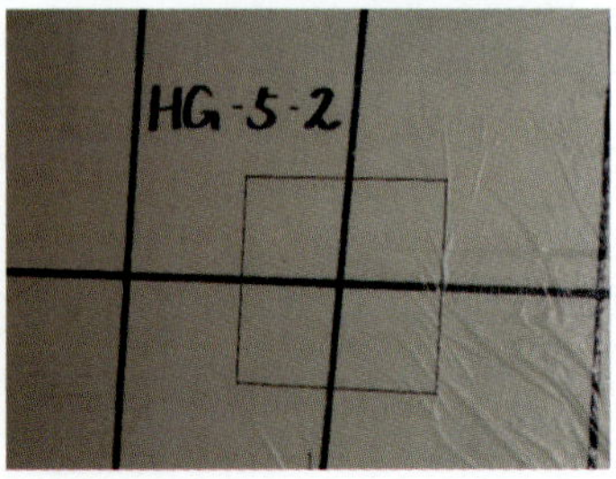 
方法	はつり法
目的	対象：RC・SRC造建物 鉄筋の腐食状況を確認する。 ※埋設物損傷回避のため埋設物探査が必要。

図表 5.3-2

13. コンクリート推定強度試験		 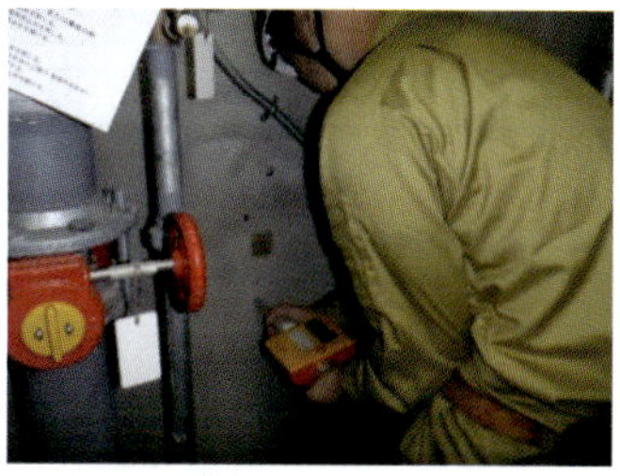
方法	リバウンドハンマー法	
目的	対象：RC・SRC造建物 コンクリート強度を推定する。 ※仕上げの撤去・復旧が必要。	
14. コンクリート圧縮強度・中性化試験		 
方法	コア採取法	
目的	対象：RC・SRC造建物 コンクリート強度を推定する。 ※埋設物損傷回避のため埋設物探査が必要。	
15. 鋼材種別試験		 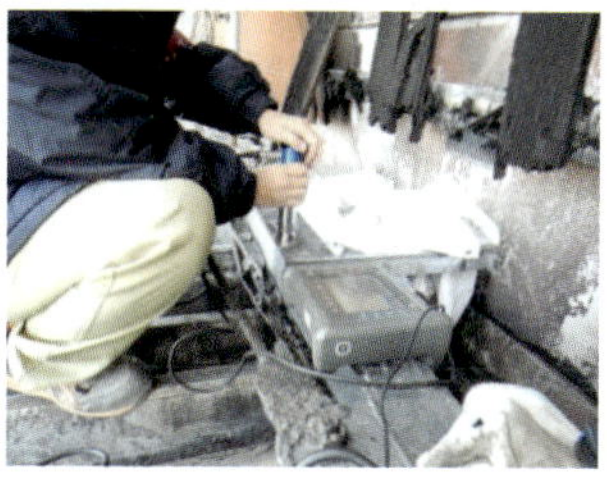
方法	ビッカース試験	
目的	対象：S造建物 鉄骨の鋼材種別を確認する。 ※塗装の撤去・復旧が必要。	
16. 鉄筋深さ調査		 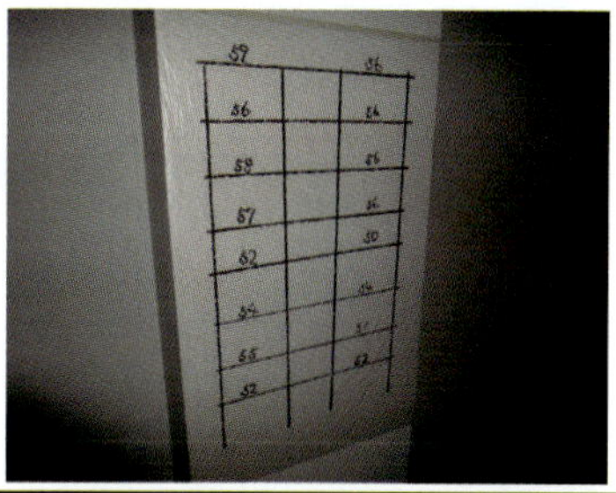
方法	電磁誘導法	
目的	対象：RC・SRC建物 鉄筋の深さを推定する。 ※かぶり厚さの測定は仕上げの撤去・復旧が必要。	
17. 配筋調査		 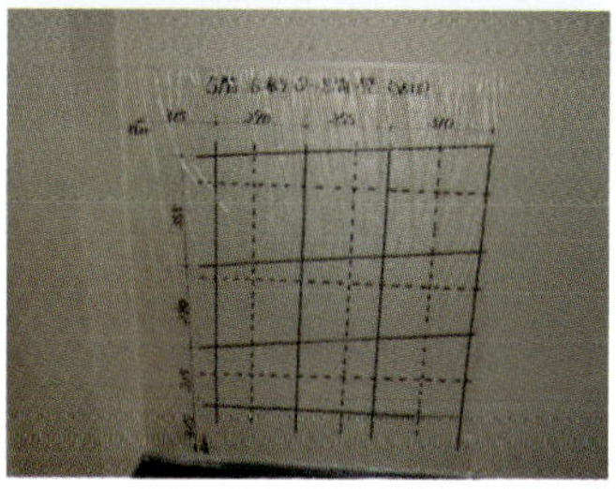
方法	電磁波レーダ法	
目的	対象：RC・SRC建物 鉄筋の位置を推定する。 ※ボード類などの撤去・復旧が必要。	
18. 鉄筋径推定調査		 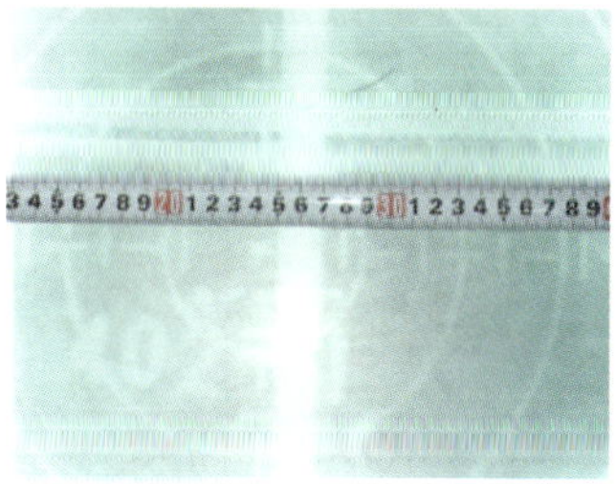
方法	X線撮影法（電磁波レーダ併用）	
目的	対象：RC・SRC建物 鉄筋の径を推定する。 ※ボード類などの撤去・復旧、調査箇所両側の入室が必要。	

図表 5.3-3

19. 図面照合調査	
方法	目視・実測
目的	対象：建築・建築設備・構造体 設計図書と現況を照合する。 ※隠蔽部、仕上げ材の照合は不可。配筋については配筋（位置・径・深さ）調査を参照。
20. コンクリート内部埋設物調査	
方法	X線撮影・電磁波レーダ法
目的	対象：RC・SRC造建物 鉄筋・埋設配管類の検出を行う。 ※ボード類などの撤去・復旧、調査箇所両側の入室が必要。
21. コンクリート厚さ測定	
方法	超音波測定法
目的	対象：RC・SRC造建物 コンクリートの厚さを推定する。 ※ボード類などの撤去・復旧、調査箇所両側の入室が必要。
22. 超音波探傷試験	
方法	超音波測定法
目的	対象：鉄骨溶接部 溶接部の健全性を確認する。
23. 鉄骨厚さ測定	
方法	超音波測定法・実測
目的	対象：S造建物 鉄骨の厚さ、減肉を確認する。 ※塗装の撤去・復旧が必要。
24. アンカーボルト長さ測定	
方法	超音波測定法
目的	対象：アンカーボルト アンカーボルトの長さを推定する。 ※サイズにより調査不可になる場合がある。

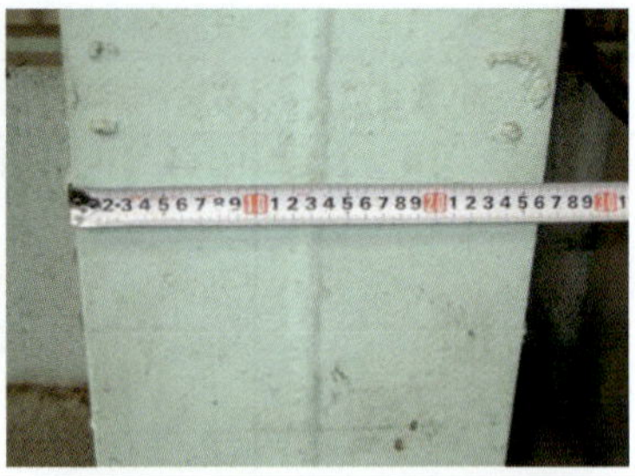

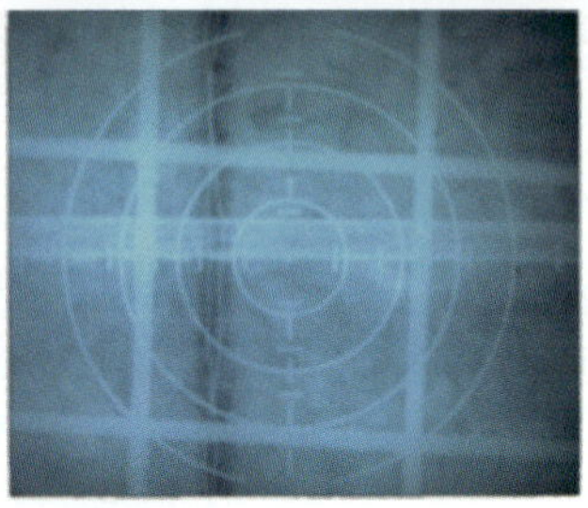

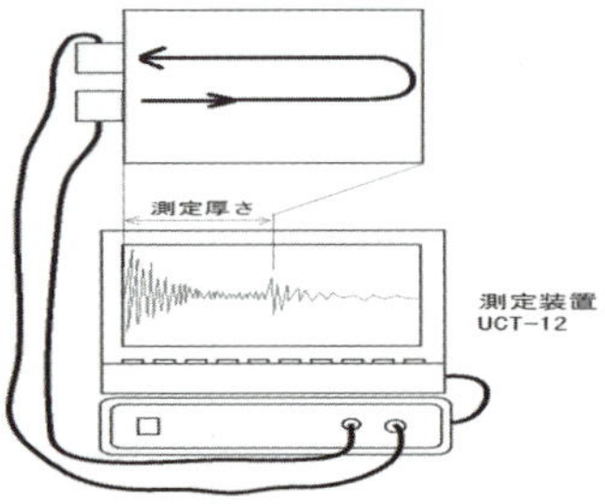

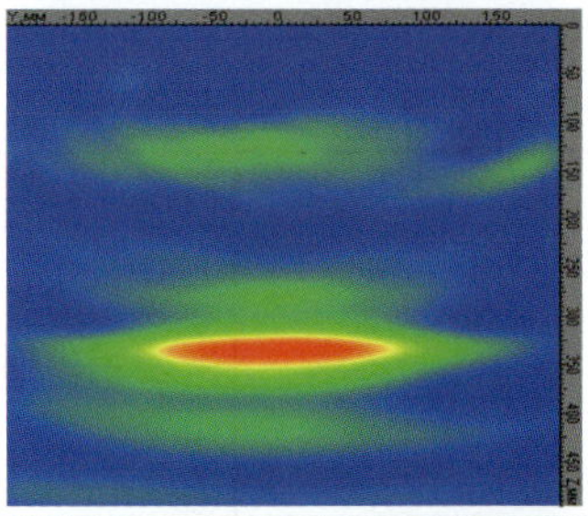

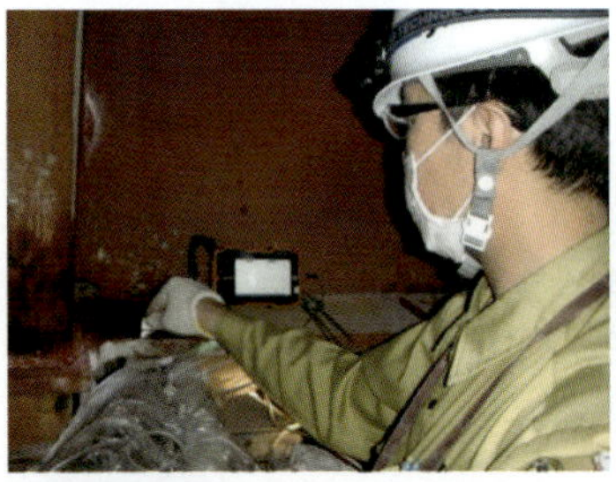

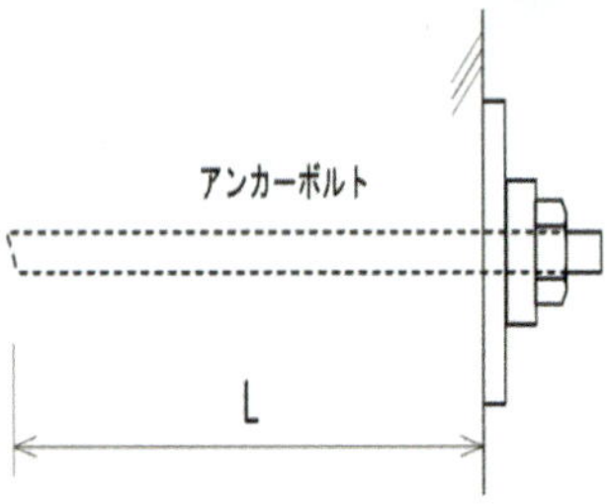

図表 5.3-4

25. 外観目視調査	
方法	目視･指触
目的	対象：設備 劣化状況を確認する。

26. 絶縁抵抗試験	
方法	絶縁抵抗試験
目的	対象：設備配線類 電気抵抗値を測定する。 ※建物全体の停電が必要。

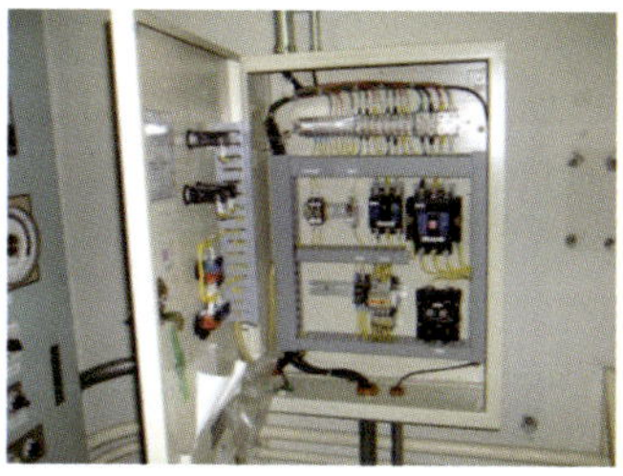

27. 配管調査(X線撮影)	
方法	X線撮影法
目的	対象：金属管 減肉、管内部の堆積物、錆こぶを確認する。 ※配管種別により調査不可になる場合がある。

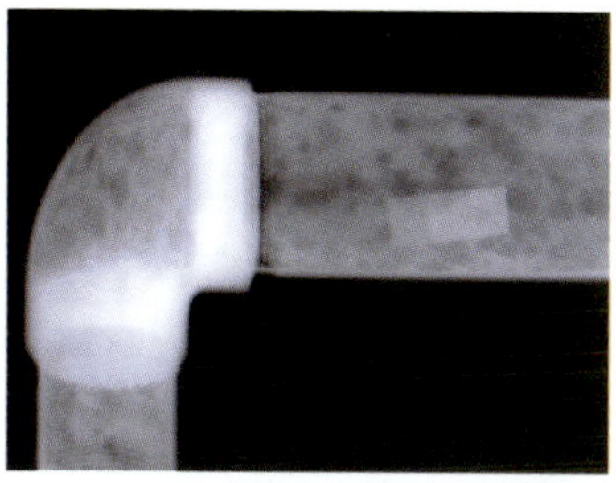

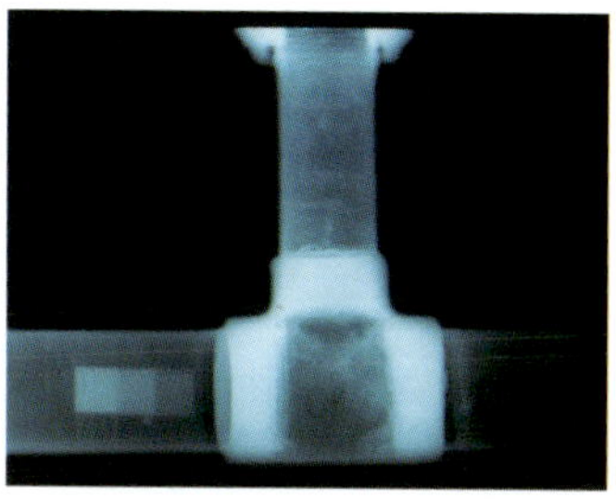

28. 超音波肉厚測定	
方法	超音波測定
目的	対象：金属管 減肉を確認する。 ※保温材の撤去が必要。配管種別により調査不可になる場合がある。

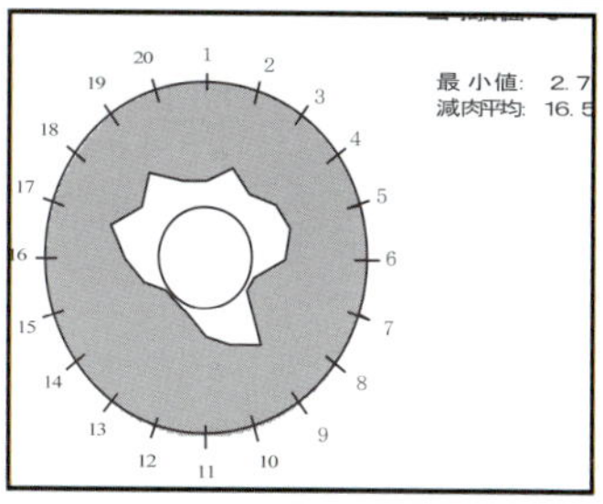

29. 内視鏡調査	
方法	目視
目的	対象：金属管・非金属管 管内部状況を観察する。 ※断水を伴う場合がある。

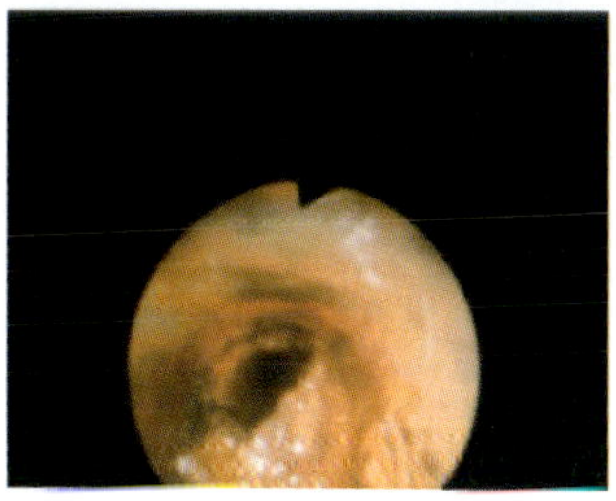

30. 抜管調査	
方法	切断調査
目的	対象：金属管・非金属管 減肉、管内部の堆積物、錆こぶを測定する。 ※配管切断・復旧に伴い断水を伴う。

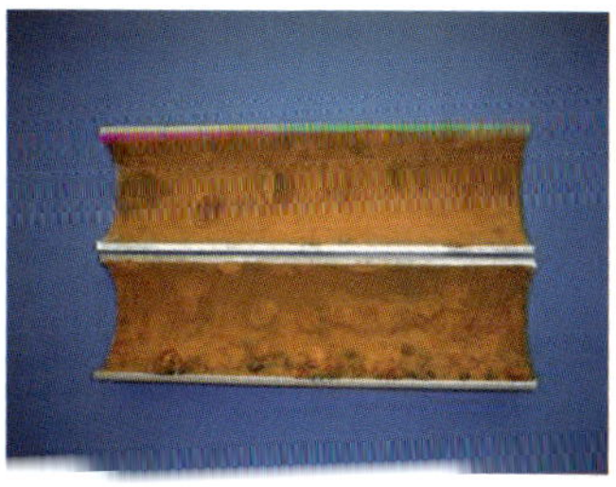

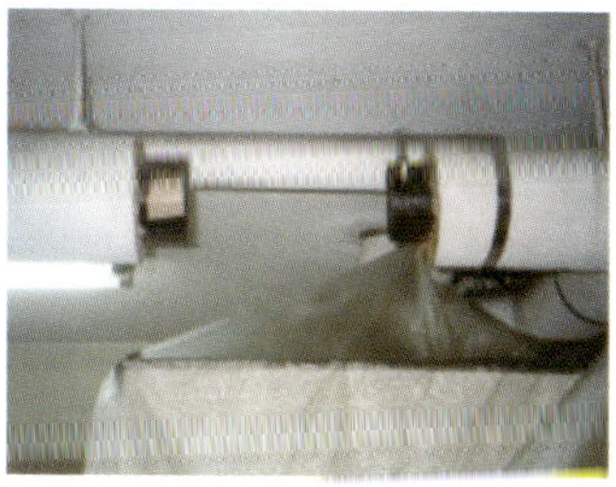

図表 5.3-5

第6章 超高層マンションの長期修繕計画について

第6章 超高層マンションの長期修繕計画について

6.1 長期修繕計画とは

本稿は、超高層マンションを対象とした長期修繕計画書の課題と展望を目的に記載する。

長期修繕計画書はたとえ同一敷地内にあっても建物毎に作成されるものであり、昨今新築時より作成されている例が増加傾向にある。この長期修繕計画書を作成するにあたり国土交通省より中高層マンション用のガイドラインが作成され、関係諸団体よりからも手引書等が出版されている。しかしこの作成された長期修繕計画をどのように活用し運用してゆくかで、個々の認識に乖離または齟齬が出ている事が、最近のマスメディアやネット等の情報に散見されるようになってきた。ではなぜこのような問題が惹起されているのかを検証する事により、将来への対応へ善処できるのではないかと考えた。

そこで長期修繕計画の初期作成時に作成者は、どのような思想と基本概念を持ち、どのような手段と方法で作成を行っているのかを述べる。次に竣工後の運用と見直しに対する時期や作成者の基本思想を述べる。最後に現在の課題から問題点を検証する事により、将来への解決と展望をまとめる。この事により長期修繕計画とはどういうものかを改めて理解する事が出来ると考える。

6.1.1 初期計画策定にあたり

長期修繕計画書の内容に対する相談や助言を支援して頂くところが、今やインターネットで検索をすれば多数存在する事が確認される。だが新築時に実際長期修繕計画書を作成するのは、管理会社や設計事務所もしくは施工会社等が行っている。これは建築物そのもの、つまり使用されている建築材料を良く理解をしなければ作成する事が出来ない。なぜなら建築材料と建築設備に対する知見を基に、材料工学の知識と材料劣化に対する予見が合わさったうえで、作成が必要となるからである。

⑴基礎概念

長期修繕計画は、ファシリティーマネジメン＊（FM：Facility Management）のツールの一部分である事を確認しておきたい。

FMの定義として『不動産、建築、設備、インテリア、業務支援等広範囲な領域を対象としてこれらに関する企画、設計、実施、運用、管理という行為を計画的・総合的に行う手法』[1)]とある。つまりある建設物を企画してから竣工し運用して数十年後、最終解体されるまでの一生涯を経済的視点を通して考えてゆこうという手法である。この企画・設計・実施・運用・管理等における費用、つまり費用というものを一切合財出してみるのがライフサイクルコスト（LCC：Life Cycle Cost）という。

ライフサイクルコストの定義は『生涯費用と言います。建築物の企画設計段階、建設段階、運用管理段階及び解体再利用段階の各段階のコストの総計として、資本利子と物価変動の影響を加味して、想定される使用年数全体の経済性を検討するために用います。』[2)]とある。ここにある運用管理段階における維持管理の問題を抽出し、建物を健全に維持してゆく事を目的に考え、計画修繕の費用が現在から将来に渡ってどのような展望になるのかを計画したものが長期修繕計画書となる。

特にマンションにおける長期修繕計画書とは『マンションの快適な居住空間を確保し、資産価値の維持・向上をはかるためには、建物の経年劣化に対して適時適切な修繕工事を行う事が重要です。そのためには、適切な長期修繕計画を作成し、これに基づいた修繕積立金の額を設定し、積み立てる事が必要』[3)]とある。

これらの基礎概念をまとめると図表6.1-1のようになる。長期修繕計画はFMの一部である事を深く理解して頂く必要がある。

⑵長期修繕計画書作成時のポイント

長期修繕計画を作成するにあたり作成者は、下記の基本要件が必要となる。

①建築場所、建物用途

②建物規模、構造種別

③新築時設計図面一式
④新築時積算数量表

建築場所であるが、どこに建てられたかで環境条件が変わってしまう。北海道と東京及び沖縄では、明らかに気候風土が異なる。これは建築仕上げ材料や設備機器等の劣化促進に異なりが現れ、修繕時期に大きく影響されることがある。

建物用途は、事務所ビルやマンション、病院、空港等々、建物使用用途により使用材料や劣化場所、劣化頻度等が異なる場合がある。

建物規模は建築面積・延床面積のみならず高さや深さも考慮する事により、例えば特殊設備がどのような目的で存在しているのか等、当該建物の特徴を作成者は把握しなければならない。

構造種別は、地下部分と地上部分で主要構造物が異なる事がある。また地上部分でも複合構造を持つ建築物も存在しているので、これにより仕上方法も異なりがでる可能性を十分に把握する必要がある。

新築時の設計図面は長期修繕計画書作成者にとって、必要不可欠なるものである。この図面から作成者は更なる詳細に、且つ100% 読み込んでゆかなければならないからである。

以上の事を事前に理解した後に作成者は、長期修繕項目を洗い出してゆく。この項目は当該建物のどの場所に適用材料がどのくらいの数量があるのかを、図面と共に算出しなければならない。ここで作成者は自ら数量積算を行うと共に、新築時の施工会社が契約した数量と共に確認をする事が出来る事が望ましいと考える。よって新築時の積算数量表を資料として利用出来ればよいが、出来ない場合は作成者自らが数量を積りあげてゆく数量積算行為が必要である。

長期修繕計画書を実際に作成する手法は、多様なる書籍等が出版されているのでそこに詳細はゆだねるが、ここでは以下の点に注目したい。

a）修繕対象項目は新築時または今現在、現場に存在しているモノである。将来的に製造中止になるかもしれないモノもあり、そこには客観的な判断をもってしても、作成者が判断できないし、するべきものではないと考える。

b）修繕対象項目には材料・機器毎に各々修繕周期がある。書籍などには各々書かれているが、これらはあくまでも一般的なものの数値である。よって計画書作成者は実際使用されている材料を、十分に現地にて調査・把握して考慮する必要があると考える。

c）長期修繕計画書に記載されている金額は、作成された時の物価によるものである。将来への物価変動は考慮されていない。

d）長期修繕計画書に記載されている金額には、工事に伴う経費や仮設費が必要である。基本的に長期修繕計画書に記載されている仮設工事費は、工事項目を全て行った時のものであり、且つ工事を行う時の諸条件を考慮していないのが通例である。よって実際に工事を行う時には、再度施工会社等より見積を徴収するべきである。

e）長期修繕計画書には、事前調査・検討費を含めることが必要である。

f）超高層建築物に対する長期修繕計画書を実際に手を動かして作成した経験のある会社は管理会社や設計事務所及び施工会社が主たる経験者である。

g）長期修繕計画書を作成するにあたり作成者は以下の要件を持ち合わさなければならない。
・修繕方法や工法を十分に理解する。
・超高層建築物を十分に理解する。

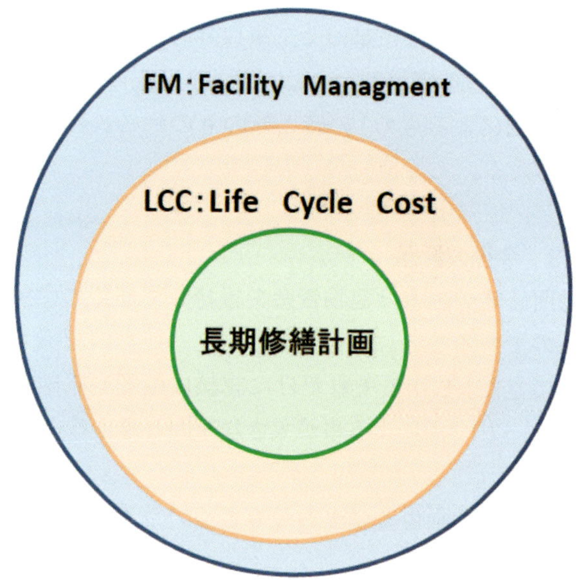

図表 6.1-1　基本概念

6.1.2　長期修繕計画書の見直し時期とポイント

長期修繕計画はある一定の時期が来たら、見直しが必要である。その時期とは『5年ごとに調査・診断を行い、その結果に基づいて見直すことが必要です。また、併せて修繕積立金の額も見直します。』[4]とある。これはあくまで一つの目安である。その理由として経年だけでは無いのが現実であるからである。

見直しを行う理由を特に以下の3点において注目する。

⑴周期時期によるもの

見直しの時期5年とあるが、これは必然ではなく一つの目安である。

特に超高層建築物は立地条件や高さ及び方角からの違いにより、見直し時期を部分的に伸ばしたりする事も考慮が必要と考える。このことはつまり当該建物の総合的な且つ、客観的な判断が必須である。

⑵物価の変動によるもの

我が国は自由市場経済体制である以上、物価変動は避けられない。上昇傾向もあれば下降傾向も存在する。既に作成された長期修繕計画に対し、どのくらいの変動があるのかを確認しなければならない。その最大なる目的として、計画修繕を実行するにあたり管理組合の予算が大きく乖離して不足することである。このような場合は通常臨時総会などを開催し、各組合員に臨時支出を追加で求めるかまたは工事そのものを取捨選択するか、もしくは先送りにするかである。

⑶工事(改修・修繕・緊急対応等)後の見直しによるもの

長期修繕計画書に基づく工事以外の工事が実施された場合、見直しが必要となる。つまり上記に記した「a)周期時期によるもの」の時以外のものはこれに該当すると考える。

6.1.3　今後の課題

長期修繕計画書は建物資産を維持してゆくのに重要なものであることに間違いはないし、社会の認識も浸透してきた。しかしそれだけに認識に齟齬や乖離が出るのは、以下3点による事が大きな原因と考える。

①長期修繕計画書とはそもそもどういうものかが周知されていない。
②長期修繕計画書を如何に運用してゆくかが周知されていない。
③上記2点を正確に理解している人が少ない。

これらを改善するには、個人や各企業の努力だけではなく、基本は関係諸官庁や関係業界の連携によるものが必要であり、またこれらをわかりやすく説明する技術も合わせて向上させることが望まれる。

6.2　大規模修繕工事と長期修繕計画

6.2.1　大規模修繕工事概要

⑴目的

大規模修繕工事という用語は30年程前から使われ出したが、今では単なる修繕だけでなく改善工事が必要なマンションが増える一方である。それには「大規模改修工事」というのが適正であり、そのように呼称され始めてきている。ちなみに、国交省監修「公共建築改修工事標準仕様書」の中では「建築物等の模様替及び修繕を改修という」と記されていて、模様替を改善と読み変えれば「改善と修繕＝改修」といえる。

その目的は、①外壁剥落事故防止、②雨水侵入防止、③外装・躯体保護④美観・美装性保持、⑤居住性能改善・グレードアップ等により、長期的に良好な居住環境のもと、マンションの長寿命化を図ることである。超高層マンションの寿命としては、2～3百年は期待したい。

⑵工事内容・工期・費用

工事内容は、躯体、モルタル、タイル、防水、シーリング、建具、金物、外壁塗装、鉄部等塗装、共用部内装等修繕工事及び、それに伴う共通仮設・直接仮設(足場)工事である。工事期間は、規模(戸数・面積・階数)・工事内容等により異なり6～18ヶ月程度、工事費は戸当たり数十万～数百十万円位である。

⑶現状の問題点検証・モデル試算

超高層マンションの大規模修繕工事は、25年程前から100棟程度実施されてきた。中高層マンションと比べ高さが数倍高いので、枠組足場でなくゴンドラ足場が主流であり、風の影響が大きい等の違いがある。現状の問題点として、①足場工事費の比率が非常に大きい(15～40%程度・中高層では10～15%程度)、②足場効率・作業性が低い(揺れが大きい、作業場所に自由に行けない)、③落下・飛散・風・騒音対策に苦慮等があげられ、その結果、大規模修繕工事の修繕周期(中高層は平均12年)を延ばせないかが課題になっている。

これらについては、足場工法(ガイドレールゴンドラ・システム養生ゴンドラ・移動昇降式足場等)、建物形状(バルコニーが連続型か非連続型か、構造躯体がアウトフレーム型かインフレーム型か)、外壁カーテンウォールの有無等によりかなり異なると考えられるので、形状の異なるモデルマンションを設定し、足場工法、仕上材、経年数の違いにより工事費にどの程度の差異が生じるのかをモデル試算で検証する。

⑷大規模修繕工事アンケート

大規模修繕工事の実態を把握するため、アンケートを行い33事例の回答を得た。図表6.2-1に主要項目のアンケート結果を示す。詳細は巻末1による。

調査マンション概要	
用途	住居専用(62%)、 複合(商業・業務・公的等)(38%)
戸数	122～644戸 平均257戸
延べ面積	12,300～72,700㎡ 平均26,500㎡
階数・高さ	21～41階 平均27階・59～150m 平均89m
建物形態	タワー状コア型(53%)、 タワー状吹抜型(21%)、 板状(21%)
建物形状	アウトフレーム(41%)、インフレーム(59%)、バルコニー連続(35%)、バルコニー非連続(65%)、カーテンウォール付(6%)
構造	RC造(47%)、SRC造(47%)、免震(11%)、 制振(3%)
竣工年・経年	1987年～2001年・26年～13年(平均16年)
修繕工事概要	
工事年・経年	2006年～2014年・経年10年～19年(平均14年)
工事期間	6ヶ月～19ヶ月(平均9ヶ月)
足場工法	ゴンドラ(78%)、枠組(62%)、 システム養生(21%)、移動昇降機(15%)
足場費の割合	13%～39%(平均26%)
バルコニー隔板	外した(55%)、幕式(45%)、扉・錠式(3%)
修繕周期	15年68%、18年21%、12年11% (実態ではなく回答者の考える妥当周期)

図表 6.2-1　アンケート結果

6.2.2　大規模修繕工事費モデル試算

⑴工事費試算用モデルマンション

1）モデルマンションバリエーション

モデルマンションの建物形状は図表6.2-2に示す4タイプとした。

足場工法は、現時点で特徴的な①ガイドレールゴンドラ、②システム養生ゴンドラ、③移動昇降式足場の3種類、外壁仕上は①塗装（全面塗装）、②タイル（柱・梁・手すり壁タイル＋その他塗装）の2種類とした。

これにより、モデル工事費の基本的試算ケースは、4タイプ×3工法×2仕上で24ケースである。

2）モデルマンション概要

構造はRC造、32階、高さ100m、住戸は各階12戸、3～32階で360戸、基準階床面積は平均1,140㎡、延床面積は約36,400㎡と設定した。モデルマンションの規模はアンケートの平均より一回り大きい。その概要を図表6.2-3に示す。

モデルマンションのバルコニー断面図を図表6.2-4に基準階平面図・立面図を図表6.2-5に示す。

⑵モデル試算条件設定

1）対象範囲

対象範囲は、足場工法の違いによって工事費や工事期間が左右される外部共用部を基本とする。内部共用部（共用室、廊下・ホール、階段室等）と非住宅階の1,2階外部共用部は含まず単純化した。

具体的には、住宅階の3階～32階までの外壁（柱、梁型、上裏共）、サッシ・カーテンウオール、バルコニー、手すり、隔て板、及び塔屋、屋上を対象とする。

2）工事項目

工事費積算項目については、①共通仮設、②直接仮設（足場）、③躯体・モルタル、④タイル、⑤防水（屋上・バルコニー）、⑥シーリング、⑦外壁等塗装、⑧鉄部等塗装、⑨建具金物、⑩その他工事、⑪諸経費とした。各部仕上等の概略仕様を図表6.2-3中の「10.外装」に示す。

3）工事費単価

内訳明細項目の工事費単価については、超高層マンションの修繕工事についての公表された参考となるものがないので、超高層マンションの修繕実績のある施工会社4社（ゼネコン、管理会社、マンション改修工事会社2社）から提出された積算書記載単価の平均単価を採用した。

各社の提出単価は、各社のこれまでの中高層修繕単価に各社なりの超高層用割増係数を掛けて算出された単価である。

形状	アウトフレームマンション	インフレームマンション
連続バルコニー型	A 1型	B-1 型
非連続バルコニー型 (四隅カーテンウォール)	A-2型	B-2 型

図表 6.2-2　モデルマンション建物形状

項目	A型　アウトフレームマンション	B型　インフレームマンション
1. 建物形状	タワー型 (センターコア型)	タワー型 (センターコア型)
	A1型　アウトフレーム・連続バルコニー型	B1型　インフレーム・連続バルコニー型
	A2型　同上・非連続バルコニー型	B2型　同上・非連続バルコニー型
2. 階数・高さ	地上32階建(地下2階、棟屋2階)・高さ100m	
3. 用途・戸数	住居専用・360戸(12戸/階×30階)	
	3～32F住戸・一部共用室	
	1～2Fホール・共用室・管理室等	
	B1～B2F機械室・駐車場・駐輪場等	
4. 床面積　A1・B1	各階1,107(バルコニー239)㎡・全体33,210(同7,170)㎡	
4. 床面積　A2・B2	各階1,186(バルコニー160)㎡・全体35,580(同4,800)㎡	
5. 住戸面積	100㎡/戸～50㎡/戸　　平均75㎡/戸	
6. 構造形式	RC造・純ラーメン構造	
7. 駐車場等	平面式10台・機械式240台　計250台	
	自転車・バイク　計300台	
8. 共用室	集会所・会議室・工芸室・音楽室・キッズルーム等	
9. 特定設備	航空障害灯・屋上ホバリングスペース	
	中央監視防災センター・駐車場管制・ゴミ搬送設備等	
10. 外装(住戸階)	[設定仕様]	
①躯体	柱・梁・床:高強度コンクリート、外壁:ALC版	
②屋上防水	ウレタン塗膜防水(アスファルト防水コンクリート押えの上)	
③バルコニー防水	化粧塩ビシート・ウレタン塗膜防水複合防水	
④シーリング	変性シリコーン系・ウレタン系(ALC部)	
⑤外装仕上	塗膜(水性弾性フッ素)、磁器タイル(45二丁掛打込)	
⑥上裏仕上	塗膜(水性軒天透湿塗料)	
⑦手摺	アルミ製(格子)	
⑧建具	アルミサッシ・カーテンウォール	
⑨その他	バルコニー隔て板、竪樋、給排気ガラリ	
	※外壁下地補修、高圧洗浄	

図表 6.2-3　モデルマンション概要

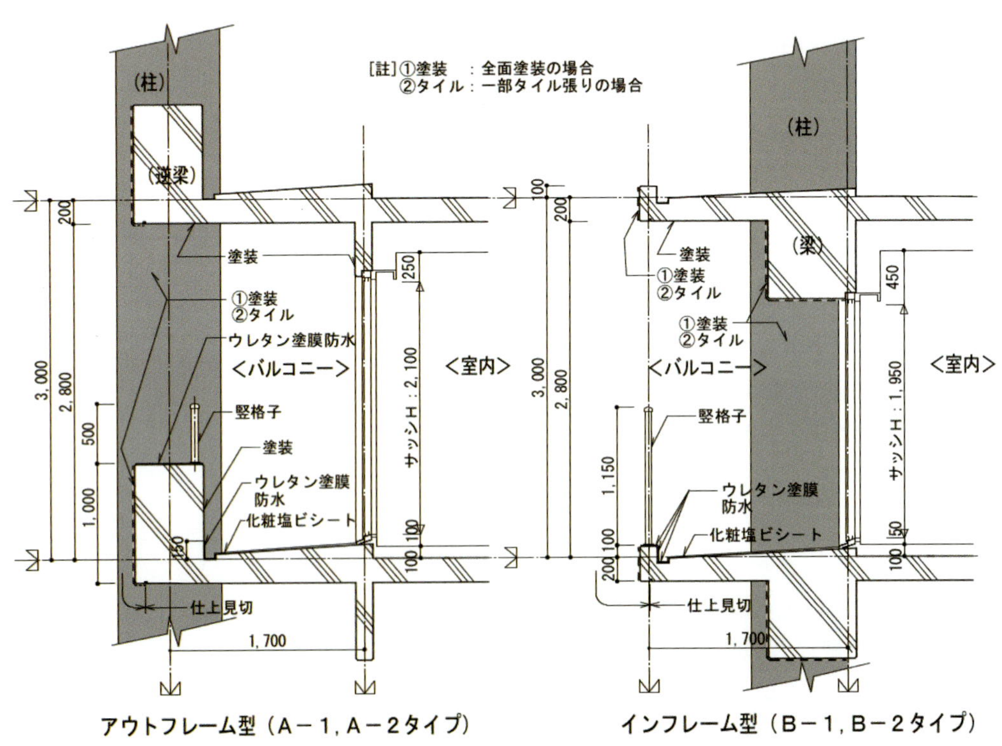

図表 6.2-4　バルコニー - 断面図

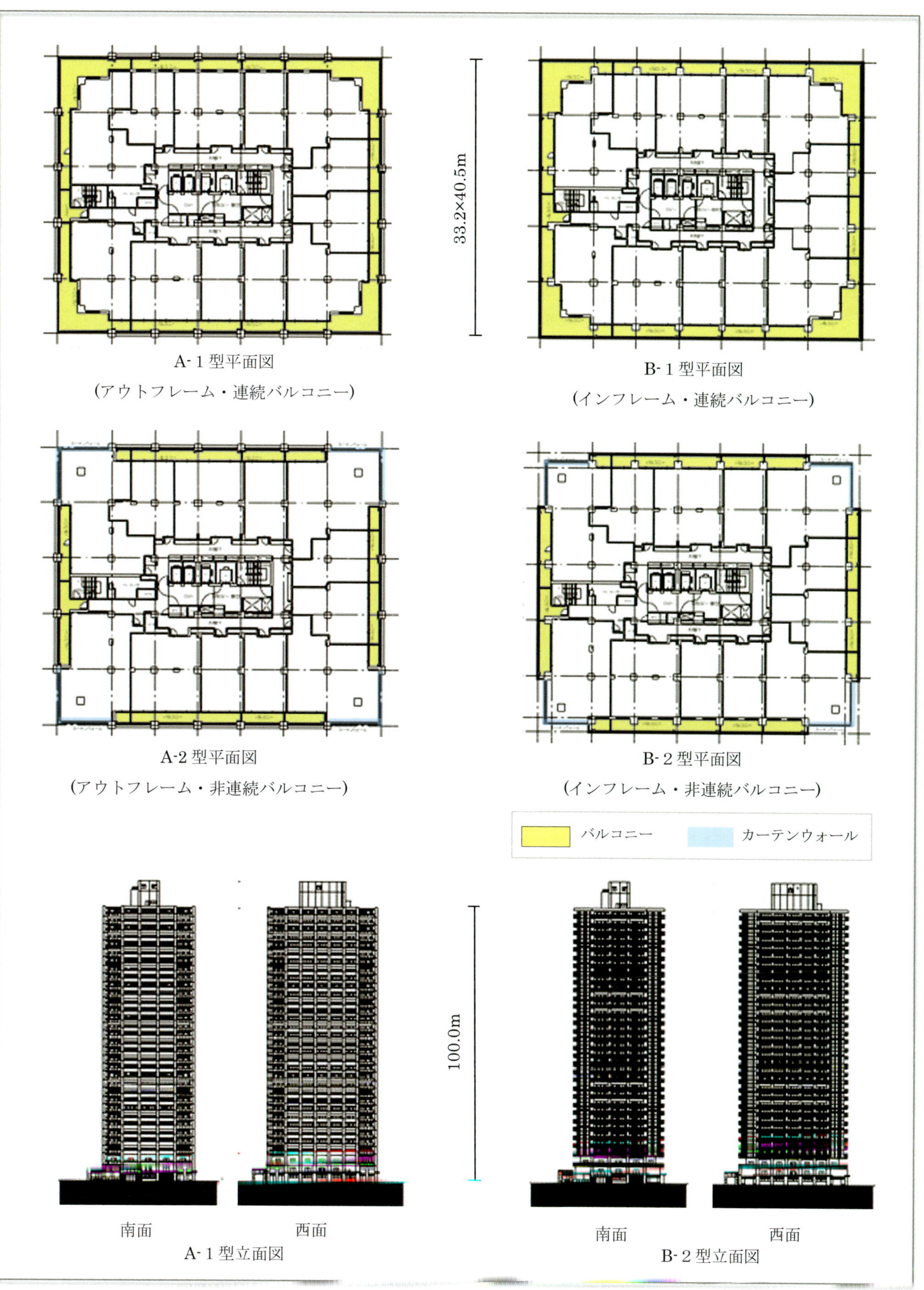

図表 6.2-5　モデルマンション基準階平面図・立面図

6.2.3 工事費モデル試算結果

⑴建物タイプ別・足場別・仕上別による工事費の差異

A-1、A-2、B-1、B-2タイプは戸数と構造フレーム寸法は同じであるが、平面・立面形状により各部の工事面積に差異が生じ、工事費が異なる。

この4タイプについて、第1回大規模修繕工事・外壁全面塗装仕上の場合の、足場3工法での工事費一覧表が図表6.2-6モデル試算工事費比較表で、内訳項目の金額と総合計が記載されている。

図表6.2-7はタイプ別、足場工法別の総合計金額のグラフである。図表6.2-8は各タイプの足場工法別内訳金額のグラフである。

これらの金額特性を「第1回大規模修繕工事・外壁全面塗装仕上・ガイドレールゴンドラ」のケースについて検証する。

① A-1型に対し、A-2型96%、B-1型93%、B-2型87%であり4〜13%安くなっている。(図表6.2-6)

②傾向として、アウトフレーム型>インフレーム型、バルコニーの連続型>非連続型である。この傾向は、他の足場工法の場合にも同様である。(図表6.2-7)

外壁仕上が一部タイル張り仕上の場合も同様に試算した結果、工事費も数%程度の高低であり傾向も同様であった。

⑵第3回大規模修繕工事費での差異

大規模修繕工事の工事内容、工事量、工事費は経年によって変わってくる。

第3回大規模修繕工事の時期は、修繕周期が12年、15年、18年の場合、経年は36年、45年、54年にあたる。この場合、経年劣化や損傷が進み全面更新工事も必要になる。既存の防水層や外壁塗装の完全はく離、アルミサッシやアルミ手すりの撤去更新、ガラスの高断熱化、さらにはカーテンウオールの更新などである。

工事費は工事内容や工事工法が変わる第3回大規模修繕工事で大きく増える。そしてそれは工事時期が来る前に長期修繕計画に計上され修繕積立金として積立られていなければならない。ガイドレールゴンドラの場合の第1回と第3回のタイプ別工事費比較表を図表6.2-9に示す。

1) 第1回が5億円(戸当り140万円)前後(4.5〜5.1億円)に対し第3回は20億円(戸当り550万円)前後(19.4〜23.2億円)と4倍になっている。総工事費の7割をサッシ、手すり、カーテンウォール更新が占めている。これらについては未だサッシメーカーの研究・実績がないため、超概算金額である。工事別では、防水工事1.2〜1.3倍、シーリング工事1.1〜1.4倍、外壁塗装工事2.1〜2.9倍、建具・金物工事61〜99倍となっている。

2) 建物タイプ別では第1回、第3回ともアウトフレーム型>インフレーム型で同様であるが、バルコニー形状別では、第1回はバルコニーの連続型>非連続型であるが、第3回はバルコニーの連続型<非連続型で第1回と逆転している。これはバルコニーの非連続型に設置しているカーテンウォール更新の影響が大きい。アルミサッシや手すり・金物等の更新をいつ・どのような内容で行うかは今後の大きな課題である。

3) 図表6.2-9の「第3/第1」欄が空白の項目は第3回と第1回が同額である。建具・金物工事の撤去・新設で工事量、工事費が増大すれば仮設費や諸経費も当然増やすべきであるが、建具更新費等が概算の非常に大きな金額なのでそのままとした。

⑶足場工法別による差異

1) 工事内訳項目については、A-1タイプの場合、直接仮設(足場)工事費では、ガイドレールゴンドラ9,900万(100%)、システム養生ゴンドラ12,900万(130%)、移動昇降式足場14,600万(148%)とかなり異なっているが、他の工事ではほぼ同じなので、全体工事費での差額は足場工事費の差額によるものといえる。他のタイプでも同様である。

2) 足場工法による工事費の違いは、A-1タイプとB-1タイプではガイドレールゴンドラ<システム養生ゴンドラ<移動昇降式足場となっており、A-2とB-2タイプではガイドレール<システム養生≒移動昇降式となっている。(図表6.2-6)

3) 工事費の差は数%〜10%程度である。どのタイプでもガイドレールゴンドラが安いが、現実にはすべてに適用できる訳ではなく、複雑の形状の建物では3工法が使い分けられているケースも多い。実際の工事では作業効率、施工品質、工期、工事費等の違いを見極め最適解を出さねばならない。さらなる新しい工法も求められよう。

⑷足場仮設期間の差異

1) アウトフレーム型とインフレーム型ではアウトフレーム型が60日多い。これは柱と梁型が独立形状となっていて、塗装等の施工面積が多いこと等による。

2) バルコニー連続型と非連続型では、非連続型が60日多い。これは非連続型の方がバルコニー内の作業効率が悪く作業日数が増えること等による。

［単位：千円］

タイプ		A1 (300日/390日)（アウトフレーム・連続バルコニー）			A2 (360日/450日)（アウトフレーム・非連続バルコニー）			B1 (240日/330日)（インフレーム・連続バルコニー）			B2 (300日/390日)（インフレーム・非連続バルコニー）		
足場工法		ガイドレール	システム養生	移動昇降式	ガイドレール	システム養生	移動昇降式	ガイドレール	システム養生	移動昇降式	ガイドレール	システム養生	移動昇降式
1	共通仮設工事	17,492 100 (3)	17,492 100	17,492 100	18,702 107	18,584 106	19,077 109	17,039 97	17,039 97	17,039 97	17,824 102	17,824 102	17,824 102
2	直接仮設工事	99,393 100 (21)	128,901 130 (25)	146,785 148 (28)	110,594 111 (24)	145,747 147 (29)	148,199 149 (30)	90,026 91 (24)	113,392 114 (24)	124,576 125 (26)	99,546 100 (23)	128,482 129 (29)	129,426 130 (29)
3	躯体・モルタル工事	7,807 100 (1)	7,520 96	7,255 93	8,167 105	7,904 101	7,661 98	7,327 94	7,327 94	7,262 93	7,791 100	7,791 100	7,548 97
4	タイル工事	-	-	-	-	-	-	-	-	-	-	-	-
5	防水工事	96,752 100 (20)	96,752 100	98,687 102	74,150 77	74,150 77	77,712 80	89,765 93	89,765 93	89,765 93	66,121 68	66,121 68	69,210 72
6	シーリング工事	63,478 100 (12)	64,070 101	62,048 98	64,388 101	65,697 103	63,263 100	60,149 95	60,898 96	59,548 94	64,431 102	65,760 104	63,301 100
7	外壁等塗装工事	94,326 100 (19)	94,326 100	91,510 97	87,036 92	87,036 92	85,333 90	86,185 91	86,185 91	85,263 90	65,185 69	65,185 69	63,897 68
8	鉄部等塗装工事	3,032 100 (1)	3,032 100	2,931 97	3,536 117	3,469 114	3,374 111	3,032 100	3,032 100	2,984 98	3,469 114	3,469 114	3,374 111
9	建具・金物工事	21,517 100 (5)	21,400 99	22,052 102	15,439 72	17,314 80	18,493 86	21,427 100	21,427 100	21,427 100	19,849 92	18,993 88	20,137 94
10	その他工事	15,076 100 (3)	15,076 100	14,678 97	13,461 89	13,460 89	13,198 88	16,240 108	16,240 108	16,110 107	14,975 99	15,270 101	14,975 99
2〜10　小計		401,386 100	431,081 107	445,950 111	376,774 94	414,781 103	417,182 104	374,155 93	398,270 99	406,940 101	341,370 85	371,075 92	371,871 93
1〜10　計		418,878 100	448,573 107	463,442 111	395,476 94	433,366 103	436,259 104	391,195 93	415,309 99	423,980 101	359,194 86	388,899 93	389,696 93
11	諸経費	57,500 100 (11)	57,500 100	57,500 100	62,400 109	62,400 109	62,400 109	52,800 92	52,800 92	52,800 92	57,500 100	57,500 100	57,500 100
12	合計	476,378 100 (100)	506,073 106	520,942 109	457,876 96	495,766 104	498,659 105	443,995 93	468,109 98	476,780 100	416,694 87	446,399 94	447,196 94
塗装　総合計（税8%込）		514,448	546,559	562,618	494,506	535,427	538,551	479,514	505,558	514,992	450,030	482,111	482,971

［注］　①　タイプ欄の（300日/390日）等は足場仮設期間/全体工期　　②　各欄左下の数値はA1タイプ・ガイドレール 100に対する比率(%)
③　A1タイプ・ガイドレール欄の(3)等の青数値は合計値に対する比率(%)　　④　直接仮設欄の(21)等の青数値は合計値に対する比率(%)

図表 6.2-6　大規模修繕工事　外壁全面塗装　第１回工事費比較表

［単位：千円］

タイプ		A－1 (300日/360日)（アウトフレーム・連続バルコニー）			A－2 (360日/400日)（アウトフレーム・非連続バルコニー）			B－1 (240日/400日)（インフレーム・連続バルコニー）			B－2 (300日/360日)（インフレーム・非連続バルコニー）		
第○回大規模修繕		第１回	第３回	第3/第1	第１回	第３回	第3/第1	第１回	第３回	第3/第1	第１回	第３回	第3/第1
1	共通仮設工事	17,492 100 (4)	17,492 100 (1)		18,702 107 (4)	18,702 107 (1)		17,039 97 (4)	17,039 97 (1)		17,824 102 (4)	17,824 102 (1)	
2	直接仮設工事	99,393 100 (21)	99,393 100 (5)		110,594 111 (24)	111,993 113 (5)		90,026 91 (24)	90,026 91 (5)		99,546 100 (23)	100,945 102 (5)	
3	躯体・モルタル工事	7,807 100 (2)	7,807 100 (0)		8,167 105 (2)	8,167 105 (0)		7,327 94 (2)	7,327 94 (0)		7,791 99.8 (2)	7,791 100 (0)	
4	タイル工事	-	-		-	-		-	-		-	-	
5	防水工事	96,752 100 (20)	117,306 121 (6)	1.2	74,150 77 (16)	97,559 101 (5)	1.3	89,765 93 (20)	108,325 112 (6)	1.2	66,121 68 (16)	82,459 85 (4)	1.2
6	シーリング工事	63,478 100 (13)	70,487 111 (4)	1.1	64,388 101 (14)	91,017 143 (4)	1.4	60,149 95 (14)	64,311 101 (4)	1.1	64,431 102 (15)	87,419.0 138 (4)	1·4
7	外壁等塗装工事	94,326 100 (20)	204,873 217 (11)	2.1	87,036 92 (19)	208,370 221 (10)	2.4	86,185 91 (19)	196,782 209 (11)	2.3	65,185 69 (16)	186,407 198 (9)	2.9
8	鉄部等塗装工事	3,032 100 (1)	3,032 100 (0)		3,536 117 (1)	3,536 117 (0)		3,032 100 (1)	3,032 100 (0)		3,469.0 114 (1)	3,469 114 (0)	
9	建具・金物工事	21,517 100 (5)	1,290,402 5,997 (69)	61.4	15,439 72 (3)	1,539,160 7,153 (71)	99.9	21,427 100 (5)	1,245,744 5,790 (69)	59.0	19,849 92 (5)	1,489,434 6,922 (73)	74.0
10	その他工事	15,076 100 (3)	15,076 100 (1)		13,461 89 (3)	13,461 89 (1)		16,240 108 (4)	16,240 108 (1)		14,975 99 (4)	14,975 99 (1)	
2〜10　小計		401,386 100 (84)	1,808,380 451 (96)		376,774 94 (82)	2,073,230 517 (96)		374,155 93 (84)	1,731,810 431 (96)		341,370 85 (82)	1,972,902 [illegible]	
1〜10　計		418,878 100 (88)	1,825,872 436 (97)		395,476 94 (86)	2,091,932 499 (97)		391,195 93 (88)	1,748,849 418 (97)		359,194 86 (86)	1,990,726 475 (97)	
11	諸経費	57,500 100 (12)	57,500 100 (3)		62,400 109 (14)	62,400 109 (3)		52,800 92 (12)	52,800 92 (3)		57,500 100 (14)	57,500 100 (3)	
12	合計	476,378 100 (100)	1,883,372 395 (100)	3.9	457,876 96 (100)	2,154,332 452 (100)	4.7	443,995 93 (100)	1,801,649 378 (100)	4.1	416,694 87 (100)	2,048,226 430 (100)	4.9
消費税(8%)		38,110	150,669		36,630	172,346		[illegible]	[illegible]		33,335	163,858	
総合計		514,488	2,034,445		494,506	2,326,678		479,514	1,945,781		450,030	2,212,084	

［注］①タイプ欄の（300日/360日）等は足場仮設期間　/全体工期　　②各欄の107等の赤数値はA―1タイプ第１回 100に対する比率(%)　③各欄の(3)等の青数値は縦の合計値100に対する比率　④第３回では、既存防水層・外壁塗装の全面剥離、建具・カーテンウォールの全面更新、ALCパネル目地シーリングを実施

図表 6.2-9　大規模修繕工事　ガイドレールゴンドラ　外壁全面塗装　第１回・第３回工事費比較表

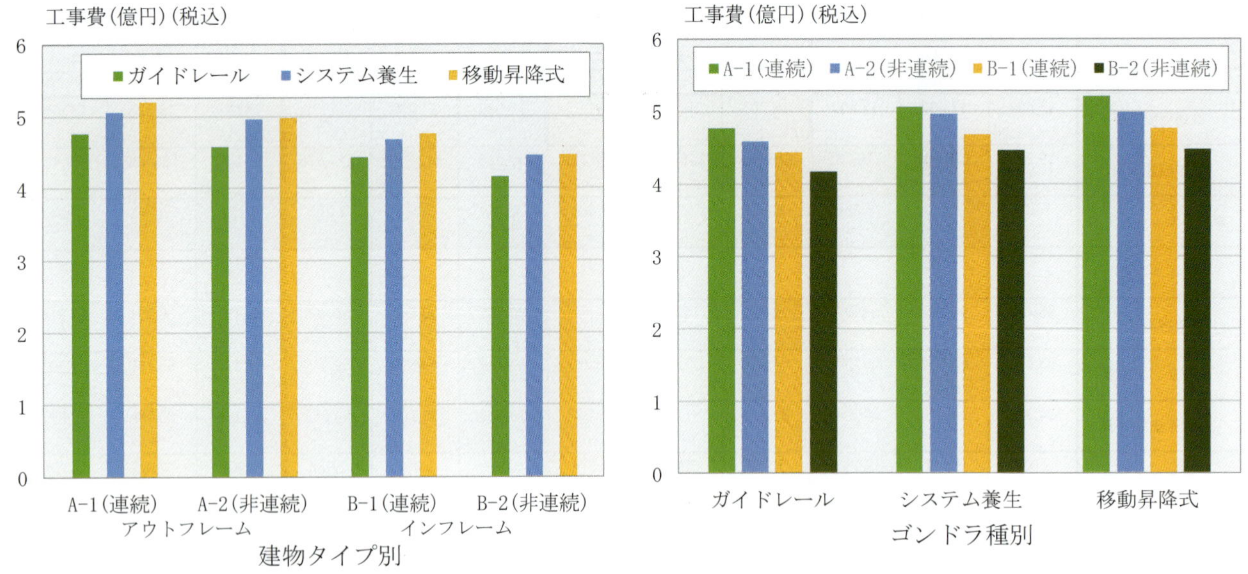

図表 6.2-7　住棟タイプ・足場工法別総工事費グラフ

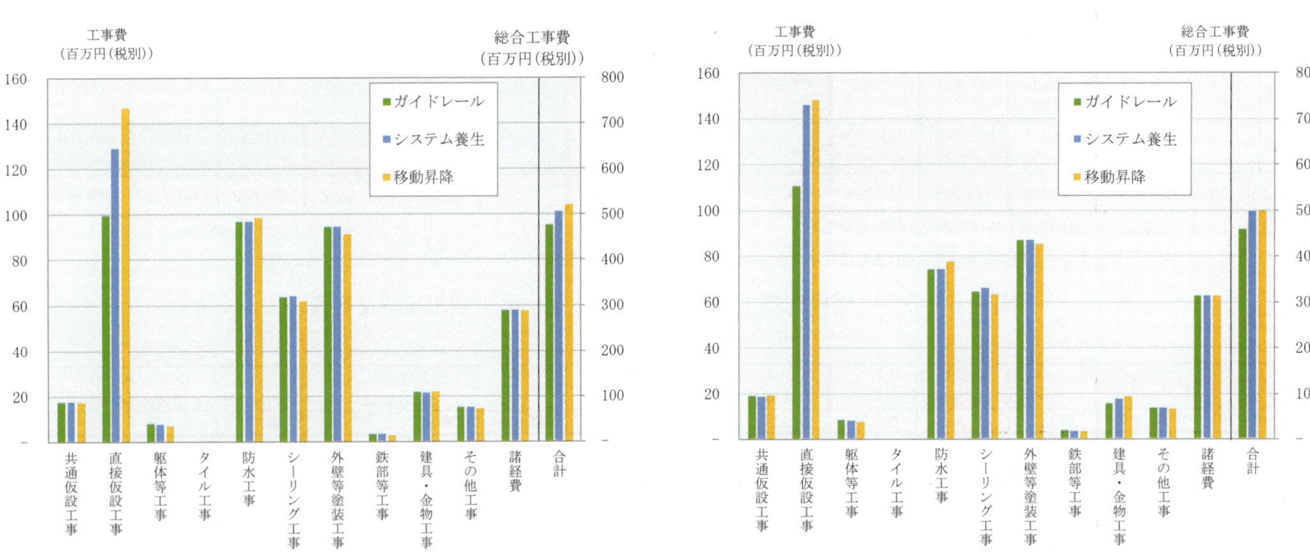

A-1 型（アウトフレーム・連続型・工期 300 日）

A-2 型（インフレーム・非連続型・工期 360 日）

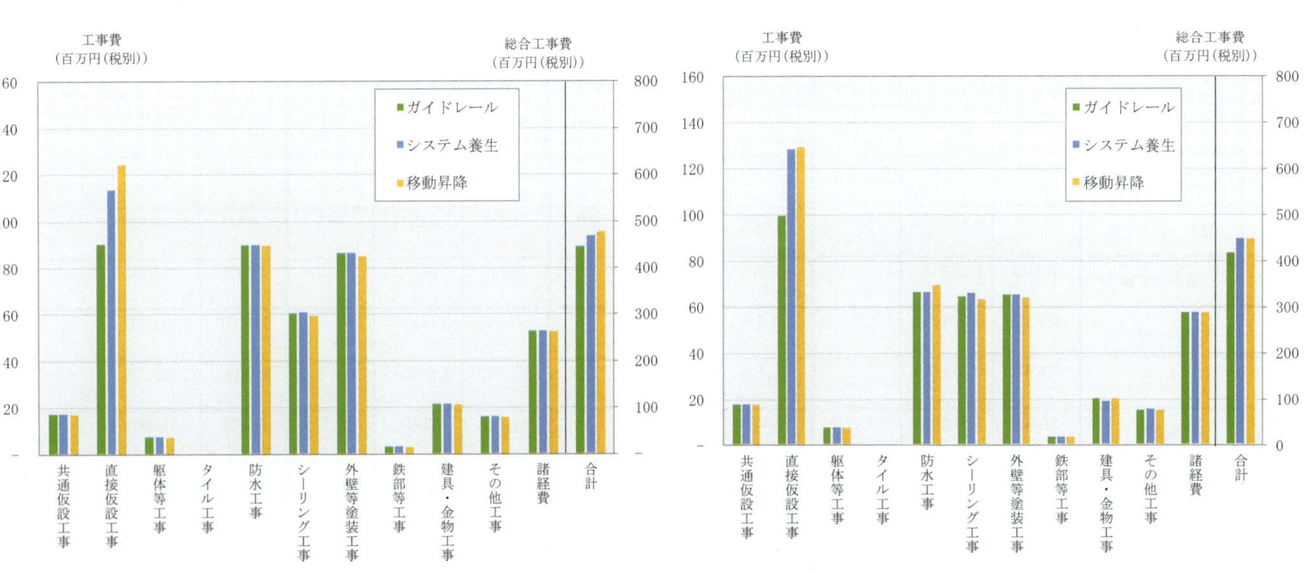

B-1 型（インフレーム・連続型・工期 240 日）

B-2 型（インフレーム・非連続型・工期 300 日）

図表 6.2-8　住棟タイプ別各積工事費内訳グラフ

6.2.4　長期修繕計画概要

⑴長期修繕計画の定義・内容

「長期修繕計画」について法規上の定義はないが、マンション管理標準指針（平成17年12月国土交通省策定）及びガイドライン等でその内容と役割が述べられている。

長期修繕計画はマンション共用部分について今後①どの部分を、②いつ頃、③どの位の費用で修繕すべきかを明らかにしたもので、修繕積立金額の唯一の根拠となるものである。

その内容は次の通りである。

・計画対象：躯体、仕上、設備、外構等共用部分、及び管理規約で規定された専有部分
・計画期間：新築マンション30年以上、既存マンション25年以上
・見直改定：数年ごとに工事項目、金額、時期、修繕周期等
・留意点：精度は内訳明細書付、必要な改善も織り込む。専有・共用・一部共用の区分の明確化必須

⑵工事項目

ガイドラインでの計画対象の基本的な工事項目は次の通りである。

1）仮設：①仮設工事（共通仮設・直接仮設）
2）建物：②屋根防水　③床防水　④外壁塗装等　⑤鉄部塗装等　⑥建具・金物等　⑦共用内部
3）設備：⑧給水設備　⑨排水設備　⑩ガス設備　⑪空調・換気設備　⑫電灯設備　⑬情報・通信設備　⑭消防用設備　⑮昇降機設備　⑯立体駐車場設備
4）外構・その他：
⑰外構・付属施設　⑱調査・診断、設計、工事監理等費用　⑲長期修繕計画作成費用（見直し）

⑶長期修繕計画表・収支計画グラフ

長期修繕計画表は、縦に工事項目、横に工事年を採り各年に想定工事費を落とし込んだ一覧表である。これにより毎年の必要金額とそれまでの累計金額が一目でわかる。この計画表の下に、積立金累計表を並べ、双方の累計額を比べれば毎年の収支が分かる。これが収支計画表でそのグラフが収支計画グラフである。

図表6.2-10⑴はガイドラインに提示された収支計画グラフの参考様式で、現在ではこれが全国標準となってきている。一番上の斜線は、計画最終年で積立金残額がゼロになるように設定した場合の積立金累計で、五年目で少し折れ上がっているのは毎月の積立金額の値上がりを示す。棒グラフはその年の必要工事費で各工事項目の金額・割合も表示されている。右肩上がりの折れ線グラフは工事費の累計で、その下の上下する折れ線グラフは積立金残高を示す。

図表6.2-10⑵は修繕工事費内訳書の参考様式である。各工事項目について必要な内訳明細書を作成の上、仕様・数量・単価・周期等を設定して工事費を算出し、長期修繕計画書の中に算入する。

6.2.5　長期修繕計画モデル試算

⑴現状の問題点検証・モデル試算

大規模修繕工事費が計画期間30年位の長期修繕計画に占める割合は、中高層マンションでは経年数によって変わるが40～60%くらいである。超高層マンションの場合、中高層マンションよりエレベータ、空調、給水、防災、高圧電気等重装備となった設備の比重が高いので、大規模修繕工事費の比重が低くなると考えられる。しかし大規模修繕工事アンケートやモデル試算によれば、直接仮設工事費が中高層マンションの場合の2～3倍かかるので結果的には同程度とみなせそうである。

ちなみにマンション学会誌第36号（2010年）掲載の「超高層マンションの長期修繕計画と大規模修繕工事」によれば、10事例で計画期間30年内総工事費は497～954（平均719）万円/戸、うち建築工事費は179～474（平均310）万円/戸、全体に占める割合は32～62%で平均44%となっている。（図表6.2-11）

工事項目と工事内容では、第3回大規模修繕工事（経年36～54年）で既存塗装・防水の完全はく離、サッシ・手すり等の更新を見込んでいるが、それらはゴンドラ足場、風・飛散・落下等の影響を受けやすく、施工困難で高い工事費となっている。これらを織り込んだ大規模修繕工事の修繕周期を12年、15年、18年に、計画期間を30年と60年にしてどのような工事費の違いがあるかを調べる必要がある。

長期修繕計画の現状の問題として①計画期間は何年間が適切か、②大規模修繕工事の修繕周期は何年が妥当か、③修繕した各部の性能保証期間は何年か、④工事費算定の精度及び、設定修繕積立金額は妥当か等が挙げられる。

これらについて、大規模修繕工事のモデル試算結果を組み込んだ長期修繕計画のモデル試算により検証する。

⑵モデル試算条件設定

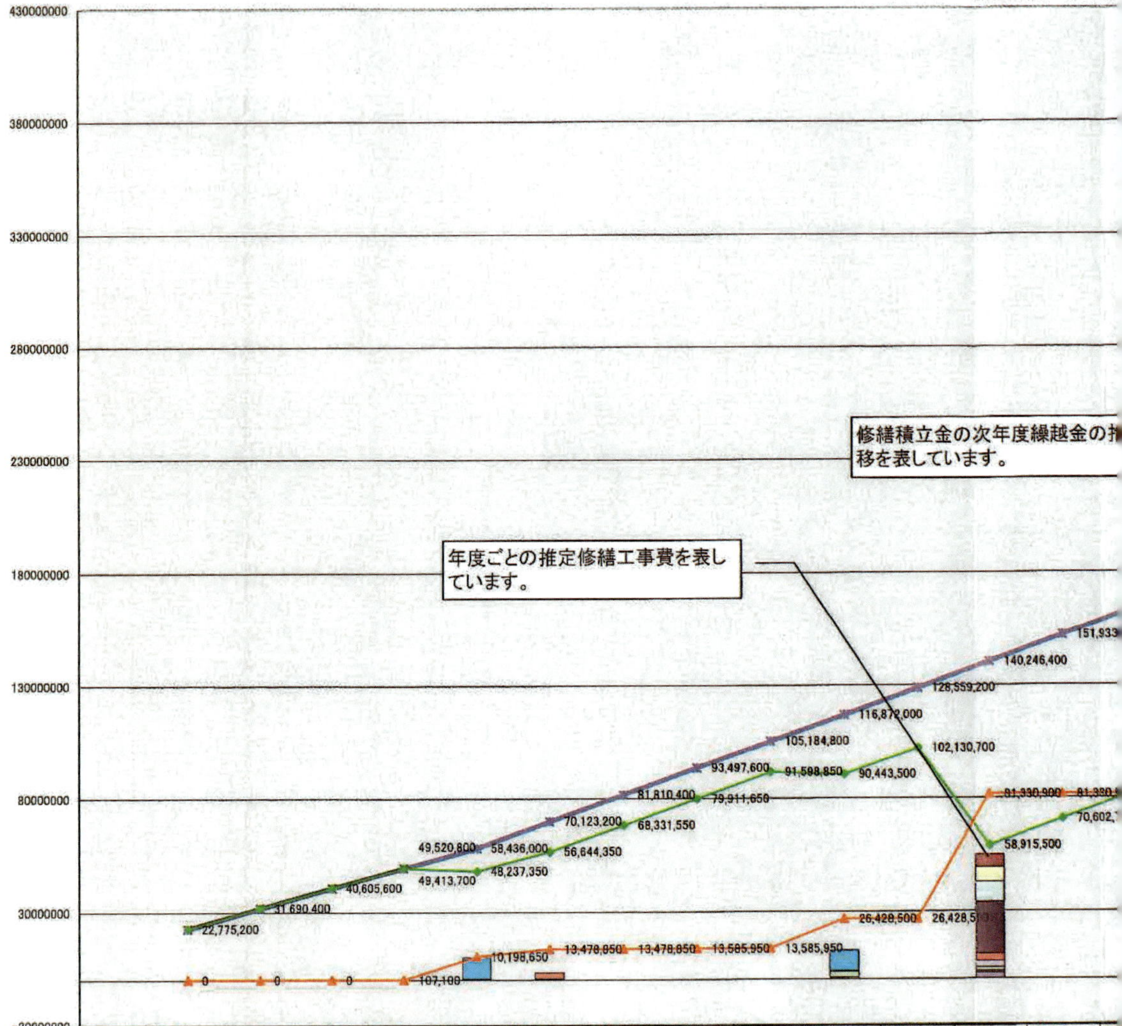

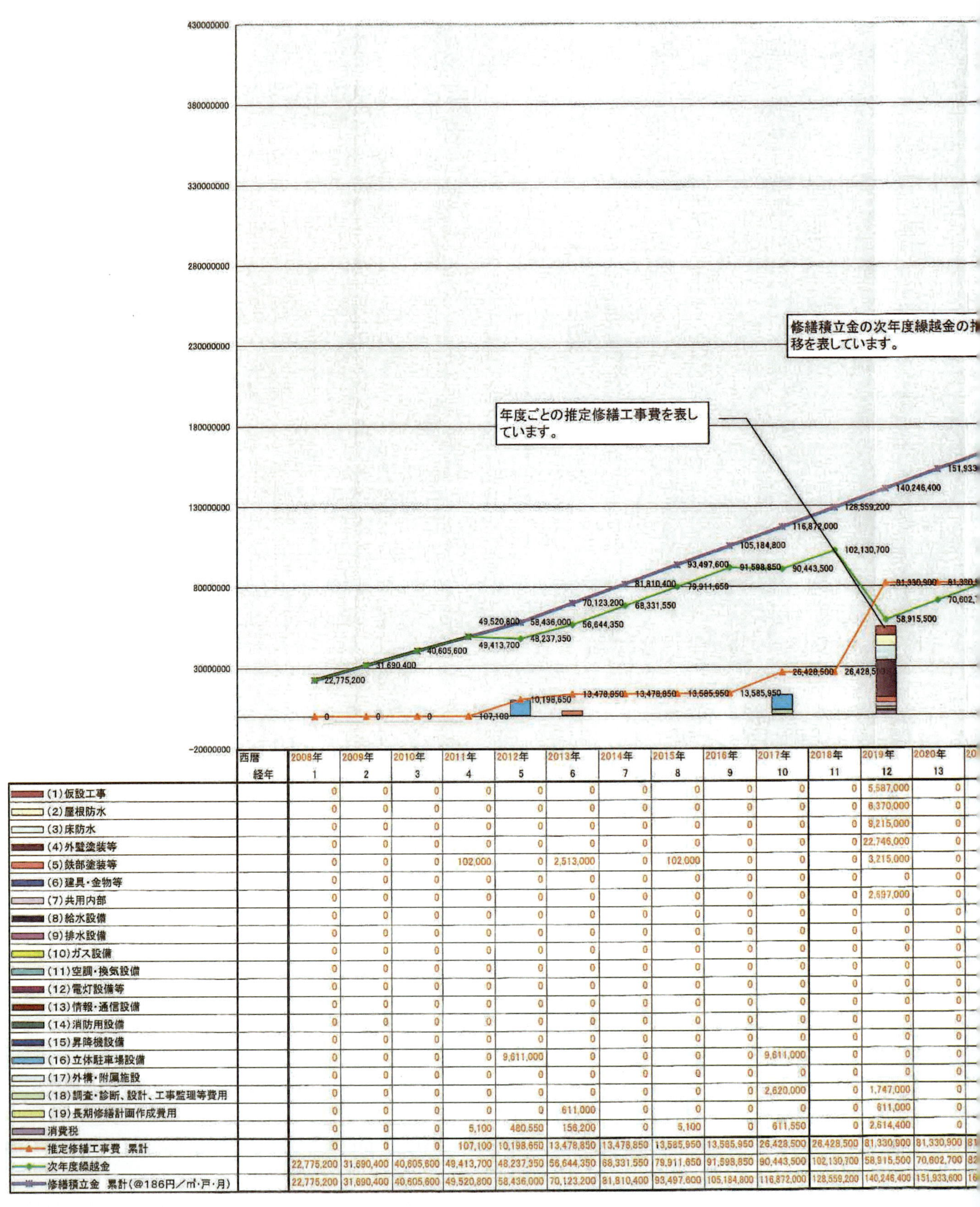

西暦 / 経年		2008年 1	2009年 2	2010年 3	2011年 4	2012年 5	2013年 6	2014年 7	2015年 8	2016年 9	2017年 10	2018年 11	2019年 12	2020年 13	20
(1)仮設工事		0	0	0	0	0	0	0	0	0	0	0	5,587,000	0	
(2)屋根防水		0	0	0	0	0	0	0	0	0	0	0	6,370,000	0	
(3)床防水		0	0	0	0	0	0	0	0	0	0	0	9,215,000	0	
(4)外壁塗装等		0	0	0	0	0	0	0	0	0	0	0	22,746,000	0	
(5)鉄部塗装等		0	0	0	102,000	0	2,513,000	0	102,000	0	0	0	3,215,000	0	
(6)建具・金物等		0	0	0	0	0	0	0	0	0	0	0	0	0	
(7)共用内部		0	0	0	0	0	0	0	0	0	0	0	2,697,000	0	
(8)給水設備		0	0	0	0	0	0	0	0	0	0	0	0	0	
(9)排水設備		0	0	0	0	0	0	0	0	0	0	0	0	0	
(10)ガス設備		0	0	0	0	0	0	0	0	0	0	0	0	0	
(11)空調・換気設備		0	0	0	0	0	0	0	0	0	0	0	0	0	
(12)電灯設備等		0	0	0	0	0	0	0	0	0	0	0	0	0	
(13)情報・通信設備		0	0	0	0	0	0	0	0	0	0	0	0	0	
(14)消防用設備		0	0	0	0	0	0	0	0	0	0	0	0	0	
(15)昇降機設備		0	0	0	0	0	0	0	0	0	0	0	0	0	
(16)立体駐車場設備		0	0	0	0	9,611,000	0	0	0	0	9,611,000	0	0	0	
(17)外構・附属施設		0	0	0	0	0	0	0	0	0	0	0	0	0	
(18)調査・診断、設計、工事監理等費用		0	0	0	0	0	0	0	0	0	2,620,000	0	1,747,000	0	
(19)長期修繕計画作成費用		0	0	0	0	0	611,000	0	0	0	0	0	611,000	0	
消費税		0	0	0	5,100	480,550	156,200	0	5,100	0	611,550	0	2,614,400	0	
推定修繕工事費　累計		0	0	0	107,100	10,198,650	13,478,850	13,478,850	13,585,950	13,585,950	26,428,500	26,428,500	81,330,900	81,330,900	81
次年度繰越金		22,775,200	31,690,400	40,605,600	49,413,700	48,237,350	56,644,350	68,331,550	79,911,650	91,598,850	90,443,500	102,130,700	58,915,500	70,602,700	82
修繕積立金　累計(@186円／㎡・戸・月)		22,775,200	31,690,400	40,605,600	49,520,800	58,436,000	70,123,200	81,810,400	93,497,600	105,184,800	116,872,000	128,559,200	140,246,400	151,933,600	16

図表 6.2-10⑴　長期修繕計画収支計画グラフ（ガイドラインより）[2]

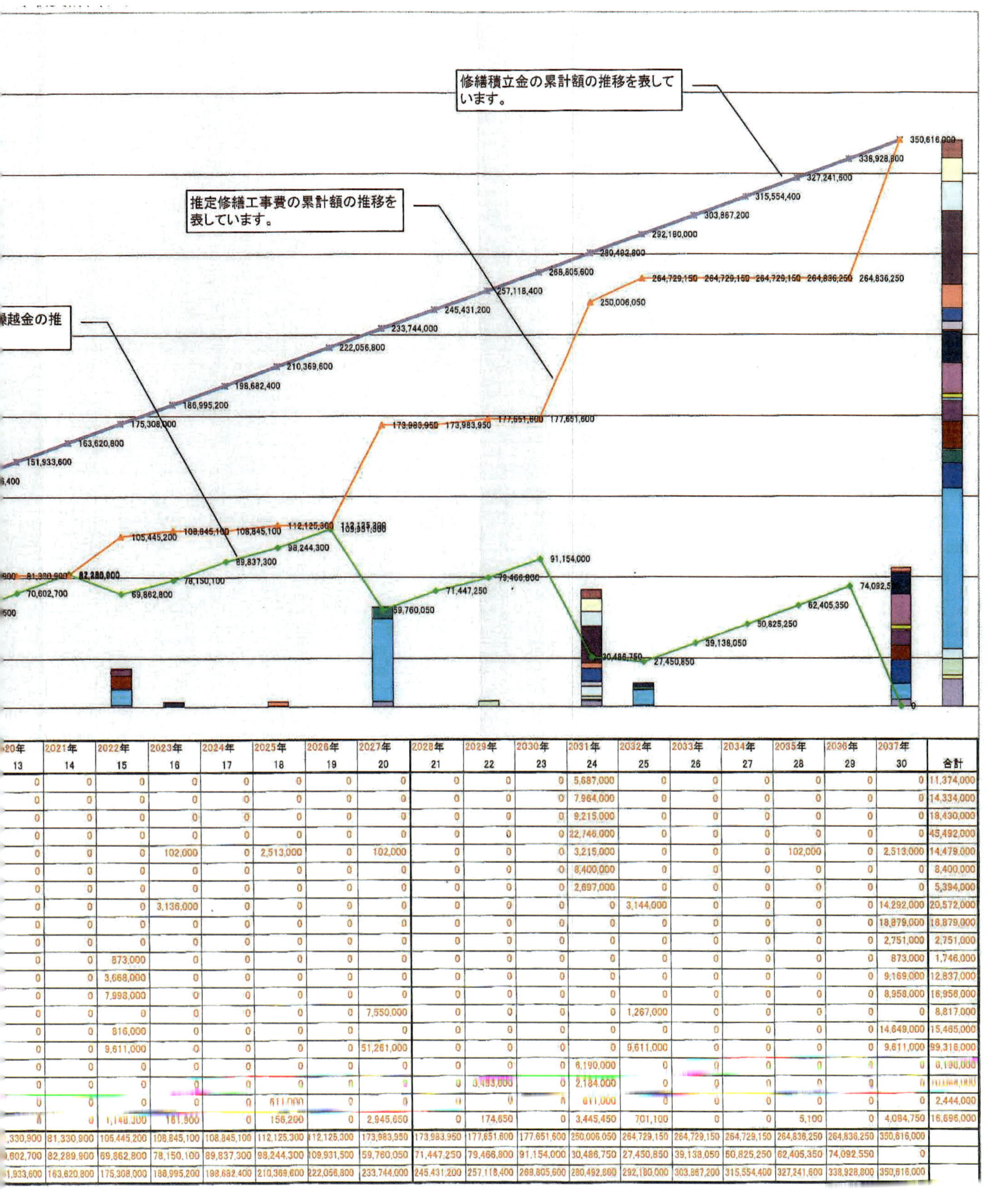
修繕積立金の累計額の推移を表しています。
推定修繕工事費の累計額の推移を表しています。
繰越金の推

20年 13	2021年 14	2022年 15	2023年 16	2024年 17	2025年 18	2026年 19	2027年 20	2028年 21	2029年 22	2030年 23	2031年 24	2032年 25	2033年 26	2034年 27	2035年 28	2036年 29	2037年 30	合計
0	0	0	0	0	0	0	0	0	0	0	5,687,000	0	0	0	0	0	0	11,374,000
0	0	0	0	0	0	0	0	0	0	0	7,964,000	0	0	0	0	0	0	14,334,000
0	0	0	0	0	0	0	0	0	0	0	9,215,000	0	0	0	0	0	0	18,430,000
0	0	0	0	0	0	0	0	0	0	0	22,746,000	0	0	0	0	0	0	45,492,000
0	0	0	102,000	0	2,513,000	0	102,000	0	0	0	3,215,000	0	0	0	102,000	0	2,513,000	14,479,000
0	0	0	0	0	0	0	0	0	0	0	8,400,000	0	0	0	0	0	0	8,400,000
0	0	0	0	0	0	0	0	0	0	0	2,697,000	0	0	0	0	0	0	5,394,000
0	0	0	3,136,000	0	0	0	0	0	0	0	0	3,144,000	0	0	0	0	14,292,000	20,572,000
0	0	0	0	0	0	0	0	0	0	0	0	0	0	0	0	0	18,879,000	18,879,000
0	0	0	0	0	0	0	0	0	0	0	0	0	0	0	0	0	2,751,000	2,751,000
0	0	873,000	0	0	0	0	0	0	0	0	0	0	0	0	0	0	873,000	1,746,000
0	0	3,668,000	0	0	0	0	0	0	0	0	0	0	0	0	0	0	9,169,000	12,837,000
0	0	7,998,000	0	0	0	0	0	0	0	0	0	0	0	0	0	0	8,958,000	16,956,000
0	0	0	0	0	0	0	7,550,000	0	0	0	0	1,267,000	0	0	0	0	0	8,817,000
0	0	816,000	0	0	0	0	0	0	0	0	0	0	0	0	0	0	14,649,000	15,465,000
0	0	9,611,000	0	0	0	0	51,261,000	0	0	0	0	9,611,000	0	0	0	0	9,611,000	99,316,000
0	0	0	0	0	0	0	0	0	0	0	6,190,000	0	0	0	0	0	0	6,190,000
0	0	0	0	0	0	0	0	0	3,493,000	0	2,184,000	0	0	0	0	0	0	[illegible]
0	0	0	0	0	611,000	0	0	0	0	0	611,000	0	0	0	0	0	0	2,444,000
0	0	1,148,300	161,900	0	156,200	0	2,945,650	0	174,650	0	3,445,450	701,100	0	0	5,100	0	4,084,750	16,696,000
,330,900	81,330,900	105,445,200	108,845,100	108,845,100	112,125,300	112,125,300	173,983,950	173,983,950	177,651,600	177,651,600	250,006,050	264,729,150	264,729,150	264,729,150	264,836,250	264,836,250	350,616,000	
,602,700	82,289,900	69,862,800	78,150,100	89,837,300	98,244,300	109,931,500	59,760,050	71,447,250	79,466,800	91,154,000	30,486,750	27,450,850	39,138,050	50,825,250	62,405,350	74,092,550	0	
1,933,600	163,620,800	175,308,000	186,995,200	198,682,400	210,369,600	222,056,800	233,744,000	245,431,200	257,118,400	268,805,600	280,492,800	292,180,000	303,867,200	315,554,400	327,241,600	338,928,800	350,616,000	

	推定修繕工事項目	対象部位等	工事区分	仕様等	単位	数量	単価	金額	修繕周期
I 仮設	1 仮設工事								
	共通仮設		仮設						
	直接仮設		仮設						
II 建物	2 屋根防水								
	①屋上防水(保護)	屋上、塔屋、ルーフバルコニー	補修						
			修繕						
	②屋上防水(露出)	屋上、塔屋	修繕						
			撤去・新設						
	③傾斜屋根	屋根	補修						
			撤去・葺替						
	④庇・笠木等防水	庇、笠木、パラペット、架台の天端等	修繕						
	3 床防水								
	① バルコニー床防水	バルコニーの床	修繕						
	②開放廊下・階段等床防水	開放廊下・階段の床	修繕						
	4 外壁塗装等								
	①コンクリート補修	外壁、屋根、床、手すり壁、軒天、庇等	補修						
	②外壁塗装	外壁、手すり壁等	塗替						
	③軒天塗装	開放廊下・階段、バルコニー等の軒天部分	塗替						
			除去・塗装						
	④タイル張補修	外壁・手すり壁等	補修						
	⑤シーリング	外壁目地、建具周り、部材接合部等	打替						
	5 鉄部塗装等								
	①鉄部塗装(雨掛かり部分)	開放廊下・階段、バルコニーの手すり等	塗替						
	②鉄部塗装(非雨掛かり部分)	住戸玄関ドア、共用部分ドア等	塗替						
	③非鉄部塗装	サッシ、面格子、ドア、手すり、避難ハッチ等	清掃・塗替						
	6 建具・金物等								
	①建具関係	住戸玄関ドア、共用部分ドア、窓サッシ等	点検・調整						
			取替						
	②手すり	開放廊下・階段、バルコニーの手すり等	取替						
	③屋外鉄骨階段	屋外鉄骨階段	補修						
			取替						
	④金物類(集合郵便受等)	集合郵便受、掲示板、笠木、架台等	取替						
	⑤金物類(メーターボックス扉等)	メーターボックスの扉、パイプスペースの扉等	取替						
	7 共用内部								
	①共用内部	管理員室、内部廊下等の壁、床、天井	張替・塗替						
III 設備	8 給水設備								
	①給水管	屋内共用給水管	更生						
		屋内共用給水管、屋外共用給水管	取替						
	②貯水槽	受水槽、高置水槽	取替						
	③給水ポンプ	揚水ポンプ等	補修						
			取替						
	9 排水設備								
	①排水管	屋内共用雑排水管	更生						
		屋内共用雑排水管、汚水管、雨水管	取替						
	②排水ポンプ	排水ポンプ	補修						
			取替						
	10 ガス管								
	①ガス管	屋外埋設部ガス管、屋内共用ガス管	取替						
	11空調・換気設備								
	①空調設備	管理室、集会等のエアコン	取替						
	②換気設備	管理員室等の換気扇、換気口、換気ガラリ等	取替						
	12電灯設備等								
	①電灯設備	共用廊下等の照明器具、配線器具、非常照明等	取替						
	②配電盤類	配電盤・プルボックス等	取替						
	③幹線設備	引込開閉器、幹線(電灯、動力)	取替						
	④避雷針設備	避雷突針・ポール・支持金物・導線・接地極等	取替						
	⑤自家発電設備	発電設備	取替						
	13 情報・通信設備								
	①電話設備	電話配線盤(MDF)、中間端子盤(IDF)等	取替						
	②テレビ共聴設備	アンテナ、増幅器、分配器等	取替						
	③インターネット設備	住棟内ネットワーク	取替						
	④インターホン設備等	インターホン設備、オートロック設備等	取替						
	14 消防用設備								
	①屋内消火栓設備	消火栓ポンプ、消火管、ホース類等	取替						
	②自動火災報知設備	感知器、発信器、表示灯、音響装置、受信器等	取替						
	③連結送水管設備	送水口、放水口、消化管、消火隊専用栓箱等	取替						
	15 昇降機設備								
	①昇降機	カゴ内装、扉、三方枠等	補修						
		全構成機器	取替						
	16 立体駐車場設備								
	①自走式駐車場	プレハブ造(鉄骨造+ALC)	補修						
			建替						
	②機械式駐車場	二段方式、多段方式、垂直循環方式等	補修						
			取替						
IV 外構・ その他	17外構・附属施設								
	①外構	平面駐車場、車路・歩道等の舗装、排水溝等	補修、取替						
	②附属施設	自転車置場、ごみ集積所、植樹	取替、整備						
	18 調査・診断、設計、工事監理等費用								
	①調査・診断、設計等	調査・診断、計画修繕工事の設計等							
	②工事監理	計画修繕工事の工事監理							
	19 長期修繕計画作成費用								
	① 見直し	調査・診断、長期修繕計画の見直し							

図表 6.2-10 (2)　推定修繕工事費内訳書（ガイドラインより）[2)]

①計画期間：30年、60年の2種
②大規模修繕工事の周期：12年、15年、18年の3種
③外装仕上げ：外壁全面塗装の場合
④A-1タイプ：足場工法はガイドレールゴンドラ、システム養生ゴンドラ、移動昇降式足場の3種類について
⑤A-2、B-1、B-2タイプ：足場工法はガイドレールゴンドラの1種類のみ
⑥カーテンウォール：A-1・B-1タイプになし、A-2・B-2タイプに有り
⑦1、2階の内外建築、全設備及び外構等修繕工事費：類似規模マンション事例の長期修繕計画金額を参考とした。
⑧修繕積立金収入：各戸積立金（毎月）、新築購入時修繕積立基金（1回）、一般管理費・駐車場会計余剰金繰入（毎年）

6.2.6 長期修繕計画モデル試算結果・修繕積立金

⑴モデル試算結果

A-1タイプで3足場工法について大規模修繕工事の周期（12年、15年、18年）を変え30年間と60年間の工事費を算出した。図表6.2-12に示す。

A-2、B-1、B-2タイプについてはガイドレールゴンドラでカーテンウォールの更新なしの場合の工事費を算定した。図表6.2-13に示す。図表6.2-14はカーテンウォールの更新有りの場合である。

図表6.2-16⑴、16⑵はA-1タイプの大規模修繕工事周期12年・ガイドレールゴンドラ・外壁全面塗装の場合の長期修繕計画収支計画グラフである。

計画期間が1～30年までの場合、戸当り月額必要修繕積立金は19,644円であり、31～60年の場合は44,677円で2.3倍であるが、60年平均だと32,160円で1.6倍になる。後半の急騰を避けるには前半の積立金を上げ平均化する必要がある。

図表6.2-12によれば、30年間では、12年周期と15年周期は同様で、18年周期では7% 程安くなっている。60年間では、15年周期で7%、18年周期では14% 程安くなっている。その費用以内で3年間あるいは6年間延長可能な品質・耐久性の材料・仕様・施工を整える必要がある。

⑵修繕積立金

前記モデルについて各々の専有面積当たりの月額必要修繕費を算定した。図表6.2-15に示す計画期間が30年間の場合、月額245～316円 /㎡、60年間の場合、358～434円 /㎡である。

戸当たりで比較すると、各々32,600～41,800円、46,500～57,800円となって、一般的な中高層マンションの概略200円 /㎡、16,000円 / 戸に比べ高額である。60年間では建具・金物の全面更新工事費が主要因となっている。

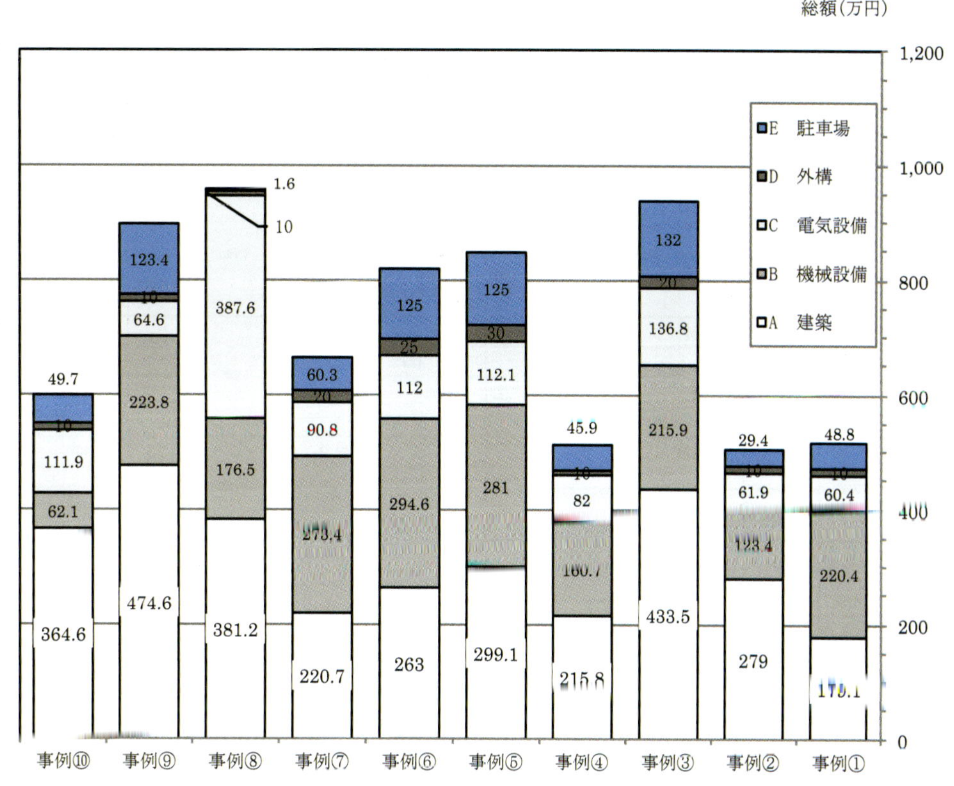

図表 6.2-11　長期修繕計画 10 事例工事費用一覧表[3)]

（単位：千万円(税別)）

大規模修繕周期	項目	経年1～30年					30年間	12年周期	経年　31～60年					60年間	12年周期
		12	15	18	24	30	総合計	との差額	36	45	48	54	60	総合計	との差額
12年(5回)	①外装等	50			59		113	0	164		55		57	391	0
							13%	0						47%	0
	②その他	6			9		187		11		11		73	441	
	③合計	56			68		300	0	175		66		130	832	0
							36%	0						100%	0
	④総累計	82			210		300		497		652			832	
15年(4回)	①外装等		50			59	114	+1		164			55	338	−53
							14%	+1						41%	−6%
	②その他		14			67	188			28			84	439	
	③合計		64			126	302	2		192			131	777	−55
							36%	0						93%	−7%
	④総累計		111				302			586				777	
18年(3回)	①外装等			50			56	−57	59			164		283	−108
							7%	−7%						34%	−13%
	②その他			2			184		12			2		435	
	③合計			52			240	−60	71			166		718	−114
							29%	−7%						86%	−14%
	④総累計			116			240		332			630		718	
注記	1) 鉄部等塗装工事の周期は、大規模修繕工事の周期が12、18年については6年周期、15年については5年周期で行う。														
	2) 工事仕様・工事費は比較検討のため、周期が延びても変えていない。														

［A-1 タイプ・ガイドレールゴンドラ・外壁全面塗装］

図表 6.2-12　超高層マンション長期修繕計画モデル試算工事費比較表 -1

超高層マンション長期修繕計画　修繕費モデル試算一覧表　［Ａ２、Ｂ２のカーテンウォールに更新なし］　（単位：千万円）（税別）

住棟タイプ	足場工法 外装修繕周期	計画期間	①ガイドレール式G 外装	①ガイドレール式G 全体	②システム養生G 外装	②システム養生G 全体	④移動昇降式足場 外装	④移動昇降式足場 全体
Ａ１ アウトフレーム 連続バルコニー	12年	30年間	113	300	119	306	121	308
			13	36	14	37	15	37
		60年間	391	832	407	847	392	833
			47	100	49	102	47	100
	15年	30年間	114	302	120	307	125	312
			14	36	14	37	47	37
		60年間	338	777	351	790	340	779
			41	93	42	95	41	94
	18年	30年間	56	240	59	243	61	245
			7	29	7	29	73	29
		60年間	283	718	292	728	281	717
			34	86	35	88	33	86
Ａ２ アウトフレーム 非連続バルコニー	12年	30年間	112	300				
			14	37				
		60年間	370	810				
			45	97				
	15年	30年間	113	301				
			14	36				
		60年間	316	757				
			39	91				
	18年	30年間	55	239				
			7	29				
		60年間	262	698				
			32	84				

住棟タイプ	足場工法 外装修繕周期	計画期間	①ガイドレール式G 外装	①ガイドレール式G 全体
Ｂ１ インフレーム 連続バルコニー	12年	30年間	106	294
			13	35
		60年間	364	804
			45	97
	15年	30年間	108	295
			13	35
		60年間	314	753
			39	91
	18年	30年間	53	237
			7	28
		60年間	263	699
			33	84
Ｂ２ インフレーム 非連続バルコニー	12年	30年間	103	291
			13	35
		60年間	342	783
			44	94
	15年	30年間	105	292
			13	35
		60年間	295	734
			38	92
	18年	30年間	51	235
			7	28
		60年間	244	680
			31	82

［註］全体欄中、各小欄の左下の赤数値は、Ａ１タイプ・１２年周期・６０年間・ガイドレール式100%に対する比率

図表 6.2-13　超高層マンション長期修繕計画モデル試算比較表 -2 ［カーテンウォールの更新なし］

超高層マンション長期修繕計画　修繕費モデル試算一覧表　[A2, B2のカーテンウォールに更新あり]　(単位：千万円)(税別)

住棟タイプ	足場工法		①ガイドレール式G		②システム養生G		④移動昇降式足場	
	外装修繕周期	計画期間	外装	全体	外装	全体	外装	全体
A 1 アウトフレーム 連続バルコニー	12年	30年間	113	300	119	306	121	308
			13	36	14	37	15	37
		60年間	391	832	407	847	392	833
			47	100	49	102	47	100
	15年	30年間	114	302	120	307	125	312
			14	36	14	37	47	37
		60年間	338	777	351	790	340	779
			41	93	42	95	41	94
	18年	30年間	56	240	59	243	61	245
			7	29	7	29	73	29
		60年間	283	718	292	728	281	717
			34	86	35	88	33	86
A 2 アウトフレーム 非連続バルコニー	12年	30年間	112	300				
			14	37				
		60年間	444	884				
			53	106				
	15年	30年間	113	301				
			14	36				
		60年間	392	831				
			47	100				
	18年	30年間	55	239				
			7	29				
		60年間	336	772				
			49	93				

住棟タイプ	足場工法		①ガイドレール式G	
	外装修繕周期	計画期間	外装	全体
B 1 インフレーム 連続バルコニー	12年	30年間	106	294
			13	35
		60年間	364	804
			45	97
	15年	30年間	108	295
			13	35
		60年間	314	753
			39	91
	18年	30年間	53	237
			7	28
		60年間	263	699
			33	84
B 2 インフレーム 非連続バルコニー	12年	30年間	103	291
			13	35
		60年間	416	857
			50	103
	15年	30年間	105	292
			13	35
		60年間	369	808
			44	97
	18年	30年間	51	235
			7	28
		60年間	318	754
			38	90

[註]全体欄中、各小欄の左下の赤数値は、A1タイプ・12年周期・60年間・ガイドレール式100%に対する比率

図表 6.2-14　超高層マンション長期修繕計画モデル試算比較表 -3　[カーテンウォールの更新あり]

専有面積1㎡当り月額積立金一覧表　※（　）内赤数値

超高層マンション長期修繕計画　修繕費モデル試算一覧表　[A2, B2のカーテンウォールに更新なし]　(単位：千万円)(税別)

住棟タイプ	足場工法		①ガイドレール式G		②システム養生G		④移動昇降式足場	
	外装修繕周期	計画期間	外装	全体	外装	全体	外装	全体
A 1 アウトフレーム 連続バルコニー	12年	30年間	113	300	119	306	121	308
			13	(308)	14	(314)	15	(316)
		60年間	391	832	407	847	392	833
			47	(426)	49	(434)	47	(428)
	15年	30年間	114	302	120	307	125	312
			14	(310)	14	(314)	47	(314)
		60年間	338	777	351	790	340	779
			41	(398)	14	(434)	41	(400)
	18年	30年間	56	240	59	243	61	245
			7	(246)	7	(267)	73	(252)
		60年間	283	718	292	728	281	717
			34	(369)	35	(373)	33	(368)
A 2 アウトフレーム 非連続バルコニー	12年	30年間	112	300				
			14	(308)				
		60年間	370	810				
			45	(417)				
	15年	30年間	113	301				
			14	(308)				
		60年間	318	757				
			39	(389)				
	18年	30年間	55	239				
			[illegible]	[illegible]				
		60年間	262	698				
			32	(358)				

住棟タイプ	足場工法		①ガイドレール式G	
	外装修繕周期	計画期間	外装	全体
B 1 インフレーム 連続バルコニー	12年	30年間	106	294
			13	(301)
		60年間	364	804
			45	(413)
	15年	30年間	108	295
			13	(302)
		60年間	314	753
			39	(386)
	18年	30年間	53	237
			7	(242)
		60年間	263	699
			33	(358)
B 2 インフレーム 非連続バルコニー	12年	30年間	103	291
			13	(293)
		60年間	342	783
			44	(402)
	15年	30年間	105	292
			13	(300)
		60年間	295	734
			38	(277)
	18年	30年間	[illegible]	[illegible]
			7	(240)
		60年間	244	680
			31	(349)

図表 6.2-15　超高層マンション長期修繕計画モデル試算必要積立金比較表

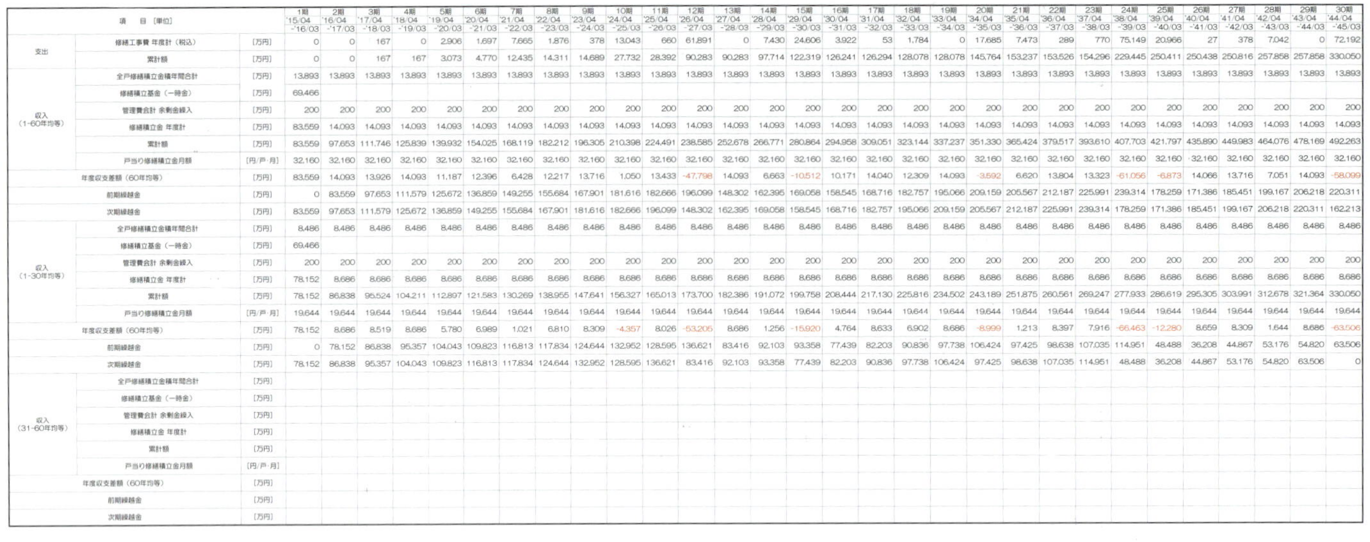

項　目 [単位]			1期 '15/04 -'16/03	2期 '16/04 -'17/03	3期 '17/04 -'18/03	4期 '18/04 -'19/03	5期 '19/04 -'20/03	6期 '20/04 -'21/03	7期 '21/04 -'22/03	8期 '22/04 -'23/03	9期 '23/04 -'24/03	10期 '24/04 -'25/03	11期 '25/04 -'26/03	12期 '26/04 -'27/03	13期 '27/04 -'28/03	14期 '28/04 -'29/03	15期 '29/04 -'30/03
支出	修繕工事費 年度計（税込）	[万円]	0	0	167	0	2,906	1,697	7,665	1,876	378	13,043	660	61,891	0	7,430	24,606
	累計額	[万円]	0	0	167	167	3,073	4,770	12,435	14,311	14,689	27,732	28,392	90,283	90,283	97,714	122,319
収入（1-60年均等）	全戸修繕積立金積年間合計	[万円]	13,893	13,893	13,893	13,893	13,893	13,893	13,893	13,893	13,893	13,893	13,893	13,893	13,893	13,893	13,893
	修繕積立基金（一時金）	[万円]	69,466														
	管理費会計 余剰金繰入	[万円]	200	200	200	200	200	200	200	200	200	200	200	200	200	200	200
	修繕積立金 年度計	[万円]	83,559	14,093	14,093	14,093	14,093	14,093	14,093	14,093	14,093	14,093	14,093	14,093	14,093	14,093	14,093
	累計額	[万円]	83,559	97,653	111,746	125,839	139,932	154,025	168,119	182,212	196,305	210,398	224,491	238,585	252,678	266,771	280,864
	戸当り修繕積立金月額	[円/戸・月]	32,160	32,160	32,160	32,160	32,160	32,160	32,160	32,160	32,160	32,160	32,160	32,160	32,160	32,160	32,160
年度収支差額（60年均等）		[万円]	83,559	14,093	13,926	14,093	11,187	12,396	6,428	12,217	13,716	1,050	13,433	-47,798	14,093	6,663	-10,512
前期繰越金		[万円]	0	83,559	97,653	111,579	125,672	136,859	149,255	155,684	167,901	181,616	182,666	196,099	148,302	162,395	169,058
次期繰越金		[万円]	83,559	97,653	111,579	125,672	136,859	149,255	155,684	167,901	181,616	182,666	196,099	148,302	162,395	169,058	158,545
収入（1-30年均等）	全戸修繕積立金積年間合計	[万円]	8,486	8,486	8,486	8,486	8,486	8,486	8,486	8,486	8,486	8,486	8,486	8,486	8,486	8,486	8,486
	修繕積立基金（一時金）	[万円]	69,466														
	管理費会計 余剰金繰入	[万円]	200	200	200	200	200	200	200	200	200	200	200	200	200	200	200
	修繕積立金 年度計	[万円]	78,152	8,686	8,686	8,686	8,686	8,686	8,686	8,686	8,686	8,686	8,686	8,686	8,686	8,686	8,686
	累計額	[万円]	78,152	86,838	95,524	104,211	112,897	121,583	130,269	138,955	147,641	156,327	165,013	173,700	182,386	191,072	199,758
	戸当り修繕積立金月額	[円/戸・月]	19,644	19,644	19,644	19,644	19,644	19,644	19,644	19,644	19,644	19,644	19,644	19,644	19,644	19,644	19,644
年度収支差額（60年均等）		[万円]	78,152	8,686	8,519	8,686	5,780	6,989	1,021	6,810	8,309	-4,357	8,026	-53,205	8,686	1,256	-15,920
前期繰越金		[万円]	0	78,152	86,838	95,357	104,043	109,823	116,813	117,834	124,644	132,952	128,595	136,621	83,416	92,103	93,358
次期繰越金		[万円]	78,152	86,838	95,357	104,043	109,823	116,813	117,834	124,644	132,952	128,595	136,621	83,416	92,103	93,358	77,439
収入（31-60年均等）	全戸修繕積立金積年間合計	[万円]															
	修繕積立基金（一時金）	[万円]															
	管理費会計 余剰金繰入	[万円]															
	修繕積立金 年度計	[万円]															
	累計額	[万円]															
	戸当り修繕積立金月額	[円/戸・月]															
年度収支差額（60年均等）		[万円]															
前期繰越金		[万円]															
次期繰越金		[万円]															

項　目 [単位]			16期 '30/04 -'31/03	17期 '31/04 -'32/03	18期 '32/04 -'33/03	19期 '33/04 -'34/03	20期 '34/04 -'35/03	21期 '35/04 -'36/03	22期 '36/04 -'37/03	23期 '37/04 -'38/03	24期 '38/04 -'39/03	25期 '39/04 -'40/03	26期 '40/04 -'41/03	27期 '41/04 -'42/03	28期 '42/04 -'43/03	29期 '43/04 -'44/03	30期 '44/04 -'45/03
支出	修繕工事費 年度計（税込）	[万円]	3,922	53	1,784	0	17,685	7,473	289	770	75,149	20,966	27	378	7,042	0	72,192
	累計額	[万円]	126,241	126,294	128,078	128,078	145,764	153,237	153,526	154,296	229,445	250,411	250,438	250,816	257,858	257,858	330,050
収入（1-60年均等）	全戸修繕積立金積年間合計	[万円]	13,893	13,893	13,893	13,893	13,893	13,893	13,893	13,893	13,893	13,893	13,893	13,893	13,893	13,893	13,893
	修繕積立基金（一時金）	[万円]															
	管理費会計 余剰金繰入	[万円]	200	200	200	200	200	200	200	200	200	200	200	200	200	200	200
	修繕積立金 年度計	[万円]	14,093	14,093	14,093	14,093	14,093	14,093	14,093	14,093	14,093	14,093	14,093	14,093	14,093	14,093	14,093
	累計額	[万円]	294,958	309,051	323,144	337,237	351,330	365,424	379,517	393,610	407,703	421,797	435,890	449,983	464,076	478,169	492,263
	戸当り修繕積立金月額	[円/戸・月]	32,160	32,160	32,160	32,160	32,160	32,160	32,160	32,160	32,160	32,160	32,160	32,160	32,160	32,160	32,160
年度収支差額（60年均等）		[万円]	10,171	14,040	12,309	14,093	-3,592	6,620	13,804	13,323	-61,056	-6,873	14,066	13,716	7,051	14,093	-58,099
前期繰越金		[万円]	158,545	168,716	182,757	195,066	209,159	205,567	212,187	225,991	239,314	178,259	171,386	185,451	199,167	206,218	220,311
次期繰越金		[万円]	168,716	182,757	195,066	209,159	205,567	212,187	225,991	239,314	178,259	171,386	185,451	199,167	206,218	220,311	162,213
収入（1-30年均等）	全戸修繕積立金積年間合計	[万円]	8,486	8,486	8,486	8,486	8,486	8,486	8,486	8,486	8,486	8,486	8,486	8,486	8,486	8,486	8,486
	修繕積立基金（一時金）	[万円]															
	管理費会計 余剰金繰入	[万円]	200	200	200	200	200	200	200	200	200	200	200	200	200	200	200
	修繕積立金 年度計	[万円]	8,686	8,686	8,686	8,686	8,686	8,686	8,686	8,686	8,686	8,686	8,686	8,686	8,686	8,686	8,686
	累計額	[万円]	208,444	217,130	225,816	234,502	243,189	251,875	260,561	269,247	277,933	286,619	295,305	303,991	312,678	321,364	330,050
	戸当り修繕積立金月額	[円/戸・月]	19,644	19,644	19,644	19,644	19,644	19,644	19,644	19,644	19,644	19,644	19,644	19,644	19,644	19,644	19,644
年度収支差額（60年均等）		[万円]	4,764	8,633	6,902	8,686	-8,999	1,213	8,397	7,916	-66,463	-12,280	8,659	8,309	1,644	8,686	-63,506
前期繰越金		[万円]	77,439	82,203	90,836	97,738	106,424	97,425	98,638	107,035	114,951	48,488	36,208	44,867	53,176	54,820	63,506
次期繰越金		[万円]	82,203	90,836	97,738	106,424	97,425	98,638	107,035	114,951	48,488	36,208	44,867	53,176	54,820	63,506	0
収入（31-60年均等）	全戸修繕積立金積年間合計	[万円]															
	修繕積立基金（一時金）	[万円]															
	管理費会計 余剰金繰入	[万円]															
	修繕積立金 年度計	[万円]															
	累計額	[万円]															
	戸当り修繕積立金月額	[円/戸・月]															
年度収支差額（60年均等）		[万円]															
前期繰越金		[万円]															
次期繰越金		[万円]															

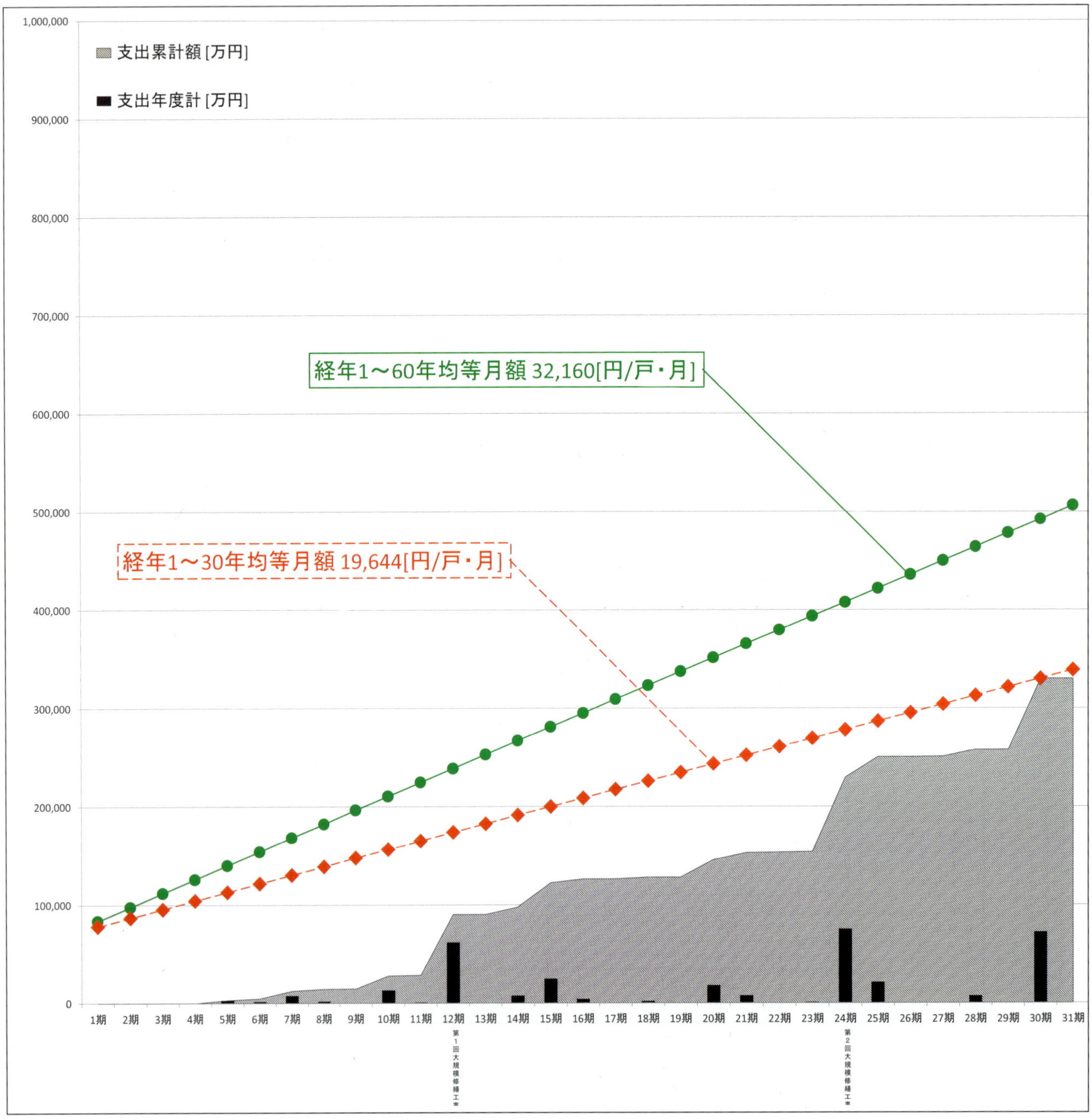

図表 6.2-16 (1)　長期修繕計画モデル試算　A1 タイプ収支計画グラフ(1)（1 ～ 30 年）

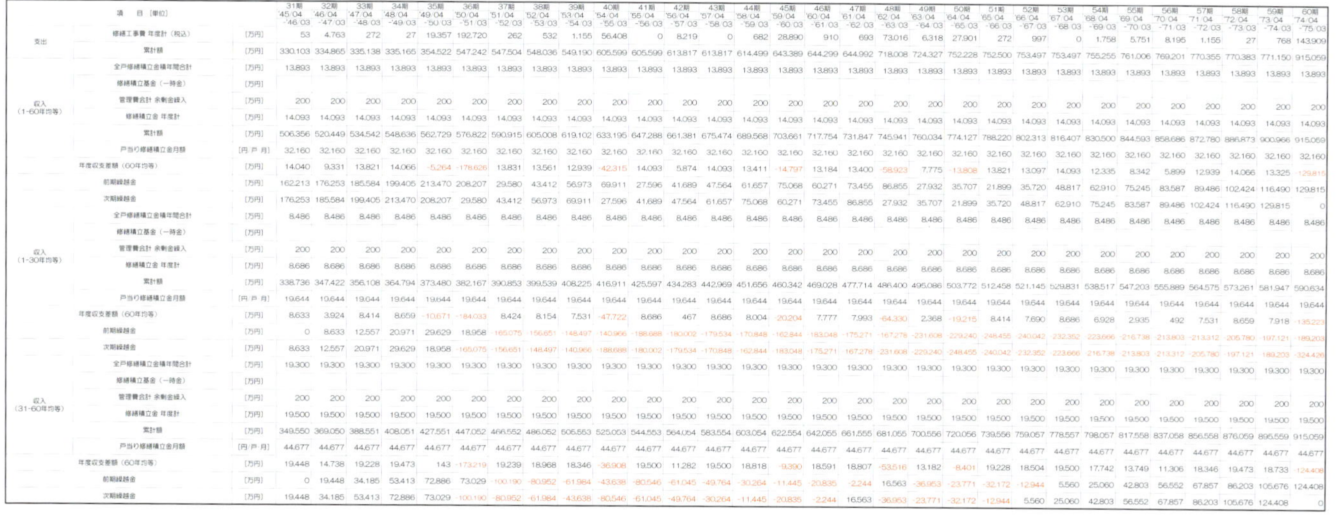

区分	項　目	[単位]	31期 '45/04-'46/03	32期 '46/04-'47/03	33期 '47/04-'48/03	34期 '48/04-'49/03	35期 '49/04-'50/03	36期 '50/04-'51/03	37期 '51/04-'52/03	38期 '52/04-'53/03	39期 '53/04-'54/03	40期 '54/04-'55/03	41期 '55/04-'56/03	42期 '56/04-'57/03	43期 '57/04-'58/03	44期 '58/04-'59/03	45期 '59/04-'60/03
支出	修繕工事費 年度計（税込）	[万円]	53	4.763	272	27	19.357	192.720	262	532	1.155	56.408	0	8.219	0	682	28.890
	累計額	[万円]	330.103	334.865	335.138	335.165	354.522	547.242	547.504	548.036	549.190	605.599	605.599	613.817	613.817	614.499	643.389
収入（1-60年均等）	全戸修繕積立金積年間合計	[万円]	13.893	13.893	13.893	13.893	13.893	13.893	13.893	13.893	13.893	13.893	13.893	13.893	13.893	13.893	13.893
	修繕積立基金（一時金）	[万円]															
	管理費会計 余剰金繰入	[万円]	200	200	200	200	200	200	200	200	200	200	200	200	200	200	200
	修繕積立金 年度計	[万円]	14.093	14.093	14.093	14.093	14.093	14.093	14.093	14.093	14.093	14.093	14.093	14.093	14.093	14.093	14.093
	累計額	[万円]	506.356	520.449	534.542	548.636	562.729	576.822	590.915	605.008	619.102	633.195	647.288	661.381	675.474	689.568	703.661
	戸当り修繕積立金月額	[円/戸·月]	32.160	32.160	32.160	32.160	32.160	32.160	32.160	32.160	32.160	32.160	32.160	32.160	32.160	32.160	32.160
	年度収支差額（60年均等）	[万円]	14.040	9.331	13.821	14.066	-5.264	-178.626	13.831	13.561	12.939	-42.315	14.093	5.874	14.093	13.411	-14.797
	前期繰越金	[万円]	162.213	176.253	185.584	199.405	213.470	208.207	29.580	43.412	56.973	69.911	27.596	41.689	47.564	61.657	75.068
	次期繰越金	[万円]	176.253	185.584	199.405	213.470	208.207	29.580	43.412	56.973	69.911	27.596	41.689	47.564	61.657	75.068	60.271
収入（1-30年均等）	全戸修繕積立金積年間合計	[万円]	8.486	8.486	8.486	8.486	8.486	8.486	8.486	8.486	8.486	8.486	8.486	8.486	8.486	8.486	8.486
	修繕積立基金（一時金）	[万円]															
	管理費会計 余剰金繰入	[万円]	200	200	200	200	200	200	200	200	200	200	200	200	200	200	200
	修繕積立金 年度計	[万円]	8.686	8.686	8.686	8.686	8.686	8.686	8.686	8.686	8.686	8.686	8.686	8.686	8.686	8.686	8.686
	累計額	[万円]	338.736	347.422	356.108	364.794	373.480	382.167	390.853	399.539	408.225	416.911	425.597	434.283	442.969	451.656	460.342
	戸当り修繕積立金月額	[円/戸·月]	19.644	19.644	19.644	19.644	19.644	19.644	19.644	19.644	19.644	19.644	19.644	19.644	19.644	19.644	19.644
	年度収支差額（60年均等）	[万円]	8.633	3.924	8.414	8.659	-10.671	-184.033	8.424	8.154	7.531	-47.722	8.686	467	8.686	8.004	-20.204
	前期繰越金	[万円]	0	8.633	12.557	20.971	29.629	18.958	-165.075	-156.651	-148.497	-140.966	-188.688	-180.002	-179.534	-170.848	-162.844
	次期繰越金	[万円]	8.633	12.557	20.971	29.629	18.958	-165.075	-156.651	-148.497	-140.966	-188.688	-180.002	-179.534	-170.848	-162.844	-183.048
収入（31-60年均等）	全戸修繕積立金積年間合計	[万円]	19.300	19.300	19.300	19.300	19.300	19.300	19.300	19.300	19.300	19.300	19.300	19.300	19.300	19.300	19.300
	修繕積立基金（一時金）	[万円]															
	管理費会計 余剰金繰入	[万円]	200	200	200	200	200	200	200	200	200	200	200	200	200	200	200
	修繕積立金 年度計	[万円]	19.500	19.500	19.500	19.500	19.500	19.500	19.500	19.500	19.500	19.500	19.500	19.500	19.500	19.500	19.500
	累計額	[万円]	349.550	369.050	388.551	408.051	427.551	447.052	466.552	486.052	505.553	525.053	544.553	564.054	583.554	603.054	622.554
	戸当り修繕積立金月額	[円/戸·月]	44.677	44.677	44.677	44.677	44.677	44.677	44.677	44.677	44.677	44.677	44.677	44.677	44.677	44.677	44.677
	年度収支差額（60年均等）	[万円]	19.448	14.738	19.228	19.473	143	-173.219	19.239	18.968	18.346	-36.908	19.500	11.282	19.500	18.818	-9.390
	前期繰越金	[万円]	0	19.448	34.185	53.413	72.886	73.029	-100.190	-80.952	-61.984	-43.638	-80.546	-61.045	-49.764	-30.264	-11.445
	次期繰越金	[万円]	19.448	34.185	53.413	72.886	73.029	-100.190	-80.952	-61.984	-43.638	-80.546	-61.045	-49.764	-30.264	-11.445	-20.835

区分	項　目	[単位]	46期 '60/04-'61/03	47期 '61/04-'62/03	48期 '62/04-'63/03	49期 '63/04-'64/03	50期 '64/04-'65/03	51期 '65/04-'66/03	52期 '66/04-'67/03	53期 '67/04-'68/03	54期 '68/04-'69/03	55期 '69/04-'70/03	56期 '70/04-'71/03	57期 '71/04-'72/03	58期 '72/04-'73/03	59期 '73/04-'74/03	60期 '74/04-'75/03
支出	修繕工事費 年度計（税込）	[万円]	910	693	73.016	6.318	27.901	272	997	0	1.758	5.751	8.195	1.155	27	768	143.909
	累計額	[万円]	644.299	644.992	718.008	724.327	752.228	752.500	753.497	753.497	755.255	761.006	769.201	770.355	770.383	771.150	915.059
収入（1-60年均等）	全戸修繕積立金積年間合計	[万円]	13.893	13.893	13.893	13.893	13.893	13.893	13.893	13.893	13.893	13.893	13.893	13.893	13.893	13.893	13.893
	修繕積立基金（一時金）	[万円]															
	管理費会計 余剰金繰入	[万円]	200	200	200	200	200	200	200	200	200	200	200	200	200	200	200
	修繕積立金 年度計	[万円]	14.093	14.093	14.093	14.093	14.093	14.093	14.093	14.093	14.093	14.093	14.093	14.093	14.093	14.093	14.093
	累計額	[万円]	717.754	731.847	745.941	760.034	774.127	788.220	802.313	816.407	830.500	844.593	858.686	872.780	886.873	900.966	915.059
	戸当り修繕積立金月額	[円/戸·月]	32.160	32.160	32.160	32.160	32.160	32.160	32.160	32.160	32.160	32.160	32.160	32.160	32.160	32.160	32.160
	年度収支差額（60年均等）	[万円]	13.184	13.400	-58.923	7.775	-13.808	13.821	13.097	14.093	12.335	8.342	5.899	12.939	14.066	13.325	-129.815
	前期繰越金	[万円]	60.271	73.455	86.855	27.932	35.707	21.899	35.720	48.817	62.910	75.245	83.587	89.486	102.424	116.490	129.815
	次期繰越金	[万円]	73.455	86.855	27.932	35.707	21.899	35.720	48.817	62.910	75.245	83.587	89.486	102.424	116.490	129.815	0
収入（1-30年均等）	全戸修繕積立金積年間合計	[万円]	8.486	8.486	8.486	8.486	8.486	8.486	8.486	8.486	8.486	8.486	8.486	8.486	8.486	8.486	8.486
	修繕積立基金（一時金）	[万円]															
	管理費会計 余剰金繰入	[万円]	200	200	200	200	200	200	200	200	200	200	200	200	200	200	200
	修繕積立金 年度計	[万円]	8.686	8.686	8.686	8.686	8.686	8.686	8.686	8.686	8.686	8.686	8.686	8.686	8.686	8.686	8.686
	累計額	[万円]	469.028	477.714	486.400	495.086	503.772	512.458	521.145	529.831	538.517	547.203	555.889	564.575	573.261	581.947	590.634
	戸当り修繕積立金月額	[円/戸·月]	19.644	19.644	19.644	19.644	19.644	19.644	19.644	19.644	19.644	19.644	19.644	19.644	19.644	19.644	19.644
	年度収支差額（60年均等）	[万円]	7.777	7.993	-64.330	2.368	-19.215	8.414	7.690	8.686	6.928	2.935	492	7.531	8.659	7.918	-135.223
	前期繰越金	[万円]	-183.048	-175.271	-167.278	-231.608	-229.240	-248.455	-240.042	-232.352	-223.666	-216.738	-213.803	-213.312	-205.780	-197.121	-189.203
	次期繰越金	[万円]	-175.271	167.278	-231.608	-229.240	-248.455	-240.042	-232.352	-223.666	-216.738	-213.803	-213.312	-205.780	-197.121	-189.203	-324.426
収入（31-60年均等）	全戸修繕積立金積年間合計	[万円]	19.300	19.300	19.300	19.300	19.300	19.300	19.300	19.300	19.300	19.300	19.300	19.300	19.300	19.300	19.300
	修繕積立基金（一時金）	[万円]															
	管理費会計 余剰金繰入	[万円]	200	200	200	200	200	200	200	200	200	200	200	200	200	200	200
	修繕積立金 年度計	[万円]	19.500	19.500	19.500	19.500	19.500	19.500	19.500	19.500	19.500	19.500	19.500	19.500	19.500	19.500	19.500
	累計額	[万円]	642.055	661.555	681.055	700.556	720.056	739.556	759.057	778.557	798.057	817.558	837.058	856.558	876.059	895.559	915.059
	戸当り修繕積立金月額	[円/戸·月]	44.677	44.677	44.677	44.677	44.677	44.677	44.677	44.677	44.677	44.677	44.677	44.677	44.677	44.677	44.677
	年度収支差額（60年均等）	[万円]	18.591	18.807	-53.516	13.182	-8.401	19.228	18.504	19.500	17.742	13.749	11.306	18.346	19.473	18.733	-124.408
	前期繰越金	[万円]	-20.835	-2.244	16.563	-36.953	-23.771	-32.172	-12.944	5.560	25.060	42.803	56.552	67.857	86.203	105.676	124.408
	次期繰越金	[万円]	-2.244	16.563	-36.953	-23.771	-32.172	-12.944	5.560	25.060	42.803	56.552	67.857	86.203	105.676	124.408	0

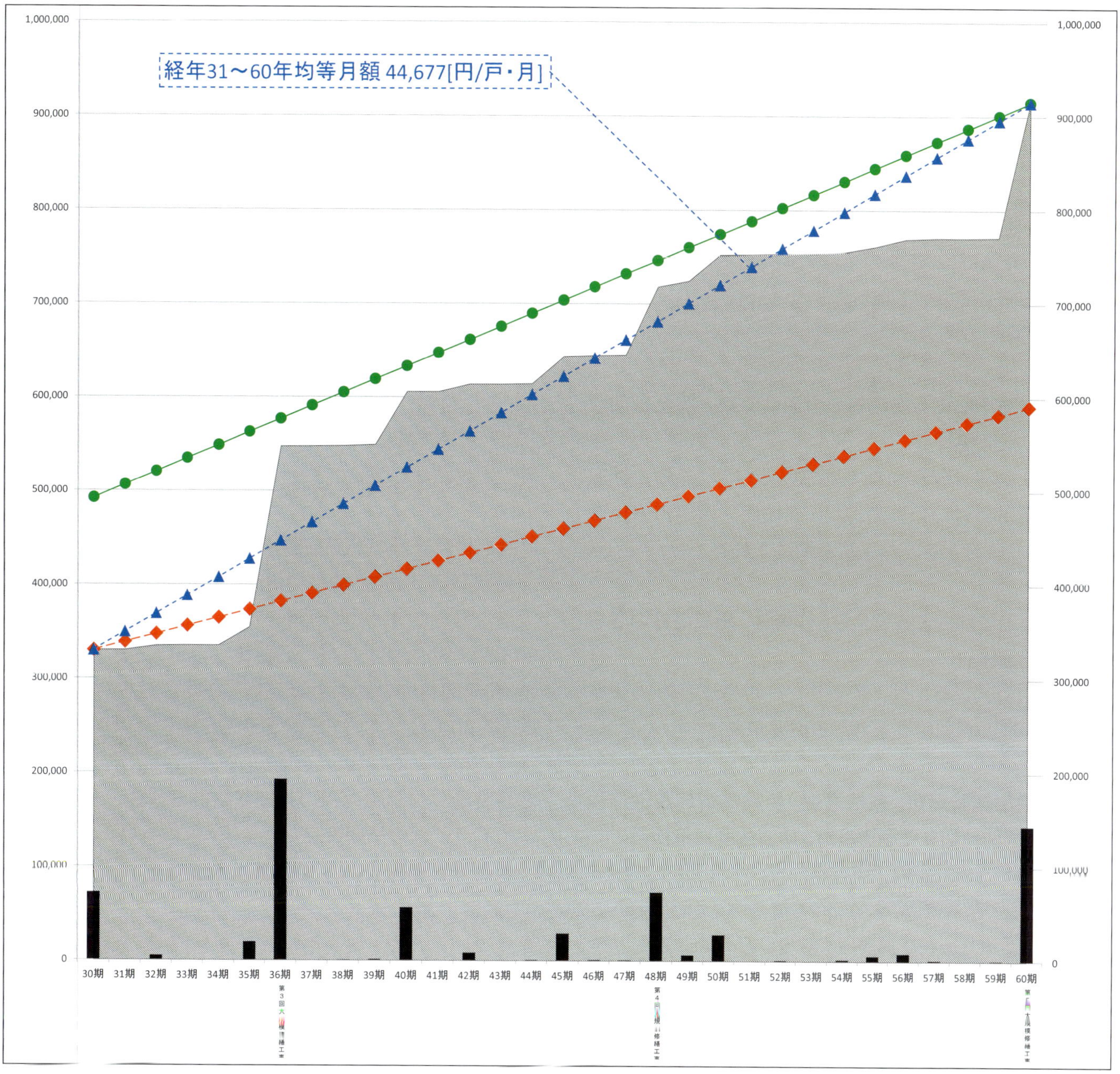

経年31～60年均等月額 44,677[円/戸・月]

図表 6.2-16⑵　長期修繕計画モデル試算　A1 タイプ収支計画グラフ⑵（31 ～ 60 年）

6.3 長期修繕計画における今後の課題

(1)アルミサッシ、カーテンウォール、バルコニー手すりの更新工法と更新時期の設定検討

サッシと手すりの更新については中高層マンションでは多くの実績があるが、超高層マンションでは殆どない。資材廃材の揚げ下ろし、既存サッシ等解体時の風対策、落下防止、新規製品取付時のアンカー強度確保等課題が多い。

カーテンウォール撤去更新時には住戸内の仮設仕切り壁設置と内装修復問題が業務ビルとは比較にならないくらい大きな課題になろう。

(2)外壁ALCパネルの既存塗膜・シーリングのはく離工法、及びALCパネルの更新時期・工法検討

ALCパネルは中高層マンションにおいては今ではあまり使われない資材である。軽量気泡コンクリートで普通のコンクリートに比べて脆く、塗膜の高圧水洗浄はく離やカッターでのシーリング除去はALCパネル本体迄削り落とすので外壁での使用には注意が必要である。

劣化したALCパネルの上にアルミパネルカバー工法等が考えられるが、下地へのアンカーやその支持固定工法が問題となろう。

(3)高圧水洗浄による塗膜等の全面はく離・完全な回収工法の推進検討

本工法は随分改良されてきているが、はく離も回収もまだ満足とはいい難い。より高性能で環境にも優しく、かつリーズナブルな工法が期待される。

(4)足場の工法別による安全性、作業性、施工品質のさらなる把握検討

振れ止め、トイレ付、ガイドレールや支柱等のアンカーの処理と再利用等を考える必要がある。

(5)長周期地震動対策、制振構造、免震構造装置性能検討、乾式間仕切り壁耐震検討、津波被害対策検討

2011年の東日本大震災で首都圏では中高層マンシションだけでなく超高層マンションにも被害が見受けられた。高強度コンクリートの表層はく離やひび割れ、階段室や廊下壁ボードの破損・ひび割れが目立ったが、深刻だったのは住戸境壁（界壁）の破損・ひび割れである。

中高層マンションの界壁は通常、耐震壁で鉄筋コンクリート造であるが、超高層マンションの界壁は法規定による遮音性能及び耐火性能を備えた軽量鉄骨・遮音材（グラスウール）・石膏ボードを組合せた乾式間仕切りが多く用いられている。この乾式間仕切りが大きな揺れによりひび割れ、破損等の被害を受けて両面のボードやクロスを張り直したものも多かった。乾式間仕切りの界壁の内側に制振装置を組み込んだものもあるが、被災後の制振装置の状況を確認できないものが多い。

また、免震装置では、積層ゴムや地上面でのエキスパンション金物の損傷等が少なからず見られた。

首都圏で津波被害はなかったが、今後東京湾でも津波が想定されている。超高層マンションの地下には巨大な変電室や機械室が設置されていることが多いので、その津波対策に十分留意する必要がある。

(6)大規模修繕工事の修繕周期について、外壁定期調査の時期や各部工事の性能保証も含め更なる検討

長期修繕計画見直しガイドラインで12年周期と例示されてからは、中高層マンションだけでなく超高層マンションでも12年周期が多いようである。しかし、中高層マンションにおいても第1回15年目、第2回30年目、第3回45年目計画というのも珍しくはない。長期修繕計画見直しで修繕積立金の値上げが必要となっても値上げせずに修繕工事を先延ばしにすることが多い。個々のマンションの劣化状況によって異なるが、超高層マンションの目標としては、各種材料の耐久性向上を見据えて18年周期程度とすることが望まれる。工事保証年限や外壁タイル定期点検等の対処法など課題は多い。

(7)長期修繕計画の計画期間延長の検討

長期修繕計画では経年30年過ぎから建築、設備共に大きな修繕工事が想定されており、計画期間が現行の30年間では見直すたびに必要積立金が大きく変わるので、60年間程度の計画を策定する必要がある。既に計画期間を50年にしている管理組合もある。

(8)超高層マンション用の長期修繕計画作成・見直しガイドラインの早期策定

現在国土交通省から公開されているガイドラインは「中高層の単棟型マンションを想定」しているものとなっているため、超高層マンションに対応したガイドラインの策定が必要である。

以上はどの課題をとっても大作業である。課題克服には、官・民・産・学など挙げて協働体制での取り組みが求められている。

［参考文献］

1）国土交通省大臣官房官庁営繕部監修，平成17年版　建築物のライフサイクルコスト，財団法人建築保全センター編集・発行，財団法人経済調査会発行，p4
2）国土交通省（平成20年6月策定），長期修繕計画標準様式 長期修繕計画作成ガイドライン　長期修繕計画作成ガイドラインコメント，P1, 88, 154.63
http：//www.mlit.go.jp/common/001080839.pdf
3）日本マンション学会（2010年4月5日発行），マンション学第36号，田辺邦男，超高層マンションの長期修繕計画と大規模修繕，P148
4）国土交通省官房官庁営繕部監修（平成15年2月20日第1刷発行）『建築保全業務積算基準　平成15年版』財団法人建築保全センター、財団法人経済調査会編集・発行

コラム④　超高層マンションの長期修繕計画

中高層マンション長期修繕計画とどこが違うのかな。修繕周期や費用係数が同じであれば、大変な事になるね。外壁も大きいし、サッシや手すりも多いしカーテンウォールもある。超高層マンションを計画して売り出しているデベロッパーや設計者・施工者は、長寿命化や修繕に関してどのように考えているのかね。当然、きちんとした計画があって修繕する時にはスムーズに事が運ぶようになっているのだろうね。でなければ、高いお金を出してマンションを買って住んでいる方は、たまりませんね。管理費だって修繕費だって支払い続けるのは大変なのだから。しかし、中高層マンションの修繕周期が12年と言うのが本当に適正なのか検証した事はあるのかね。もし、修繕計画のままで実施しているのであれば、検証する必要があると思うね。そうしたら、超高層だけでなく中高層マンションに居住されている方々の負担も減らせるのでは。国も超高層マンションの計画について許可を出しているならしっかり見守っていてほしいね。居住したらその住民の責任だって言うなら、相当問題だよ。超高層マンションの修繕計画に関して知識や見識の有る方々で委員会を設立してあらゆる基準を作成してもらいたいよね。超高層マンションが建ち始めて30年近くになるのに、色々な課題が解決していないのは問題だね。今からでも遅くは無いので、進めてもらうことを期待するね。

長期修繕計画書

2017年3月31日
○△□建設株式会社

長期修繕計画書の活用

■修繕計画項目の前年度になったら
↓
■その項目の劣化診断を実施する
・劣化状況の写真
・劣化状況の記載
↓
■修繕実施の判断材料作成
A：即修繕の実施を要する
B：3～5年の内に修繕
C：良好で修繕不要
↓
■即修繕実施項目の抽出
↓
■抽出項目の修繕工事見積依頼
（管理組合から工事会社へ）
↓
■見積書を確認
予算に応じた優先的修繕項目を選定
↓
■管理組合と工事会社で契約
↓
■修繕工事の開始
↓
■修繕工事の完了
↓
■劣化部及び美観回復
↓
■区分所有者の責任履行
安全・安心・快適な居住
次期修繕工事時期の把握

第7章 超高層マンションの修繕設計・工事計画

第7章 超高層マンションの修繕設計・工事計画

7.1 設計計画

超高層マンションの大規模修繕における修繕設計計画は、基本的には中高層のマンションにおける大規模修繕工事の際のプロセスと同じである。しかし建物の規模や居住者の数、工事にかかる費用なども含め桁が違うため、より綿密な計画を立て、筋道を通して進める必要がある。

ここでは主に設計監理方式を基本とし、設計段階における各種計画について述べていく。

マンションでは大規模修繕工事を実施するにあたり、理事会の諮問機関として修繕委員会等の専門委員会を設け、計画を進めることが多い。1〜2年で任期となることが多い理事会に対し、専門委員会を設置することで、長期的に継続性を保ちながら計画を進めることができる。

ここでは詳細は省くが、設計コンサルタントの選定も非常に重要な要素である。

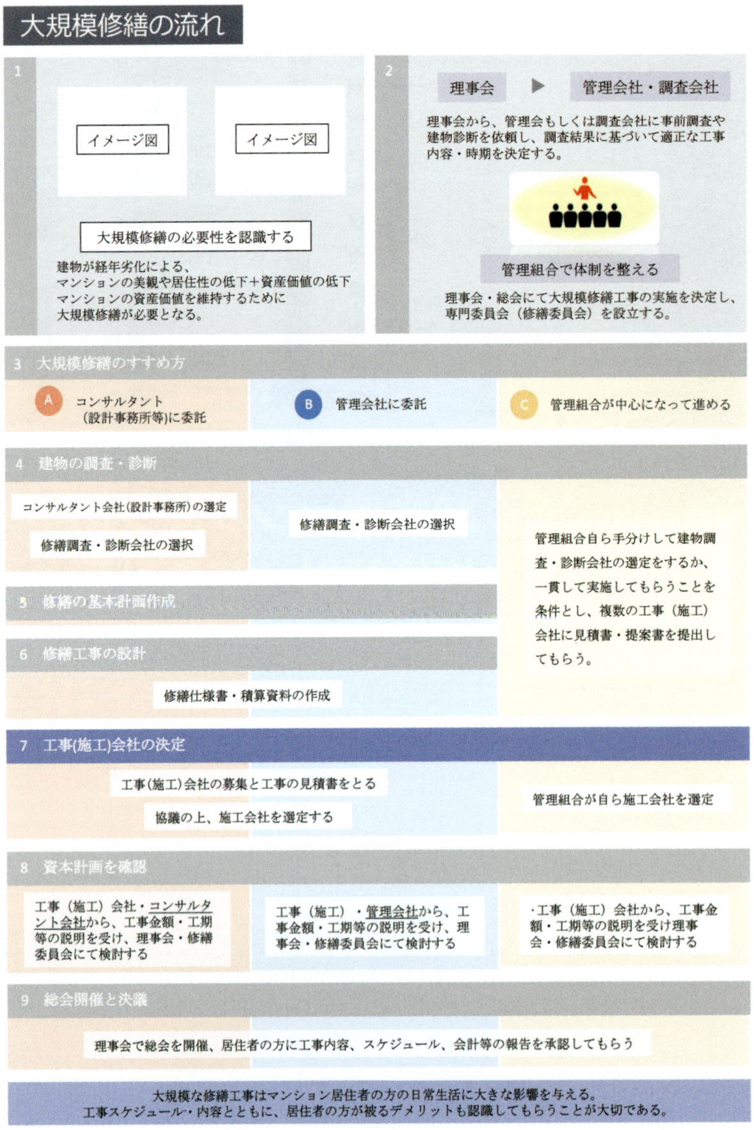

大規模修繕の流れ

1
イメージ図
イメージ図
大規模修繕の必要性を認識する
建物が経年劣化による、
マンションの美観や居住性の低下＋資産価値の低下
マンションの資産価値を維持するために
大規模修繕が必要となる。

2
理事会 ▶ 管理会社・調査会社
理事会から、管理会もしくは調査会社に事前調査や建物診断を依頼し、調査結果に基づいて適正な工事内容・時期を決定する。
管理組合で体制を整える
理事会・総会にて大規模修繕工事の実施を決定し、専門委員会（修繕委員会）を設立する。

3 大規模修繕のすすめ方

A コンサルタント（設計事務所等)に委託	B 管理会社に委託	C 管理組合が中心になって進める
4 建物の調査・診断		
コンサルタント会社(設計事務所)の選定 修繕調査・診断会社の選択	修繕調査・診断会社の選択	管理組合自ら手分けして建物調査・診断会社の選定をするか、一貫して実施してもらうことを条件とし、複数の工事（施工）会社に見積書・提案書を提出してもらう。
5 修繕の基本計画作成		
6 修繕工事の設計		
修繕仕様書・積算資料の作成		
7 工事(施工)会社の決定		
工事(施工)会社の募集と工事の見積書をとる 協議の上、施工会社を選定する		管理組合が自ら施工会社を選定
8 資本計画を確認		
工事（施工）会社・コンサルタント会社から、工事金額・工期等の説明を受け、理事会・修繕委員会にて検討する	工事（施工）・管理会社から、工事金額・工期等の説明を受け、理事会・修繕委員会にて検討する	·工事（施工）会社から、工事金額・工期等の説明を受け理事会・修繕委員会にて検討する
9 総会開催と決議		
理事会で総会を開催、居住者の方に工事内容、スケジュール、会計等の報告を承認してもらう		

大規模な修繕工事はマンション居住者の方の日常生活に大きな影響を与える。
工事スケジュール·内容とともに、居住者の方が被るデメリットも認識してもらうことが大切である。

図表 7.1-1

7.1.1　修繕計画

前章で述べた調査診断の結果に基づき、まず最初に手がけるのが修繕計画である。

調査で判明したそれぞれの部位ごとに工事の要否を決め、どのような仕様で、どのように修繕・改修するかを基本的に定めていく過程となる。この段階ではまだ詳細な仕様を決めるというよりも、どのような手法・工法で修繕するのが最も適切であるかを部位ごとにまとめていくことが主眼で、修繕委員会など管理組合への現状の説明とその改修の提案なども含まれる。

これらを修繕・改修計画書として一覧にまとめ、部位ごとにいくつかの工法や材料などを選定し、その費用対効果なども検証しておくことが必要である。

特に超高層マンションにおいては、管理組合の手もとに残されている竣工図面だけでは建物そのものの作られ方が判別しかねる部分なども往々にして存在することや、施工会社ごとの認定工法や特殊工法など独自の技術も多く含まれているため、新築時の設計者や施工者へのヒアリングのみならず、当時の標準仕様書や、施工要領書、施工図などの提出を求める場合もあるが、必ずしも資料が保管されているとは限らず、大規模修繕工事前の事前の準備に困難を生じることもある。

7.1.2　修繕設計

上記の修繕計画を工事見積の出来る設計仕様書や、場合によっては修繕設計図面に書き起こす工程が修繕設計である。工事仕様書と設計図面、後述する工事費内訳明細書をまとめて「設計図書」と呼ぶ。

部位ごとに詳細な工事の仕様を定め、例えば塗装であれば、外壁のどのような部分に、何と言う材料を、下地の処理、プライマーの有無、塗り重ね回数、仕上がりの色などを決め、書面に起こしていく。

仕様を定める中で最も難しいのが仮設足場をどのように設定するかで、これは工事計画や工事工程にも直結する部分であることから、設計段階で定めてしまわずに、施工者からそれぞれに最善と思われる仮設計画を提案させるという場合もある。これは各施工者ごとに得意な仮設工法があることや、自社で独自のシステムを保有していることなどに由来する。

なお工事仕様書の中には、工事の概要として工事種目、契約に関わる支払いの条件、保証内容と期間、代理人に関しての定めや工事請負者の決定に要する事項などを記載し、一般共通事項として工事の目的や、工事の特殊性（居住者の多いマンションでの日常生活を行いながらの工事であることなど）、用語の定義、その他工事中の決めごと、着工前の提出書類や官公庁などへの届出書類、各種検査の方法、実数精算工事、定期点検（アフターサービス）、竣工図書の保管期限、安全祈願祭や竣工式典、近隣対策、各種特許などについても言及される。

超高層マンションであれば、その建物ごとの特殊な事情を漏れなく反映させておくことが重要になる。

7.1.3　数量調書

部位ごとの工事仕様を定めただけでは工事費の積算は不可能で、基本的にそれぞれの部位がどれだけの数量があるのかを図面から拾い出し、まとめておく作業が数量調書作成業務である。建物の規模が大きくなればなるほど、形状などが複雑であればあるほど、この作業は難しく時間と根気のいる作業となる。

例えば外壁の塗装すべき面積が何平米あるか、バルコニー床面の長尺塩ビシートを張る面積が何平米で、ウレタン塗膜防水を行う部位が何平米かなど、工事を行う部位のすべての数量を出来るだけ正確に算出しておかなくてはならない。

この工程を適切に行わないと、多ければ工事費の増大に、少なければ工事費の不足に直結し、修繕積立金の損失にも繋がりかねないので注意が必要な項目である。

また特に超高層マンションにおいては、実数清算項目となる躯体改修工事やタイル改修工事（足場を架けてからの調査を行わないと正確な数量の分からない躯体欠損の個所数や、タイルの浮きなど）の予測数量を調査の結果などを元に、適切に計上しておくことが重要である。

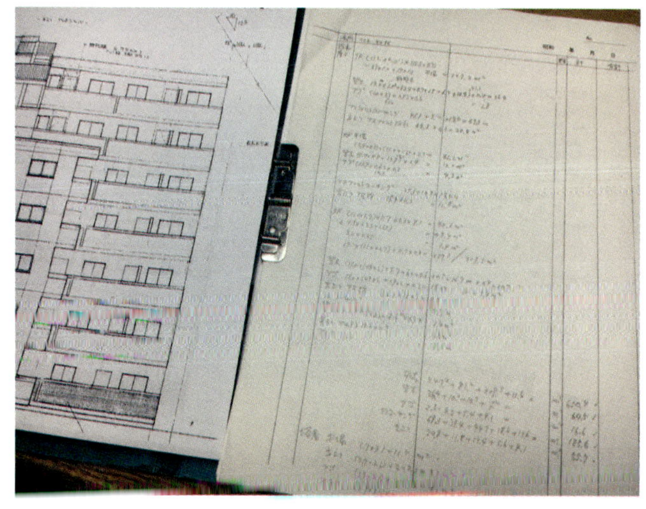

写真 7.1-1　数量調書
図面より面積などを拾い出してまとめる

7.1.4　設計積算

工事仕様書で定めた仕様を、数量調書で拾い出した内訳明細書内で一体化し、設計者の想定する単価を計上して算出するのが設計積算書である。

最も留意すべきは二つあり、一つ目は工事単価で、市場動向を適切に反映した単価設定で設計積算を作成する必要がある。二つ目が仮設工事費の算出で、どのような足場（ゴンドラ主体か、移動昇降式足場か、その併用かなど様々なシミュレーションを要す）を組むかによってその費用が異なることから、複数の想定を検討しておくことが望ましい。

特に超高層マンションの場合は、大規模修繕工事の工事期間が長くなる傾向にあるため、仮設物の設置期間や廃材処理の量も多くなることから、その建物規模から想定される工事期間なども適切に判断した設計積算が求められる。

ここで積算された工事費用が、長期修繕計画と修繕積立金などから想定される大規模修繕工事費用とどの程度の差異があるか、それによっては工事内容を縮小したり、グレードをあげたり、予備費をどの程度みることが可能かなどの検証を行うことになる。

7.1.5　施工会社選定

超高層マンションの大規模修繕工事となると、施工出来る会社はごく少数である。施工会社を選定するためには公募をして必要書類を送ってもらい、その中から自分たちのマンションに相応しいと思える施工会社を選び見積に参加してもらう方法と、超高層マンションの修繕実績のある施工会社をインターネットや口コミ、設計コンサル・管理会社・居住者等からの推薦により特命で見積参加を依頼する場合など様々である。ただし基本的に安心して工事を任せるためには、会社の規模だけでなく超高層マンションの修繕実績が判断の一つの指針となる。場合によっては修繕工事を実施したことのある超高層マンションの修繕委員長や理事長などに話を聞き、情報を共有することも方法と言える。設計する側としては、管理組合に対して分かりやすい施工者選定の指標を示し、修繕委員会や居住者に適切に説明出来るスキルが求められる。

見積参加施工会社を選定したら、設計図書をもって現地説明会を開催し、建物も見てもらいながら本工事の特徴や、仕様に関して説明し見積を依頼する。見積の期間は建物の規模などにもよるが、1ヶ月から2ヶ月程度の期間を見ておき、見積には前述の設計積算書から単価だけを除いた内訳明細書（各工事の仕様と数量だけが入った見積書のExcelデータ）も配布し、各社に単価を記入してもらうことで比較検討しやすいようにすることが望ましい。

見積期間中は施工会社に改めて建物を良く見て、設計図書と付き合わせて検討してもらい、質疑事項があれば提出してもらう。質疑に対する回答書は全社に統一の回答を配布し、その内容も反映した工事見積書を作成し提出してもらうことが重要である。この質疑回答書は設計図書と共に契約書添付書類となる。

そして提出された見積書を基に比較検討表を作成し、提出書類などを基に施工会社にヒアリングを行い、合議で施工会社を内定するプロセスと、その透明化が最も重要である。なお、ヒアリングの際に重要なのが現場代理人予定者に出席してもらい説明をしてもらうことで、一つの基準として金額だけではなく、代理人の人柄や印象などを見極め、1年にも及ぶ工事期間中付き合い続けることが出来る人物であるかが施工会社選定を左右する場合もある。

施工会社ヒアリング時には修繕委員会だけでなく理事にも参加してもらうことが透明性確保の観点から望ましい。

写真 7.1-2　ヒアリング風景

委員会と理事会合同で現場代理人予定者による説明を受ける

7.1.6　合意形成

大規模修繕工事を進める上で最も重要なことの一つは合意形成にある。特に超高層マンションの場合は居住者も多く、また中には設計や工事に関係する業種に属している方も多くいることから、それらも含めて住民全体を管理組合の一大事業である大規模修繕工事の方向へまとめあげていくことは、これを専門に生業として行っている者でないと難しいスキルと言える。

設計の期間中には居住者向けの広報活動も重要である。例えばマンション居住者用の広報誌や、住民間連絡用のウェブサイトなどへ情報提供を兼ねて、大規模修繕工事の意義や必要性、調査の結果や各種工事の内容などを連載するなど、地道な活動が求められる。

また、調査診断結果の出た段階、工事内容が確定した段階など、要所で住民説明会などを開催することも必要となる。

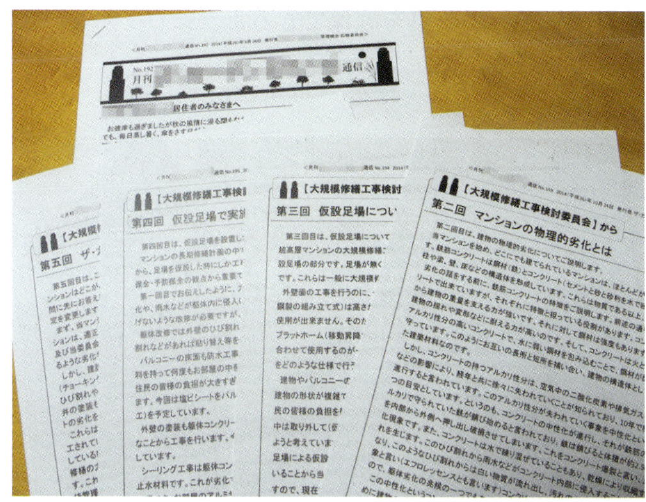

写真 7.1-3　広報誌に連載された大規模修繕工事の内容

写真 7.1-4　住民説明会の様子

7.1.7　工事監理

設計者には設計仕様の通りに工事が完遂するように、適切に工事現場を監理することが求められる。

原則週に1回程度の現場定例会議と、工事工程ごとの現場巡視による品質管理、大規模修繕には付き物と言える想定外の事項への適切な対応など、柔軟な対応が求められる。また、月に1回程度の管理組合も含めた三者定例会議も実施し、工事の進捗や問題点、設計変更などがあればその報告なども含め、適宜の報告と対応が必要である。

各工程が完了するごと、並びに足場の解体前には適宜検査を実施し、手直し等の指摘や指示を行い、適切に工事が完了しているかを確認することも求められる。また管理組合にも足場解体前の検査などをお願いし、それに立ち会い足場の上で改めて工事内容の説明を行い、仕上がり状態を居住者の目で確認をしてもらうことも望ましい。

写真 7.1-5　監理者によるゴンドラ上での完了検査

写真 7.1-6　移動昇降式足場に乗っての組合完了検査

7.2 修繕工事計画

超高層マンションの大規模修繕における修繕工事計画は、基本的には中高層マンションにおける大規模修繕工事の際のプロセスと同じである。しかし建物の規模により工事の手間や作業量なども、比較にならないため、より綿密な計画を立て、工事へ挑むことが求められる。

また着工前には必ず居住者向けの工事説明会を開催し、工事の内容、工事中の注意点などを施工者目線で居住者へアピールすることも重要である。工事説明は出来るだけすべての居住者に聞いて頂きたい事項である。しかし超高層マンションでは居住者が一堂に会することが出来る場所がない場合や、各個人の都合などで簡単には集まれないことも考えられることから、土曜と日曜の午前午後4回の開催や、夜も含めた複数回の説明会を行うことが求められる。

ここでは主に工事着工前から工事期間中における各種計画について述べていく。

7.2.1 仮設計画

詳細は次章の仮設に譲るが、超高層マンションの仮設計画は施工計画の中で最も重要な項目の一つであり、現場事務所などの共通仮設と仮設足場などの直接仮設に大別される。

共通仮設はその設置場所などに法的な制限やスペース的制限があることから注意を要し、直接仮設は建物の高さや形状によって仮設足場の種類が異なり、最も効率的な工法を選定する必要がある。

写真 7.2-1　公開空地上に設置された現場事務所

また、バルコニー回りの工事の際、作業員の出入りが廊下やサービスバルコニーなどの共用部分から行えるのか否かは作業効率の観点から非常に重要な要素である。共用部からの出入りが可能であれば、比較的自由に工程計画を立てられるのに対し、バルコニー外部に設けたゴンドラや移動昇降式足場からしか出入りができない場合には、工事期間が長くなり仮設設置期間も長くなるため、費用もアップする傾向にある。その場合においてもバルコニーの住戸間にある隔て板の下部を一時的に取り外し、横方向への移動経路として利用するだけでもバルコニー内工事の施工効率が改善されコスト削減も可能になるため、居住者への事前説明や理解を得て横移動の経路を確保できるようにしておくことが重要である。

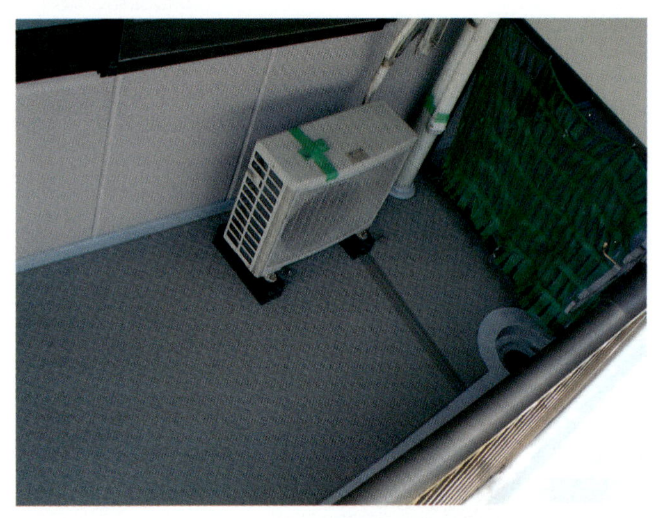

写真 7.2-2
バルコニー隔て板の一部を取り外し、横方向動線とし、仮のシートで塞いでいる

7.2.2 工程計画

工事工程は概ね前述の仮設計画と両輪の関係にあり、互いに依存すると言っても過言ではなく、建物の高さ・形状と足場工法の組み合わせ、工区分け（平面工区と垂直工区に分ける場合もある）、工事仕様などにより工期が設定される。前項記載のようにバルコニーの形状によっても工程は異なるので、仮設計画と合わせて綿密に施工計画を練り工程を組むことが求められる。

工程計画を図で示す工程表には、全工区を工区ごとに工事仕様に沿った項目を一覧として並べ、着工から完了までが一目で分かる全体工程表（図7.2-1）と、工事期間中に作成する工区ごとに進捗状況を示す月間工程表がある。

ただし工程には天候などによる施工不可期間の不確定要素も多分に含んでおり、それらによっては若干の遅れが出ることも見込んでおく必要がある。

7.2.3　搬入等動線計画

動線計画には仮設物や資材・機材などを場内に搬入し、廃材などを場外へ搬出するための搬出入動線と、作業員が場内での移動や資材の運搬などに使う施工者動線、マンションの居住者や建物利用者等が日常的に使用する居住者等動線の3つからなり、それらが出来るだけ交錯しないように配慮して計画する必要がある。これらはそのマンションの立つ敷地ごとに異なるため、一つとして同じ動線計画にはならない。

動線が交錯せざるを得ないような計画となる場合もあり、その場合は居住者など工事関係者以外の安全に最大限の注意を払った計画とする必要がある。

工事の内容によっては、一時的にその直近の出入口を閉鎖し、迂回路へ誘導するなどの措置が必要なケースや、駐車場使用の車の動線にも支障の出る場合があり、居住者への事前の広報と案内を確実に行い、当日の混乱を避けることが非常に重要である。

また、大規模修繕工事中の引っ越しや、室内のリフォーム工事などを行う居住者もいるため、管理会社との密な連携が必要であるのも動線計画の一部と言える。

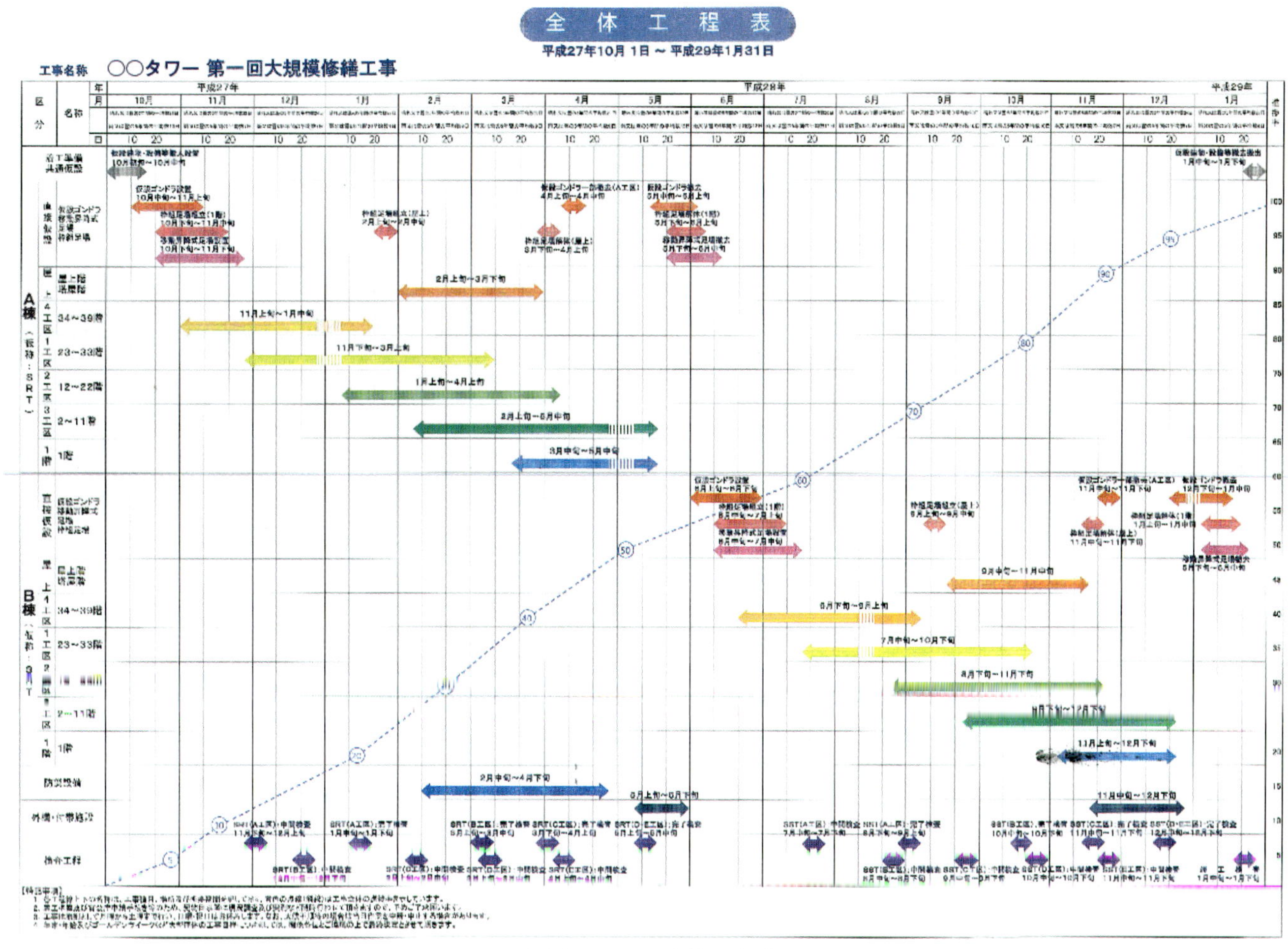

図表 7.2-1　全体工程表

2棟の建物の各工区ごとに工事内要を記し、全体の工事の進行状況をイメージしやすく作成される

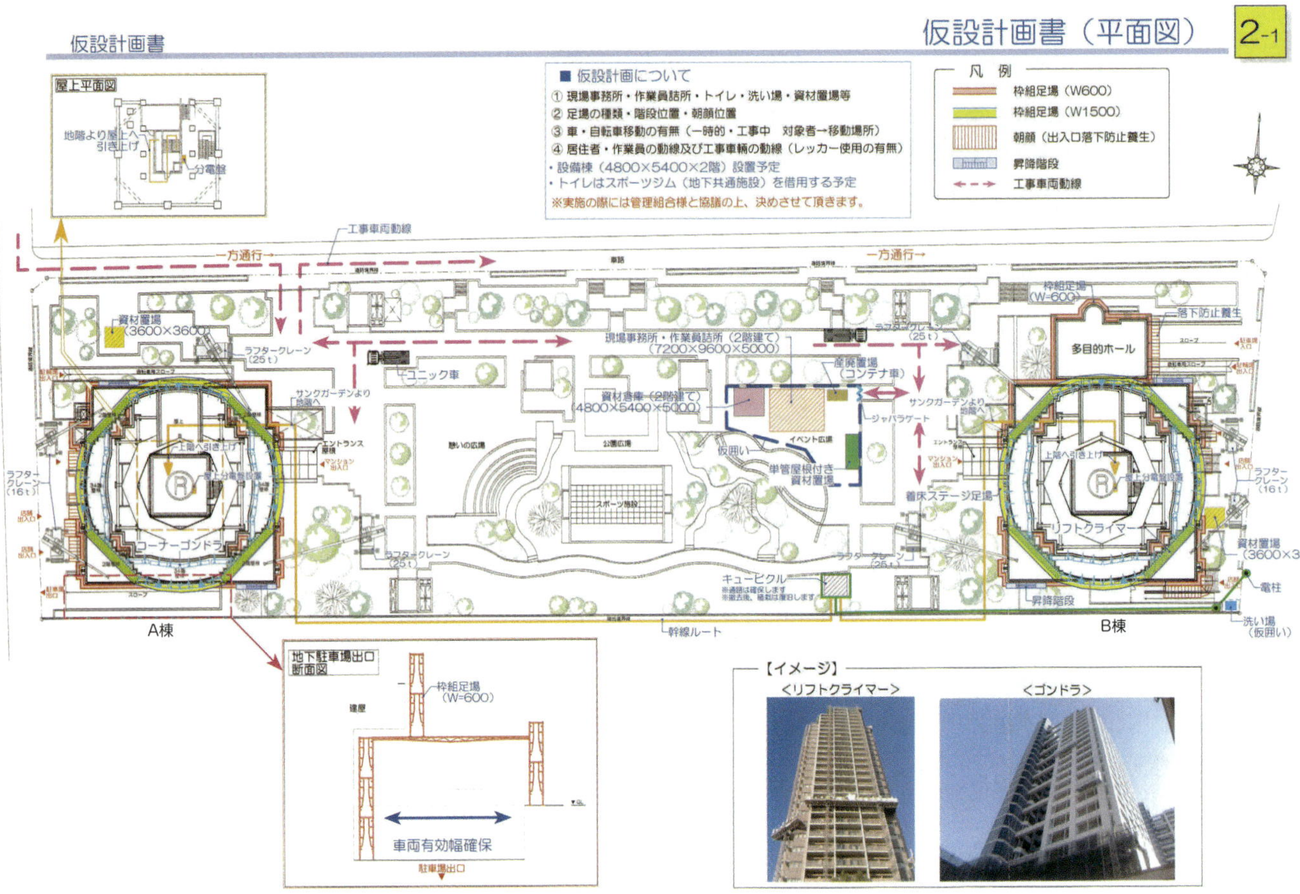

仮設計画書　　仮設計画書（平面図）　2-1

屋上平面図
地階より屋上へ引き上げ
分電盤

■ 仮設計画について
① 現場事務所・作業員詰所・トイレ・洗い場・資材置場等
② 足場の種類・階段位置・朝顔位置
③ 車・自転車移動の有無（一時的・工事中　対象者→移動場所）
④ 居住者・作業員の動線及び工事車輌の動線（レッカー使用の有無）
・設備棟（4800×5400×2階）設置予定
・トイレはスポーツジム（地下共通施設）を借用する予定
※実施の際には管理組合様と協議の上、決めさせて頂きます。

凡　例
枠組足場（W600）
枠組足場（W1500）
朝顔（出入口落下防止養生）
昇降階段
工事車両動線

工事車両動線
一方通行
資材置場（3600×3600）
ラフタークレーン（25 t）
ユニック車
現場事務所・作業員詰所（2階建て）（7200×9600×5000）
資材倉庫（2階建て）（4800×5400×5000）
産廃置場（コンテナ車）
ジャバラゲート
単管屋根付き資材置場
仮囲い
着床ステージ足場
サンクガーデンより地階へ
エントランス
憩いの広場
スポーツ施設
コーナーゴンドラ
リフトクライマー
多目的ホール
枠組足場（W=600）
落下防止養生
ラフタークレーン（16 t）
資材置場（3600×360
電柱
洗い場（仮囲い）
昇降階段
キュービクル
幹線ルート
A棟
B棟

地下駐車場出口断面図
枠組足場（W=600）
車両有効幅確保
駐車場出口

【イメージ】
<リフトクライマー>　<ゴンドラ>

図表 7.2-2　仮設計画図の例

仮設計画図は敷地の配置図に足場の位置や搬入路、現場事務所の位置、資材やクレーンの配置なども記載し、見て分かりやすい計画図とされる

7.2.4　揚重計画

足場などの組み立て・解体の際には周辺道路や敷地環境を十分に考慮しながら、クレーン車などによる資材の積み降ろしといった揚重計画が重要になる。特に足場資材の揚重時には、機材の一時的な仮置き場とクレーン車の設置場所を確保することが求められ、当該スペースの養生や安全の確保、及び法的遵守が求められる。

他にも場内での工事材料の揚重をどこからどのように行うかの事前検討や、居住者用のエレベータなどの利用が可能であるかなど、揚重計画は施工上も工程上も非常に重要な項目である。

足場資材揚重のためクレーン車を地下駐車場斜路上に設置するなど、居住者の車やゴミ収集車の通行に制限がかかり事前の調整が欠かせない例や、居住者の日常動線に制限がかかる場合もある。特に子供の登校時間には工事を避け、適切に誘導員を配置するなど、注意を要す。

写真 7.2-3

地下駐車場の出入口スロープに通行制限をかけてクレーンを設置

写真 7.2-4
公開空地の日常動線上にクレーンを設置。居住者の動線を安全に確保する

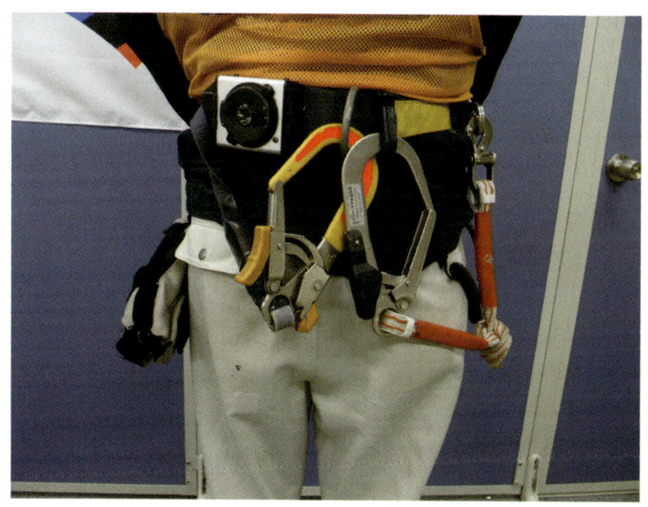

写真 7.2-5
足場作業の安全性に必須の安全帯と全工具にワイヤーを取付けた腰袋

7.2.5　安全・環境計画

これまでにも記載してきたが、居住者が日常的な生活を営んでいる中での工事であるため、常に安全や環境維持には細心の注意を払う必要がある。

仮設足場がかかる出入口には朝顔養生と呼ばれる落下防止のフラップを取付けるほか、居住者の動線上や足下に注意を要するところには誘導員や警備員を配置するなど、事故の起きないように最善を尽くすことが求められる。また、工事車輌の作業範囲には必ずカラーコーンなどによる第三者立ち入り禁止措置を設置する。

施工を担当する職方にも安全に対する意識を徹底する必要があり、元請け施工会社の安全基準に従って安全・環境教育が行われる他、安全管理者による現場視察や問題個所の指摘なども行われている。特に超高層マンションにおいては、仮設足場上からペン1本落下させるだけで大事故に繋がる可能性もあることから、モノを落とさないために、すべての工具などにワイヤーを取付けるなど、飛来物や落下物が絶対に無いように最大限の注意を払うことが求められる。

また工事期間中における施工会社は、極力工事に伴う振動・騒音・粉塵の発生を抑えるよう、工具の選定から工法変更、作業手順の見直し等、施工会社の創意工夫のレベル差が出るところである。特に超高層建築物での施工経験が豊富な施工会社であれば、各社独自の特徴を持たせた提案が出されている。

気象の急変、例えば強風や荒天になっても、素早い対応が求められ、風速や雨量如何では即工事を中止し安全や環境への配慮をしながら、場合によっては即撤収するなどの対応が必要である。

その他、足場上からの洗浄水や塗装材などの飛散防止対策や、作業員の墜落災害対策も安全計画の範疇である。

7.2.6　予算計画

管理組合と契約する工事費というのは、一般的に見積り合わせとヒアリング、ネゴシエーションなどによって決定されたものである。その案件を受注したいと願う施工会社の経営判断に基づいた結果である。一部施工会社によっては必ずしも適切な利益が上がる工事価格であるとは思えない部分が残念ながら散見される。特に施工会社としての超高層マンションに対する知識や経験が浅い、経験の無い場合は、要注意と判断できる。

しかし一度提示した工事価格内の各項目の工事単価や経費の率は原則変更が出来ない。工事金額の予算を編成し実施するには、施工会社各社のノウハウがあり現場代理人の現場運営能力によるところが大きい。よって如何に工事会社及び現場代理人の能力が高い人を管理組合が選定できるかで、工事の良し悪しが決まってしまうと言っても過言ではない。

7.2.7　施工計画

工事仕様書と国内法規に則って、各工事種目や項目・材料ごとに施工要領書を作成し、事前に監理者へ提出して承認を得る必要がある。そして承認された各々の内容を遵守し適切に施工されるよう職方への指導を行うのが元請け施工会社の現場代理人に対する職責である。

超高層マンションの大規模修繕においては、先述したように超高層マンションの特性をよく理解し、敷地環境条件や建物高さと形状を十分に把握しながら、設計図書と関係法令を遵守させた施工計画を立ててゆくのがまず基本となる。

同じ物件でも、施工会社や現場代理人の考えを反映すると、仮設設備の選択、関係協力会社の選出、工法の選定などかなり異なりが出る場合があり、このことから工事工程や工事金額の差が出てくる。

例えば共用部から各住戸のバルコニーへ簡単に移動出来るタイプの建物では問題ないが、ゴンドラや移動昇降式足場での移動が主となる建物では、いつでも必要な場所へ簡単に行くことが出来ない場合もあるため、各工事項目の工程を適切に管理し進行させることが求められ、これに支障をきたすと工期の遅れや手直しが増えるなど、余計な手間が増えることになりかねないため、事前に適切な施工計画を作成することが非常に重要である。

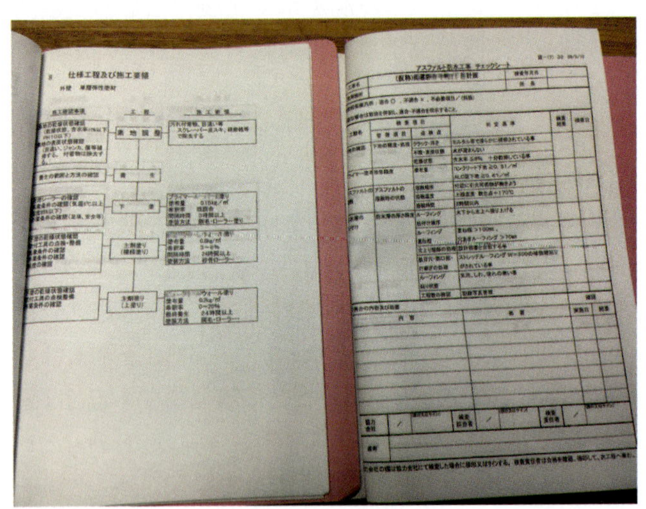

写真 7.2-6　施工要領書

作業工程のフローチャートやチェックリストなど、材料ごとに作成する

第8章 超高層マンションの仮設計画

8.1 仮設計画

8.1.1 仮設の種類

仮設とは、工事に必要な足場や落下及び飛散防止のためのシート、工事を運営するために必要な事務所や備品、工事に使用する電気、水道、トイレなどである。仮設工事は、①共通仮設工事と②直接仮設工事に分かれ、大規模修繕工事では下記のような工事項目があげられる。

⑴共通仮設工事

準備（敷地整理、道路占有料、仮設用借地料その他）、仮設建物（現場事務所、倉庫、作業員施設等）、工事施設（仮囲い、場内通信設備等の工事用施設）、環境安全（安全標識、消火設備等の施設の設置、安全管理・合図等の要員、養生）、水道・光熱（工事用電気設備及び工事用給排水設備、屋外整理清掃（屋外及び敷地周辺の跡片付け及びこれに伴う屋外発生材処分等）、機械器具（測量機器、揚重機械器具、雑機械器具）など

⑵直接仮設工事

足場設備（枠組足場、ゴンドラ、移動昇降式等）、安全設備、防犯設備、機械器具、一般養生、屋内整理清掃、運搬、発生材処分など

8.1.2 工事の運営

工事会社の行う安全管理、品質管理、工程管理の他に、住みながらの工事となるため居住者とのコミュニケーションが重要となる。コミュニケーションが不足したがためにトラブルが拡大し、工事自体に影響を及ぼすことも少なくない。工事前には、居住者全体への工事説明会を行い、工事全体の計画や注意事項、協力いただく点などを説明する。工事期間中には、各戸への工事内容及び工程進捗の周知、バルコニーの使用制限などのお知らせをきめ細かく行い、マンションの規模によっては、居住者対応専門の事務員を配置することもある。

⑴工事説明会

工事着工前に管理組合員、居住者全体を対象として工事内容や計画の説明会を行う。マンションの集会室ではスペースが不足する場合は、外部に会場を借りて行う。複数回実施して居住者が参加する機会を増やす工夫もみられる。事前に、工事説明会資料（工事のしおり）を作成し、全戸配布する事も重要である。主な内容は下記のとおりである。

・工事体制、連絡先
・工事内容
・全体工程、工事の進め方
・仮設計画（共通仮設、直接仮設）
・作業動線、通行制限
・注意事項、協力依頼事項など
・防災、防犯対策
・24時間緊急連絡体制（夜間・休日の緊急時対応）

⑵工事中の居住者対応

・エントランスホールやエレベータホールなどに工事用掲示板を設置（工程、注意事項、洗濯情報、交通制限、バルコニー使用制限など）
・該当住戸及び関連住戸への個別工事連絡（チラシポスティング）
・クレーム、問い合わせ等への対応（電話、ポスト）
・インターネットのホームページ等を利用し、工事の情報を随時更新

8.2 共通仮設工事

8.2.1　共通仮設工事の留意点

一般にマンションの敷地においては、現場事務所や仮設便所などを設置できるスペースは少ない。集会室や共用スペースなどを現場事務所として利用する場合もあるが、敷地内の駐車場や緑地帯、敷地内広場などを工事期間中に借用して利用することが多い。場合によっては、公開空地などを行政に許可を得た上で使用することもある。人工地盤上や住棟と別棟となっている共用棟などの屋上に設置する場合は、構造検討が必要となる場合もある。

共通仮設類の設置場所は、仮囲いなどで作業エリアを明確にすると共に建物への作業員の動線を含め、極力居住者や建物利用者の生活動線と工事関係者の作業動線が重ならないように配慮する。

超高層マンションの共通仮設工事は、中層マンションの場合と基本的に差異はないが、高層階への移動時間がかかることから、建物の屋上廻りや中間階に材料置場や材料の混練場を設けておき、材料の使用可能な時間を有効に活用できるような配慮がいる。また、ゴンドラや移動昇降式足場を利用する場合は、駆動のための電源が必要となる。

⑴現場事務所、作業員詰所

工事の規模、内容により現場常駐所員や作業員人数を想定し、現場事務所や作業員詰所を計画する。超高層マンションなど大規模な建物では、工事の繁忙期に大勢の作業員が集まることとなり、相応の広さが要求される。また、必要な通信設備や事務備品を取りそろえるほか、関係法令に従い消防設備などを備えておく。

⑵資材倉庫

工事に使用する資材は、施錠のできる倉庫等に保管する。有機溶剤等の危険物を一定基準以上保管する場合など、関係法令により制約を受ける。

⑶廃材処理

工事の進行によって発生する廃材は、廃材コンテナ等に一時保管し、一定の量になった時点で速やかに搬出する。搬出廃棄は、公的許可を得た産業廃棄物処理業者が行う。現場で発生する廃材（塗料の缶や除去したシーリング材、コンクリートなど）は建設リサイクル法に基づき適切に処分することが求められるため、分別収集・管理をする必要があり、廃材集積スペースや搬出ルートの確保なども必要となる。

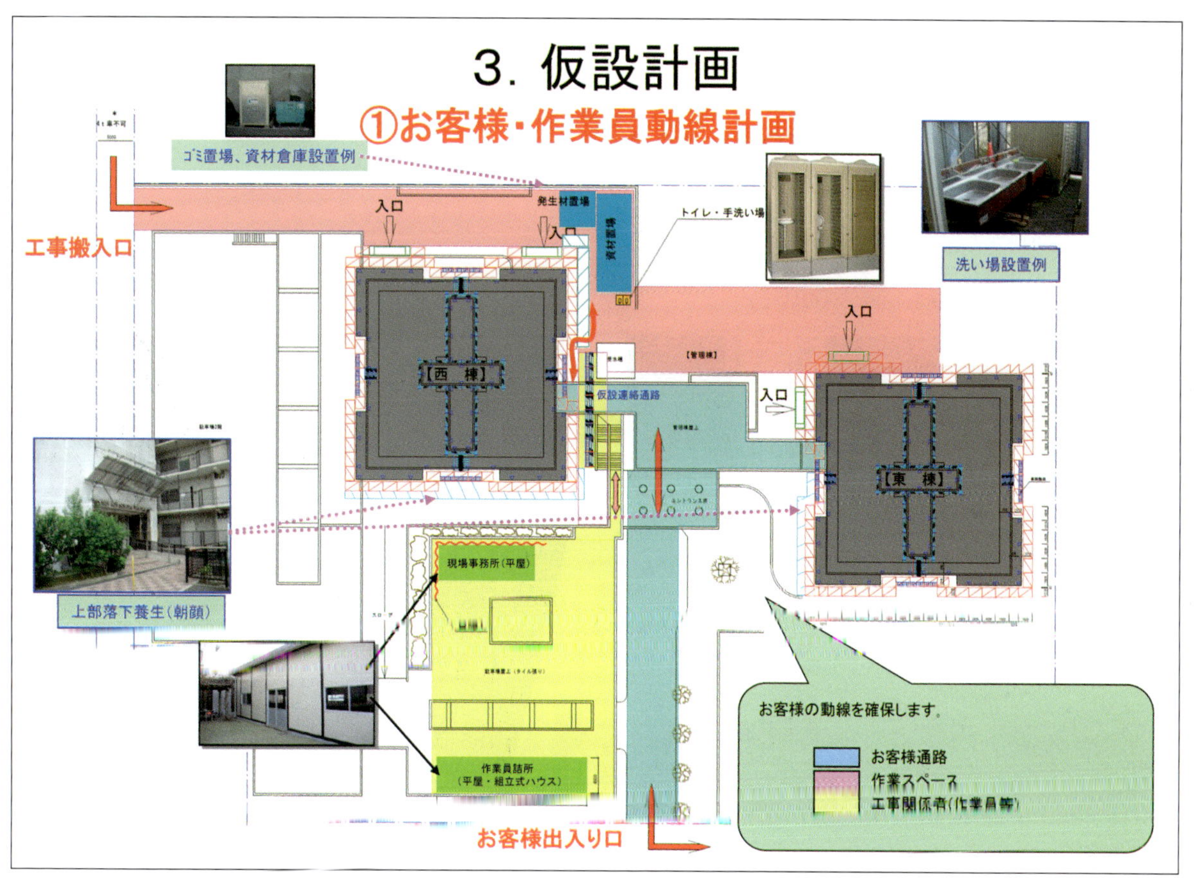

図表 8.2-1　仮設計画例

⑷仮設電源

工事に使用する電力は、現場事務所などで使用する電力と工事で使用する電力、ゴンドラ等の移動型足場を駆動させる電力に分かれる。仮設電源は、共用部の電源から分岐するか、敷地外から新たに引込む。配線スペースを共同溝で利用している地域では新規に引き込むことが困難な場合がある。

工事では、新規に配線を設けるかマンションの共用部に設置されているコンセントを利用する。ゴンドラや移動昇降式足場にはコンセントが備えており、それを利用する。最近では充電型の工具が多くなっており、作業場所への電力供給が不要となることもある。

ゴンドラや移動昇降式足場は動力電源が必要となる。共用部の動力電源に余裕がある場合は、それを利用する。余裕が無い場合は、仮設発電機を設置することとなり、騒音や振動、排気対策が必要で燃料置場も確保しないとならない。ゴンドラを利用する場合は1台当り200V、20Aが概ねの目安であり、移動昇降式足場の場合はゴンドラよりも使用する電力が多くなる。電気室から外部へ配線する場合の防火区画の貫通部処理や配線を超高層の屋上まで楊重する際の荷重やルートの確保に注意を要す。

⑸仮設水道、便所、道具洗浄場など

水道は、共用部の水栓より分岐することが多い。屋上廻りや中間階で使用する場合は、共用部のシンクなどを利用することが合理的であり使用料負担など事前に取り決めておくことが望ましい。仮設便所や道具洗浄場等の水廻りを計画する際は、給水の引込みや排水ルートが確保できる場所に限定される。

⑹安全・防犯対策

工事では、第三者及び、居住者・建物利用者、作業員等工事関係者への災害防止対策を講ずる。関係法令の遵守は当然として、施工会社独自の安全基準を設けている場合があるなど工事運営においては安全が、最も重視される。安全標識や注意喚起、誘導員の適正配置が必要となる。

⑺各種手続き

足場設置などに伴う労働安全基準局への届け出、危険物貯蔵庫に関する消防署への届け出、仮囲いやレッカー作業などに伴う警察もしくは道路管理者への道路使用許可申請・道路占用許可申請、公開空地の仮設使用に関する都道府県への使用許可申請など、大規模修繕工事に伴う必要な諸手続きや各種申請がある。これらは、工事の計画時点で事前に協議、確認しておくべき内容も多く含まれる。

⑻アフター点検

マンションの大規模修繕工事では、工事後のアフターメンテナンスとして、工事の保証期間内に定期的に施工の自主点検と居住者へのアンケートを行い、保証内容に準じて補修を行うことが多い。

⑼その他

場内養生、運搬、清掃、工事用車両対策も適宜計画する。

写真 8.2-1　発電機

写真 8.2-2　共用電源からの分岐

8.3 仮設工事

8.3.1 直接仮設足場工事の変遷

超高層マンションの大規模修繕工事の実績は、1980年代の後期より始まり現在まで400棟を超えてきている。現在まで国内の超高層マンションの大規模修繕工事でどのような仮設足場が採用されてきたか時代とともに紹介する。

⑴1988～1994年「第1期」

超高層マンションの大規模修繕工事の始まり

1) システム養生ゴンドラ

超高層マンションの部分的な外壁の補修工事では数件実施例があるものの大規模修繕工事としては、1980年代後半に施工された埼玉のマンションから始まった。枠組足場は、高さ45m 以上で補強の必要性があるためコストや工期面からシステム養生ゴンドラを採用した。

システム養生ゴンドラは、外壁工事の施工面をメッシュシートで全体を覆い、その内部にゴンドラを設置する工法である。当初計画では、一般的な建物と同様にメッシュシートの巾を3.6m で架設する計画であったが強風対策として1.8m とし、風への影響でメッシュシートが飛ばされない対策を実施した。現在、超高層マンションの大規模修繕工事で標準化されているメッシュシート電動昇降装置も、その当時マンション以外の工事では多く採用されていたが、埼玉のマンションでは、強風が予測される際にメッシュシートを人海戦術で下降させる事で対応した。このシステム養生ゴンドラは、現在でも超高層マンションの大規模修繕工事で多く採用されている。

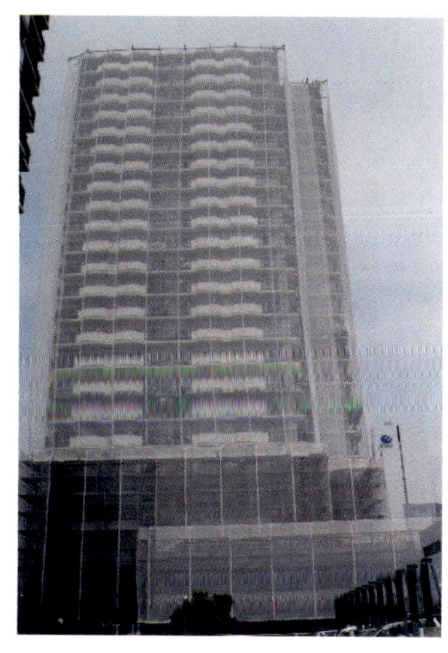

写真 8.3-1　システム養生ゴンドラ

2) 枠組足場との併用と全面枠組足場の採用

1990年に入り東京を中心とした超高層マンションの大規模修繕工事が始まり、10階程度まで枠組み足場を架設し、その上部をゴンドラ足場とする案が多く採用された。作業員の生産効率の向上が採用の大きな要因であり、超高層ならではの風によるリスク回避やゴンドラ無稼働日の軽減等が主な理由である。

同じ時期の着工物件で、建物の高さ58m ではあるが全面枠組足場での大規模修繕工事も施工された。

高さが58m あることから作業員の作業階へのアクセスは、すべて仮設のロングスパンエレベータで行い、その機能を生かし工事で発生した残材や金物類の搬送作業にも活用したのである。当時としては生産効率をあげる画期的な手段であったと言える。

昨今では、高さ60m クラスでは多く採用されている全面枠組足場も、2009年広島県において30階建て100m クラスの超高層マンションで採用された実績もある。

写真 8.3-2　ゴンドラ・枠組足場併用

写真 8.3-3　枠組足場

枠組足場は、高さ45m以上について建枠の強度検討を実施し、所轄の監督署への届出を行い、承認を得た上で補強するよう規定されている。超高層建築物でも枠組足場による架設は可能なのである。労働安全衛生法第88条、労働安全衛生規則第80〜88条には、足場計画の届け出に関する規定があり以下のとおりとしている。

・足場設置計画の届出

労働安全衛生法第88条第2項の規定

「足場・架設道路の危険または有害な機械などを設置、移転、変更しようとするときに、足場・架設道路の組立から解体までの期間が60日以上計画されている場合は、足場・架設道路の種類に応じて所要事項を記載した書面及び図面などを添えて、その仕事開始日の30日前までに所轄の労働基準監督署長に届けなければならない」

3）連続吊り足場の開発

この時期には、超高層建築物を対象にした新しい足場も開発された。1993年に施工された神奈川のマンションで採用した「連続吊り足場」である。（写真8.3-4）

商事会社、設計事務所、施工会社で特許を取得したこの「連続吊り足場」は、後にゴンドラ安全規則のゴンドラ分類に加わる「連結式ゴンドラ」の原型になるものである。

施工の手順は、フロアーごとタクト（横方向）で職種別に工事を行い、洗浄工事→補修工事→塗装工事の順序で、それを移動させた。特に居住環境面で効力を発揮し、居住区の前面に架設された足場の架設日数を軽減させ居住環境の配慮を十分に行った。一方、職種別に工事をしていく事の利点を生かし、塗装の色彩チェック等も日常的にできる事から管理組合の検査も容易であった。

写真 8.3-4　連続吊り足場

⑵1995年〜2001年「第2期」

超高層マンションの大規模修繕工事の増加

1）ゴンドラ工法システム養生の進化

超高層マンションの大規模修繕工事も1990年代の後半より増加傾向となった。建物の形状は、複雑化し足場の選定でも限定されてしまう。また建物の仕上げ材もこの時期の工事よりハーフPCaやPCa打ち込みタイル仕上げのマンションも多くなり、工事割合が塗装工事は、バルコニー内部のみとなり外壁はタイル補修工事とシール打ち替え工事に変化した時期でもあった。

ゴンドラは、連続設置でゴンドラケージ自体に専用の養生システムを施した。単体でのゴンドラ設置となるため、同時に様々なゴンドラの振れ止め方法も検討されるようになった。

写真 8.3-5　ゴンドラシステム

外壁部分の塗装工事や補修工事が主体となるマンションでは、システム養生ゴンドラの採用も多く、その養生方法も多様化されてきた。90年代初頭に開発された電動横移動式ゴンドラも選択肢に加わり、特に超高層建築物では、作業員にゴンドラを極力移設させない方法を選定し、安全面や効率面を向上させる事につながった。

超高層マンションでのゴンドラ振れ止め方法は、建物に予めガイドレールを取り付けて振れ止めを実施するような方法はできない。したがって、簡易吸着装置をゴンドラに取り付ける方法や振れ止め用ガイドワイヤを設置し、それに沿ってゴンドラを昇降させる方法を採用した。

またシステム養生ゴンドラも施工面全体を覆っていたシステム養生からシステム養生の範囲を分割する方法が多く採用されるようになった。そのメッシュシートは、風対策を考慮し電動で昇降させる事を標準化し、システム養生内のゴンドラは、電動横移動の超高層用として開発された専用機である。

写真 8.3-6　システム養生

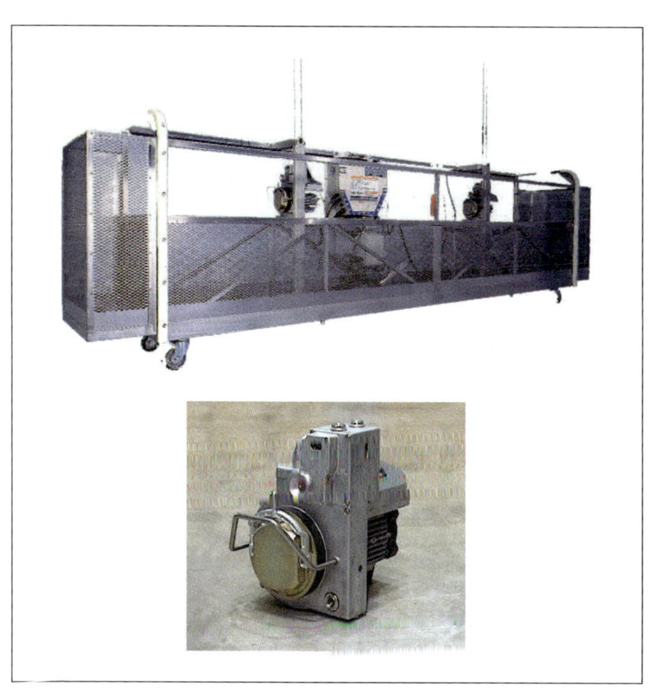

写真 8.3-7　超高層専用機種と超高層専用ウインチ

⑶2002～2008年「第3期」

超高層マンションの大規模修繕工事の激増

1)作業動線の工夫とロングスパンゴンドラの登場

2000年代に入り、超高層マンションの大規模修繕工事が本格化し、足場計画における安全性・効率性・居住環境・経済性に対する要求は、ますます高まってきた。

工事中の作業員による次の工区へのゴンドラの移設をなくすための電動横移動式ゴンドラや横移動をしない連続吊りや連結式が主流となってきた。養生方法についても施工する外壁面の全体養生だけでなく、ゴンドラで施工している箇所のみ部分的に養生するなどの養生システムがゴンドラ振れ止め装置と併せて本格的に開発されだしてきた。

大規模化・高層化するマンションに対し、1台で極力長い範囲の施工を可能にするために、ゴンドラの長尺化と昇降装置の高性能化が進み、2本吊り・高荷重・高揚程対応の国内最長12m ロングスパンゴンドラがこの時期に完成した。

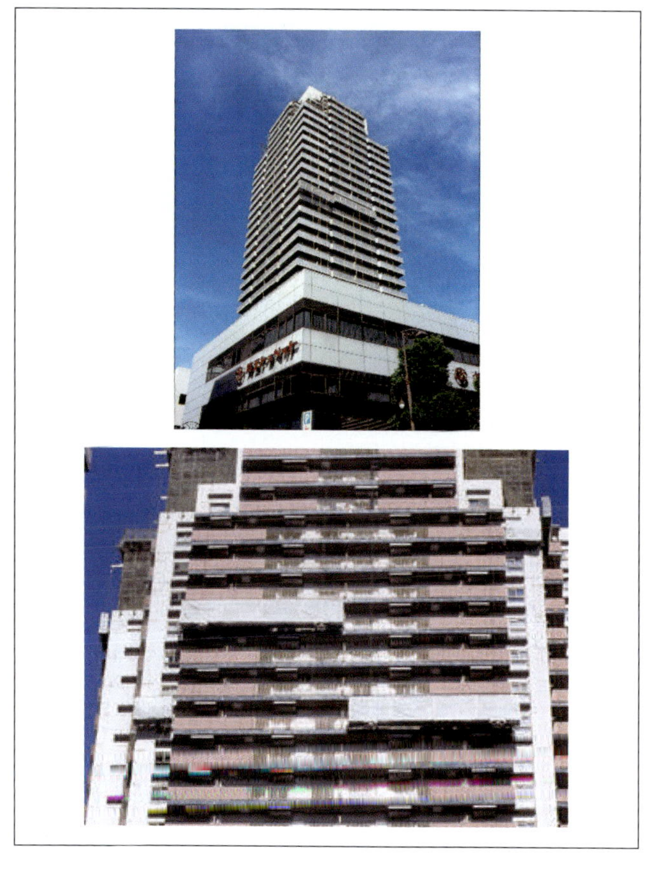

写真 8.3-8　ロングスパンゴンドラ

今まで大規模修繕工事をゴンドラで仮設計画する際、養生メッシュシートは、作業していない範囲まで費用が発生するためどうしても高価になりがちであったが、ロングスパンゴンドラと最新のケージシステム養生の組合せにより安全性と生産性を追及した新たなゴンドラが選択肢に加えられた。

このゴンドラが多く採用された背景には、作業動線の変化があったことも見逃せない。バルコニー内部と外壁面の外部作業を区分し、バルコニーの隔て板を外して作業通路とした。

隔て板を外した場合の隣戸とのプライバシーには、専用のボードや仮設扉を設け、バルコニーから共用部分への出入り口には、施錠する工夫なども行った。また、作業員のバルコニー内部での工事では、軒天部の作業を実施する際の落下防止処置や塗装材料の飛散防止処置も施された。

写真 8.3-9　隔て板を外し作業通路とした事例

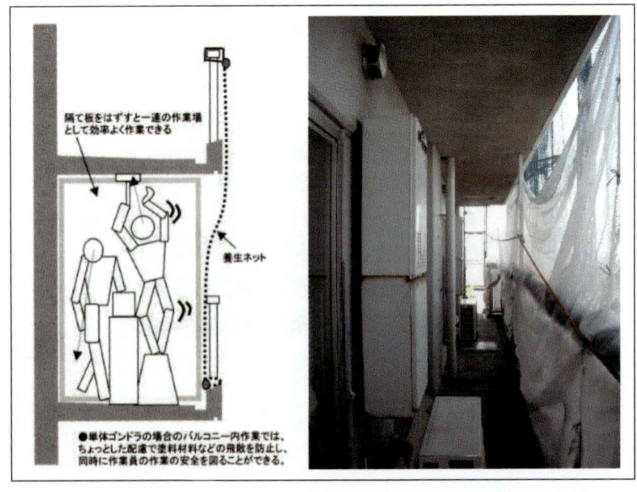

写真 8.3-10　バルコニー内部養生方法

2)新築工事で採用されている吊り足場の採用

大規模修繕工事の内容も複雑化するに伴ない、新たな仮設足場が採用された。2006年に施工した神奈川の物件である。この足場は、新築工事で多く採用している「せり上げ式吊り足場」で、足場が架設された範囲は、足場5層で3フロアーを施工できるものである。新築工事では、タワークレーンで地組した足場を昇降させることや移設することが短期間で行われているが、自動昇降する足場で行われた大規模修繕工事ではその架設期間は比較的長期に及んだ。

写真 8.3-11　せり上げ式吊り足場

写真 8.3-12　せり上げ式吊り足場詳細

3）連結式ゴンドラでの施工

超高層マンションの大規模修繕工事が多くなる中、ゴンドラでも新たな選択肢が増えた。

それは、前述した「連結式ゴンドラ」である。工事材料の飛散を防止する精度の高さや作業員の環境、居住者への環境配慮から高価であるが採用されるようになった。

写真 8.3-13　連結式ゴンドラ（右は３段式）

⑷2009～2016年「第4期」

超高層マンションの激増に伴う仮設足場の多様化

1）ガイドレールゴンドラと移動昇降式足場の登場

2009年東京都江戸川区の超高層マンションにて、移動昇降式足場とガイドレールゴンドラ併用の仮設足場工法が日本で最初に採用された。

移動昇降式足場は、2007年後半より北海道の施工会社が、一般的な中高層マンションの大規模修繕工事の南側バルコニー面で、居住者の工事中の環境配慮を考慮した第三の足場として積極的に提案し実績を重ね注目された。

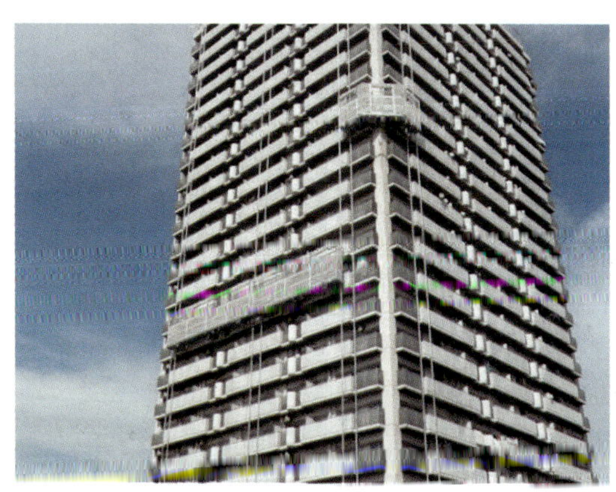

写真 8.3-14　ガイドレールゴンドラ

移動昇降式足場は、地上よりマストを組立て、そのマストに沿って作業床が昇降する欧米の新築工事では既に一般化された機械式足場である。一方、ガイドレールゴンドラは、今までの「揺れる」と言うゴンドラの概念を一転させ、仮設のレールをゴンドラが昇降する箇所に設置し、そのレールに沿って専用ローラーで、ゴンドラの揺れを抑える画期的なゴンドラ足場である。この併用工法が、現在までに至る超高層マンションの大規模修繕工事の主流な足場となっていく。ガイドレールゴンドラは、その後、北九州門司港の超高層マンションや大阪で最初に建設された超高層マンションの2回目の大規模修繕工事でも採用され、2016年に実施された超高層マンションの大規模修繕工事では、移動昇降式足場と同様に多く採用されている。

日本初の超高層マンションの大規模修繕工事が施工されてから既に30年が過ぎ、今後も年間100棟を目安に施工が予想される。

建物は、環境も工事内容もひとつとして同一のものはなく、工事の目的に沿った仮設足場の選定が重要であり、選定する上では、計画段階において、安全性・作業効率・居住環境・作業動線・経済性などを比較検討する事が重要である。

今後も超高層マンションの大規模修繕工事の仮設足場計画は、現場を通じ施主、設計、施工、メーカーが一体となり飛散防止を目的とした安全性の追求や、超高層ならでは作業効率低下を防止する施工方法や機材の研究・開発を継続していくことが強く望まれる。

写真 8.3-15　移動昇降式足場

8.3.2　仮設足場の種類と特徴

超高層マンションで採用される代表的な足場は、枠組足場、ゴンドラ足場、移動昇降式足場であり、その特徴は以下のとおりである。

⑴枠組足場

超高層マンションでも高さ60〜70m程度、建物階数20~25階までは、外壁の形状が複雑な場合や地域環境を考慮して補強枠組足場を架設するケースもある。

枠組足場の高さが45m 以上の場合には、最下段の建枠、ジャッキ型ベース金具等足場の自重及び積載荷重に対して必要な許容支持力を確保したり、地盤補強などが必要となる。高さ45m 未満までは、枠組足場やくさび緊結式足場を架設し、その上部はゴンドラ足場を設置するケースも少なくない。超高層マンション大規模修繕工事では、高さ100m 程度まで枠組足場を設置した事例がある。新築工事では、多く採用される連層式吊り足場も採用した現場も少ないがあった。

⑵吊り足場

現在新築工事で多く採用されている、せり上げ式吊り足場も数例だが実績としてある。各層の高さは1700㎜で5層を標準とし、住居3フロアー毎施工でき、施工が終了すれば自走し上層部へ走行させることが可能となる。このせり上げ式吊り足場の垂直盛り替え方法は、新築工事では屋上に設置されたタワークレーンにて効率良く昇降させることができるが、修繕工事ではチェーンブロック（鎖を用いた簡単な荷揚げ装置）を利用して昇降させるためかなりの時間を要す。強風時の対策は、過去の事故事例より補強等の規制が強化されており、所轄の監督署との事前協議を十分に行う必要がある。

外装工事での施工効率は、一度に3フロアー上下同時に施工ができるため安定した工事が可能となり設定したサイクル工程に併せた工事が進行できる。

写真 8.3-16　補強枠組足場
60m 〜70m 前後

写真 8.3-17　吊り足場

⑶ゴンドラ足場

超高層マンションの外壁工事として従来から最も多く利用されている仮設足場で、その種類も多く、単独、連結、レール式等バリエーションも様々である。

過去の実績で多く採用されたゴンドラが、システム養生ゴンドラである。このタイプは、飛散防止に最も優れており外壁施工面全体をメッシュシートで覆い、その中をゴンドラが電動昇降・横行する。近年でも枠組足場と併用して採用するケースがあり、特に1階廻りが店舗や歩道上、工事では、塗装面が多い建物にも多く採用されている。

ゴンドラ足場は、ワイヤロープで吊っているため揺れが多く、作業効率が悪いと言われてきた。2009年にゴンドラの揺れを少なくするガイドレールゴンドラが開発された。揺れを抑えるために仮設レールを設置し、そのレールにガイドローラーを取付けるゴンドラで、現在では多く採用されている。また建物の2フロアー分を養生し、工事中の環境に配慮をした連結式ゴンドラもマンションで使われはじめている。

写真 8.3-18　システム養生ゴンドラ
枠組足場併用

写真 8.3-19　システム養生ゴンドラ

写真 8.3-20　ガイドレールゴンドラ

写真 8.3-21　連結式ゴンドラ

⑷移動昇降式足場

欧米の建築新築現場では、一般的に採用されてきた足場であり、国内では2009年に初めて超高層マンションで採用された。現在、使用されている移動昇降式足場は、欧州メーカー2社と国産メーカー1社が主流である。組立部材は、作業床となる駆動ユニット、マスト、シャーシーより構成され、1本ないし2本のマストを建て、マストに沿って歯切りをした平板状のラックとピニオンと呼ばれる円形歯車の組み合わせで昇降をするもので、ラック＆ピニオン方式と言う。作業床は、最大巾1.5m 最大長さ32m で、建物の形状に併せた機種の選択ができ、設置が短工期で、工事中の環境配慮も大きいことから、ゴンドラ足場と同様に現在でも幅広く採用されている。

機種については、端部も跳ね出しが可能なタイプや上下2層の作業床で昇降できるタイプもある。作業床の幅や形状を途中階から、ある程度変えることが可能であり、オーバーハングしている場合やコーナー雁行部建物などに対応出来る。地上からマストを建てる構造のため、一階周りが店舗となっている場合や人工地盤等の場合は、建物への養生方法の検討や地盤補強が必要となる。

日本で最初の免震構造の超高層マンションの大規模修繕工事でもゴンドラ足場と同様に採用され、建物から仮設の鉄骨架台を跳ね出し、そこからマストを建て施工した事例もある。移動昇降式足場の労働安全衛生法の解釈は、昭和四三年八月二一日付基発第五四一号により「足場」として取り扱うこととしている。

写真 8.3-22　移動昇降式足場

写真 8.3-23　コーナー雁行部作業床設置例

写真 8.3-24　免震構造での施工例

⑸仮設足場計画上の留意事項

枠組足場・ゴンドラ・移動昇降式足場のいずれも計画段階で、足場を架設する上で事前に確認作業が必要となる。

1）枠組足場や移動昇降式足場

①枠組足場やマストの足元に大きな荷重が掛かるので構造体の上での設置の場合は構造計算を実施し、その方法を含めて協議する。

②免震構造の場合、その揺れ幅や構造を確認した上で建物から跳ね出した支持部材を介して、足場の荷重を建物側で受けることとなる。構造計算の他支持部材を受ける躯体の状況確認など安全上問題の無いことを確認する。

③植栽帯や土の上からの設置の場合は枠組足場やマストを支持できる基礎を設ける。

④転倒防止用の固定アンカー（径16㎜、深さ80㎜程度）を建物に打ち込むため、躯体の厚さや配筋状況を正確に把握する。

2）ゴンドラ

①ゴンドラの場合、屋上スラブやパラペットに荷重が掛かるため、図面による梁位置の確認や強度確認を施工会社と協議する。

②免震構造の場合、ゴンドラでの施工の多くは免震層の位置や振れ幅を考慮した位置に養生ステージが設置できるよう検討する。特に選定したゴンドラの種別によって方法論が異なるため事前協議は十分に行う。

③ガイドレールゴンドラの場合、そのレールの固定方法は、バルコニーパラペットへの挟み込み方式かアンカー固定方式の選択があるため、建物の形状。材質・仕上げ材によって決定することが大切である。またアンカー固定の場合には、固定位置をバルコニー見附部やバルコニー軒天部とするか事前に検討することも忘れてはならない。

④植栽帯でのゴンドラ設置の場合、植栽の伐採の必要性も出ることがあるため、伐採の時期等についても協議する。

写真 8.3-25　パラペット補強例

写真 8.3-26　マスト基礎補強例

写真 8.3-27　エントランス庇補強例

8.3.3　仮設足場計画の基本的な考え方

⑴仮設足場の代表的なパターン

建物高さ、形状、作業内容により可能な仮設方法を検討し、コストとのバランスを考慮し、決定する。下層階を枠組足場とし、上層階をゴンドラで併用（垂直併用）する場合や面毎に仮設方法を変えて（水平併用）計画することも多い。枠組足場は、45m 以上となると強度上の問題から補強が必要となり、100m 規模の超高層を全面足場架けすることは現実的に困難と言われている。移動昇降式足場は足場を支える支柱（マスト）を立てなければならないため、水平併用は出来ない。また、マストを支える基礎部の補強を要する場合もある。仮設足場計画の目安として代表的なパターン例を図表8.3-1に、仮設種別毎の安全規則等の比較表を図表8.3-2に示す。

⑵仮設足場の存置期間、盛り替え

仮設足場の存置期間の長短は工事費に直結することになる。ゴンドラや移動昇降式足場は、その稼働率をあげる工事計画が望まれる。したがって、面毎に工区を区切り、順次盛り替えていく計画がとられることが多い。また、移動昇降式足場の場合には同じ面であっても、長大スパンとするか、複数の系統を設けるかは、作業内容や人員の配置計画を考慮して計画する。

非連続型のバルコニーで作業を行うために、ゴンドラ等外周面に設置した仮設足場から出入りしなければならない場合と、連続型のバルコニーで、各階のエレベータホール等からバルコニーに出入りできる場合とでは、作業の効率が大きく違う。非連続型のバルコニーの仮設足場計画では、下層階を枠組足場とすることを基本に検討することもある。

階層	仮設足場分類	仮設範囲区分			
		併用無し	水平併用	垂直併用	足場種別
超高層建物150m～200m超 45F縦程度以上	ゴンドラ	○	○	○	ガイドレールシステムゴンドラ
					連結式ゴンドラ
	移動昇降式足場	○	○	×	ツインマスト（200m対応）
	枠組足場	×	×	○	45m未満（補強無し）併用
超高層建物100m～150m未満 30F～44F程度	ゴンドラ	○	○	○	ガイドレールシステムゴンドラ
					システム養生ゴンドラ
	移動昇降式足場	○	○	×	ツインマスト（200m対応）
	枠組足場	×	×	○	45m未満（補強無し）併用
超高層建物60m～100m未満 20F～29F程度	ゴンドラ	○	○	△	ガイドレールシステムゴンドラ
					システム養生ゴンドラ
	移動昇降式足場	○	○	×	ツインマスト軽量タイプ（100m対応）
	枠組足場	○	○	△	45m以上（補強あり）

図表 8.3-1　仮設足場の代表的なパターン例

区分	枠組足場	移動昇降式足場	ゴンドラ足場
種別	枠組足場 （高さ45m以上の場合は建地・地盤補強）	・シングルマスト ・ダブル　マスト	①ガイドレール　ゴンドラ ②システム養生　ゴンドラ ③多層連結式　ゴンドラ
労働安全 衛生法適用	労働安全衛生規則 第2編安全基準 第9章　墜落、飛来崩壊等による危険の防止 第10章　足場・通路	労働安全衛生規則 第2編安全基準 第9章　墜落、飛来崩壊等による危険の防止 第2章　建設機械等	労働安全衛生法　施行令 第12条　特定機械 ゴンドラ安全規則
製造検査等 材料の品質保証	仮設工業会 認定品	仮設工業会 移動昇降式足場に関する技術指針　参照	ゴンドラ製造検査（厚生労働省労働局） 1年毎に性能検査 1台毎に設置届（監督署）
工事計画届出 （監督署第88条） 必要性	有り	有り	無し
強風時の作業	× 労働安全衛生規則　第522条 悪天候時の作業禁止	× 労働安全衛生規則　第522条 悪天候時の作業禁止	× 労働安全衛生規則　第522条 悪天候時の作業禁止
飛散防止対策	足場架設全体にメッシュシート養生 高さを考慮した材質選定が必要	移動昇降足場自体にメッシュシート・フラップ養生	①ゴンドラ自体にメッシュシート・フラップ養生 ②・③ゴンドラ施工範囲全体にメッシュシート養生
バルコニー 養生の必要性	無し	有り	①ガイドレール　ゴンドラ　⇒有り ②システム養生　ゴンドラ　⇒無し ③多層連結式　ゴンドラ　⇒無し
バルコニー内部 乗り込み制限	無し	無し ※乗り込む為の人員搬送は、用途外使用にて禁止	無し ※乗り込む為の人員搬送は、用途外使用にて禁止
上記の乗り込みフロー	①専用の昇降通路等の設備を使用 ②重量物は、乗り移った後に受け渡す ③乗り移る場所の安全性を予め確認する	①専用の昇降通路・扉等の設備を使用 ②重量物は、乗り移った後に受け渡す ③乗り移りを行う間は、昇降できない処置を講ずる ④乗り移る場所の安全性を予め確認する	①建物とゴンドラが離れない処置を講ずる ②専用の昇降通路・扉等の設備を使用する ③乗り移りを行う間は、昇降できない処置を講ずる ④乗り移る場所の安全性を予め確認する
作業員の乗降 （通常時）	屋上又は地上部 各階の共有部	地上部	屋上又は地上部

図表 8.3-2　仮設足場別比較資料

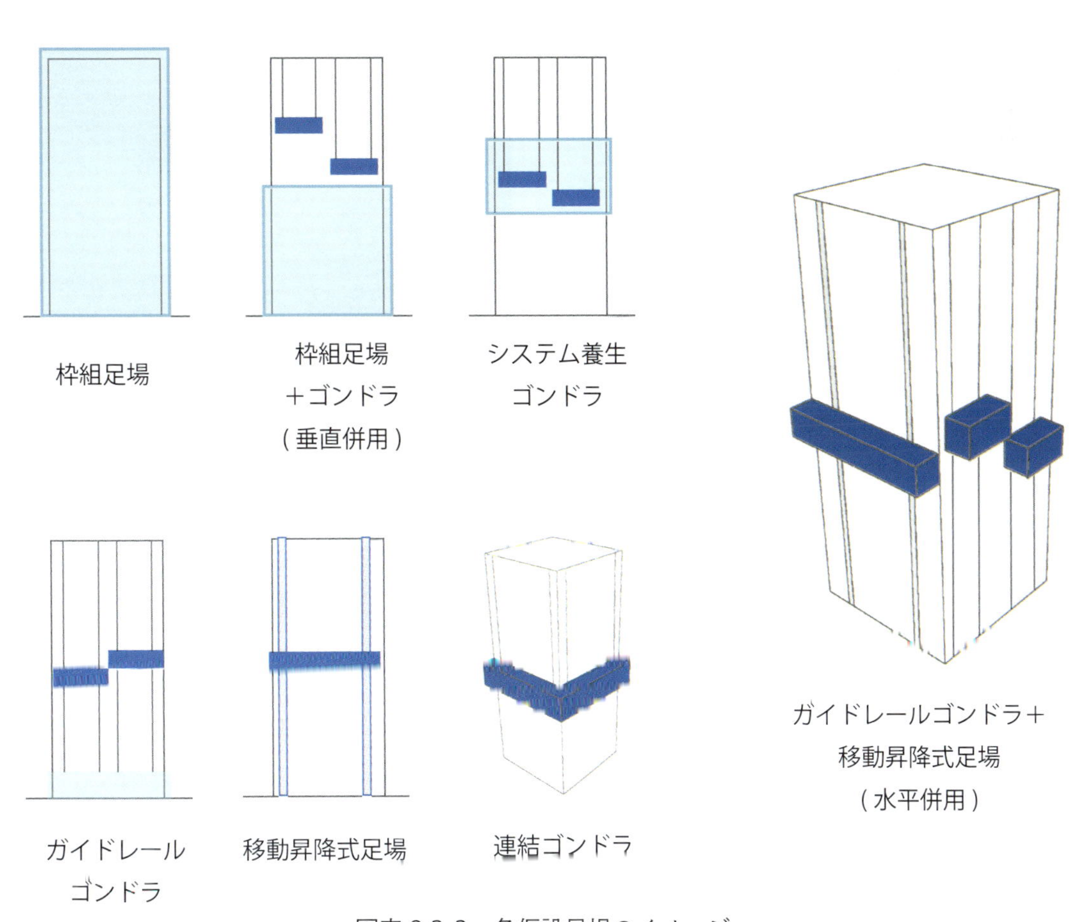

図表 8.3-3　各仮設足場のイメージ

8.3.4　その他の直接仮設足場計画

⑴屋上の仮設足場

超高層マンションの屋上には塔屋以外にもヘリコプター用のホバリングスペースのデッキや風切り用ファーリング、設備機器などがある。仮設足場やゴンドラを設置する際に支障となる場合があり注意を要す。

1) 鋼製のホバリングデッキの仕上げは、溶融亜鉛メッキとなっているものが多いが、長期的には塗装などの修繕が必要となり、その際は足場が必要となる。

2) 超高層マンションの100mを超える塔屋での仮設足場組立には強風対策が必要となる。屋上床から枠組足場を架設し、外壁に面する場合は、ゴンドラとすることが多い。屋上には意匠的にも遠望を意識した個性的なデザインが施されたファーリングなどが設けられていることが少なくない。それらの工事には、個別に仮設足場計画を立てる必要がある。写真8.2-29に示す事例は、柱型パネルのシーリング打替え作業及びパネルクリーニングに狭小ゴンドラを設置したものである。作業中はパイプの横桟よりネットを垂らし、飛散落下対策を講じた。

⑵吹抜けの仮設足場

吹抜けは、風の影響が少ないので、通常のゴンドラで施工することが多い。

⑶1〜2階廻りの仮設足場

ゴンドラや移動昇降式足場を計画する場合、樹木や障害物などにより地上まで降ろせないときは、着床ステージを枠組足場で作成することが多い。足場の外周は侵入防止のためにメッシュ材や鋼板で塞ぐ必要がある。景観を向上させるために全網による仮囲いではなく、フラットウォールなどを用いることが望ましい。着床ステージの隙間より物が落下しないよう全スパンネット敷きの必要がある。

写真 8.3-28　塔屋の足場架設例

写真 8.3-30　吹抜けのゴンドラ設置例

写真 8.3-29　狭小ゴンドラの設置例

写真 8.3-31　着床ステージ設置例

8.3.5　注意すべき事項

⑴安全対策、飛散対策

1）安全対策

枠組足場、ゴンドラ、移動昇降式足場それぞれに安全基準が規定されている。ただし、超高層建築物における特別な対処方法については、施工会社の独自のルールに基づいて安全対策を講じている場合が多い。

2）バルコニーや開放廊下の安全対策

バルコニーや開放廊下の作業の場合は、作業員の墜落や転倒の防止、建物外面への飛散及び落下の防止対策が重要である。軒天に後施工アンカーによる丸環を設置し親綱張りを行うことや、建物の外面に飛散防止シートを張るなどの対策が必要である。高圧洗浄作業や塗装工事の際は建物周辺への飛散防止対策と施工箇所周辺のサッシや金属手すり等への汚損対策が必要となる。建物周辺に対してはメッシュシート養生を行い、汚損対策はビニールや布の養生を行う。

3）工事中の飛散対策

バルコニー内の塗装工程が終わるまでの間､1～2週間はサッシにビニール養生を行うこととなる。特に風の影響を受けやすい超高層では、養生材が風にあおられることによる飛散や騒音などの問題が発生しやすい。エアコン室外機の養生カバーを含め注意を要す。また、床面の全面改修を行わない場合は、既存床材への塗材の飛散がクレームともなる。

⑵防犯対策

マンション全体はオートロックで防犯管理されていることが多い。修繕工事ともなれば工事関係者が建物内に入り作業することになるので、工事関係者であることが識別できるよう配慮することや、借用マスターキーの管理者や管理方法についても管理組合と取り決めておく必要がある。枠組足場を架設する場合等は、足場からバルコニーへの不審者の侵入対策を講じる他に、万一の対策としてサッシに取り付ける二重錠を貸し出すこともある。居住者は、バルコニーサッシの施錠を習慣化していない場合もあるので注意を要す。

連続型のバルコニーの場合、住戸間の隔て板を改良し通り抜けできるようにすることで、仮設足場を介することなく横移動が可能となり作業の効率をあげることができる。工事期間中は、作業終了後簡易的に復旧もしくは復旧しないケースもあり、居住者の防犯意識との齟齬が生じないように事前に了承を得ておくことが必要である。また、枠組足場を使用しない場合のバルコニーや開放廊下での作業は、別途安全設備や落下防止用のネットなどの対策を施す。

写真 8.3-32　バルコニー隔て板改良例

⑶工事の管理

ゴンドラや移動昇降式足場の場合、工事のプロセス管理を行うことが難しい面がある。ゴンドラや移動昇降式足場に作業員とは別に、常時検査員を乗せておくことや検査専用のゴンドラを設置することは現実としては困難である。プロセス管理の頻度を減らし、各ゴンドラや移動昇降式足場に工事用のカメラを設置し、現場事務所でその映像を確認、管理している事例もある。

また、降雨や降雪時の他に強風時も安全のため、作業を中止する措置が確実にとられなければならない。高層になるほど風の影響が強くなることに加え、吹き降ろしや吹き上げなど超高層特有の現象により、局所的に強風が発生することにも留意しなければならない。

工事の際は、風速計による観測を常時行なうようにし、作業員も確認できるような吹き流しを設置することが多い。各所に設置した風速計の記録をインターネット上でリアルタイムに確認できるシステムもあるが、局所的に発生したり、天候の急変で生じる突発的な強風を予知できないため、対応が遅れる恐れがある。作業員に風速計を携帯させて管理する方法がとられることもあるが、確実とはいえず、今後の課題である。

［参考文献］

1）一般社団法人仮設工業会：足場・型枠支保工設計指針
2）一般社団法人仮設工業会，仮設機材認定基準とその解説
3）一般社団法人仮設工業会：足場　型枠支保工設計指針
4）産業調査会：建築改修実務辞典，辞典出版センター
5）建築技術：【補修・改修】建物のカルテと処方箋，超高層建物仮設足場計画の留意点
6）月刊リフォーム：超高層リニューアルの現状と課題，超高層マンション外壁修繕工事における仮設足場の変遷
7）一般社団法人仮設工業会：足場・型枠支保工設計指針

施工事例　その1

ルネセントラルタワー大規模修繕工事

【物件概要】
所　在　地：尼崎市西大物町12-55
構造・規模：RC造
　　　　　　地上36階塔屋2階地下1階
　　　　　　294戸
延 床 面 積：38,004.52㎡
建 物 高 さ：116.16m　　最高高さ　124.31m
工　　　期：2015年9月14日～2016年7月15日

建物全景

【工事内容】

下地補修・シーリング・一般壁塗装・鉄部塗装・防水等の大規模修繕工事を約10ヶ月の工期で実施した。敷地南側に阪神電車が通り、板状の建物で両サイドがセットバックしている複雑な形状の超高層マンションで、仮設計画の難易度が高い工事であった。

【仮設計画】

- 工事の実施にあたり、リフトクライマー3基、レール式ゴンドラ22台、ガイドワイヤー式ゴンドラ12台と、それに伴う着床ステージを設置した。低層階は鋼製枠組足場架設、ヘリポート・展望デッキは複雑な鋼製枠組足場架設、駐車場車路では、高所作業車という多種多様にわたる仮設工事となった。

- バルコニー側はリフトクライマーやゴンドラにて外部の修繕工事を行うことにより居住者の工事中の鬱陶しさを無くし、開放感を確保した。

【施工計画】

- 塗装の飛散防止は超高層マンションの修繕工事で最大の課題である。バルコニー側はアウトフレーム設計のため、大梁と天井との間に安全のための親綱ワイヤーを張って、塗装作業を実施する計画とし、外部に足場がないためにネットを張って飛散養生を行った。

南側外観

●外部階段の外壁がALCパネルであり、如何に壁つなぎをとりゴンドラの振れ止めを行うか、が課題となった。ワイヤー式のゴンドラでは10mを越える風が吹くと作業ができないため施工時期も北西の風が強い冬季を避けて、春季になってからとした。

●ヘリポートがバルコニー鼻先より外部に迫り出している事に対応するため、リフトクライマーの幅1.3mを2.1mに広げて2.1m×32mという作業スペースを確保し、ヘリポート下部の作業も安全に行える様配慮した。

●安全上、ゴンドラ等からのバルコニーへの乗り移りを無くすために各住戸の隔て板の下部の板をはずし、ファスナー式のシートでくぐり戸を取り付け、居住者のプライバシーを確保しながら、作業員はバルコニーを通行して隣戸へ移動できる様にした。

バルコニーの飛散養生シート

階段外壁のゴンドラ施工

バルコニーのくぐり戸

レール式ゴンドラ（左）　リフトクライマー（右）

施工事例　その2

タワーズランド北野田団地大規模修繕工事

【物件概要】
所　在　地：堺市東区北野田1番6号
構造・規模：RC造　地上24階
　　　　　　塔屋2階地下1階　3棟　464戸
　内 1 期：フロントタワー201戸・
　　　　　　サウスタワー137戸 12月末竣工
延 床 面 積：53,685.09㎡
建 物 高 さ：73.3m　　最高高さ　79.3m
工　　　期：2016年5月1日～2017年7月31日

建物全景

【工事内容】

3棟からなる板状の超高層マンションの下地補修・シーリング・一般壁塗装・鉄部塗装・防水等の大規模修繕工事を約14ヶ月の工期の中で実施した。

【仮設計画】

- バルコニー側に着床ステージを2階床迄組立て、ガイドレールゴンドラ24台を設置した。廊下側は枠組足場架設とし、EV シャフトにワイヤー式ゴンドラ8台を設置した。駐車場棟は、鋼製足場を採用した。

- バルコニー側はガイドレールゴンドラにて外部の修繕工事を行うことにより居住者の工事中の鬱陶しさを無くし、開放感を確保した。

東側外観

廊下側枠組足場とEV周りゴンドラ

【施工計画】

●塗装の飛散養生ネットはゴンドラ用の黒シートを加工して製作し、バルコニーの明るさと眺望を確保した。

●外部EVコア部は外壁がALCパネルであり、壁つなぎがとれないため、ワイヤー式ゴンドラを採用した。高さが60mを越える場合、ゴンドラシート張りができないため13段まで枠組足場を組み、着床ステージとした。

●廊下側は廊下スラブの外の柱に取り付く庇があり、ゴンドラでは塗装作業がやり難くなるため、24階まで枠組足場を組み上げた。
なお、庇部分の奥まっている柱に対する作業はブラケット足場を取り付け、対応した。

●安全上、ゴンドラ等からのバルコニーへの乗り移りを無くすために、各住戸のパーテーションを可動式にして鍵を付け、居住者のプライバシーを確保しながら、バルコニーを通行して隣戸へ移動できる様にした。

バルコニーの飛散養生ネット

庇

可動式パーティション

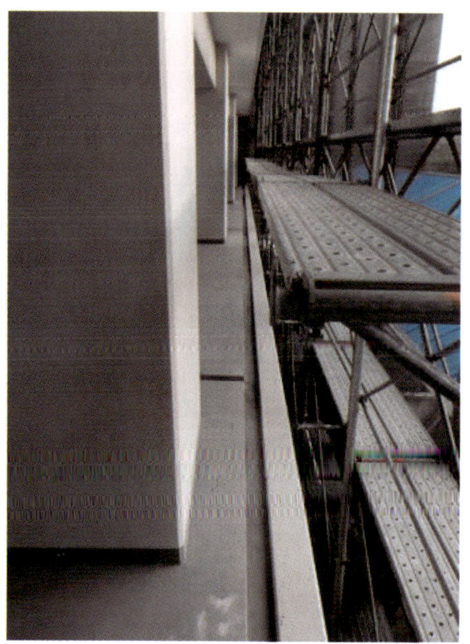

ブラケット足場

施工事例　その3

ザ・ガーデンタワーズ 第一回大規模修繕工事

【物件概要】
所　在　地：東京都江東区
竣　　　工：1997年
規模・構造：PCa鉄筋コンクリート造、
　　　　　　地上39階、塔屋2階、地下2階建て2棟　住戸数470戸
　　　　　　店舗、事務所、集会室棟、スポーツ棟、公開空地
面　　　積：敷地面積12736.65㎡、建築面積2748.81㎡、
　　　　　　延床面積：76315.62㎡
建 物 高 さ：125.3m　最高高さ：133.7m
外 壁 仕 上：PCa打込みタイル、ALCパネル
工　　　期：2015年8月～2017年2月

【特徴】

ザ・ガーデンタワーズは超高層マンションとしては初期に建設されたものである。

築18年第1回目の大規模修繕工事では設計監理方式で事業を進め、大規模修繕検討委員会で工事内要を詰め、費用対効果も考え仕様を決定し、数社から相見積と仮設の提案を受け、現場代理人に対してのヒアリングを経て工事会社を選定した。

外部足場を仮設し、躯体改修、外壁塗装、バルコニー防水、シーリング、金物等改修等の一般的なマンション大規模修繕で実施する項目に加え、不具合の出ていた防災設備改修を併せて実施した。

【足場仮設】

- 足場仮設計画では、設計仕様で直接足場の内容を定めず施工会社からの提案とし、見積依頼した各社より創意工夫された提案を受け、その仮設計画も施工会社選定のポイントになった。
- 足場仮設の選択では、低層部には枠組み、バルコニー面にはガイドレールゴンドラ、コーナーの雁行部には移動昇降式足場、セットバックした34階より上は吊りゴンドラと、各所ごとに足場の仕様を変えて作業性やコストとのバランスを取る、効率的な仮設計画が採用された。
- ガイドレールの躯体への取付けには、超高層マンションでは初の使用となるスクリューアンカーによる固定工法を採用し、工事後にアンカーを残さず躯体への負担を減らし、タイル色に併せた焼き付けキャップにて仕上げることで撤去時の作業効率化を図った。

外部足場

ガイドレールの取付部

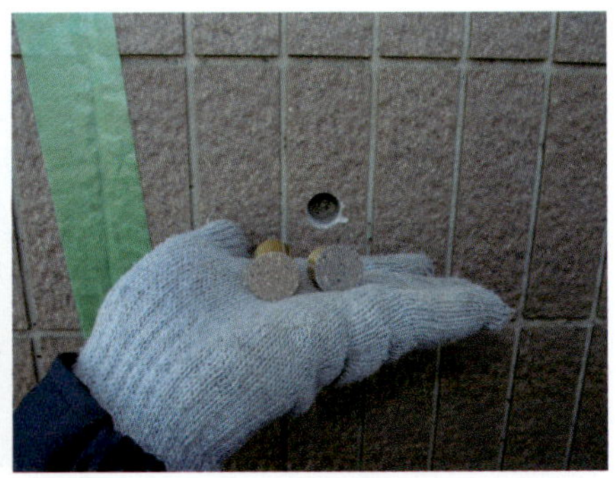

アンカー穴用キャップ

【躯体改修】

●外壁タイルは基本的に打込みタイルであったが、浮きや剥落、欠損なども見られ、これらを適切に修繕する必要があった。浮きは剥落させないことを念頭にピンで固定しタイル共色で焼付けたキャップで仕上げ、タイルの欠損部は新たにタイルを張ることはせず、ピンを打込んだ上でモルタル成形として剥落防止を図り、塗装で仕上げてコストの削減を図る手法をとった。

●また、PCa柱の接合部グラウト注入口やタワークレーンの付け元部分には、現場張りタイルの部位が多くあり、当該タイルは多くの部分で浮きやはく離、欠損などが見られ補修が必要であった。

グラウト注入口の口金錆

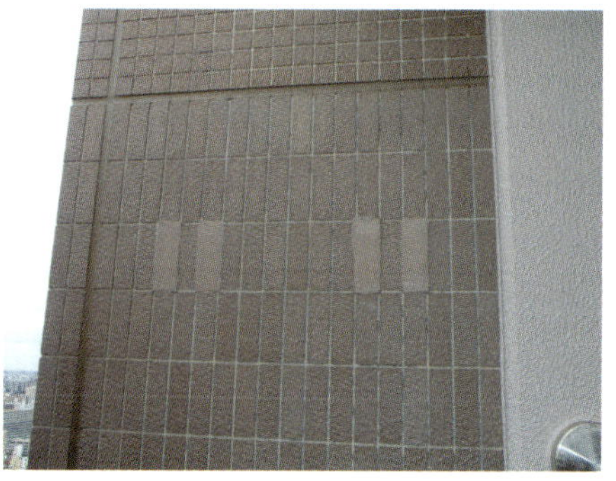

注入口部分モルタル+塗装仕上げ部

浮きを共色焼付けキャップのピン固定

【外壁塗装】

塗装部分は主に住戸バルコニー側外壁のALCパネル部分である。ALCパネル間のシール打ち換えを省略し、かつ修繕周期を長めに設定するため、塗装にはアクリルゴム系外壁化粧防水塗材を選択。初期投資は大きいが長寿命が期待でき、二回目の修繕時には洗浄してトップコートを施工するだけで済むメリットがある。超高弾性であるため、ひび割れに追随する利点もある。

施工中（中塗り）

塗装仕上がり、床面は複合防水

【その他】

住戸サッシの取り外し点検清掃及び開閉調整、点食の発生していたアルミ手すりの研磨清掃、公開空地のアスファルト舗装の修繕、防災センター内及び中継機盤など防災設備機器の更新など、第一回目の大規模修繕ではなかなか実施しない内容も含み、マンションの長寿命化に寄与する仕様を多く取り込んだ。工事期間中に都内超高層マンション管理組合向け現場見学会も実施。

住戸サッシ開閉調整

現場見学会

コラム⑤ 大規模修繕について

ところで、修繕についてはどうだろうか。どのような問題があり、どれだけのコストがかかるのだろうか。建設にタワークレーンを用いたという事は、当然ゴンドラや特殊な装置を用いなければ出来ないという事だよね。

まず、修繕工事をゴンドラのみで対応出来る建物なんて少ないようだ。修繕工事をするための特殊な方法としてレール式ゴンドラや移動昇降式足場等があるそうだ。状況によっては、一種だけではなく複数の足場等を利用して修繕を行っているようだよ。それは、工事費の中に仮設の費用が大きな負担として加わるということなのだよ。修繕を行っている期間について考えて見ると、ゴンドラによる清掃でもかなりの時間を要することは、マンションにお住まいの方であれば充分にわかっていると思う。でも修繕は、清掃とは雲泥の差の時間がかかる作業だし、その間ゴンドラ等は必要となり、そこに有り続けるのだよ。工事はと言うと、バルコニーへの立入りや天候等の条件によってしやすさやし難さが出てくるようだ。し難くなれば当然、それだけ工事が長引くのだよ。と言う事は、より多くの費用がかかるということだ。また、足場から材料や器具等の落下、作業上の埃の飛散等、安心、安全の面で注意しなければならないこともある。更に、その期間中は景観やプライバシー、セキュリティ等、全ての住戸に鬱陶しさを与え、管理組合として建物を守る責務があるものの好ましい環境では無いよね。本当に大変だ。そうそう、エレベータを交換する時は、もしかしたら住民は階段で上下するのかな。これは本当に大変な事だ。30年も経てば、建物も老朽化するが、住民も老化しているからね。

ところで、大規模修繕はどのように進めるのだろう。マンション管理センターの長期修繕計画作成基準では、12年周期で大規模修繕を行うようになっている。超高層マンションでも当然長期修繕計画は立案されているだろうから、その計画で修繕するのを組合総会で決めて実施するのだろうね。しかし計画されていても修繕しなくても良いものがあるかもしれない。確認しないのかね。マンションの修繕に関しての新聞記事では、きちんと診断を行って費用を抑えるように書いてあったな。だからまずはその計画の項目についての診断から始める必要があるね。でも外壁の診断と言っても相当大変だよ。これだって足場の計画が課題となる。診断に時間もかかるし、しっかり診断できる人材は確保できるのかね。マンションの維持管理を行っている会社は、建物の診断に関してはどうなのかな、プロと言えるのかね。そのあたりの役割や責任は明確にして契約しているのだろうね。色々な意味で気になる点だよね。診断をすることが決まっても、その期間中、住民の安心・安全そしてプライバシー、時間もかかるとなると色々と有りそうだし、費用もかかりそうだね。

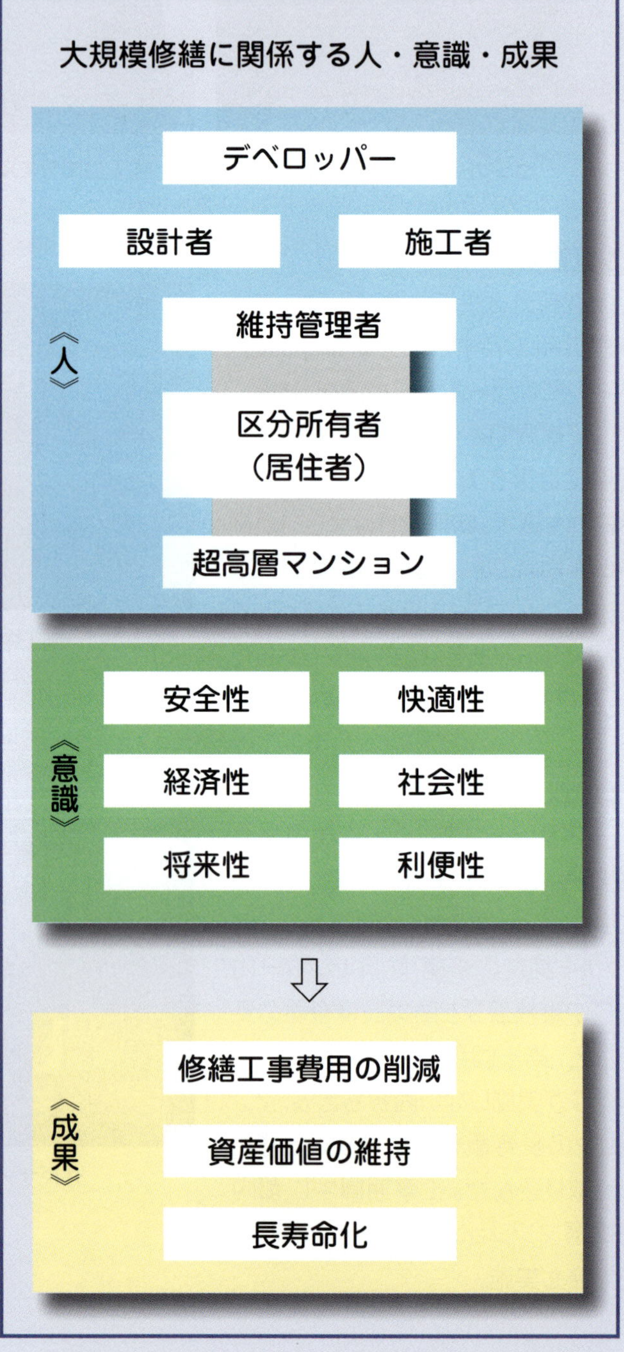

第9章 〔 課題と展望 〕

第9章 課題と展望

9.1 修繕工事の今後のながれ

9.1.1 現況と予想

人口減少と言われて久しい我が国で、定期的に行われている関係諸官庁の人口動態調査等から鑑みるに、都市部では人口自然増と共に他県から流入してくる人口集中が明らかである。特に首都圏東京は戦前戦後を通じて持続的に人口が集中し、住宅事情に課題を抱え続けている。この問題を解決する手段の一助として共同住宅、いわゆる民間投資によるマンションが高度成長時期より多く建設され続けてきた。本項では、現在我が国の住宅事情はどのような状況になっているのかを東京都を例に概観する。この事により、現在の傾向の一端を理解すると共に、将来を予測してみた。

⑴現況

東京都都市整備局の『マンション実態調査結果』報告書[1]によれば、東京都のマンション総数は約13万3千棟あり、分譲と賃貸の比率は4：6（図表9.1-1）とある。

では約13万3千棟がどのような分布傾向を示しているのか。東京23区内のみで見た場合に、各区のマンション分布は図表9.1-2の通りとなる。縦軸は棟数であるが、最大の世田谷区と最小の千代田区とでは約5.5倍の差が生じている。この差は世田谷区と千代田区（皇居を除く）面積の比率に合致する[2]。

また、不動産3区と呼ばれている千代田区、中央区、港区は上位15位までにも入ってこない事がわかる。つまりこれは歴史的に明治以来鉄道を中心に発展していった首都圏東京は、東京駅開業以来ここを中心に延伸してゆき、現在の地下鉄・私鉄と共にネットワークを形成していった事も相まって、同心円的な広がりでの経済活動と人口増加をしていった結果でもある。

次に図表9.1-3は東京23区内での約93m 以上の建物、つまり超高層建築物を事務所系と住居系を合算して分布表にしてみたものである。図表9.1-2と比較して、明らかに順位が逆転していることがわかる。港区、千代田区、中央区が上位3位を占めており、現在の東京における超高層建築物の分布状況が把握できる。

この図表から更なる特徴を挙げると、千代田区において住居系が圧倒的に少数である事に反し、江東区は逆に住居系が過半を占めている。また上位7位までが20棟以上建設されていて、他区と比較してもその存在感が大きい。この上位7区は東京23区内でもいまだ再開発の勢いは衰えず、今後も増加傾向にある事は周知の事実である。これとは逆に調査時点では足立区、杉並区には93m 以上の建物が存在していない。しかし今後時代や社会の要請如何によっては、まだまだ建設の余地がある地域であることが確認される。

そして図表9.1-3から住居系のみを抜き出したのが、図表9.1-4である。ここでの特徴的な事は、港区、江東区、中央区の3区が20棟以上と他区を圧倒し、しかも港区の存在が圧倒的である。2位の江東区と3位の中央区を合算しても、1位の港区には届かない事がわかる。港区は経済学の立地論から言っても非常に優位なる地域であり、湾岸地域の再開発も大きく影響した結果である。湾岸地域としては江東区、中央区、品川区も大いに再開発された地域である。このように全体的に見ても特定された地域に集中している事がわかる。

東京都内マンション（区部+多摩部）

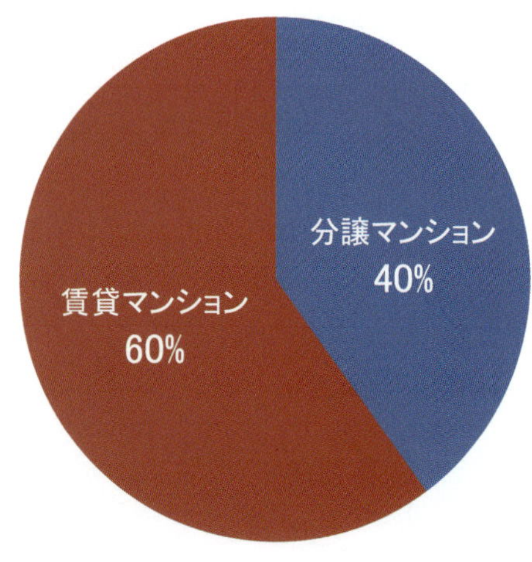

図表 9.1-1　東京都内すべての分譲・賃貸マンション構成比

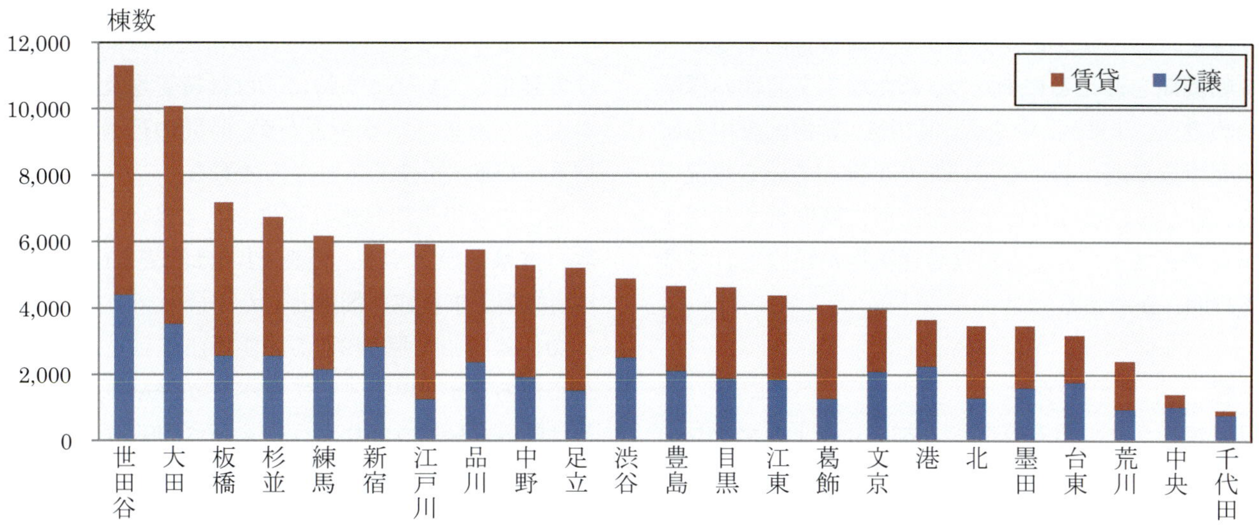

図表 9.1-2　東京 23 区内マンション分布状況

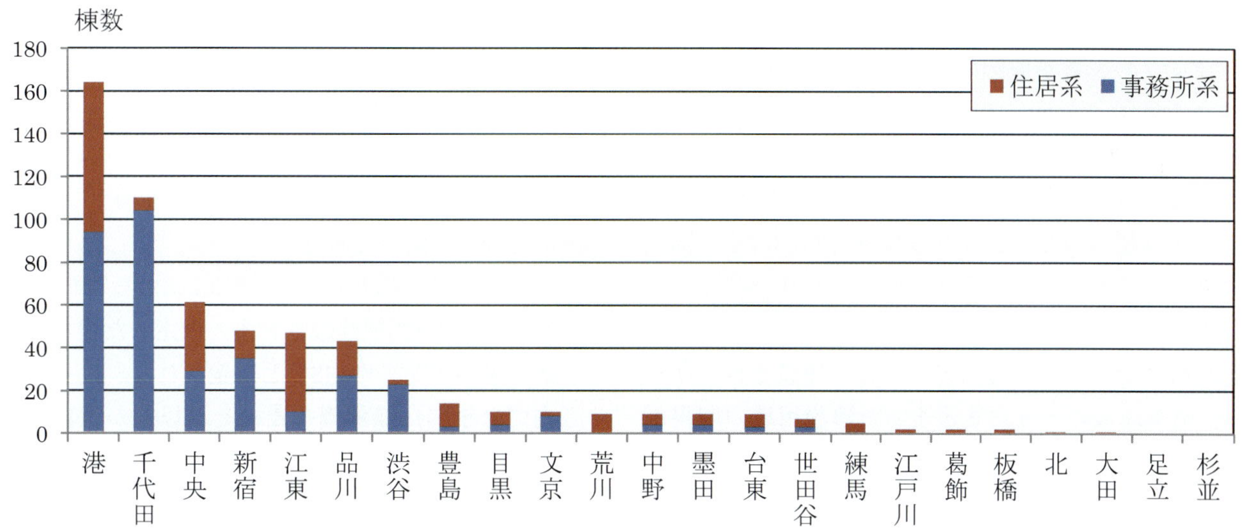

図表 9.1-3　東京 23 区内約 93m 以上の建物分布状況

2016 年 01 月 20 日時点

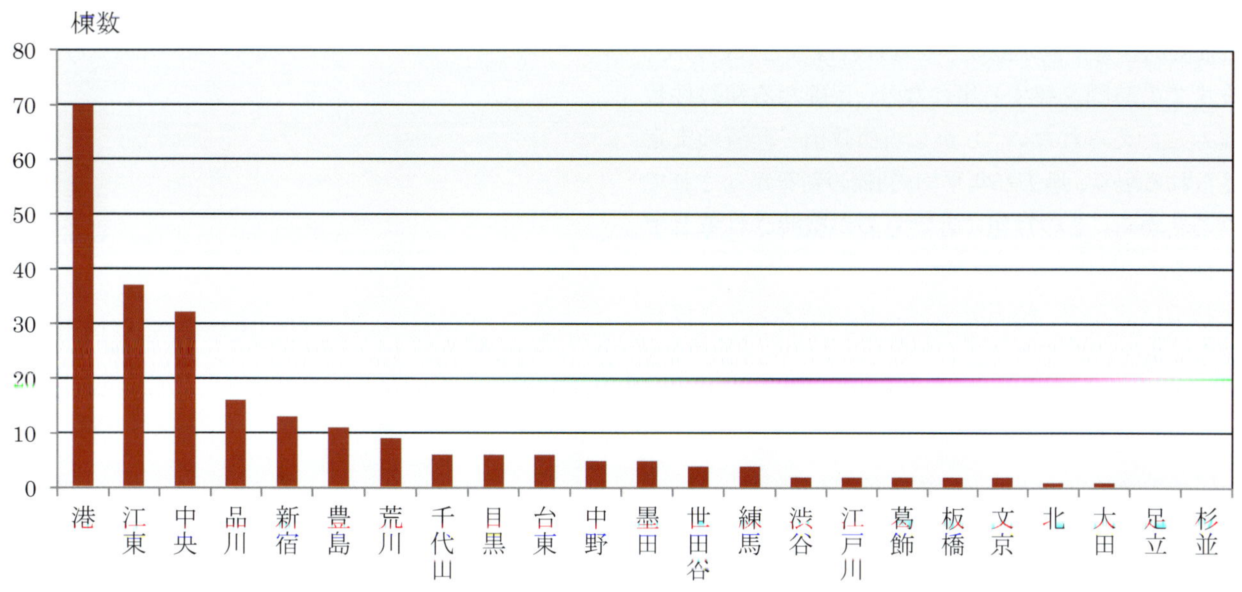

図表 9.1-4　東京 23 区内 93m 以上のマンション分布

今後東京はオリンピックやリニア新幹線開業等の大きな転換期を迎えるにあたり、新たなる交通網の構築を始め港区、江東区、中央区、品川区、新宿区を中心に再開発事業が既に着工していたり準備している現況である。都心部の限られた土地を如何に高度再生利用するかを考えても、更なる超高層建築物が建設されてゆく事は明らかである。

⑵予想

既に建設されている東京23区内93m以上のマンションが、いつ竣工したのかを集計したのが図表9.1-5である。1989年中央区佃地区にて竣工したのを皮切りに年々増加にあり、2015年までに216棟が既に竣工されている。建設棟数最大時が2009年の19棟であるがその後、急減している。これは2008年9月に発生したリーマンショックの影響が原因である。その後2011年以降V字的に上昇傾向を示しているが、これは経済の回復基調と共に、2013年9月に東京オリンピック開催決定を受けて更なる加速がかかった事も要因としてあげられる。それにより超高層マンションは投資目的からくる購入者の増加もあり、外国人投資家の動きも今や重要なる存在である。

超高層マンションが今後どのくらい建設されてゆくのか。湾岸地域のようにまとまった建設用地の収得が希少になるにしたがって、建設する事が出来る開発用地がどのくらい確保が出来るかは、定かではない。また都心部においては、建設特区や他の法的支援も必要になってくる市街地が増えてくる事は必須であり、政治的な判断による更なる特別区のような処置も今後の議論の余地が十分に残るところである。そのため多岐に渡る社会的合意形成が醸成させなければならないので、建設までの時間を要する事になり、正確なる建設件数は誰もこたえられない。しかし当面政治・経済の安定が見られる限り、過去25年平均約8棟の新築がなされていたことから、この数値に近いものが堅持されると予想される。

それではここで、超高層マンションのストック棟数が減少するとはどのような状況をいうのか。大きく3点を列記する。

①巨大地震や巨大津波等自然災害による倒壊
②戦争やテロ等人的な要因による使用不可能となる被害
③築年数の経過と共に使用不可能となる状態

このような事が無いように常に社会は問題解決にむけて奔走しているが、特に③は維持管理及び修繕管理が正しく出来ているか否かが、時間の経過と共にその結果が明確に出てくるところである。

ここで今後長期修繕計画における修繕工事の着工件数の推移を想定する。図表9.1-6は図表9.1-5を基に大規模修繕工事を15年周期とした場合のグラフである。

2015年時点で図表9.1-5より築15年目を迎えた物件が35棟あるが、現実としてすべてが修繕工事を行ったとは限らない。つまりようやく高さ約93m以上の超高層マンションの大規模修繕工事が約10年ぐらい前から始まったばかりであり、管理会社をはじめ設計会社や施工会社等も経験値が初期段階であることがわかる。

次に図表9.1-7は図表9.1-6を基に超高層マンションに関わる工事、新築工事と修繕工事が年間にどのくらい着工されているのかを表したものである。この表は図表9.1-5の既に建てられたものを基に表しているものであって、今後新築されてゆくものはこの図表から更に加算されてゆく。そのため現在超高層マンション建設市場は拡大傾向である。

今後の将来予想として、図表9.1-5から新築ベースを過去25年平均約8棟建設されると仮定した場合、大規模修繕工事が年間平均約8棟と想定される。よって東京23区内では年間16棟前後またはそれ以上の棟数が、超高層マンションに関わる新築工事や大規模修繕工事を施工していることが想定される。

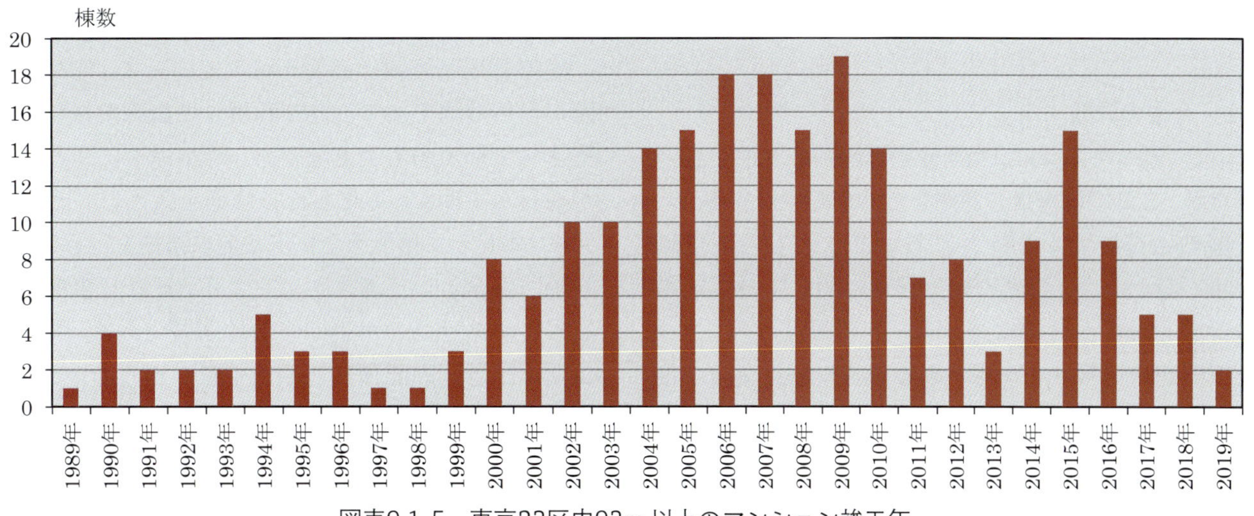

図表9.1-5　東京23区内93m以上のマンション竣工年

注：2016年以降の数字は、2014年調査時のものであり、参考数値である。

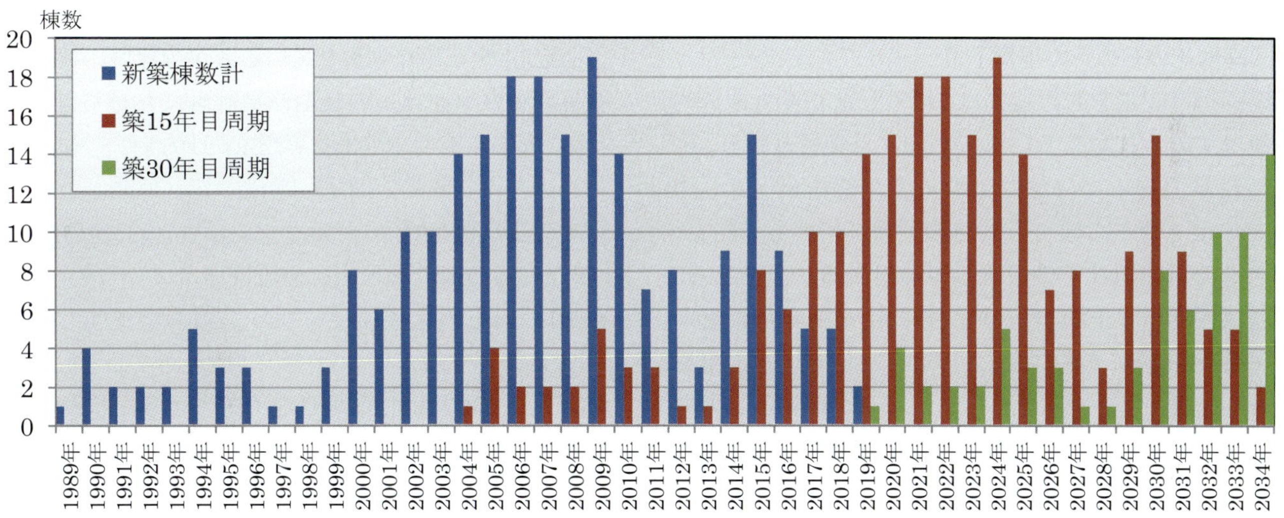

図表9.1-6　東京23区内　93m以上のマンション新築＋大規模修繕工事棟数予測指数（並列表記）

注：図表9.1-5を基に大規模修繕工事の周期を15年に設定し単純並列表記した目安であり、実際とは異なる。

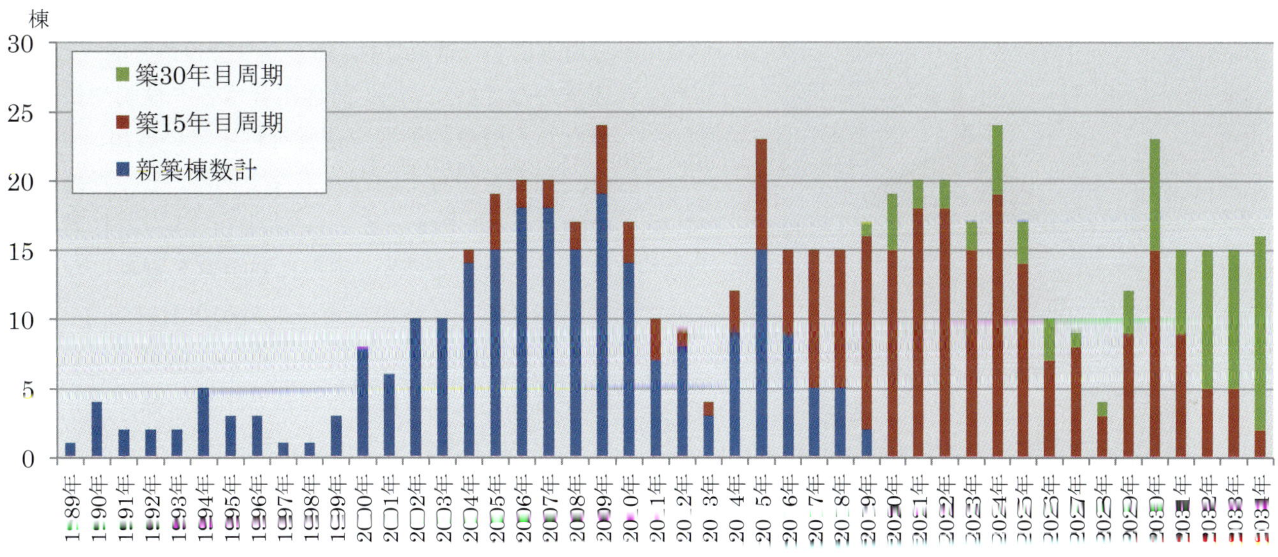

図表9.1-7　東京23区内93m以上のマンション新築＋大規模修繕工事棟数予測指数（加算表記）

注：図表9.1-5を基に長期修繕計画を15年設定し単純加算した目安であり、実際とは異なる。

9.2　長期修繕計画について

9.2.1　今後の課題

第6章に述べたように、長期修繕計画の必要性を説いてきたが、ここでは今後の課題をもう少し概観する。

一般の中高層マンションにおいてさえも大規模修繕工事が行われず、資産の維持管理に関しての問題提議や疑問を投げかけるマスメディアの報道、インターネット関連の情報サイト等からの苦言や意見交換など未だ後を絶たない、一種の社会問題化して久しい状況である。一部の関係各業界や団体等々、少しずつではあるが解決にむけてやっと動き始めたような状況で、まだまだ満足な状況とはいえない。よって本項ではこの問題に対する原因を整理してみた。

⑴建築物そのものへの理解不足

建築物は竣工をした後には、何もしなくても永久的に建っていると考えている人が時々見受けられる。確かに我が国日本には法隆寺の五重塔等をはじめ、約1300年以上前から建てられた建築物が何棟も存在し、現在も何ら問題なく使用する事が出来る状態である。これは1000年以上前からの日本人が、ある年毎に定期的に調査、確認、修繕を脈々と繰り返して修繕工事を行った結果、今日の姿を残している事が事実としてあり、他の文献を見ても技術と努力及びその成果が明らかである。つまり古来から日本人は如何に真面目に維持管理と修繕の管理をする事が大切であるかを、1000年以上の時をもって現在の我々に示している。つまり常に細かく関心・関与を続けることが肝要である。

写真 9.2-1　五重塔

⑵修繕計画そのものへの理解不足

維持管理と修繕は必要不可欠であって、建築物は人間が自然の物を加工したり利用して出来た材料から建築されているのもであるから、時が経つにつれて劣化が進行してゆく。劣化したら修繕を行うという考えと共に、劣化して機能不全に陥る前に修繕を行う事、つまり予防保全という考えが存在する。それを事前に計画しまとめあげたのが長期修繕計画書である。ではなぜ長期修繕計画の認識に齟齬や乖離が出るのか、前章を基に下記に再掲する。

①長期修繕計画書とはそもそもどういうものかが周知されていない。
②長期修繕計画書を如何に運用してゆくかが周知されていない。
③上記2点を正確に理解している人が少ない。
④超高層マンションの長期修繕計画における計画、立案、実施を総括で出来る専門家が少ない。

東京都の調査では、分譲マンション7,933棟の内6.5%にあたる515棟に管理組合が設置されていない[1)]。しかも201戸以上の大規模マンションにおいてすら、その0.4%に管理組合が無いという結果が出ている。超高層マンションにおいては限りなくそのような状況は無いと考えられるが、このような状況では一般に居住者は、建物全体としての関心も薄く且つ修繕計画そのものを理解する事が出来ない事となり、なぜ修繕積立金が徴収されなければならないのかと疑問が発生してしまう。

では管理組合が存在すればすべてが改善されるのかと言えば、これも一概に言えない。一般に管理組合は区分所有者から構成され、持ち回りで役員を構成し、自主運営がなされている。管理組合は各々役割や任期を定めながら財産の管理や運営を行っているが、一般には専門知識を持っていない人々である。そのため専門家に聞こうとしても、どこに尋ねればよいのか、費用はどのくらいかかるのか、本当に我が家を親身になって相談に応じてくれるのか等々なかなか前に進まず、ようやく方向性が決まった段階で役員任期が終り次の管理組合役員がまた最初から勉強と議論の繰り返しになってしまう。気が付いてみれば何年も経過してしまうというケースが往々に散見される。よってこの事は、現在の日本におけるマンション維持管理に対する最重要課題と考える。

この一般論から更に超高層建築物になると、より寒い状況と言わざるを得ない。前章でも述べたが超高層という特徴から建築している材料が異なる部分があり、且つ高さがある事から工事を行うための仮設工事に特徴があり、それらが加味して修繕工事に掛る時間と費用にも中高層マンションとは大きく異なる。また通常の管理組合員の数も、一地方の町村並の住民が住まわれているため、管理組合の総会を開催しようにも会場探しから苦戦しているところもあり、ここでの決議に持って行くまでに事前の関係者による陰ながらの努力など、ネットの情報からも窺い知れる。

これらの問題を解決するには一個人や企業の努力では到底追いつく話ではなく、資金的にも限度が出てくるのは明らかである。ここで解決策の一案ではあるが、やはり国がきちんと予算を取った委員会を立ち上げ、関係団体つまり不動産関係・建物管理会社関係・設計事務所関係・建設会社関係・設備会社関係等々に参画して頂き、新築入居者及び既住居者への基礎知識などを定期的に情報発信し続けてゆくことを提案する。一般に見やすい書籍発行からインターネット情報等々の発信や、なんでも相談コーナー、成功事例、失敗事例、法律や経理・会計相談、外国語対応相談等々、一般住民レベルの向上を目的と共に、国民の生命と財産を護る事への関心を関係諸官庁はもっと目を向けてほしい。

特に超高層マンションがこれから本格的に維持修繕時期を迎えるにあたり、専門家の教育・育成も必須となる。建築関係においては難しい専門用語を並べたてるのではなく一般人に理解を深めてもらい、そのことがより基礎知識から基づく自己財産への関心を浸透してゆかなければならない。これは今までの業界全体の努力が不足していたと言わざるを得ない。また管理組合に関しても先述したように、超高層マンションは一地方町村人口に匹敵する居住者が高密度に暮らしている以上、今後の法的整備の見直しや、管理組合運営そのものも政治学や経済学、コミュニケーション論等々、中高層マンションとは異なる問題への対応が急がれると考える。これを機により多くの人々に建築そのものを大いに理解を深めてもらいたいと共に、社会全体で議論を深めるべきである。

9.3 施工について

高さが93mを超える超高層マンションが竣工し始めて15年経過する中、今後も特に大都市とその周辺では新築工事が続けられ、竣工物件数は増加の一途をたどっている。しかし長期修繕計画に基づく修繕工事の実施件数は未だ希少であるが、今後工事件数が増加する事は目に見えてあきらかである。工事に当たり、中高層マンションと何が大きく異なりが存在するのか。以下に課題と展望の一端をまとめてみる。

⑴工事着工にあたり―仮設工事―

超高層マンションの仮設工事計画は現在、仮設ゴンドラ等を使用して計画を立てるのが大きな基本となる。常設のゴンドラを持っているマンションもあるが、工事ではあまり使われない。しかも、中高層マンション工事で使用されている枠組み足場を使用する事が出来ない事が要因である。その一因として、足場の高さ制限、使用される仮設枠組足場自体の強度不足（最下段部分）や壁つなぎの設置問題（枠組足場の転倒防止用材）等々、施工会社は法令遵守（安全衛生規則）しなければならない。よって超高層マンションにおける外部工事は、ゴンドラ作業が主体となる。

仮設ゴンドラを使用しての作業の特徴は、必要な時に必要な場所へ直ちにゆく事が出来るという利点がある。しかしコストバランス、全体工事期間等々、施工計画に当たり施工会社の思想が一番反映する部分でもある。仮設とは言うまでもなく工事を行うための仮の姿となるため、工事完了したら存在しないものなのである。しかし作業員が不安全状態でも困る。このバランスがとても重要ではあるが、軽減する事に越したことは無い。施工会社も居住者も、お互いに十分理解しあえる状態を作る事が望まれる。

⑵工事施工中にあたり

超高層マンションの修繕工事は、築年数も浅いことからも長期修繕計画に基づく修繕工事が現在主流である。今後は時間の経過と共に、機能や性能を向上する工事、つまり改修工事も視野に入れてゆかねばならない。しかしここで共通しているのは、いずれの工事であれ共用部及び外装部分が主となる。超高層マンションのほとんどが分譲形態であるため、専有部については工事範囲に含まないことが特徴である。

そのためか居住者によっては工事自体に関心が希薄となり、ほんの小さな行き違いが工事会社にとっては大きな行き違いになってしまう事が散見される。特にバルコニーのような専用使用権部分については工事内容にもよるが、工事を行うに際し居住者の工事への理解と協力が不可欠である。

ではなぜ居住者の協力が不可欠なのかを、ケースを例に想定してみる。ある工事会社が施工を行う目的で、外部工事用仮設ゴンドラから十数分掛けて現地バルコニーへ向かった。居住者の所有するもの等があり工事が出来ない事が発覚。よって止む無く作業を中止を判断し、再度何十分もかけて仮設事務所などへ戻ってゆく。作業不能なため工事会社は止む無く当日の作業員は帰ってもらい、尚且つその居住者へ工事会社が出向き再度工事に対する協力お願いを交渉し、後日改めて作業を再開させる。

このような状況が数箇所において発生するとその部分の工事が完了しないばかりか、全体工期へも多大なる影響を及ぼしてしまう。しかも工事会社は契約工期の遵守を考え、竣工までの時間が無いからといって無理矢理に工事を行ってしまうと、これが後々施工品質のトラブル原因にもなりかねない。

現在日本国内の工事会社は、このような事象を絶対に起こさないよう日々細心の注意を払いつつ、多様な手法を使いながら居住者への広報伝達も行っている。これも工事会社が持ち合わせる経験の一つでもある。

では工事を順調に推進できる最大要因は、管理組合と工事関係者とのコミュニケーション力によるところが大きい。このコミュニケーション力が高いところは、居住者や設計者、工事監理者、施工会社、近隣等々、連係プレイがスムーズに行き、問題解決への早期対応が可能であるように思われる。特に超高層マンションは、中高層マンションとの一番の違いが居住者の多さである。この居住者の多い事から、現在管理組合だけではなく自治会組織も作り、近隣自治会をはじめ地元自治体や消防、警察等々への活動を積極的に行っているところも出始めている。

このように工事中という状況は、居住者にとって見れば通常の生活状態とは異なる状況にならざるを得ないことが発生する。そんな中トラブルを未然に回避したり、居住者の心理的ストレスをも極力低減させることが出来るのは、普段からのコミュニケーション力が高い管理組合である。

⑶工事完了後にあたり

超高層マンションの大規模修繕工事は通常、工事期間が長きにわたる。工事内容にもよるが1年またはそれ以上に及ぶ場合がある。そのため着工してから竣工するまでに、管理組合は通常1年で役員改正が行われるので次の役員またはさらにその次の役員へと引き継がれてゆく。ここで引き継がれた事項が、完全なるものにならない事が生じる場合がある。

通常、工事が竣工した場合は、施工会社より竣工引渡書類が、発注者である管理組合に渡される。この時点で長期修繕計画の見直しをかけ、新たに作成し直しをする最善時期であると考える。その理由を以下にまとめる。

①工事をした範囲と工事を見送った範囲が明確にわかる。
②工事で使われた材料がわかる。この情報を基に次の修繕時期が予想を付けやすい。
③工事着工前に調査した材料の劣化状況をみる事により、当該建物の材料劣化傾向が掴みやすい。
④工事を見送った範囲における修繕時期の判断と、仮設工事も含んだ工事予算が立てやすい。
⑤長期修繕計画の修繕時期を見直すことが出来る。

新たなる長期修繕計画を誰が作成するのかは管理組合側の問題となるが、折角修繕工事を行った経験を次の修繕工事時に生かせる要素が十分に存在している。その残し方には多論あるが、情報公開の必要性とその情報を受け取る側の判断力、つまり居住者の修繕工事に対する知見をどのように生かすかもこれからは大切なる要因になる。

写真 9.3-1　富士山

9.4 材料について

9.4.1 仕上材料選定のための課題と展望

建築物は多種多様な仕上材料を駆使しながら、目的に応じた空間を構成している。この仕上材料は、出来上がった瞬間から時間と共に劣化が始まってゆく。そこである一定の時期が来た時に、仕上材料の性能が劣化する前に、補修・改修を施さなければならない。超高層マンションに用いられている仕上材料を中心に、課題と展望について述べる。

⑴性能情報の開示

新築工事時及び補修・改修工事時に使用された材料の情報が、記録され続けてゆく事が重要である。これは、以下の理由からである。

1）長期修繕計画に基づく修繕工事着工前に、調査・診断を実施した場合、既存材料がどのような材料なのかを十分に把握しないと、客観的に判断がつかない。
2）長期修繕計画に基づく補修・改修工事を行う際に、下地の材料や状況を確認しておかなければ、次に施す材料への悪影響があるのかが不明になる。
3）補修・改修工事に施す材料の記録を残すことにより、問題が生じた時または、更なる次の補修・改修工事時の設計計画や施工計画時に乖離が生じる事を予防できる。
4）次の補修・改修工事時期を事前に予測できる。
5）材料と材料の相性を確認することができる。

超高層マンションに限らず、他の建物すべてにおいて同様の対応が今後必要である。

また、これらの記録を次世代に継続していくためには、判断能力もあわせて引き継がなければならない。

⑵材料維持論

建築物は、材料単体で成り立ってはおらず、いろいろな物の複合体で接着や取付が行われて成り立っている。そのため、材料単体により判断するのではなく、複合的現実側面と融合的理論側面によるものが必要である。

材料が性能低下や劣化する要因として、材料自体が造られた時から劣化が始まるものと、空気に接するだけで劣化が始まるものと、自然環境からの影響を受けて劣化が始まるものが考えられる。実際にはそれらが複合的に絡み合って尚且つ、時間的経過からと場所や方位方角、高さ等々複雑なる要素がそこに加わってゆく。

複合的現実側面とは、ある材料は2以上の異種材料と接着や取り付けられている状態を理解しながら、場所や方位などの設置環境を合わせて理解する事をいう。また、融合的理論側面とは、ある材料と接する異種材料の各々に対しその性能と劣化の傾向を判断することが出来き、且つ複合された状態から総合的な理解をする事をいう。

このように建築物の仕上材料を維持・管理・修繕するためには、仕上材料単体のみならず複合体での理論的な事が、まだまだ確立されていないのが現実である。今後は学術的な動きも必要であると共に、材料メーカー、研究機関、施工会社など、社会全体の関心がもっとあってもよいのではないのかと考える。

9.4.2　塗装材料

超高層マンションの大規模修繕工事における仕上材料の留意点と課題を記載する。

⑴耐候性及び耐汚染性

超高層マンションの外装は定期的な清掃が行き届きにくい構造である。耐候性の向上や耐汚染性をかね揃えた仕上材の適用が望まれている。

近年では、雨水によって汚れが洗い流されるような親水性塗膜による低汚染技術が定着してきているが、親水性塗膜であっても建物の構造上、経年で雨筋状の汚染が生じる場合がある。修繕工事の提案においては塗料選定以外にも、壁面側への直接雨水などの水を滞留させずに排水する水切りなどの設計上の工夫が望まれる。

課題は、雨水により汚れが洗い流されない部位の耐汚染性の向上対策である。超高層マンションの場合、低層から見上げた時にバルコニーの天井面が最も目につきやすい。同箇所は水蒸気透過性が考慮された仕様選定もあり薄付け仕上塗材（リシン）の仕上面で汚染が目に付く事例がある。この天井面の汚染低減対策も課題の一つである。

⑵既存塗膜と下塗り材の適性検討

前述の通り超高層建築物の外壁は、新築時に高耐候型塗料系が塗装されていることが多い。これらの既存塗膜は、塗替えに当たって下塗材の付着挙動が一般条件下とは異なる可能性があり、事前に修繕工事で使用する塗料との適性を十分に考慮しておく必要がある。修繕工事における塗料の検討の際には、事前に試験施工などを実施し、既存塗膜と修繕工事に仕様する塗料の適性の検討を行う必要がある。

⑶居住者への配慮

修繕工事中の装工事においては、住民が居住している状況での工事となる。そのため、臭気及びシックハウスに対応する必要がある。基本的には水性塗料の選定が望ましい。特に超高層建築物の外壁塗装の場合は、金属系素地やPCa等の下地面及び既存塗膜面が多いため、付着適性の観点から溶剤系下塗材が必要になる場合がある。

その場合、強溶剤ではなく弱溶剤の塗装仕様などを検討する必要がある。

⑷施工時の飛散対策を考慮した材料選定

塗装工事では、飛散対策が必要であるが、可とう形改修用仕上塗材は主材塗りがローラー塗り工法となるため、吹付け工法よりも施工時の材料飛散の危険性は低い。しかし、材料の粘性や作業員のローラーブラシの運行の速さなどによっては、材料の跳ね返りによる飛散などが懸念される。超高層マンションの施工環境はゴンドラなどの高層作業になるため、材料の跳ね返り飛散などの検討も必要であり、使用部位も含めた材料選定は重要である。

⑸塗装工事の省力化

超高層マンションの塗装工事では、ローラー作業や飛散防止対策、そしてゴンドラ作業のため、施工効率が悪くなりやすい。塗膜物性を確保できる塗装仕様でも、塗り回数（工程数）は少ない方が望ましい。しかし、耐久性と塗膜物性を考慮すると下塗り1回塗りと上塗り2回塗りの3工程にすることが望ましい。超高層マンションの場合、工程を簡略化するため二液反応硬化型塗料に匹敵する一液形塗料の開発が期待される。

9.4.3　シーリング材料

高耐久材料による、シーリング材の長寿命化が望まれる中、新しい材料としてポリイソブチレン系シーリング材（1998年～）やシリル化アクリレート系シーリング材（2005年～）が用いられるようになってきた。これらの材料の耐久性区分はシリコーン系シーリング材と同じ10030であり、シリコーン系シーリング材の弱点である周辺汚染の恐れも殆どない。ただし、これらのシーリング材が、復元性や物性変化等ではシリコーン系シーリング材より劣ることと、先に記したシーリング材と比較すると使用実績が非常に少ないという問題はある。

シーリング材は異種の材料の間に充填することで、防水機能を確保させるものであるから、シーリング材自体の劣化の他に多種多様な材料（被着体）と長期に渡って接着力の確保が求められる。部材の性能向上や環境への配慮で色々な仕上材が開発されているが、使い始めではシーリング材が接着するかさえ不明なことが多い。

新築工事では、基本的に施工前に接着試験（プライマーの種類、清掃方法、目荒しの有無等）を実施し、接着力に問題が無いことを確認したシーリング材メーカーの材料を使用するが、短期で確認可能な初期接着は良好であっても中・長期に渡る接着力に問題を生じる場合もある。また、施工後3年以上を経過して発生する偶発故障をゼロにすることは非常に困難であることより、超高層マンションのように補修が容易に出来ない建物は、材料の性能が向上したからといって単純に修繕周期を延長することは危険であり、高耐久性材料と二重止水機構等を組み合わせることや中間期のメンテナンスを実施することによって、修繕周期の長期化につながると考える。

写真 9.4-1　歴史的建築物
（2014年11月撮影　現存せず）

9.5　免震構造及び制振構造時の対応について

9.5.1　装置の現況と今後

産業革命以降先進国を中心に人口の増加や経済が急速発展すると共に、社会基盤や居住空間の整備が進められてきた。それと共に多くの自然災害を経験しながら、建設技術や建設工法も進化を続けている。特に我が国日本においては地震大国と呼ばれ、如何に国民の生命と財産を護り続けてゆく事が出来るのかが大命となっている。

地震に対する対策で、幾度となく法令基準の改正を経ながら強化してきた耐震構造と共に、1970年代後半以降調査研究が進められてきた免震構造や制振構造の技術や実績が進歩・進展してきた。超高層建築物にも免震構造や制振構造が出現し、それと共に近年、長周期地震に対する対策も講じられるようになった。

建築物は一品生産物であるといわれ、たとえ同様なる形状・容積の建物であっても、また建設するその土地が隣接地であっても個々の建物性状が大きく異なる事は珍しくない。そのため、建築物毎に必ず構造検討・計算・設計がされて、建設する許可が関係諸官庁より許認可が下りてからでないと着工することは出来ない。よって建物毎に構造計算上、要求される免震性能や制振性能が異なってくる。そのため、新築時の構造設計時の思想を反映されたものが施工されているので、建物毎に免震・制振の設備が微妙に異なってくるのが現状である。しかも免震装置と制振装置を併用させたハイブリット化した事例も多く報告されている。また新築時の設計事務所や工事会社、製造メーカー毎に、特有の免震工法や制振工法の認定を取っているものも多く、施工実績も増加傾向にある。

日本で最初の免震装置を施した超高層マンションは2000年に東京で竣工され、早くも15年を経過した。その後制振装置を施した超高層マンションも合わせて竣工されるようになってきている。尚且つ近年超高層建築物への長周期地震対策も諸官庁からの指導の下、必須事項となってきた。

よって建物毎に様相が異なるため、今後の長期修繕計画における維持保全の管理費用が個々に異なっている。建物が存在しているかぎり関係者は、最後まで責任を持った維持管理対応をし続ける事が今後も望まれる。

また免震装置や制振装置自体は永久なるものではないので、いつかは取り替える時期が来る。現在このような事は皆無であるが、今後は取り替えるための設計手法や技術開発、工法検討など、まだまだ関係者の議論や研究、工法開発が待たれる。

9.6　時代の変化への追従

9.6.1　時代の変化に伴う社会的要請

時代の変化によるものとして、外的要因と内的要因が存在する。

外的要因とは法律の変更、地震や津波の災害、交通災害、テロ等々、居住者及び居住環境が自らの要因以外からくるものを言う。これに対し内的要因は居住者の要望や使用目的、使用方法に変化が生じてくるものを言う。

⑴内的要因

新築時には問題にならなかった事が、その後の時代の変化に伴ない社会の要求や居住者からの希求により、新たなる改修工事が発生してしまう事がある。長期修繕計画に基づく修繕工事と改修工事とは、明確に異なる。工事とは現在あるモノに対し、劣化等の原因による補修や取り替えが基本である。改修工事とは、用途や機能が変更になる工事である。

例えばマンションの玄関への動線に、段差のみによる出入りがある場合、時代は流れ、居住者の高齢化、車いすやベビーカーの使用、宅配便利用の恒常化という社会の変化に伴う課題が上がってくる。これに対する問題解決手法に、スロープの新設や手すりの増設などによる段差の解消、エレベータ及びエスカレータの新設等が考えられる。これらを実施する事を考える時、通常の修繕工事とは異なり改修工事となる。この改修工事の特徴は、以下である。

写真 9.6-1　スロープ

①工事費は長期修繕計画に基づく修繕工事の予算外である。新たなる予算計上が必要である。
②管理組合においては工事内容の合意形成が必用である。
③工事内容によっては、諸官庁の許認可及び検査が必用な場合がある。
④工事内容によっては、法改正等に伴なう既存遡及工事が発生する場合がある。
⑤工事の目的や内容により、諸官庁の補助金制度が利用できる場合がある。
⑥改修工事により解体除却及び新たに加えられたものによる資産計上の変更が伴なう場合がある。
⑦改修工事部分の新たなる長期修繕計画への追加・変更が生じる。

⑵外的要因

外的要因の例として、電力自由化を挙げてみる。電力自由化とは「従来自然独占とされてきた電気事業において市場参入規制を緩和し、市場競争を導入すること1)」とある。建物には高圧一括受電契約とそうでない建物に大別される。高圧一括受電契約している建物は原則各戸自由に電力会社を選択する事が出来ないのが原則である。しかし電力会社によっては複数のプランがあるとの事。各戸に対しては読者各人で調べて頂きたい。

ここで例えば建物外部に仮設ゴンドラを設置して工事を行うに当たり、この必要電源が既存設備に無いことが往々にして散見される。そのような時は電力会社と協議申請後、電源確保工事を行ってもらう事が通例であったが、電力自由化後は如何様に対応対処するべきなのであろうか。誰がどこへ相談し、費用と日数はどのくらいかかるのか、まだ始まったばかりなので未経験な方が大方なる状況である。しかし法律改正に伴ない、居住者や関係者は、常に注意を払わなければならない。

このような外的要因の問題に対して今後どのようにまとめてゆけば良いのかは、未だ確立された手法は無いに等しい。その理由が外的問題の内容が様々なため、建築関連者だけでは解決しえない事ばかりである。ただし居住建物が長期的に最善の状態であり続ける事が出来るかどうかは、その建物の資産価値へ直結した課題であることは間違いない。

9.6.2 仕様と材料の時間追従について

新築時に問題なく竣工された建物でも、時間の経過と共に風合いが変化してくるものがある。その良き例として赤レンガの建築物は、歴史と文化を感じさせるものであることは周知のごとくである。しかし時間の経過と共に変色したりして、風合いの変化が、材料の劣化として表れる材料がある。このようなモノは、その後製造メーカーが製造を中断・中止したりして使用を控えてしまう例も存在する。

例えば外壁タイルに使用されたパール調の釉薬が掛ったタイルである。時間と共に変色を起こしてしまったため、一部製造メーカーは外部用としてのタイルを製造中止してしまった。製造メーカーとしては適正なる企業判断のもとに中止に至ったが、竣工してしまった建物はその後どのように対応をしてゆけば良いのかが、大きな課題として施主側に残った事が実際にあった。

このような例は一例であるが、それらに関係してしまった建築物は今後長期修繕計画にどのような影響が出るのであろうか。

上記例のように構造的にも問題はなく、通常使用されている分には何も問題が起きていない。しかし風合いだけが劣化してしまって誰が見ても資産価値を下げてしまうような時、今後は除去して新しい仕上材を施すかまたは維持管理・修繕管理を行ってゆくかに大別される。だが、そのことを誰が、いつどのように判断をして決めるか、特に超高層マンションになればなおさらである。新築設計段階より、維持管理を含めた良質なる建築材料の厳選が出来る環境を、関係学会や製造メーカーと今以上の議論を行う必要がある。

以上のように、新築時には一般流通品であり通常使用されていたものが、時を経て修繕工事や改修工事を行う時には特注品または製造が中止になっているものがあると言う事である。その後の工事の方針によっては、長期修繕計画で考えていた予算に乖離しない様にする事が重要である。

9.7 提言

建築物の長寿命化には、管理が重要である。建築物の管理とは清掃・点検・修繕等を行う業務の事である。

近年、マンションにおける長期修繕計画や補修・改修工事を題材とした書籍や週刊誌・雑誌、SNSやFBなどかなり多くの情報が流布している。建築・設備などの技術論ばかりではなく、社会的事件や事故、トラブル対処法などもあり、未だ現代日本社会における問題点として暗中無策的状況ではないのかがうかがい知れる。

本誌は通常の中高層マンションではなく超高層マンションを対象とした。超高層マンションを手掛けることは、目に見えない大きな壁のようなものが立ちはだかって居るが如く不安が先走り、何から手を付けてよいのか、誰に相談したらよいのかが工事を発注する側にも、施工する側にも存在している。

超高層マンションの特徴は、その規模と高さにある。2010年頃までは超高層建築物に適した建築材料という目線での調査・研究があまり進んでいなかった。近年、ようやく市場からの声もあり、一部の材料メーカーが試行し始めた。

超高層建築物を対象とした材料として要求される事項は、①長寿命　②修繕及び改修工事のしやすさ　③正確な情報の伝達と継承　と考える。さらにこれらを細目比較検討項目として　1）高さ　2）方位　3）使われ方　の調査・研究が必要である。

高さと方位は、今後300m、900m、1200m…など、高さ環境、方位環境による変状や劣化への知見の充実が求められている。次に材料の使われ方として、建築材料は今まで材料単体での調査・研究を主として進められてきた。しかし実際の建物は複合的な使われ方、つまり異種材料の接合・接着によって成り立っている。今後はこのような実施に近い複合的材料の劣化調査・研究が必要である。

施工のしやすさを検討するには、特に改修時の材料検討のみならず、施工手順や仮設工法までを視野に入れた研究が重要である。改修工事を行う時は、まず既存にあるモノを再利用するか、新規材料に取り換えるのかを設計する。これに従い施工会社は施工手順を決めながら全体の工事工程を精査する。施工では超高層建築物はゴンドラなどを使用して作業を行わなければならない。詳細は仮設工事に記載があるが、ゴンドラ作業は限られた空間での作業となる。仮に使用する材料がこの限定空間で作業が出来ないと、その材料は選択肢から除外されてしまう。しかもゴンドラ特有の環境条件、特に風による影響も検証に入れなければならない。高層以上の建築物特有の風が、作業員へ容赦なく負荷をかけてしまう。風は横風だけではなく、上からの吹きおろしまたは下からの吹上突風にも善処しなければならないのが現実である。

超高層マンションにおける工事の管理手法は未だ確立されておらず、ようやくスタートを切ったようなものである。それは中高層マンションに比べ、多種多様な超高層マンションがあり、それらの修繕工事の事例の少なさからくるものである。今後は工事の増加傾向にあり、更なる官・学・産への社会的要求は増すばかりである。この喫緊なる問題を少しでも善処するには、一つ一つ真摯に対応しなければならないが、更なる関係業界の向上を目指すには情報開示もある程度必要不可欠にならざるを得ないと考える。またこの研究成果から、今後の新築する時に設計段階から設計思想として取り組むべきである。この循環運動が、更なる質の高い維持・保全が出来き、長きにわたり社会的責任を果たすことが出来るのではないかと切望する。

写真 9.7.1　超高層ビル群

［後注］

9.1　修繕計画工事の今後のながれ

1)『マンション実態調査結果』東京都都市整備局 P6

2) 千代田区ホームページ
www.city.chiyoda.lg.jp/koho/kuse/gaiyo

9.2　長期修繕計画について

1)『マンション実態調査結果』東京都都市整備局 P16

9.6　時代の変化への追従

1) 電力自由化　ja.wikipedia.org/wiki

［参考文献］

1) 東京都都市整備局：マンション実態調査結果, p16, 62, 2013.03
2) 千代田区ホームページ：www.city.chiyoda.lg.jp
3) 超高層ビルとパソコンの歴史：http://www.eonet.ne.jp/~building-pc/

コラム⑥　将来展望

悲観ばかりしても仕方が無いが、将来を考えてみよう。日本では人口が減り始め、地方の人々が少なくなってきている。今以上に東京集中が進めば、老朽化した超高層マンションに住み続けることになるだろう。建築関係の人たちも減り続けているのだから、新築も増えず住み替えも出来なくなることは間違いないだろう。修繕にしても誰がやってくれるのだろうか。建築関係者はかなり減っているようだから気になるよね。大変な時代を迎えようとしているのに、誰も気が付かないでいるのだろうか。いや、わかった上で進めていると思うね。自分たちを守らなければならないからな。本当に人が減って超高層マンションがゴーストタウン化したら、管理費が集まらず、適正な維持管理が出来なくなりエレベータも停止するかもしれない。適正な修繕も出来なくなり、資産価値は減り、売る事も出来ない。と言う事は、そのマンションから出ることも出来ないのだよ。その時、そのマンションでいちばん上まで階段を上るなんて、それも年をとってからは大変な事だよ。50階ともなれば、1000段以上ですよ。そんな事にならないように、デベロッパーや設計者・施工者には、しっかりした考えを持って計画してもらえるようにしてほしいな。誰か、教えてやってくれ。

2017.1.1　新成人123万人、
1970.1.1　過去最高246万人

○解決が重要な課題

1) 人口が減少・・マンションの必要性
2) 建築関係者が減少・・
　修繕等の実施に時間と費用が大きくなる
3) 維持管理者が減少・・
　施設管理の品質低下
　　→　資産価値低下、長寿命化に疑問
4) 超高層マンション数の増加・・
　居住者の減少でゴーストタウン化

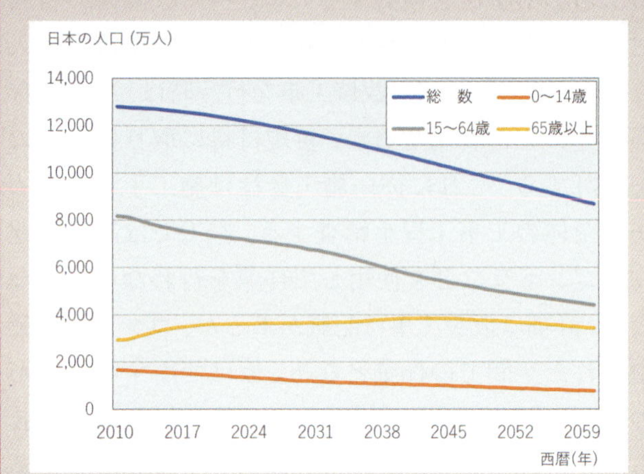

図1　日本の人口の推移グラフ[※1]

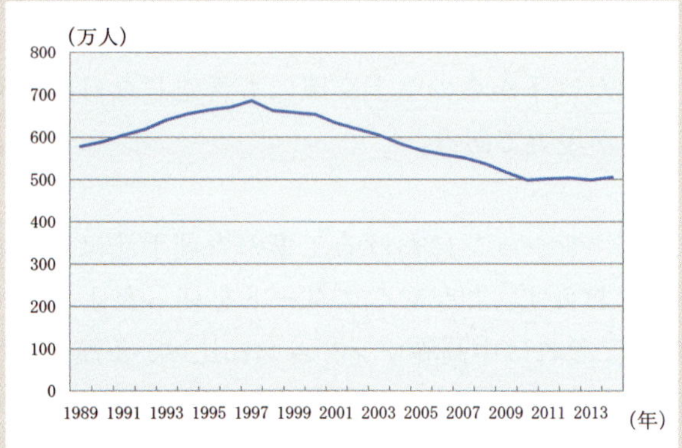

図2　建築就業者の推移[※2]

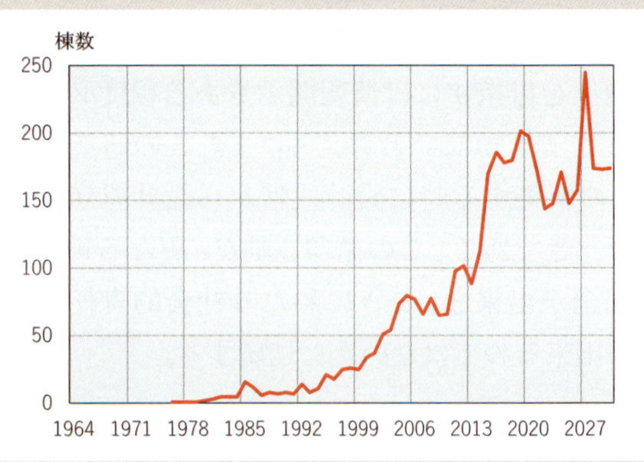

図3　超高層建物供給動向と大規模修繕工事予測[※3]

参考文献
※1　国立社会保障・人口問題研究所
※2　総務省「労働力調査」、建設産業活性化会議「第2回資料1　建設経済研究所資料」等よりNRI作成（著作権参照）
※3　不動産経済研究所

第10章　おわりに

第10章 おわりに

日本建築仕上学会超高層WGでは、5年間に亘り超高層マンションの大規模修繕工事に関係する調査診断から仮設・工事計画における情報を集めてきた。超高層マンションの大規模修繕工事として100年先を見据えて考えなければならない代表的な課題は、長期修繕計画、高強度コンクリートの補修の考え方、仮設を含む工事計画の立て方の3つである。

WGの取組では、超高層マンションの大規模修繕工事に携わっている関係者へのアンケート調査を実施し、仮設計画、工事内容、使用材料及び工事費用など実態としての多くの情報を集めた。

さらには、国土交通省の仕様を参考に、長期修繕計画が約12年のサイクルとなっているところを、15年サイクル、18年サイクルと期間を延長した場合の工事内容と工事費用について、超高層マンションのモデルを作成してまとめ上げた。モデルとなる超高層マンションの図面、仕様書、詳細図などを配布し、同一条件下で各社に見積り作成を依頼し、長期修繕計画の費用がどのように変化するか、またその費用のばらつきとその範囲などの確認をしている。この長期修繕計画からの費用に関するデータは、どの工事に費用が多くかかり、どの程度の差がでているのか、など一般ではなかなか見出せない貴重なものとなっている。

超高層マンションの大きな課題の一つである長期修繕計画で行った見積りの結果をみると、60年や100年という長期修繕計画を考えた場合、修繕工事にカーテンウォールやサッシの交換なども項目としてあがるため、現在の考え方による修繕積立金では不足し、工事ができないことが明白となっている。このような課題は、以前からも言われてきているが、具体的な数値で示したのは本誌が初めてといえる。

この長期修繕計画のサイクルについては、12年にとらわれることなく15年、18年にしても十分可能性があることを工法や材料の選定などを検討し、確認していく事が望まれる。

WGでは、様々な劣化事例や不具合事例、工事における問題点をもとに、現状把握とその対策を行うためのディスカッションを行ってきた。このような取組みが、超高層マンションの位置づけや特徴、そして直面している課題などの解決につながると実感し期待している。具体的には、超高層マンションで使用される高強度コンクリート自体がその一つである。建築物を支え耐久性のある貴重な材料であるが、強度が向上したための課題もある。高強度コンクリートの欠損などは、建築物の構造には影響が少ないとしても長期的な視野でみると、その維持保全には課題がある。そのため超高層WGでは高強度コンクリートの補修改修に関して実験を行ってまとめている。

次に、超高層マンションの外壁はどの程度劣化するのか、またどのように劣化するのかを把握するため、大規模修繕工事に関連して行われている補修図の資料をもとに、11棟の超高層マンションの外壁の劣化状況をまとめている。立地や構造形式、方位や環境など異なる条件の中で、統一した見解を出すことは難しいが、欠損が発生しやすい箇所や建物形状による傾向は見えてきた。

本誌では、調査を行った超高層マンションを基本として現状の問題点と課題についてまとめたが、その事でさらなる問題がでてきており、それを解決することはできていない。

しかしながら、超高層マンションが建設され始め半世紀近く経過する中で、初期のマンションに関する実態や調査、地震の影響などをまとめたことは貴重であり、今後の計画には十分参考になると考えている。

本誌は超高層マンション大規模修繕を考える第一弾としての役割を果たしたと考えるが、今後発展を求めてさらなる継続した調査と報告が期待される。

巻末

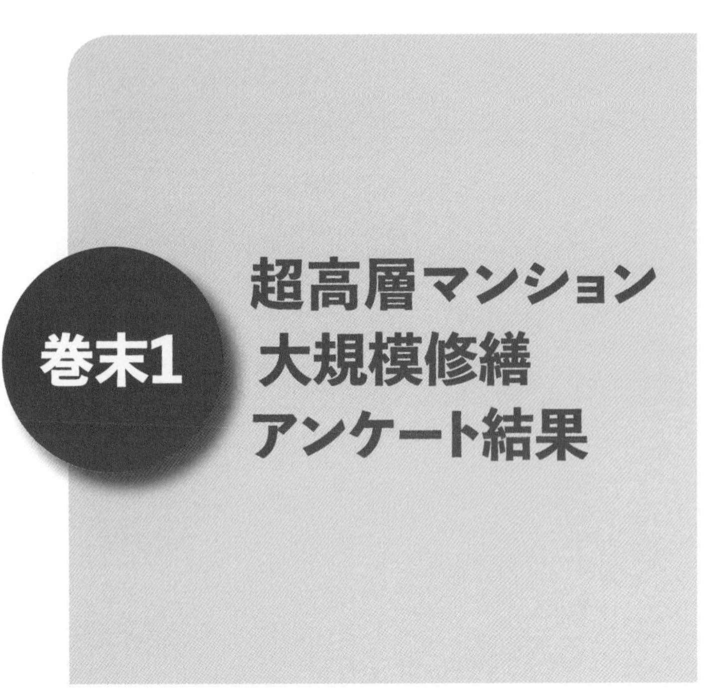

巻末1
超高層マンション
大規模修繕
アンケート結果

【調査概要】
調査期間：2013年10月～2014年3月
対象建物：68棟（内足場のみ35棟）
回 答 者：設計監理：6社　ゼネコン系：4社
マンションリフォーム系：5社
専門業系：5社　メーカー：9社　計29社
アンケート数：34件

所在地		東京都〔25棟〕　埼玉県〔4棟〕 千葉県〔2棟〕　栃木県〔2棟〕
竣工年		1987～2010年
経年		3年～26年
階数	地上	21階～41階
	地下	1階～5階
高さ(m)		59m～150m
延床面積(㎡)		12,377㎡～72,791㎡
戸数		122戸～644戸
駐車場(台)		30台～644台
駐輪場(台)		40台～942台

図表巻 1.1-1　建物概要

巻 1.1　アンケートによる基本事項

建物概要

1. 建物用途

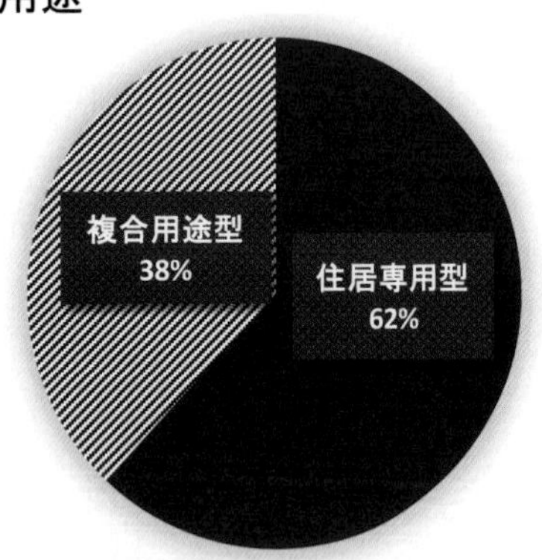

2. 建物形態

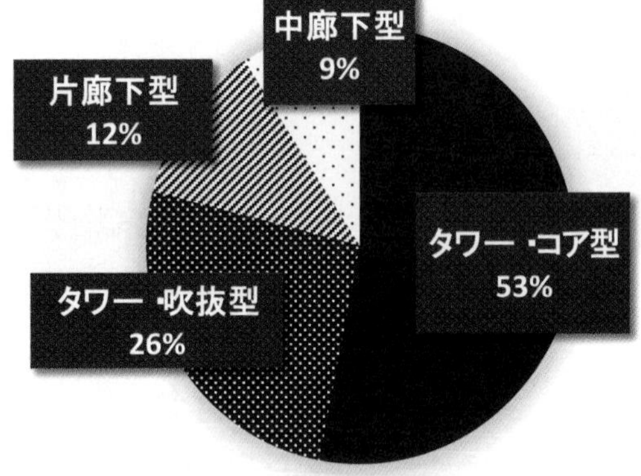

3. 複合施設

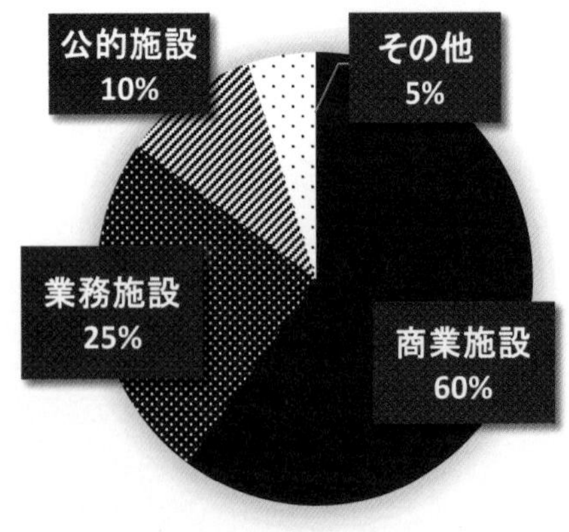

4. 建物形状

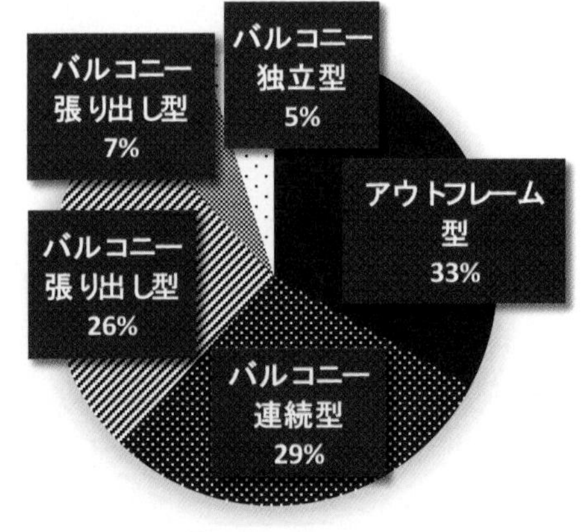

5. 構造種別

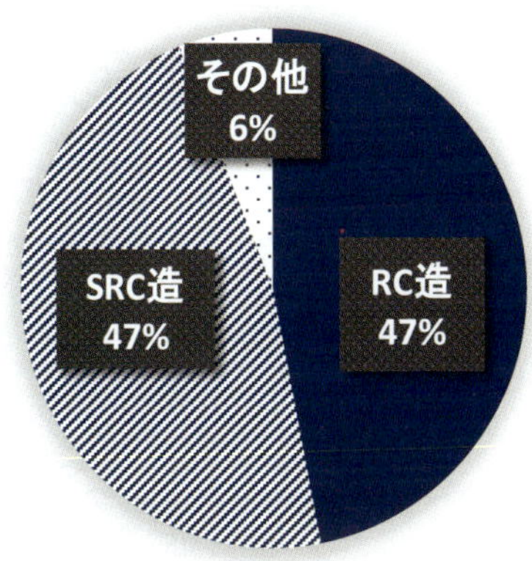

6. 構造形式

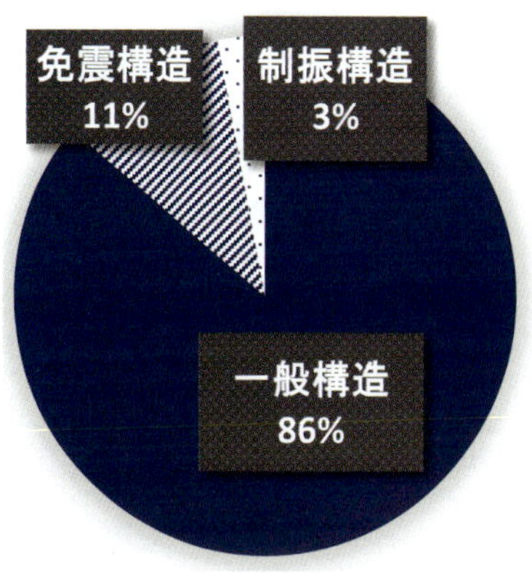

7. 屋外施設

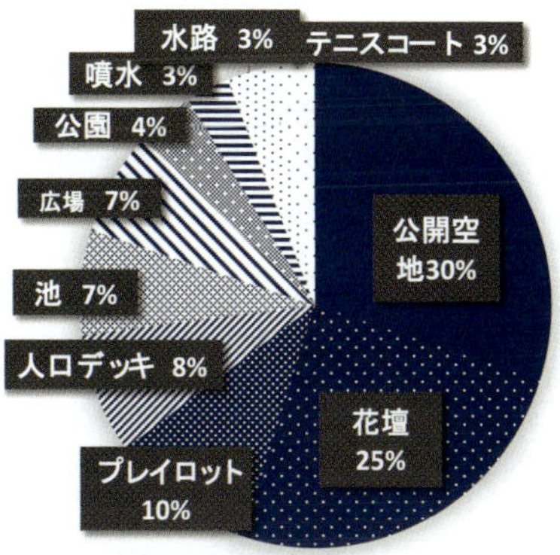

8. 特定施設等

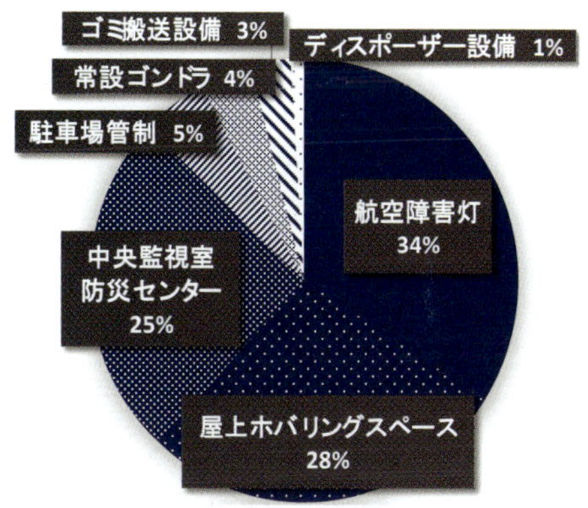

修繕項目

9. 直接仮設

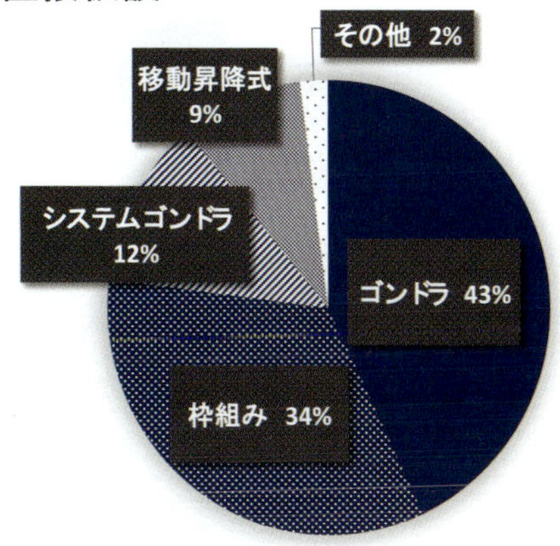

10. 洗浄・ケレン

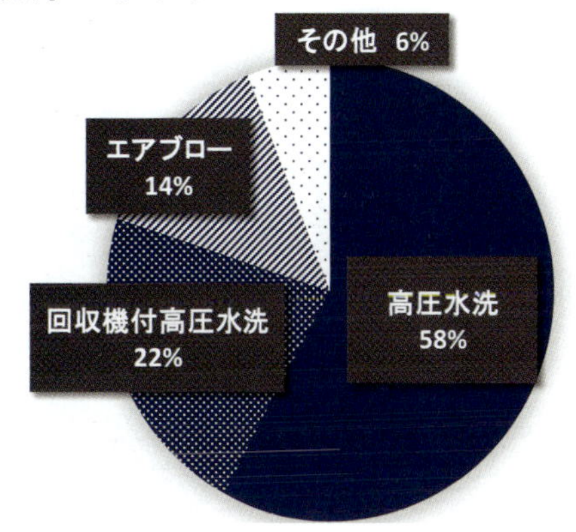

11. 外壁タイル補修

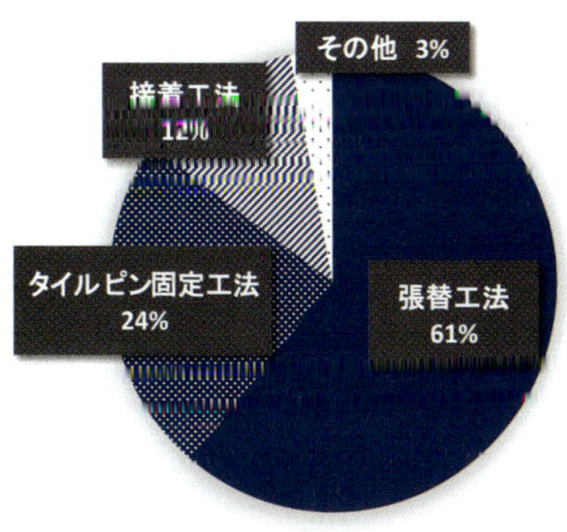

12. 欠損補修

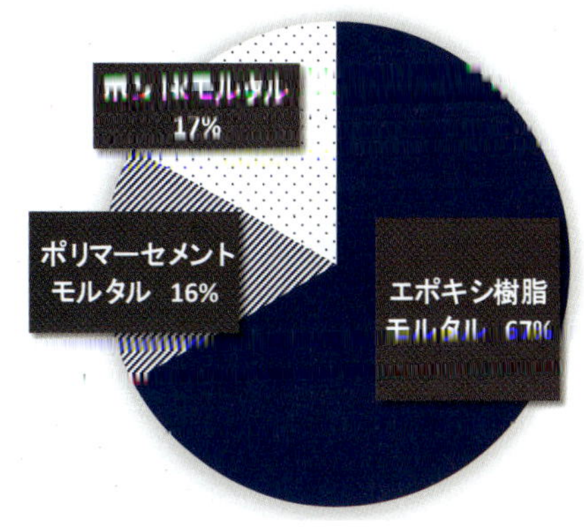

13. ひび割れ補修

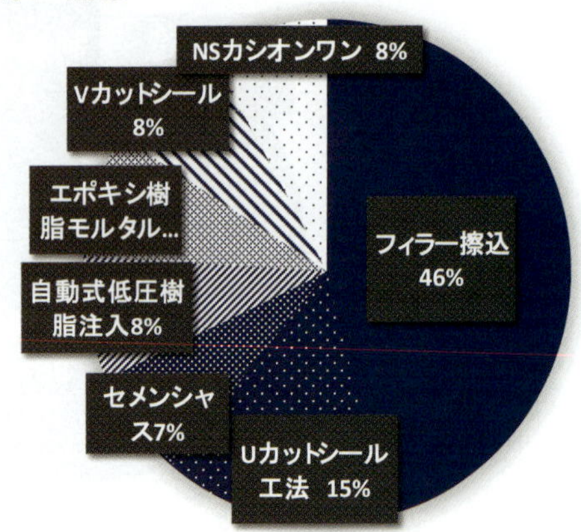

14. シーリング改修

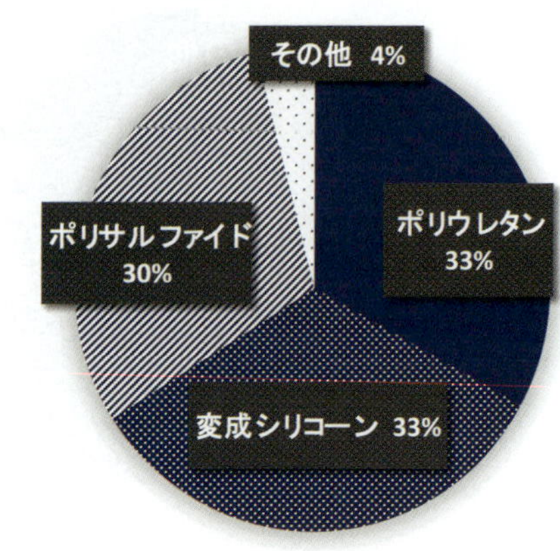

15. 屋上防水改修

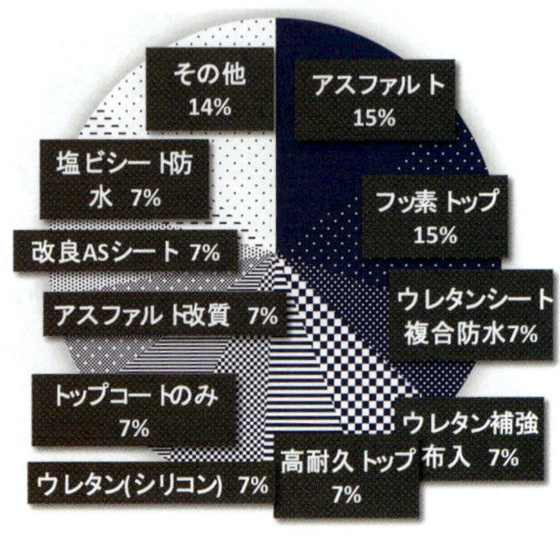

16. 金物改修

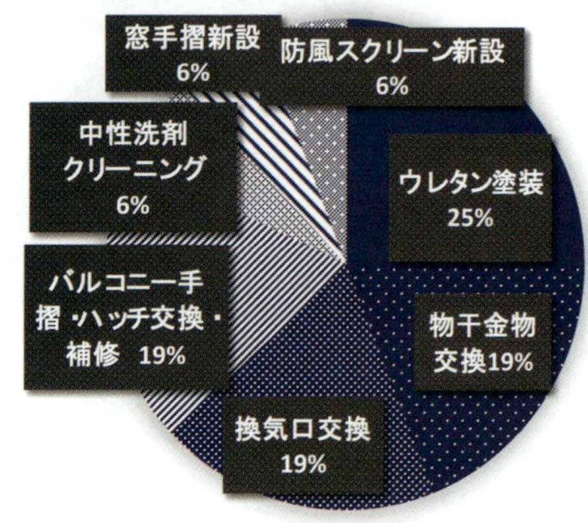

17. 建具改修

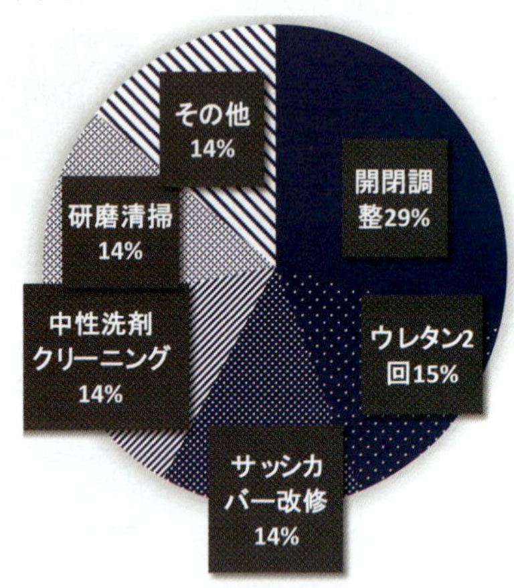

18. 外壁塗装

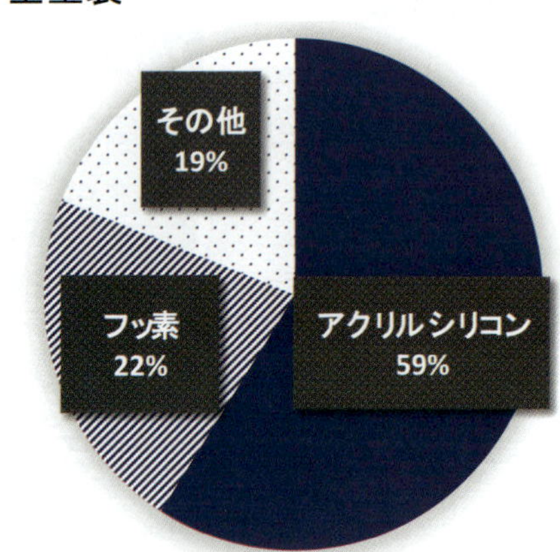

19. 鉄部塗装

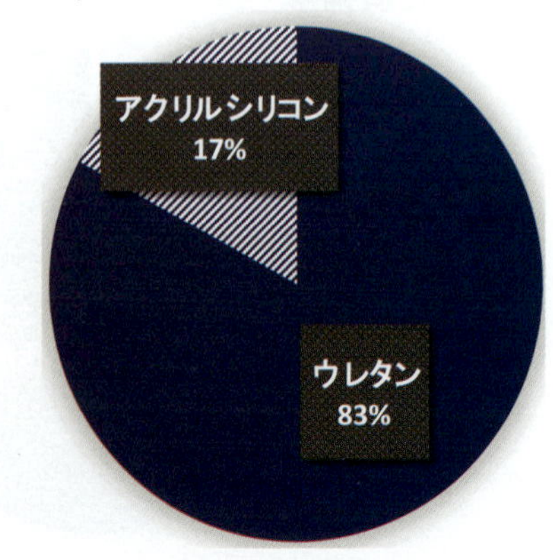

20. バルコニー改修

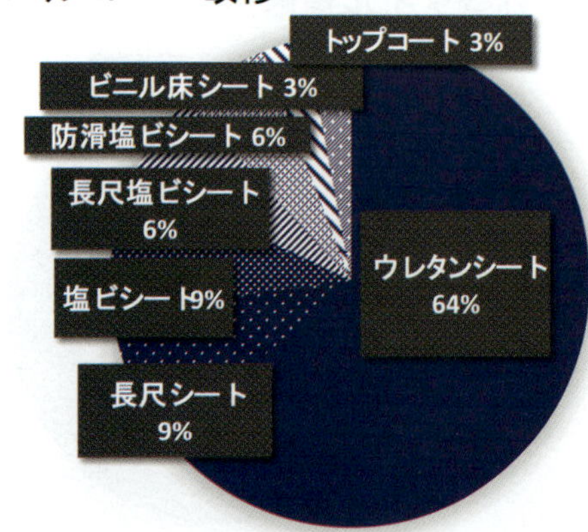

21. 開放廊下改修

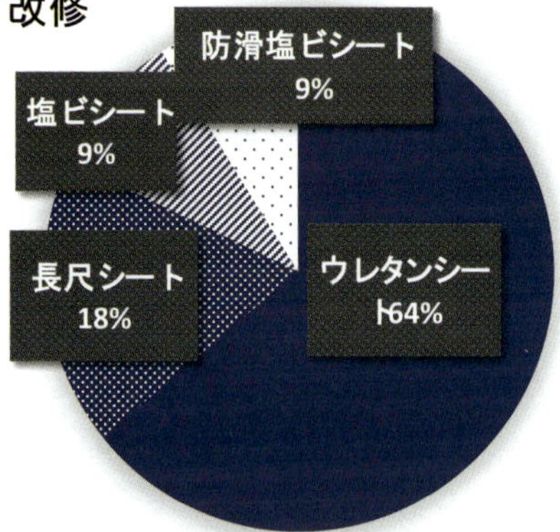

修繕についてのご意見

22. 業態は何か

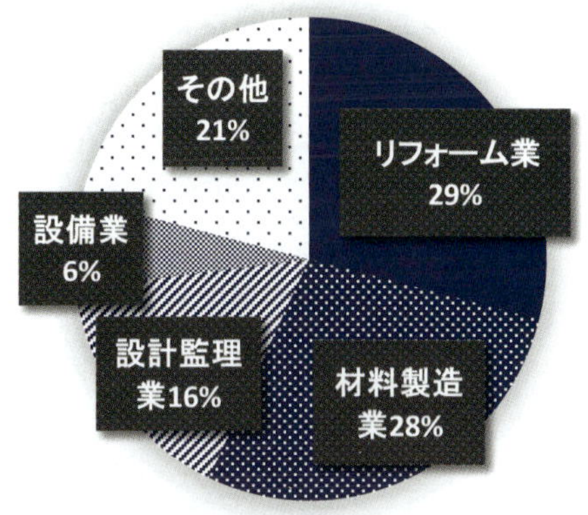

23. 大規模修繕の設計・工事経験

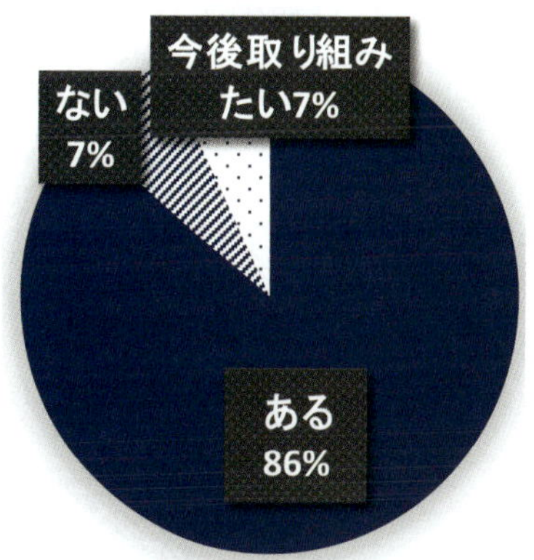

24. 大規模修繕周期は何年が妥当か

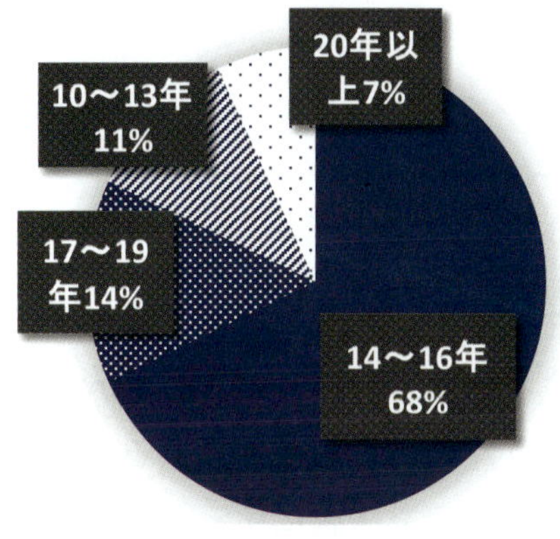

25. 高層と超高層では修繕仕様を変えるべきか

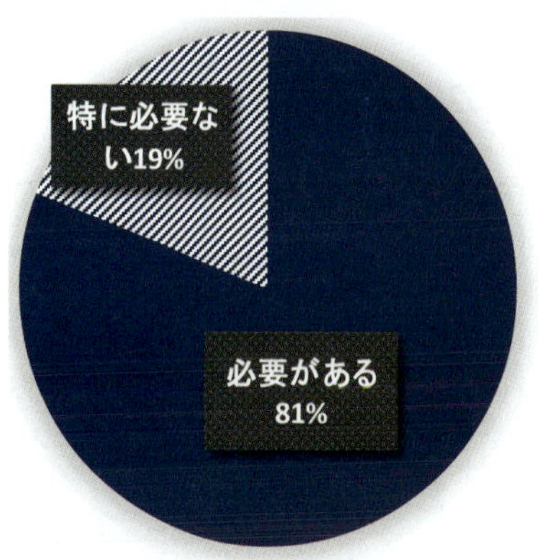

26. 修繕工事を配慮する必要のある部位や設備はあるか

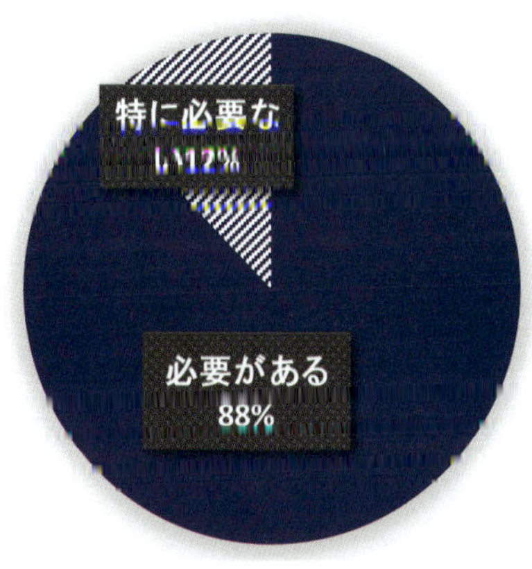

27. 常設ゴンドラは必要か

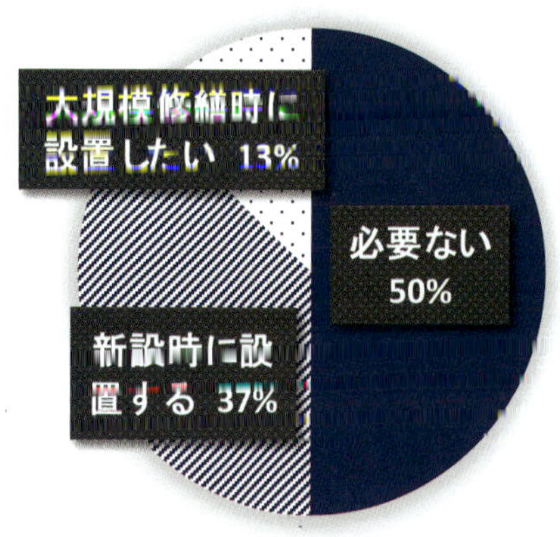

28. 修繕に取組む態勢は出来ているか

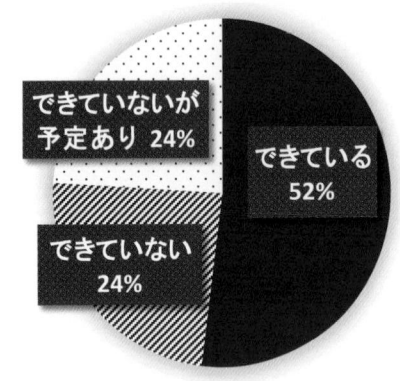

できていないが予定あり 24%
できている 52%
できていない 24%

29. 修繕について社内教育は行っているか

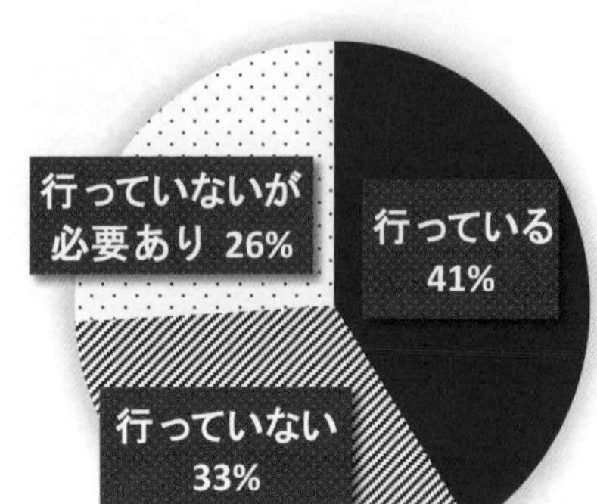

30. 修繕材料の設計はしているか

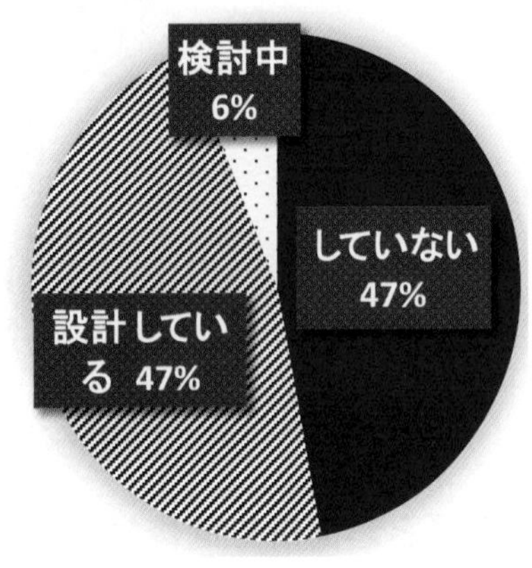

31. 修繕材料の設計・開発は必要か

32. 重要だと思う工事のポイント

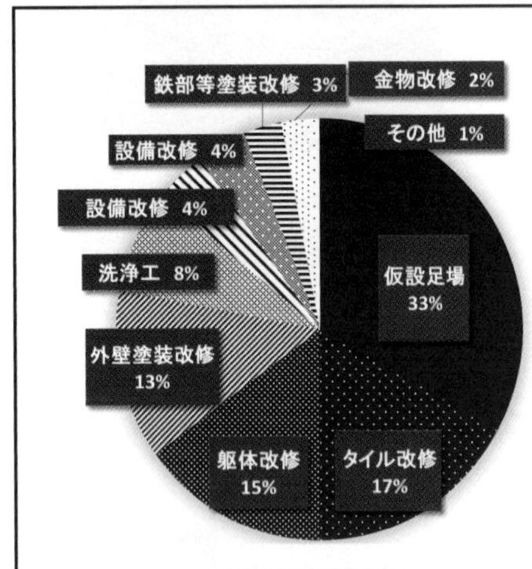

〈ご意見〉

- 今後超高層マンション大規模修繕工事は、常設ゴンドラ施工するケースも検討する必要がある。
- 短期で大掛かりな足場から長期になるが少数でのゴンドラ施工できる方法論にする選択肢も検討すべき。
- 作業における飛散さえ考える必要がなければ枠組足場はいらない

巻 1.2　建物と修繕工事費の関係

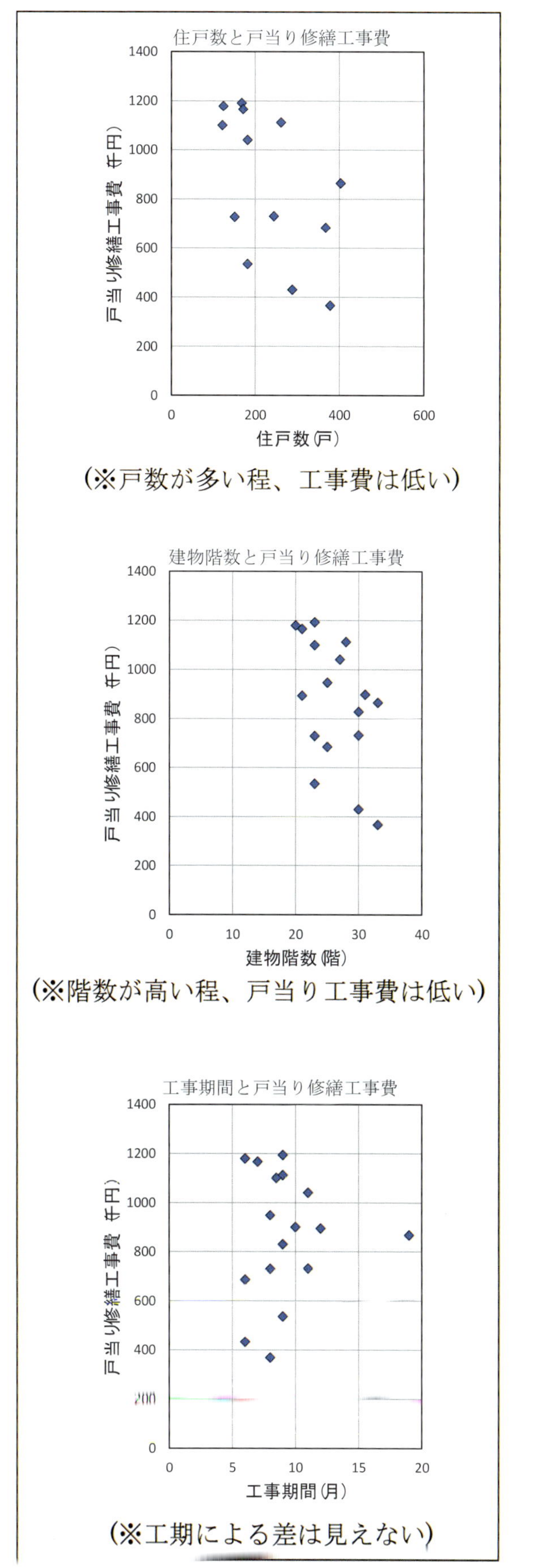

図表巻 1.2-1　修繕工事費グラフ

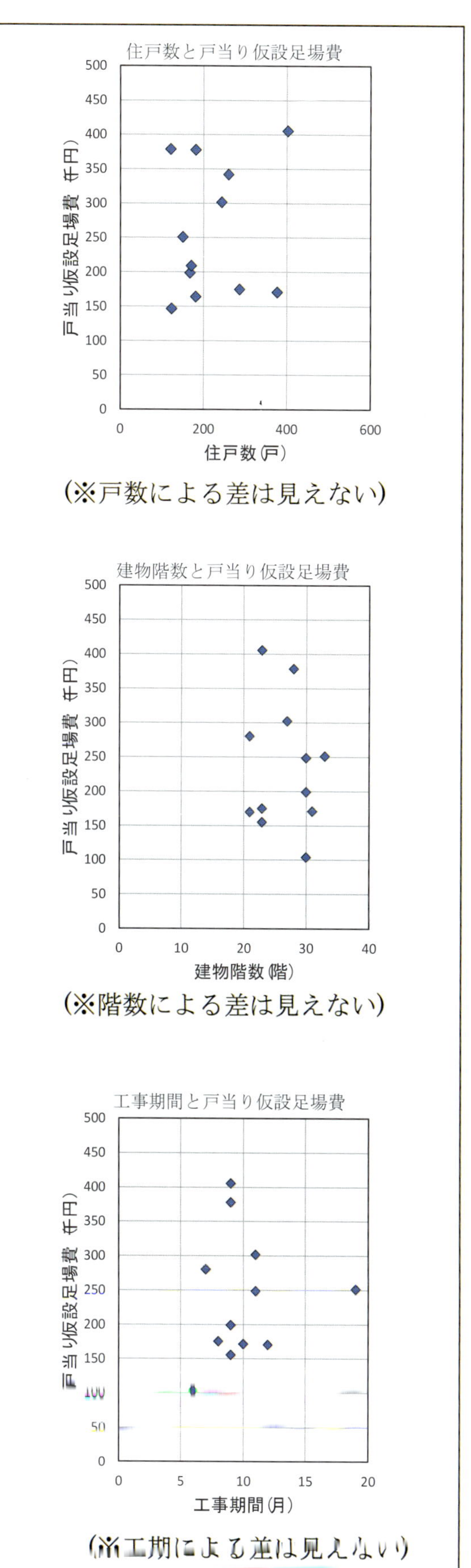

図表巻 1.2-2　仮設足場費グラフ

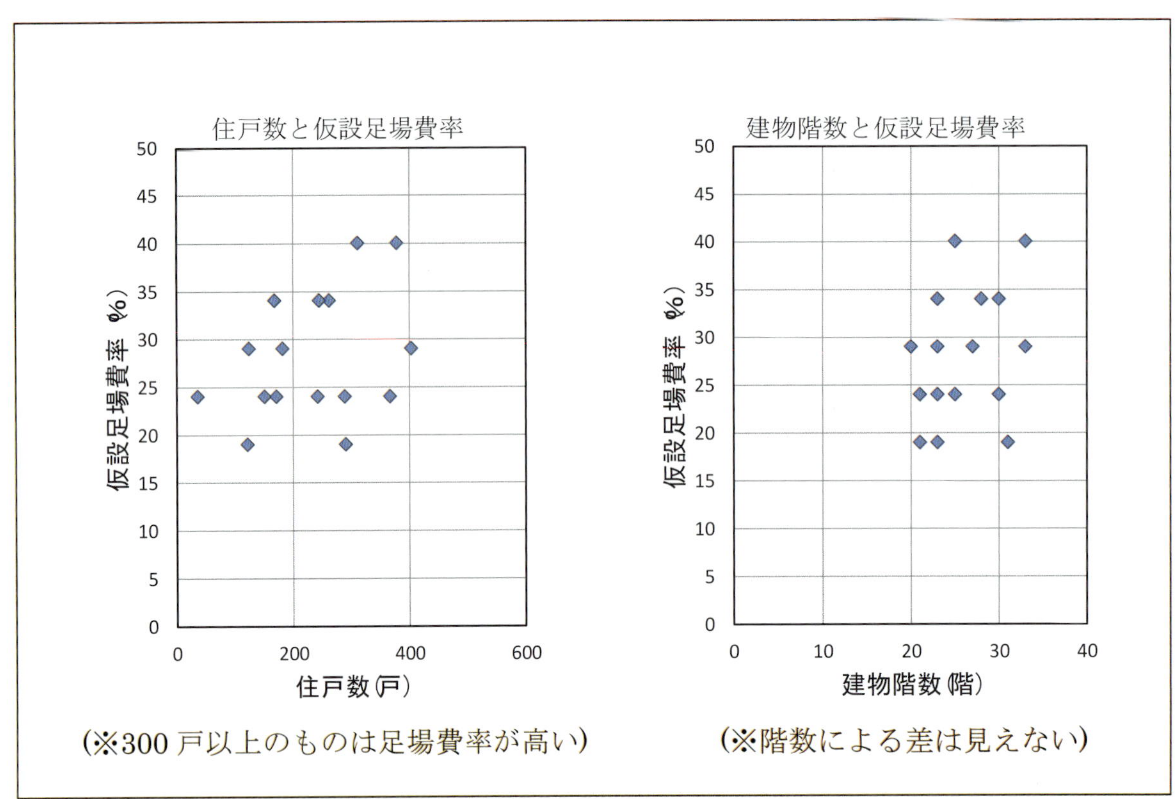

図表巻 1.2-3　仮設足場費率グラフ

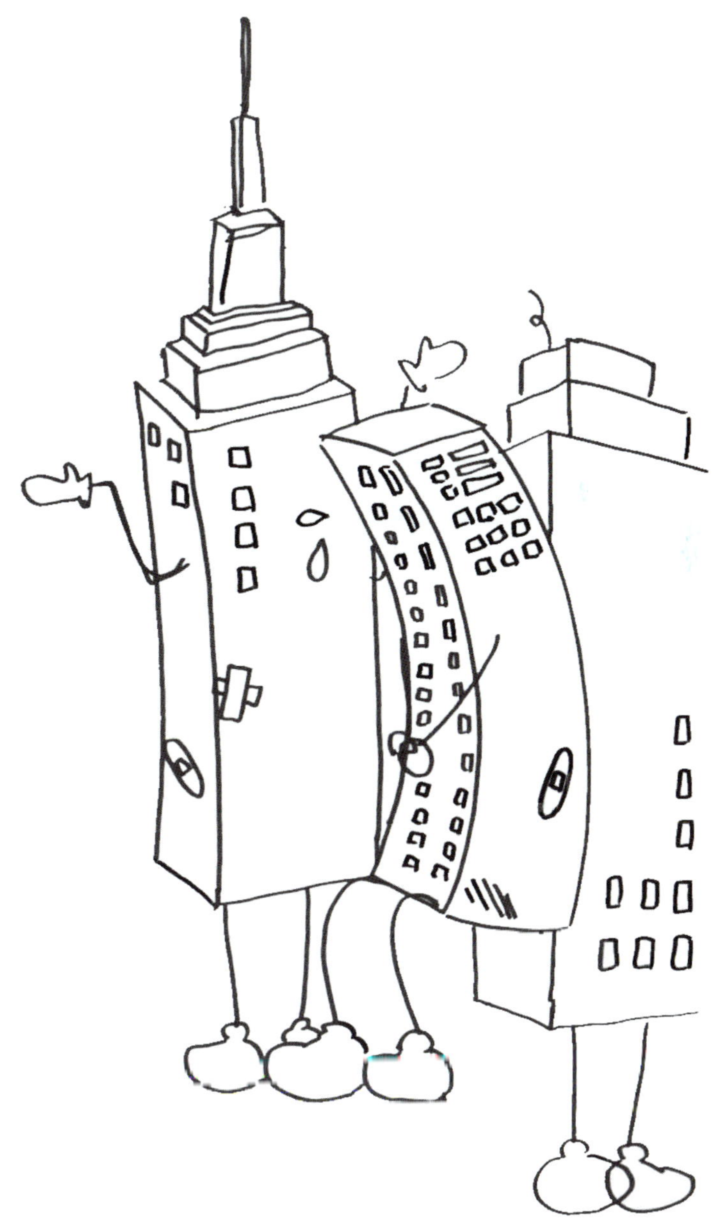

巻末2 ニューヨークの超高層建築物の現状

摩天楼（skyscraper）～天空を削りとる鋭い構造物～この言葉には、様々な挑戦を繰り返してきた人類の生き方や哲学が、深意として込められているように感じる。特に自然の脅威に対して、人類の英知を試行しつづけてきた西洋人は、いち早く産業革命を起こすことに成功し、さらに自由と開拓の精神に満ち溢れていたアメリカ人は、超高層建築物の先駆者となっていった。

21世紀の今日、超高層建築物の主流は、中東やアジアに移ってしまった感はあるが、前世紀においてはアメリカの独壇場であった。そして、摩天楼都市の代名詞であるニューヨークには、築100年目に到達しようとしている超高層建築物が「遺産」として継承され、現在も人々に利用され続けている。本コラムでは、超高層建築物を語る上で欠かすことのできない都市ニューヨークにおける、超高層建築物の歴史と現状を、改修現場の実態やマンション事情も含めながら述べていきたい。

巻 2.1 ニューヨークにおける超高層建築物の始まり

超高層建築物が林立するアメリカの都市と問われて、ニューヨークを真っ先に挙げる人は多いだろう。しかし「摩天楼」が最初に建てられた都市は、シカゴであるといわれている。1871年の大火により被災したシカゴ市は、都市の再建計画にあたり、それまで多く使われてきた木材に代えて、レンガや石、さらに鉄鋼を使用した構造物を推奨した。その結果、多くの建築家が鉄骨造の高層建築物を設計し、彼らのスタイルは「シカゴ派」として流行した。

高層建築物のブームは、直ぐにニューヨークへと波及した。1890年、それまでニューヨーク市内において最も高い建築物であったトリニティ教会の尖塔（写真巻2.1-1）を10m程上回る、高さ94m、20階建ての「ニューヨーク・ワールド・ビルディング」（写真巻2.1-2）が竣工した。新聞社のオフィスとして建設されたこのビルは、1955年に解体されてしまったが、1917年にオーナーの遺志に基づき設立された「ピューリッツァー賞」は現在も続いている。

世界一高いビルといわれたニューヨーク・ワールド・ビルディングの落成から4年後の1894年、今度は世界で初めて100mを超える高さの「ビル」がニューヨークに登場した（ただし既に100m超の「建造物」としては、ケルン大聖堂の尖塔やエッフェル塔が存在はしていた）。「マンハッタン生命保険ビル」として建てられたこのビルもまた、1960年代に解体され現存はしていない。

そのマンハッタン生命保険ビルに代わり、1899年から1908年まで、世界一高いビルとなったのが、今もニューヨーク市庁舎脇に建っている「パーク・ロウ・ビルディング」（（写真巻2.1-3）、高さ119m、30階建）である。ルネッサンス様式を取り込んだビル正面のデザインと、装飾が全く無いビル側面との差に、建設当初は批判も多かったという。元々は950室からなるオフィスビルとして建てられたビルだったが、2002年に11階から上階が賃貸アパートとして改修されている。

1908年から1年間のみではあったが、世界一の高さを誇った「シンガー・ビルディング」（写真巻2.1-4）は47階建て、高さは187mに達していた。ビルを設計者したアーネスト・フラッグは、「建物の10～15階を越える部分は、前面道路からセットバックすべきであり、またタワー部分の建築面積は、敷地面積の25%以内に収めるべき」と提言し、このビルで実行していた。この後、彼の考え方は1916年に決議されたニューヨーク市で最初の区画整備規制に反映され、また1930年代以降の超高層ビルのデザインに大きく影響していった。後にアメリカ最大の鉄鋼会社に買収されたシンガー・ビルは、床面積が小さいという理由から1968年に解体されている。

1909年に完成した「メトロポリタン生命保険会社タワー」（写真巻2.1-5）は、54階建て、213mの高さで、その後3年間、世界一高いビルとなった。ヴェネツィアのサン・マルコ寺院の鐘楼を模したタワーには、25階から27階の外壁4面それぞれに直径8mの時計が設置されている。建設当初、時計の上部に位置する回廊部分には、多数の彫刻が施されていたが、1960年から4年間かけて実施された改修工事において、壁面の装飾品は殆ど撤去され、外壁材も大理石からは石灰岩に置き換えられてしまっている。

写真巻 2.1-1　トリニティ教会（ウォール街より望む）
1890年までニューヨークで最も高い建物だった。

写真巻 2.1-2　ニューヨーク・ワールド・ビル（左上）
オーナーの名前からピューリツァー・ビルとも呼ばれた。
（出典 https://commons.wikimedia.org/wiki/File:Newspaper_Row,_1906.JPG）

写真巻 2.1-4　シンガー・ビルディング（右上）
シンガー・ミシンの本社ビルとして建てられた。
（出典 The United States Library of Congress's Prints and Photographs division）

写真巻 2.1-3　パーク・ロウ・ビルディング
ニューヨークに残る、最古の「世界一高かったビル」

写真巻 2.1-5　メトロポリタン生命保険会社タワー（右）
左の30階建ての別館は、当初100階建の予定だった。

完成当初から2005年まで、保険会社の本社として機能していたこのビルは、その後売却され、アパートへの改修や、ファッションデザイナーのトミー・ヒルフィガーによる高級マンションとホテルへの改築計画などもあったが、2015年、マリオット系のホテルとして生まれ変わっている。

1913年、市庁舎公園を挟んでパーク・ロウ・ビルディングの向かいに完成したのが、高さ241m、57階建ての「ウールワース・ビルディング」（写真巻2.1-6）である。完成当時、「商業の大聖堂」と揶揄されたゴシック様式のオフィスビルは、1930年まで世界一の高さを誇り、現在でもニューヨークを象徴する超高層ビルのひとつである。新築当初、外装材として用いられていた艶出しのテラコッタ・パネルは、やがて釉薬と基材（粘土）の吸水率や熱膨張率の違いからその多くが劣化し、またひび割れから浸入した雨水によって、内部の鉄部材にも腐食が確認されるようになった。1977年から81年にかけて実施された改修工事では、軽度な劣化のテラコッタ・パネルは再固定され、著しく劣化していた26,000ものパネルユニットは、プレキャスト・コンクリート製のものに取り替えられた。そして2016年現在、このビルは再び改修工事中である（写真巻2.1-7）。上層階30フロアー分が買収され、2017年の完成に向け、居住スペース（コンドミニアム）として改修されているほか、29階から54階までの外装材の修繕も併せて実施されている。劣化した複雑な形状の装飾テラコッタ材（写真巻2.1-8）は、最新の3D デジタルスキャン技術を用いた再現工事が実施されている。

巻 2.2　世界一の高さを目指した過当な競争

1920年にアメリカで施行された禁酒法は、自由な芸術表現と楽観主義、そして人々の野心を拡大させた。そして1924年、不動産ブームのニューヨークにおいて、ウールワース・ビルディングの世界記録を更新すべく、2つの超高層ビルの計画が同時に始まった。ひとつはマンハッタン信託銀行がオーナー、もう一方の建築主は、自動車王ウォルター・クライスラーであった。

当初の計画では、クライスラー本社ビルの高さはウールワース・ビルを僅かに上回る246m であったが、マンハッタン信託銀行ビルの高さが260m（68階建）で計画されていることを知ったクライスラーは、282m に設計を変更することを指示した。これに対し、信託銀行ビルの設計者であるクレイグ・セバランスは、ビルの完成直前になって、高さを283m（71階建）に変更した。1930年4月、ライバルよりも先に完成したマンハッタン信託銀行ビル（写真巻2.2-1）は、17年ぶりに世界記録を塗り替えたが、その僅か1ヶ月後には、世界一の地位を失うこととなる（ちなみにマンハッタン信託銀行ビルは、1995年、ドナルド・トランプ氏によって買収され、現在は「トランプ・ビル」が公式名称となっている）。

信託銀行ビルの設計者セバランスとクライスラー本社ビルの設計者ウィリアム・ヴァン・アレンとは、かつて事務所を協同で経営し、共に超高層建築の第一人者として名声を得ていた友人同士であった。しかし2人は、性格や考え方の違いから1924年にパートナーを解消し、ライバル関係になっていた。社交的なセバランスに対し、内向的な性格のヴァン・アレンは、かつての友が手がけている信託銀行ビルとの、世界一を掛けた競争に勝利するため、信託銀行ビルより1m 低いクライスラー・ビルの最頂部に尖塔を追加することを密かに計画していた。エレベータシャフト内で秘密裏に製造されていた尖塔は、工事竣工直前になって取り付けられ、1930年5月、クライスラー・ビル（写真巻2.2-2）は高さ319m の世界一高いビルとして完成したのだった。

わずか1ヶ月で世界一の称号を奪われた信託銀行ビル側は、クライスラー・ビルの「最上部」が装飾に過ぎないのに対し、信託銀行ビルの「最上階」の展望台は、クライスラー・ビルの「最上階」よりも高い位置にあるとし、マンハッタン信託銀行ビルこそが世界一だと主張し続けた。しかし、この論争も僅か1年で終止符が打たれた。1931年、最上部と最上階、いずれも2つのビルの高さを上回る、エンパイア・ステート・ビルディングが完成したからだ。

ニューヨークで最も有名なエンパイア・ステート・ビルについて触れる前に、一人の日本人について述べてみたい。マンハッタン信託銀行ビルをセバランスと協同で設計したのは、マツイ・ヤスオという建築家であった。1883年（1877年というデータもある）、現在の三重県鳥羽市に生まれ、東京大学等で学んだ後、カリフォルニア大学に留学し、前述のシンガー・ビルの設計者であるアーネスト・フラッグのもとで修行を積んだ。1918年には、フラット・アイアンビル（写真巻2.2-3）を建設したフラー建築会社のコンサルテイング建築士として「帰国」し、旧丸ノ内ビルヂングや郵船ビルディングの建設に関わった。

写真巻 2.1-6　東面の全景

写真巻 2.1-7　ビル上部の飛散防止養生（2016 年撮影）

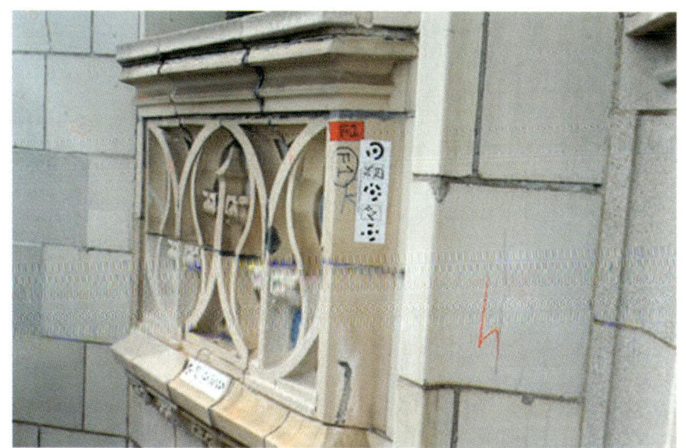

写真巻 2.1-8　窓下の装飾部の劣化調査状況

写真巻 2.1-6、7、8　ウールワース・ビルディング

（出典 写真8　http://bostonvalley.com/woolworth-restoration/）

写真巻 2.2-1　マンハッタン信託銀行ビル

現在は「トランプ・ビル」、共同設計者は日本人

写真巻 2.2-2　クライスラー・ビルディング

マンハッタン信託銀行ビルの記録を1ヶ月後に更新

その後はニューヨークを拠点として活躍し、マンハッタン信託銀行ビルを設計していた頃が、マツイ氏のキャリアの中における最盛期だったようである。地元の新聞誌の中で、超高層ビルの高さの変遷について、彼が建築家として論述している記事がある（写真巻2.2-4）。ちなみに記事の図にある建物のうち、一番左がパリのエッフェル塔で、左から2番目が「クライスラー・ビル」、3番目がマツイ氏の設計した「マンハッタン信託銀行ビル」で、左から4番目が「ウールワース・ビルディング」、そしてひとつ挟んで左から6番目が「メトロポリタン生命保険会社タワー」となっている。

マツイ氏はこの新聞の別の記事の中で、超高層ビルの寿命は「おそらく30年から40年だろう」と述べていた。その理由として、「（記事の年、1930年から）約15年前に建てられた摩天楼は、もはやA1クラスではない—エレベータや効率基準は向上し続けているし、デザインやスペース・レイアウトも変化してきている」と答えていた。アメリカ建築家協会の登録建築家でもあり、その後、エンパイア・ステート・ビルディングの設計チームにも参加していたマツイ氏だったが、太平洋戦争が勃発すると、日本軍関係者と繋がりのある疑いを掛けられ、戦時中は不自由な生活を強いられた。彼がアメリカ国籍を得たのは、1954年、71歳の時であり、その8年後にニューヨーク市郊外で逝去している。

巻 2.3　環境に優しいエンパイア・ステート・ビルディング

アメリカ建築家協会の設立から150年目を記念し、2007年に協会が調査した「好きなアメリカの建築」において、堂々の1位を獲得したのが、1931年から1972年まで世界一の高さを誇った、エンパイア・ステート・ビルディング（写真巻2.3-1）である。最上階である102階（第2展望台）の高さは地上から373m、電波塔となっている最上部の高さは443mに達する。オフィスビルとして完成した当初は、世界大恐慌の影響で暫く空室が目立ち、「エンプティ・ステート・ビルディング」と揶揄されたこともあったが、現在も世界中から多くの観光客が訪れるニューヨークを象徴する摩天楼であり、築80年を超えた現在、最も環境にやさしい超高層ビルの一つとしても君臨し続けている。

アメリカでは環境に配慮した建築物に対し、LEED（Leadership in Energy and Environmental Design）という証明プログラムが1990年台後半から普及してきている。現在は、アメリカ国内のみならず、世界中の建築物が対象となっており、台湾に建つ高さ509mの超高層ビル「台北101」も、LEEDの証明を得ている。古い建物は、エネルギー効率が悪く環境に対して優しくない、といったイメージが付きまとうが、建物を改修することで省エネ化を図ったビルに対してもLEEDは評価を与えるシステムを採用している。

2009年、エンパイア・ステート・ビルディングは、5億5千万ドルの費用を掛け、大改修が実施された。防水工事の他、空調や電気設備の改修のほか、総工費の20%ほどが、省エネ化を図るための工事に費やされた。中でも6500箇所もの窓が遮熱タイプの複層（3層）ガラスに取替られたことは、以後の超高層ビルの「エコ・フレンドリー化（省エネ化）」のモデルケースとなった。ちなみに米国ニューヨーク州では、熱貫流率1.98（W/㎡・K）以上の性能をもつ窓を使用することが義務付けられていることから、新築のみならず、改修されるビルにおいても、ペアガラス入りの樹脂サッシが標準となっている。

40年以上に渡り、世界一の高さを誇っていたエンパイア・ステート・ビルの記録を超えたのが、1972年から73年にかけて完成し、2001年の同時多発テロで崩壊したツインタワー、「世界貿易センタービル（ワールド・トレード・センター）」であった。このビルを設計した日系2世の建築家、ミノル・ヤマザキ氏は、アメリカ西海岸の都市シアトルの出身で、地元のワシントン大学で建築を学んでいた時に、エンパイア・ステート・ビルは完成している。その後、彼は東海岸のニューヨークに移り、ニューヨーク大学で修士号を取得したあと、エンパイア・ステート・ビルを設計したシュリブ・ラム&ハーモン事務所に籍を置いた。太平洋戦争中、多くの日系人が強制収容所に送られる中、ヤマザキ氏はこの難を逃れ、戦後はアメリカ中西部のデトロイトに拠点を移し、彼自身の設計事務所を立ち上げた。

1964年から始まった世界貿易センタービルの設計も、彼がデトロイトに事務所を構えていた時代であり、同ビルは彼の数少ないニューヨークでの作品の一つである。1966年に起工した貿易センタービルは、1972年にノース・タワーが、翌73年にはサウス・タワーが完成し、40年以上世界一の称号を保持していたエンパイア・ステート・ビルディングを抜いて、世界で最も高いビルとなった。

写真巻 2.2-3　フラットアイアン・ビルディング
その形が有名な最も古い摩天楼のひとつ（1902年竣工）

写真巻 2.3-1　エンパイア・ステート・ビルディング
ニューヨークのみならず、世界で最も有名な摩天楼

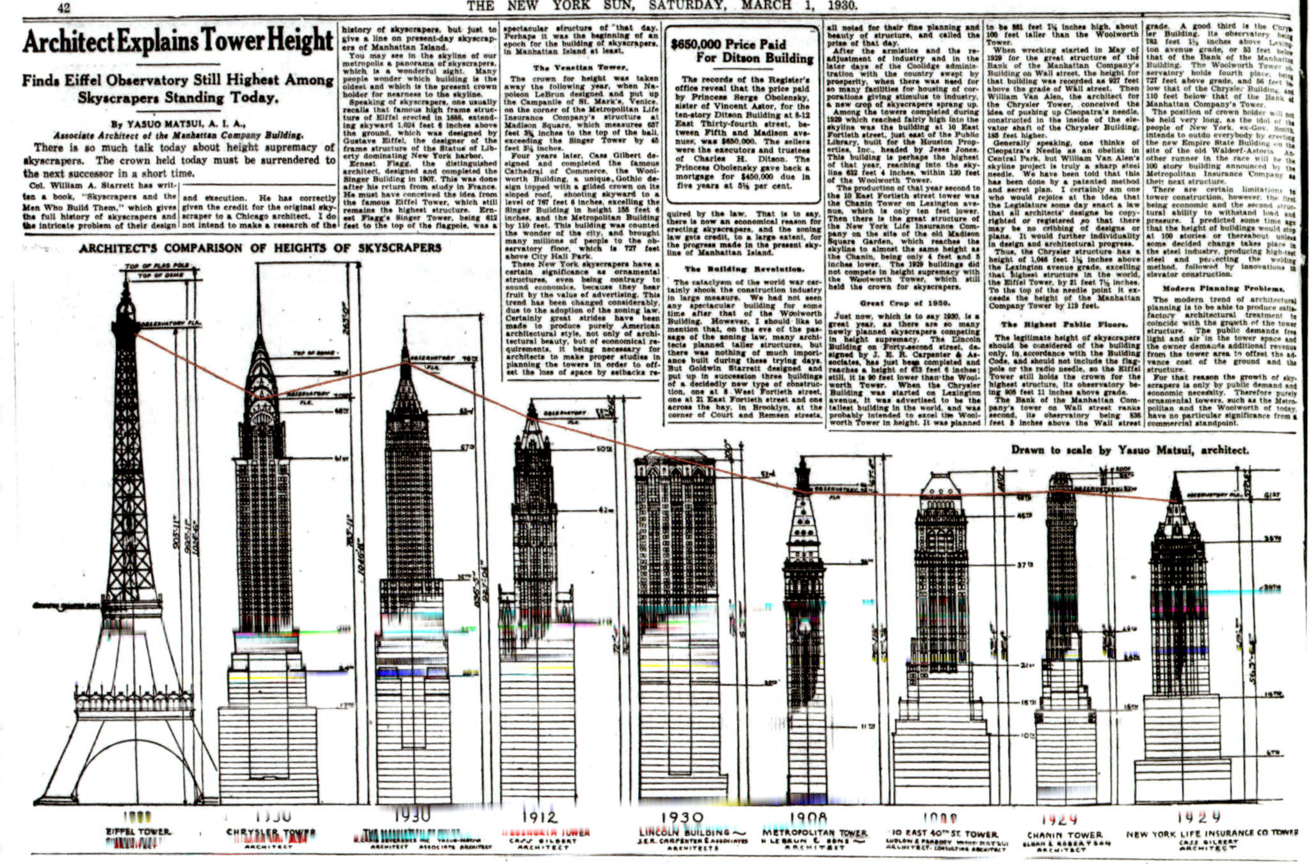

42　THE NEW YORK SUN, SATURDAY, MARCH 1, 1930.

Architect Explains Tower Height

Finds Eiffel Observatory Still Highest Among Skyscrapers Standing Today.

By YASUO MATSUI, A. I. A.,
Associate Architect of the Manhattan Company Building.

There is so much talk today about height supremacy of skyscrapers. The crown held today must be surrendered to the next successor in a short time.

Col. William A. Starrett has written a book, "Skyscrapers and the Men Who Build Them," which gives the full history of skyscrapers and the intricate problem of their design and execution. He has correctly given the credit for the original skyscraper to a Chicago architect. I do not intend to make a research of the history of skyscrapers, but just to give a line on present-day skyscrapers of Manhattan Island.

You may see in the skyline of our metropolis a panorama of skyscrapers, which is a wonderful sight. Many people wonder which building is the oldest and which is the present crown holder for nearness to the skyline.

Speaking of skyscrapers, one usually recalls that famous high frame structure of Eiffel erected in 1888, extending skyward 1,024 feet 6 inches above the ground, which was designed by Gustave Eiffel, the designer of the frame structure of the Statue of Liberty dominating New York harbor.

Ernest Flagg, the distinguished architect, designed and completed the Singer Building in 1907. This was done after his return from study in France. He must have conceived the idea from the famous Eiffel Tower, which still remains the highest structure. Ernest Flagg's Singer Tower, being 612 feet to the top of the flagpole, was a spectacular structure of that day. Perhaps it was the beginning of an epoch for the building of skyscrapers, in Manhattan Island at least.

The Venetian Tower.

The crown for height was taken away the following year, when Napoleon LeBrun designed and put up the Campanile of St. Mark's, Venice, on the corner of the Metropolitan Life Insurance Company's structure at Madison Square, which measures 657 feet 3¾ inches to the top of the ball, exceeding the Singer Tower by 45 feet 3¼ inches.

Four years later, Cass Gilbert designed and completed the famous Cathedral of Commerce, the Woolworth Building, a unique Gothic design topped with a gilded crown on its sloped roof, shooting skyward to a level of 767 feet 6 inches, excelling the Singer Building in height 155 feet 6 inches, and the Metropolitan Building by 110 feet. This building was counted the wonder of the city, and brought many millions of people to the observatory floor, which is 727 feet above City Hall Park.

These New York skyscrapers have a certain significance as ornamental structures, even being contrary to sound economics, because they bear fruit by the value of advertising. This trend has been changed considerably, due to the adoption of the zoning law. Certainly great strides have been made to produce purely American architectural style, not only of architectural beauty, but of economical requirements, it being necessary for architects to make proper studies in planning the towers in order to offset the loss of space by setbacks required by the law. That is to say, there is now an economical reason for erecting skyscrapers, and the zoning law gets credit, to a large extent, for the progress made in the present skyline of Manhattan Island.

> **$650,000 Price Paid For Ditson Building**
>
> The records of the Register's office reveal that the price paid by Princess Serge Obolensky, sister of Vincent Astor, for the ten-story Ditson Building at 8-12 East Thirty-fourth street, between Fifth and Madison avenues, was $650,000. The sellers were the executors and trustees of Charles H. Ditson. The Princess Obolensky gave back a mortgage for $450,000 due in five years at 5½ per cent.

The Building Revolution.

The cataclysm of the world war certainly shook the construction industry in large measure. We had not seen any spectacular building for some time after that of the Woolworth Building. However, I should like to mention that, on the eve of the passage of the zoning law, many architects planned taller structures, but there was nothing of much importance built during these trying days. But Goldwin Starrett designed and put up in succession three buildings of a decidedly new type of construction, one at 8 West Fortieth street, one at 21 East Fortieth street and one across the bay, in Brooklyn, at the corner of Court and Remsen streets, all noted for their fine planning and beauty of structure, and called the prize of that day.

After the armistice and the readjustment of industry and in the later days of the Coolidge administration with the country swept by prosperity, when there was need for so many facilities for housing of corporations giving stimulus to industry, a new crop of skyscrapers sprang up.

Among the towers completed during 1929 which reached fairly high into the skyline was the building at 10 East Fortieth street, just east of the Public Library, built for the Houston Properties, Inc., headed by Jesse Jones. This building is perhaps the highest of that year, reaching into the skyline 632 feet 4 inches, within 120 feet of the Woolworth Tower.

The production of that year second to the 10 East Fortieth street tower was the Chanin Tower on Lexington avenue, which is only ten feet lower. Then there is the great structure of the New York Life Insurance Company on the site of the old Madison Square Garden, which reaches the skyline to almost the same height as the Chanin, being only 4 feet and 5 inches lower. The 1929 buildings did not compete in height supremacy with the Woolworth Tower, which still held the crown for skyscrapers.

Great Crop of 1930.

Just now, which is to say 1930, is a great year, as there are so many newly planned skyscrapers competing in height supremacy. The Lincoln Building on Forty-second street, designed by J. E. R. Carpenter & Associates, has just been completed and reaches a height of 673 feet 6 inches; still, it is 90 feet lower than the Woolworth Tower. When the Chrysler Building was started on Lexington avenue, it was advertised to be the tallest building in the world, and was probably intended to excel the Woolworth Tower in height. It was planned to be 861 feet 1¼ inches high, about 100 feet taller than the Woolworth Tower.

When wrecking started in May of 1929 for the great structure of the Bank of the Manhattan Company's Building on Wall street, the height for that building was recorded as 927 feet above the grade of Wall street. Then William Van Alen, the architect for the Chrysler Tower, conceived the idea of pushing up Cleopatra's needle, constructed in the inside of the elevator shaft of the Chrysler Building, 185 feet higher.

Generally speaking, one thinks of Cleopatra's Needle as an obelisk in Central Park, but William Van Alen's skyline project is truly a sharp steel needle. We have been told that this has been done by a patented method and secret plan. I certainly am one who would rejoice at the idea that the Legislature some day enact a law that all architects' designs be copyrighted or registered so that there may be no cribbing of designs or plans. It would further individuality in design and architectural progress.

Thus, the Chrysler structure has a height of 1,046 feet 1½ inches above the Lexington avenue grade, excelling that highest structure in the world, the Eiffel Tower, by 21 feet 7½ inches. To the top of the needle point it exceeds the height of the Manhattan Company Tower by 119 feet.

The Highest Public Floors.

The legitimate height of skyscrapers should be considered of the building only, in accordance with the Building Code, and should not include the flagpole or the radio needle, so the Eiffel Tower still holds the crown for the highest structure, its observatory being 905 feet 11 inches above grade.

The Bank of the Manhattan Company's tower on Wall street ranks second, its observatory being 836 feet 5 inches above the Wall street grade. A good third is the Chrysler Building, its observatory being 783 feet 1½ inches above Lexington avenue grade, or 53 feet below that of the Bank of the Manhattan Building. The Woolworth Tower observatory holds fourth place, being 727 feet above grade, and 56 feet below that of the Chrysler Building, and 110 feet below that of the Bank of Manhattan Company's Tower.

The position of crown holder will not be held very long, as the idol of the people of New York, ex-Gov. Smith, intends to outdo everybody by erecting the new Empire State Building on the site of the old Waldorf-Astoria. Another runner in the race will be the 100 story building announced by the Metropolitan Insurance Company as their next structure.

There are certain limitations to tower construction, however, the first being economic and the second structural ability to withstand load and pressure. I predicted some time ago that the height of buildings would stop at 100 stories or thereabout unless some decided change takes place in the steel industry, producing high-test steel and perfecting the welding method, followed by innovations in elevator construction.

Modern Planning Problems.

The modern trend of architectural planning is to be able to produce satisfactory architectural treatment to coincide with the growth of the tower structure. The public demands free light and air in the tower space and the owner demands additional revenue from the tower area to offset the advance cost of the ground and the structure.

For that reason the growth of skyscrapers is only by public demand and economic necessity. Therefore purely ornamental towers, such as the Metropolitan and the Woolworth of today, have no particular significance from a commercial standpoint.

ARCHITECT'S COMPARISON OF HEIGHTS OF SKYSCRAPERS

Drawn to scale by Yasuo Matsui, architect.

EIFFEL TOWER
1930 CHRYSLER TOWER
1930
1912 WOOLWORTH TOWER CASS GILBERT ARCHITECT
1930 LINCOLN BUILDING ~ J.E.R. CARPENTER & ASSOCIATES ARCHITECTS
1908 METROPOLITAN TOWER N LEBRUN & SONS ~ ARCHITECT
10 EAST 40TH ST TOWER
1929 CHANIN TOWER SLOAN & ROBERTSON ARCHITECT
1929 NEW YORK LIFE INSURANCE CO TOWER CASS GILBERT ARCHITECT

写真巻 2.2-4　「ザ・ニューヨーク・サン」の新聞記事
赤線（加筆）は「展望室（最上階）」の位置を示す

巻 2.4 現在のニューヨークの超高層ビルとマンション

エンパイア・ステート・ビルディングの落成式典が行なわれた翌年の1974年、シカゴにシアーズ・タワーが完成する。その高さは世界貿易センタービルを抜き、およそ84年振りに、ビルの高さ世界一の称号がニューヨークから他の都市に移った。21世紀に入ると超高層ビルの建設ブームはアジアや中東に移り、もはやニューヨークやアメリカの都市だけが、摩天楼の聳える街ではなくなったが、現在でもニューヨークでは、超高層ビルの建設は続いている。リーマンショックから立ち直り、好景気の続くアメリカ最大の都市は今、住宅建設ラッシュといっても過言ではない。

これまでニューヨークでは、超高層ビルといえば、その殆どがオフィスビルであったが、最近はマンションやアパート、ホテルなどの用途を持つビルが目立つ。前述のウールワース・ビルディングやメトロポリタン生命保険会社タワーのように、かつてはオフィスビルとして建てられた超高層ビルが、マンションやホテルに改装されている例も多い。1932年に建設され、当時、エンパイア・ステート・ビルとクライスラー・ビルに次いで、世界で3番目に高いビルだった「アメリカン・インターナショナル・ビルディング」(写真巻2.4-1)は、2015年、621戸の分譲マンションと巨大なフィットネス・クラブを併設する建物に改修されている。ニューヨークにある摩天楼博物館(The Skyscraper Museum)によれば、このアメリカン・インターナショナル・ビルは2016年時点で、ニューヨーク市内にある(建設中のものを含めた)マンションの中で、7番目に高いビルとなっている。

摩天楼博物館が「高さベスト10」として挙げた超高層マンションは、上記のアメリカン・インターナショナル・ビルを除くと、ここ数年に建てられたか、建設中のマンションのみとなっている。3位にランクされているのが、2015年に竣工し、現在完成している建物の中では、ニューヨーク市内にとどまらず、世界でも最も高い分譲マンション(多用途のビルは除く)となっている、「パーク・アベニュー432番地ビル」(写真巻2.4-2)である。その高さは426m、96階建てで、総住戸数は125戸となっており、1世帯が1フロアーを専有する階もあることから、超高価な「億ション」でもある。ちなみに1位として紹介されているのは、2019年に完成予定の、高さが541mに達する「セントラルパーク・タワー」で、2016年現在、建設中である。

高さベスト10には含まれていないものの、最近のニューヨークで建設された(もしくは建設中の)超高層マンションには、奇抜なデザインを持つものも多い。2011年の完成当時、西半球で世界一高いマンションだった「ビークマン・タワー」(写真巻2.4-3)(265m、76階建)は、設計者であるフランク・ゲーリーの名前から、現在はニューヨーク・バイ・ゲーリーと呼ばれ、波打ったステンレスパネルの外装材は、市役所庁舎の脇で異彩を放ち続けている。また、「鳥の巣」と呼ばれた北京オリンピックのメインスタジアムを手掛けた、ヘルツォーク & ド・ムーロンの設計によるマンション、「レオナルド通り56番地ビル」(写真巻2.4-4)(予定高さ250m)は、「空中に積み重なる家」というコンセプトの下、その完成が間近である。積み木崩しゲームの「ジェンガ」という渾名もついているが、将来必要となるだろう修繕工事の際に、どのように仮設ゴンドラ設備等を設置するのか、心配してしまうような形状である。

有名な建築家がまるで競い合うように、新しい超高層マンションを手掛けているニューヨークだが、市内に古くからあるマンションと大きく異なるのは、そのデザインや高さだけではない。最近のニューヨークのマンションは、高層も超高層も含め、「コンド(Condominium の略)」と呼ばれているものが殆どだ。「コンド」は、日本の分譲マンションと同じ「区分所有」形式のマンションを指す言葉だが、ニューヨークに古くから存在している、所有する(=賃貸ではない)タイプのマンションは、「コープ(Co-operative Apartment の略)」と呼ばれるものだ。

コンドミニアム形式が法律上で認可されたのは1964年以降であり、19世紀や20世紀初頭の建築物が多く残っているニューヨークでは、比較的新しい形式といえる。一方、1920年代に確立されたといわれているコープ形式のマンションは、建物自体の所有者は管理組合等であり、専有面積に応じた「株」を購入することで、マンションに居住する(専有する)権利を得る「所有形態」となっている。現在でもニューヨーク市内にあるマンションの8割程度がコープ形式であるといわれており、この形態は他のアメリカの都市にはあまり見られない。かつてはコープ形式の管理組合にのみ、建物維持修繕の費用を金融機関等から借りることが許可されていた。コンド形式の管理組合でも容易に融資を受けられるようになったのは、1997年の法改正以降である。

写真 2.4-1　アメリカン・インターナショナル・ビル
1932年竣工のオフィスビル、近年マンションに改装

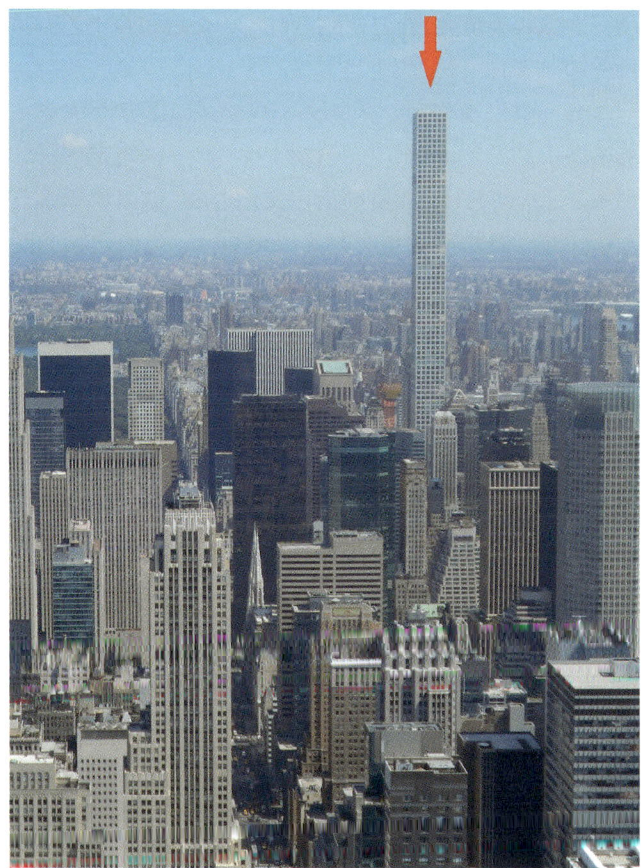

写真 2.4-2　432 パーク・アベニュー・ビル（赤印）
2016年現在、世界で最も高い「マンション」

写真 2.4-3　ニューヨーク・バイ・ゲーリー
曲線の外装パネルは設計者フランク・ゲーリーの特徴

写真 2.4-4　建設中のレオナルド通り 56 番地ビル
ジェンガという渾名がつけられたマンション

巻 2.5　ビンテージ・マンションと改修現場の現状

所有するタイプのマンションの殆どが「コープ形式」だったニューヨークにおいて、1970年代以降、「コンド形式」のマンションが増え始めた理由のひとつに、マンションを購入する際の、「高いハードル」があるためといわれている。コンド形式もコープ形式も、所有者によって構成される「管理組合」は存在するが、「コープ形式」の組合に限り、購入者（新たに所有者となる者）を審査する権限が与えられている。つまり購入資金さえあれば、手に入れることのできるコンド形式と異なり、コープ・マンションの購入の際には、資産状況は勿論、勤務先や家族構成、時には「出身地」も審査事項になってきたという。差別や格差が色濃く残るアメリカの社会では、コープ形式を保持していくことによって、「異なる住民を排除する」という方策が採られてきたことも否定できない。実際に、急激に裕福となった移民やマイノリティが、コープ形式の高級マンションの購入審査に落ちた話があるという。

建設ラッシュの続くコンド形式の新しい超高層マンションは、その人気ゆえ、分譲価格が目を見張るような高額のものも多数あるが、一方で築50年を遥かに越えた古くからあるコープ形式のマンションも、その価格が下がっていない物件が多数存在する。マンハッタンの中心に位置するセントラルパークの周辺には、歴史のあるコープ形式のマンションが多く建ち並んでおり、現在も数億円で取引されている。中でも最も有名なのが、「ダコタ・ハウス」（写真巻2.5-1）であろう。1884年に竣工した現在は93戸からなるこのマンションは、かつてジョン・レノンが住み、そしてこの建物の入口で暗殺された事でも知られている。当初は高級賃貸アパートとして建設され、1階が共用のダイニング、2階から7階が住戸、8階と9階に使用人部屋、そして10階に子供の遊び場や貯水槽、洗濯干し場があったという。1961年、アパートのオーナーであったミシンメーカーの創業者一族から、協同組合に所有権が移って分譲マンションとなると、傷みの目立つ建物の修繕が行われるようになった。1974年にはエレベータが更新され、1994年には外壁材の補修や洗浄、全ての窓の更新と各住戸の暖炉の改修が500万ドルを費やして実施された。ちなみにこのマンションの現在の売買価格は、最も広いタイプの住戸で20億円以上といわれ、まさに「ビンテージ・マンション」と呼ぶに相応しい建物である。

2016年の夏、築130年目を越えたダコタ・ハウスでは、修繕工事が行なわれていた。工事の内容は東側外壁面の補修と、中央部の屋根まわりの改修で、メイン・ストーリートに面した壁面にのみ、枠組足場が架けられていた（写真巻2.5-2）。建物が道路（歩道）に接していることの多いニューヨークのマンハッタン区内では、仮設足場を設置する際、歩行者の通路と安全を確保するためのトンネル状のステージ」（写真巻2.5-3）が設けられ、その上に足場やゴンドラを設置している工事現場をよく目にする。このステージは「ストリート・シェッド」と呼ばれるもので、新築・改修を問わず、高さが40フィート（約12m）以上の建物の工事現場に面する歩道には、市の条例で設置が義務付けられているものである。第三者に対する安全措置の義務付けは日本の場合に比べて厳しいといえるかもしれない。また、建物周囲に空地の少ないマンハッタンにおいては、工事用の仮設事務所や資材置場、建築廃材の一時保管場所等が、道路（公道）上に置かれる場合も多い。当然のことながら、工事会社は道路占用許可を取得する必要があるのだが、この許可証を含め、工事現場周囲の仮囲いには、多くの工事に関する許可済証が必ず掲示されている。ダコタ・ハウスの改修現場でも、道路占有許可（市の運輸課が許可）の他、工事許可（建築課）、騒音低減計画書（環境保護課）、歴史的建造物の改修許可（ランドマーク保存委員会）などが貼られていた（（写真巻2.5-4）はその一部）。

ニューヨークでは、ダコタ・ハウスのような歴史ある多数の建造物が、市の「ランドマーク」に指定されている。日本における「重要指定文化財」に該当するようなもので、概ね築30年を超えた建物が、その建物や関連する事柄に価値があると判断されると、ランドマーク指定を受ける資格が生じる。指定された建物を改修する場合は、建物の特徴を損なわないような工事内容とせねばならず、事前にランドマーク保存委員会が主催する公聴会にて改修計画を説明し、委員会の許可を得なければ工事を施工することが出来ない規則となっている。ニューヨーク市内には24,000棟以上の建物が2007年時点でランドマークに指定されており、その数は市内に建つ全ての建物の2%にあたる。前述のクライスラー・ビルを含め、20世紀前半に建てられた多くの超高層ビルもランドマークに指定（写真巻2.5-5）されており、その改修工事の際には、特別な配慮が求められているのが現状である。

写真巻 2.5-1　ダコタ・ハウス（2009 年撮影）
ニューヨークで最も有名なビンテージ・マンション

写真巻 2.5-2　足場が架けられ改修中のダコタ・ハウス
2016年現在、東側外壁面と屋根を改修中

写真巻 2.5-3　改修中のダコタ・ハウスに面した歩道
ストリート・シェッドとよばれる歩行者保護措置

写真巻 2.5-4　工事に関する許可済証の掲示
ダコタ・ハウス改修工事現場の一部

写真巻 2.5-5　市のランドマーク指定を示すプレート
写真はクライスラー・ビルディングの場合

ニューヨークにおいて、21世紀に建てられた超高層マンションの改修は、これからの話ではあるものの、ランドマークに指定されるような歴史のある高層ビルの改修は、これまでも盛んに行なわれてきており、その改修手法や技術は確立されてきた。前述のウールワース・ビルやダコタ・ハウスの外装材にも用いられている天然石材やテラコッタは、同系の石材や、新たに焼成した材料で取り替える補修方法が「理想」だが、部分的な劣化の補修には、我が国の鉄筋コンクリート造マンションの躯体補修に用いられるような、セメント系の補修材による「パッチワーク」も施されてきている（写真巻2.5-6）は大理石の部分補修例）。写真巻2.5-7は、北米では著名な補修モルタルのメーカーのひとつ、カテドラル・ストーン・プロダクツ社の「ジャン補修モルタル（製品名）」の色見本帳の一部である。同社の補修モルタルは、首都ワシントンにあるホワイト・ハウスや国会議事堂、またニューヨークでは、エンパイア・ステート・ビルの外装補修材としても用いられてきたそうで、見本帳にある「常備色」の他、個々の建物の石材に応じた調色にも対応している。

劣化した石材の外装材の補修にあたっては、オリジナルと同じ石材による取替や、モルタル材による補修のほかに、雨水による表面の浸食など、特に砂岩などに多く見られる劣化事象に対しては、石材の表面を「塗装」してしまう修繕方法も一般的となっている。高層マンションや高級な建物は用いられることは少ないものの、ニューヨーク郊外でも多く採掘され、市内のタウンハウス形式のマンションの外装材に多く利用されている「ブラウン・ストーン」に多く見られる修繕方法である。塗膜はく離の可能性（写真巻2.5-8はその一例）はあるものの、石材の「部分的な補修跡」を目立たなくする理由からも、広く普及している。

外壁の塗装という観点で言えば、ニューヨークのソーホー地区にはキャストアイアン建築（外装などが鋳鉄で出来た建物）のビルが多く残されている。19世紀後半に建てられた、これらのビルの多くは、外壁が鋳鉄であることから、「鉄部塗装工事」が主たる定期的な外壁修繕工事となってきた（写真はキャストアイアン建築の改修事例（写真巻2.5-9））。

ちなみに、石材やテラコッタの他に、古くから「西洋建築」をイメージする外装材としての「レンガ」があるが、元来は構造体として用いられる建材であり、これを仕上げ材として兼ねているのは、工場や倉庫など「外装にお金を掛けない」建物というのが、多くの西洋人の感覚といえる。また日本のマンションの外装材として多く用いられている「タイル」は、レンガの外壁を模して誕生したという説もあるが、「タイル貼りのマンションはグレードが高い」と感じている日本人に対し、「本場」の人々は違和感を覚えるかもしれない。なおタイルは、西洋においては「内装材」と認識するのが一般的であり、少なくともニューヨーク市内では、マンションを含め、外壁全面をタイル貼りで仕上げている建物は皆無である。

石造建築のみならずレンガ組積仕上げの建物や、日本の外装タイル貼りマンションにも「共通」する修繕工事に、目地材の補修がある。ちなみに目地を詰めることを英語ではポイント、目地補修はリポイント（repoint）という。ジャン補修モルタルの色見本帳（写真巻2.5-7）にある「M110ポインティング・モルタル」とは、目地用のモルタルのことである。目地補修は、石やレンガ造の建物において、最も頻繁に実施される修繕工事のひとつで、その仕様や施工上の留意点は様々な書籍や製品のカタログに明記されている。「目地モルタルは、劣化部位を含め、最低でも深さ1/4インチ（6.35㎜）以上取り除かなければならない」という一般事項から、「歴史的建造物の場合、既存の目地材を分析し、吸水率や収縮率、強度や色調が同様になるよう調合したモルタルを用いること」なども見受けられる。

巻 2.6 最後に

コロンビア大学の教授で、建築の修繕技術にも詳しいセオドア・プルドン氏は「レンガや石で造られた伝統的な建造物よりも、金属やコンクリートで出来た近代建築の保存の方が、より難儀だ」と語っている。「現代の建築は、外部と内部の境が曖昧になってきており、そのことが概念的にも技術的にも、（建物の）保存の足枷になることが多い」と理由付けしている。昔から日本の建築は、建物の外と内との融和、または自然との共存を意図したデザインが多く採用されてきた。現在のマンションにも、その殆どに「外部に跳ね出したバルコニー」が見られる。西洋建築の発想では、あまり多くは見られない「構造」を採用してきた日本は、将来、現代の超高層マンションの改修分野において、先駆けとなる可能性を秘めているのかもしれない。

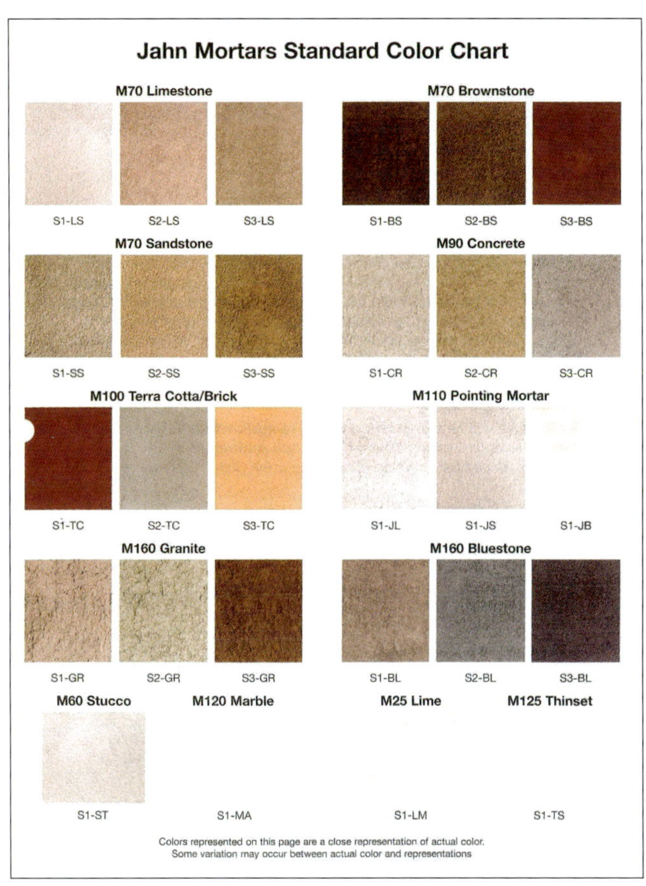

写真巻 2.5-7　補修用モルタルの色見本帳の一例
（出典 Cathedral Stone Products, Inc.）

写真巻 2.5-9　キャストアイアン建築の改修事例
（E.V.Haughwout Building 上は改修中、下が改修後）

写真巻 2.5-6　大理石の外装材の部分モルタル補修例
（ニューヨーク市ブルックリン区庁舎の建物の例）

写真巻 2.5-8　ブラウン・ストーンのタウンハウスの外壁
外装石材の表面に塗膜のはく離が著しい

［参考文献］
1) Norval White, Elliot Willensky & Fran Leadon, AIA Guide to New York City (Oxford Univ. Press, 2010)
2) The American Institute of Architects, American Architects Directory (R.R. Bowker LLC, 1956)
3) New York Landmarks Preservation Commission, Guide to New York City Landmarks New York (Wiley, 2008)
4) Neal Bascomb, Higher; A Historic Race to the Sky and the Making of a City (Broadway Books, 2004)
5) Christopher Gray, The New York Times "A Towering Career; A Collision with War," September 6,2012
6) David Bareuther, The New York Sun "Japanese Designs Great Towers," January 11,1930
7) Yasuo Matsui, The New York Sun "Architect Explains Tower Height," March 1,1930
・特記なき掲載写真は筆者が撮影

巻末3 変遷

巻3.1 超高層マンションの構造の変遷

【調査概要】

・調査対象：1972～1999年までの28年間
・調査機関：一般財団法人日本建築センターの性能評定シート（BCJ）
・調査項目：構造、フレーム工法、コンクリートの最大強度、非耐力壁（外壁）

巻3.1.1 1999年までの超高層建築物の構造分布

1999年までの超高層建築物は975棟あり、その中での構造の割合を図表巻3.1-1に示す。超高層建築物の構造は、複合のものが多い。RC+SRC+S造が最も多く37%であり、次いでSRC+S造が23.0%であった。超高層マンションは、975棟のうち、328棟であり全体の33.6%であった。超高層マンションの構造分布を図表巻1.1-2に示す。最も多かった構造は、RC造で全体の41%であり、次いでSRC造が16%であった。その他は、複数の構造を組み合わせたものが4パターンあり、それぞれ10%前後の採用であった。S造の採用は無かった。

巻3.1.2 超高層マンションの鉄筋コンクリート造

⑴超高層マンションバルコニー形状について

超高層マンションのバルコニーの形状は、第6章で説明があるように計4種類に分類される。超高層マンションのバルコニー形状の変遷と割合を図表巻3.1-3、図表巻3.1-4に示す。1970年代は、インフレームのみであったが、1990年代からアウトフレームが出現してきた。全体の割合を見てみると、1999年まではインフレームの割合が高く、9割を占めている。アウトフレーム工法は、室内空間が広くなるというメリットがある。しかしながら、工法別に外壁の劣化状況を比較すると、インフレーム工法よりも、アウトフレーム工法の方がタイルのはく落が多い傾向[1]を示しており、バルコニーの形状により、外壁劣化に与える影響も異なっている。

建物の避難に関しては、2方向の避難を確保して安全性を担保しなければならない。[4]ただし、計40%の非連続バルコニーは、2方向避難が確保されていないケースがあり、避難はしごや避難器具等を用いて避難経路を確保している事例[5]がある。

⑵超高層マンションに使用されている外壁

1999年までの超高層マンションに使用されている非耐力壁の変遷と割合を図表巻3.1-5、図表巻3.1-6に示す。記録は1984年からとした。全体的に見てみるとALCパネルが外壁材の中で最も多い。1990年初め、サッシュ・PCa・押出成形セメント板が採用され始めた。

巻3.1.3 超高層マンションのコンクリート強度の最大値変遷

1972年から2010年までの超高層マンションのコンクリート強度の最大値に関する変遷を図表巻3.1-7に示す。1990年代から超高層マンションの建設が増加し始めたとともに、コンクリート強度の最大値が高くなる傾向を示した。

［参考文献］

1）今夏紀，永井香織，兼松学，超高層集合住宅の大規模修繕に関する研究その２外壁における劣化の実態調査，大会学術講演会研究論文集，pp.83-86, 2015.10

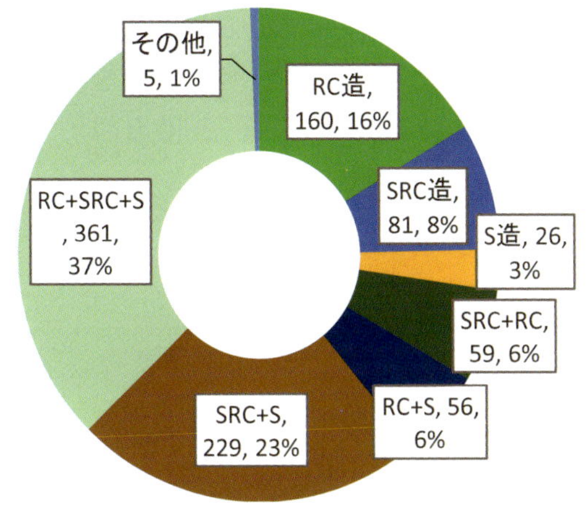

図表巻 3.1-1　超高層建築物の構造分布

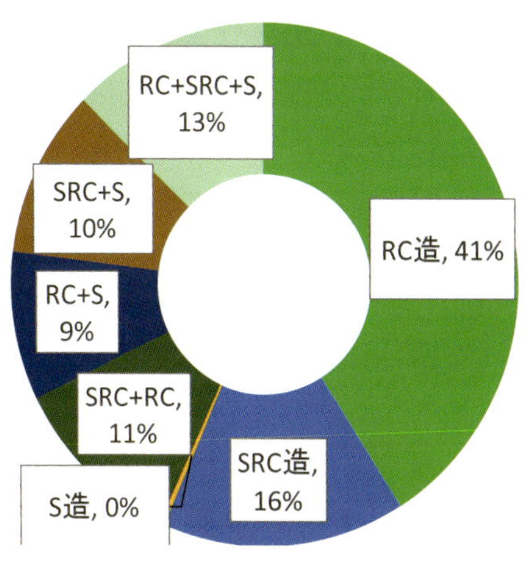

図表巻 3.1-2　超高層マンションの構造分布

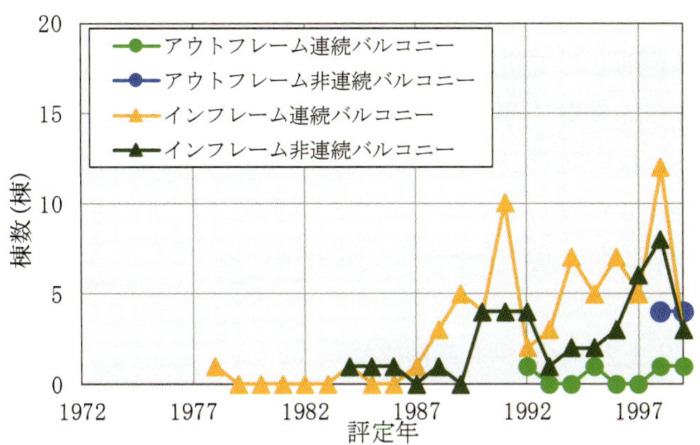

図表巻 3.1-3　フレーム工法の変遷

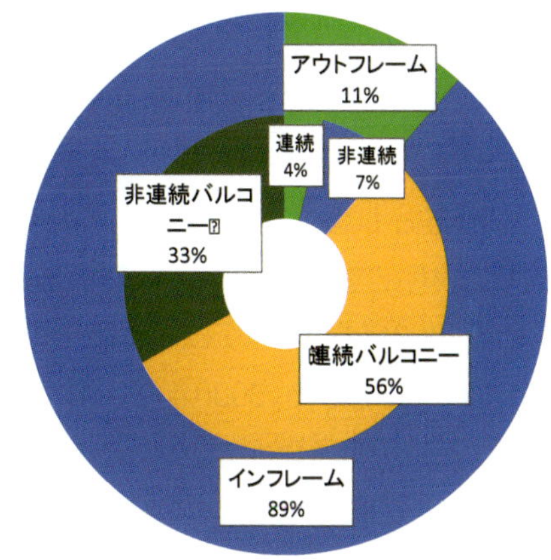

図表巻 3.1-4　フレーム工法の割合

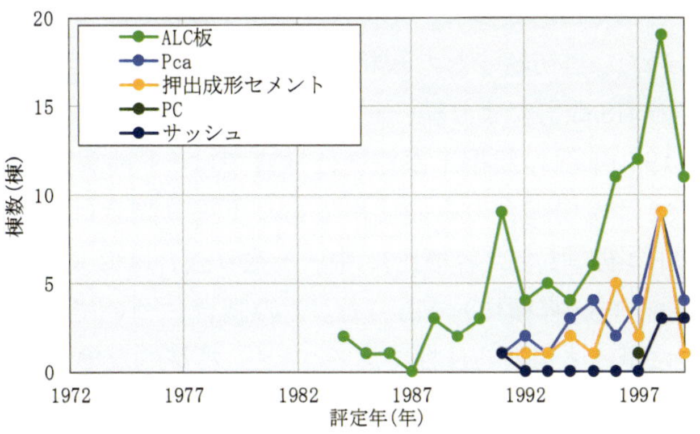

図表巻 3.1-5　非耐力壁（外壁）の変遷

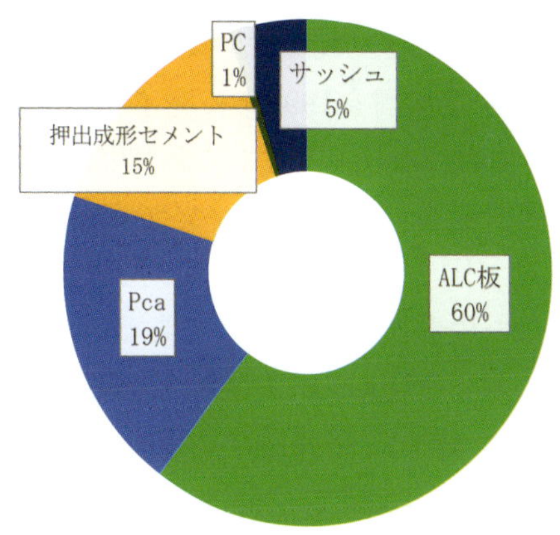

図表巻 3.1-6　非耐力壁（外壁）の割合

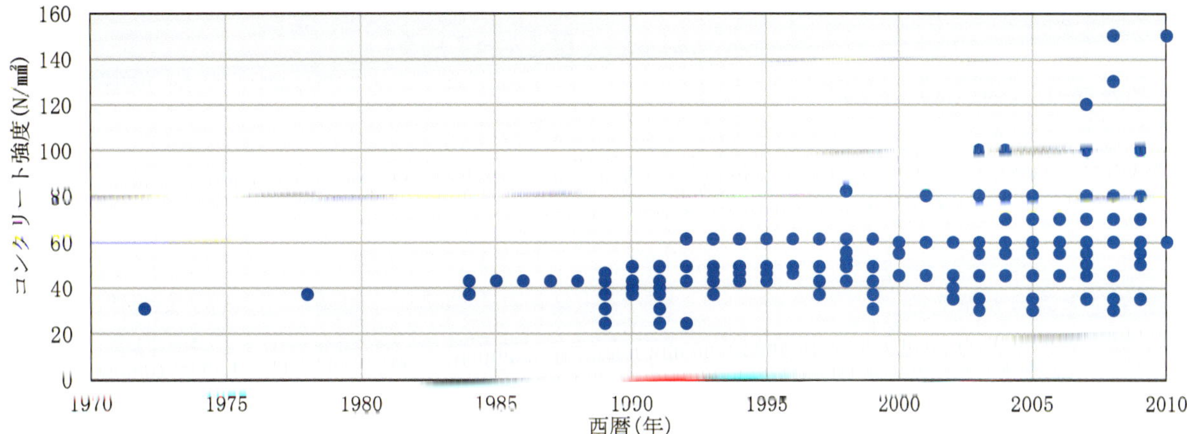

図表巻 3.1-7　マンションごとのコンクリート強度最大値の変遷

巻3.2　構造・工法・仕上材の変遷

巻3.2.1　構造の変遷

構造については、居住を目的としないオフィスビル等であれば鉄骨造も多いが、居住性が求められるマンションでは、比較的遮音性が高く、風圧による揺れが発生し難いRC造やSRC造が主体となる。特に、コンクリート・鉄筋ともに高強度化が可能となった近年では、SRC造よりも低コスト化が図りやすいRC造が選定されるケースが多い。1990年代後半から採用され始めたCFT造は、鋼管内に充填したコンクリートが鋼管より拘束力を受けるためRC造等よりも柱の間隔（スパン）を大きく取ったり、柱を細くできる等、設計自由度が高まる優れた構造であるが、コストが高くなる傾向のため、大空間を設ける等、超高層マンションでも比較的特殊な設計への対応として選定されることが多い。

1990年代は1、2件/年程度であった超高層マンションの新築棟数は、2000年を皮切りに年間20棟近い2009年のピークにかけて急増した。2000年は、国土交通省告示にて長周期地震動への考慮が求められ、世界初の免震構造マンションが建設されるなど、構造・工法における変革の年であった。

また、コンクリートについては、当時の建設省建築研究所が設計基準強度120N/㎟までの調合設計・製造・品質管理に関する検討を1993年に完了した。これを受け、設計基準強度130N/㎟程度までが実用化に至ると共に、建築基準法改正にて高強度コンクリートが建築基準法第37条にて国土交通大臣の認定対象となる指定建築材料となったのが2000年のことである。

以上のように、技術の向上に伴ない制度的な変化が生じた2000年を起点に超高層マンションの建築ラッシュが始まった。なお、それに伴ない外装仕上材については、近年多く採用されるアルミカーテンウォールが2001年より使用され始めた。

巻3.2.2　耐震構造・免震構造・制振構造について

2000年から超高層マンションの建設の増加とともに、2005年をピークに高い水準で推移している。2004年頃からは、制振構造、免震構造の比率が過半数以上を占めている。ここでは地震時の安全性に対しての比率が高まっていることがうかがえる。

2008年以降、免震工法物件においては大規模修繕工事の外部仮設の選定に大きく影響する。例えば、途中階まで枠組足場を設置し、上層階をゴンドラで工事を行う方法は出来なくなる。

地震対応別の階数一覧表を確認すると耐震構造を採用している物件は50階まで、免震構造を採用している物件は45階までとなっている。50階を超えるマンションにおいては概ね制振構造を採用している。

巻3.3　モルタル・補修材

巻3.3.1　下地補修

エポキシ樹脂

1960年代にほとんど収縮なく硬化し、高い接着強度を持つエポキシ樹脂を用いて、ひび割れ等の補修に利用する研究が進められ、ひび割れへの注入剤や各種の接着剤として使用されている。1967年には、広島の原爆ドーム保存工事に15tのエポキシ樹脂が使用されたといわれており、1988年に広島市が行った保存調査では、接着力が維持されていることが実証されエポキシ樹脂の耐久性に高い評価が与えられている。

巻3.3.2　セメント系補修材

下地調整材の規格は、1960年代頃から建築仕上塗材の耐久性、安全性の向上を目的に各種の下地調整材が開発された。1970年代には、品質の確保・作業効率の向上を図る目的として、既成調合モルタルが、販売されはじめた。当初統一した規格が無かったが、1995年、2000年のJIS改訂により統一した規格が規定された。

1950年代の建築工事標準仕様書では、下地調整に関しては現場調合のみの使用であり下塗り調合は、セメント：砂=1：2（容積比）、中・上塗り調合はセメント：砂=1：3（容積比）であった。この調合については、現在に至るまで残る仕様である。また、標準的な塗り厚さは16㎜と記載されていた。

1960年代に入っても下地調整については、型枠精度、コンクリート打設の技術向上により標準塗厚は25㎜程度となっている。

左官工事による下地調整工事が、現場調合から既調合モルタル化されるのは、1970年以降で既調合モルタルが各社から販売されたが、規格等は何もなく塗厚別に製品がラインナップされていた。

下地調整材の規格は、1960年代頃から急速な発展が見られた建築仕上塗材の耐久性、安全性の向上を目的に下地調整塗材が開発された。その品質の確保を図る目的として1983年にJIS A 6916（セメント系下地調整塗材）が、JIS A 6909（建築用仕上塗材）の制定に引き続き制定されたことにより急速に既調合化へと進んでいった。

1970年にセメント系既調合補修材が発売され始め、1975年頃既調合薄塗補修材も発売され、これがJIS A 6916（セメント系下地調整塗材）のセメントフィラーへと進化していった。

しかし、この当時の補修材は、現場でセメント混和用ポリマーディスパージョンを混入する既調合ポリマーセメントモルタルの使用も始まり、セメントフィラー等の一部製品に混和用ポリマーディスパージョンとのセット品になっていた。

1995年、建築用仕上塗材は当初は、1～3㎜程度の厚みであったが、0.5～1㎜程度、3～10㎜程度へと変わってきてJIS A 6916（仕上塗材用下地調整材）として改正された。

2000年、建築用仕上塗材の内外装仕上の下地調整に限らず、塗料や陶磁器質タイルなどの内外装工事に使用されることが多くなり、建築用下地調整塗材としてJIS A 6916：2000として改正された。これが現在まで継承されている。

既調合ポリマーセメントモルタルは、2000年に再乳化形粉末樹脂の汎用化と、製品品質規格の厳格化により上市された。

巻3.3.3　タイル張りの歴史と張付材

1950年代の建築工事標準仕様書では、壁タイル施工では釉薬タイルが用いられていた。タイルは積上げ張りが主流で、張付材料についてはセメント：砂 =1：3（容積比）が使用されていた。タイルも初期は、吸水性のある陶器質タイルに釉薬を施したものが使われていた。タイルの仕様は1957年にJIS A 5209：1957（タイル）が制定された。

1960年代に入り、経済成長と東京オリンピックによる建設ラッシュを迎え、タイル工事が急激に増加した。このころより圧着張り工法が普及し始めた。張付材については、現場調合モルタルが主流で調合はタイル形状によりセメント：砂 =1：2.5（容積比）程度であった。

1960年後半以降、タイル施工は、各種工法が開発され、改良積上げタイル張り、改良圧着張り、改良モザイクタイル張り、モザイクタイル張り等が開発され、張付け材についても、既調合張付け材が上市された。また、同じ頃、接着増強剤と称して吸水調整剤、セメント混和用ポリマーディスパージョンも上市された。

1970年代に入りタイル張り工法は、新たに振動工具を使用した密着張りが開発された。

また、1980年代には、現場でセメント混和用ポリマーディスパージョンを混入する既調合ポリマーセメントモルタルの使用も始まった。1980年にJIS A 6203：1980（セメント混和用ポリマーディスパージョン）が制定された。1983年に入り立体繊維材張り工法等も施工が開始された。

1986年都市公団がタイル直張り工法を前提とした「タイルモルタル規格」（現JIS A 6916：2006（建築用下地調整塗材）試験用タイル張付けモルタルの品質）が制定された。

1989年、北九州の団地で下地と躯体面での浮きにより外装タイルのはく落事故が起き、この事故を契機に超高圧水洗浄、凹凸シート工法等のはく落防止策が開発され、有機系タイル接着材も開発され始めた。

タイル工事は、1990年代には今の工事指針の原型が定着し、建築工事共通仕様書の1993年版より下地調整塗材施工の前に吸水調整材を全面に塗布する仕様が規定された。

タイル張付け材については、既調合モルタルが主流となり、既調合モルタルはモルタル下地へのタイル張り用（プレーンモルタル）とコンクリート下地へのタイル張り用（ポリマーセメントモルタル）の2種類が使われ始めた。

バブル崩壊以降、コンクリート直張り工法が主力となり、コンクリートの下地処理の問題がクローズアップされてきた。

2000年に入るとタイルは、現在の施工と同様の工法が確立し、建築工事共通仕様書、建築工事標準仕様書・同解説 JASS19陶磁器質タイル張り工事も下地処理として超高圧水洗浄（150N/㎟）及び凹凸シート工法による目荒しが記載された。

2010年にJIS A 5557：2010（外装タイル張り用有機系接着剤）が制定され、徐々に有機系接着剤での施工が増加し、JASS19：2012にも、有機接着剤による外装タイル張りが追加された。

巻3.4　ウレタン工事・長尺シート工事

巻3.4.1　バルコニー、廊下、階段

改修工事で全面に塗膜防水を施す場合、防水材が硬化するまで使用が制限されるため、超速乾型の防水材が開発された。1980年代以降に側溝、巾木部分を塗膜防水とし、平場面を長尺シート張りとする新築物件が増えて、改修においても長尺シート張りが多く用いられてきている。

巻3.5　シーリング工事

日本におけるシーリング材の歴史は1951年（昭和26）に油性コーキング材が運用で持ち込まれた。1952年より商品名「バルカテックス」としてアメリカから正式に輸入された。また、1955年より国産化され、建築物のプレハブ化にともなう部材間の目地の防水材として使用された。1957年に開設した南極・昭和基地や1958年に完成した東京タワーにも国産の油性コーキング材が使用された。

現在主流となっている弾性シーリング材は1958年にアメリカから輸入された2成分形ポリサルファイド系シーリング材（商品名「ウエザーバンシーラー」）を、建築物の部材接合部の防水材として使用したことに始まる。当初、シーリング材は部材接合部の隙間を埋める防水材として使用されていた。それが、1968年に竣工した超高層の曙といわれる「霞が関ビル」の建設において、カーテンウォールの風圧、水密、耐震などの実大実験をする中で、目地のムーブメント（挙動）を初めて測定し、これに追従する目地幅を設定するための目地設計が行われた。なお、この時に1成分形シリコーン系シーリング材が一部のガラス廻り目地に採用された。この当時のポリサルファイド系シーリング材には、PCBが配合されていたが、1972年に人体に対する毒性からPCBの使用が禁止されたことで、安全面は向上したものの性能が大幅に低下してしまった。

2成分形シリコーン系シーリング材は、1970年頃にアメリカのGE社から日本に持ち込まれたことに始まり、1971年に国産化された。当初は、特に耐久性のすばらしさが認められたものの、2成分形ポリサルファイド系シーリング材より高価なことで現場では中々採用されなかった。ところが、1973年のオイルショックでポリサルファイド系シーリング材が品不足になったことと、超高層カーテンウォールに施工したポリサルファイド系シーリング材が、目地の大きな挙動に追従できず破断したことで、2成分形シリコーン系シーリング材が高層建築物の金属・ガラスカーテンウォール用シーリング材として使われるようになった。しかし、1970年代の終わりにシリコーン系シーリング材の周辺汚染による外装の美観の問題が発生したことで、その使用方法に制約を受けるようになった。

表面を塗装することが必要な2成分形ポリウレタン系シーリング材は1970年から国内生産が開始されるが、環境問題により塗料が溶剤タイプから水性タイプへ変わったことで、ブリード（シーリング材の上の塗装材が軟化し変色する）が発生し、1999年からはノンブリードタイプ2成分形ポリウレタン系シーリング材の生産が開始された。

ムーブメントに追従し汚染性を改善したシーリング材として1978年より2成分形変成シリコーン系シーリング材が上市された。しかし、ガラス面への接着が悪く、シーリング材料の硬化後も表面がベタつくという問題点があった。

1984年になると日本シーリング材工業会より「シーリング材の適材適所表」が公表され、シーリング材種ごとの特徴を生かした使用方法の目安が確立された。

その他、シリコーン系シーリング材の弱点である汚染性を改善した高耐久性シーリング材として2成分形ポリイソブチレン系シーリング材が1998年から生産され、2009年からは2成分形シリル化アクリレート系シーリング材が生産されている。

［参考文献］

1）日本シーリング材工業会，別冊&SEALANT　シーリング材と超高層の歴史，2013年4月

巻 3.6 **変遷表**

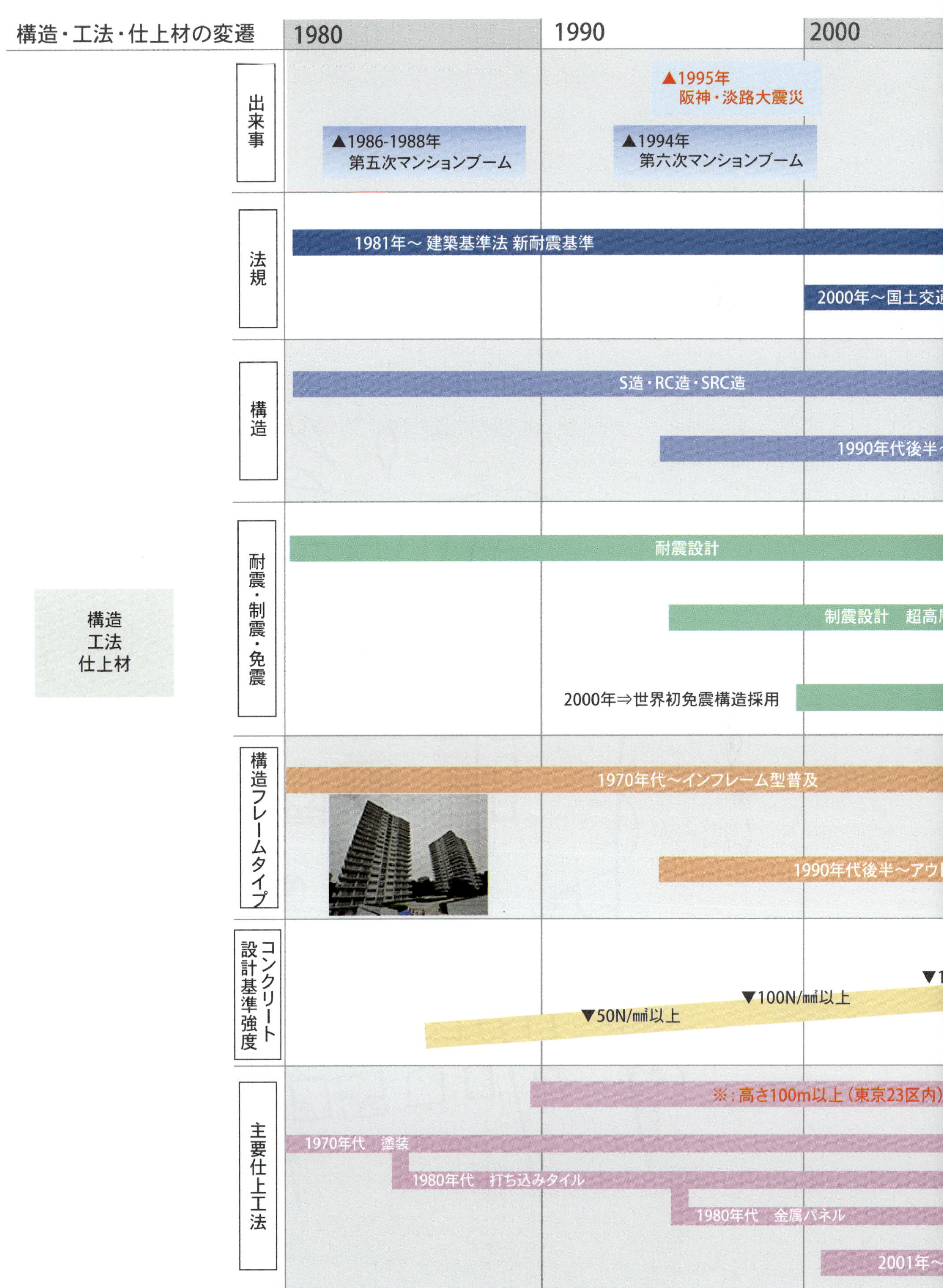

構造・工法・仕上材の変遷
1980
1990
2000
出来事
▲1995年
阪神・淡路大震災
▲1986-1988年
第五次マンションブーム
▲1994年
第六次マンションブーム
法規
1981年～ 建築基準法 新耐震基準
2000年～国土交
構造
S造・RC造・SRC造
1990年代後半
耐震・制震・免震
耐震設計
制震設計 超高
2000年⇒世界初免震構造採用
構造
工法
仕上材
構造フレームタイプ
1970年代～インフレーム型普及
1990年代後半～アウト
コンクリート設計基準強度
▼50N/㎟以上
▼100N/㎟以上
主要仕上工法
※：高さ100m以上（東京23区内）
1970年代 塗装
1980年代 打ち込みタイル
1980年代 金属パネル
2001年～

2000
2010　(2016年)
大震災
▲2011年
東日本大震災
ブーム
2000年〜国土交通省告示長周期地震動への考慮
1990年代後半〜　CFT造
制震設計　超高層マンション
用
免震設計
型普及
1990年代後半〜アウトフレーム型普及
▼300N/㎟以上
▼200N/㎟以上
▼150N/㎟以上
00N/㎟以上
100m以上（東京23区内）
金属パネル
2001年〜外装アルミカーテンウォール

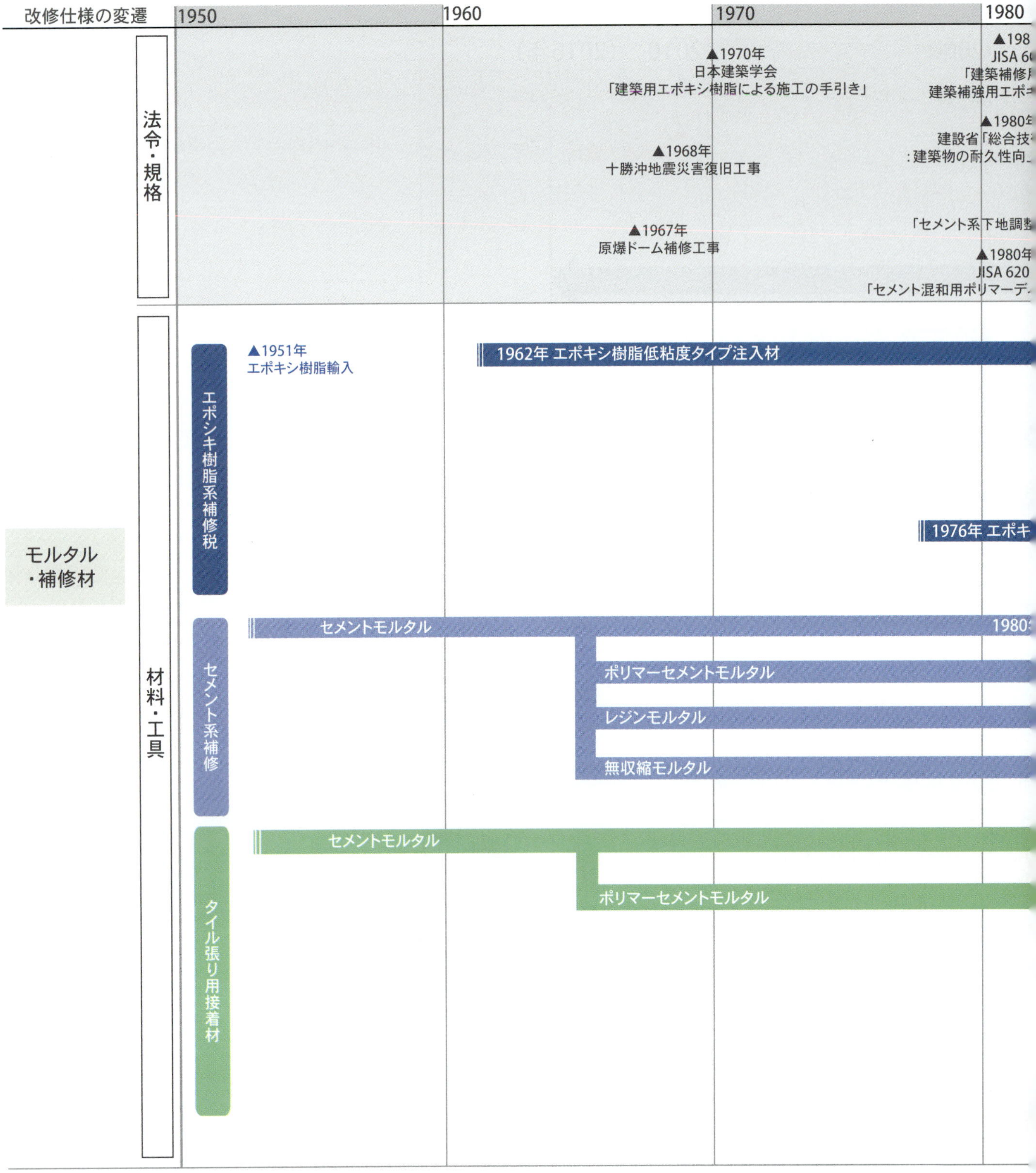

改修仕様の変遷

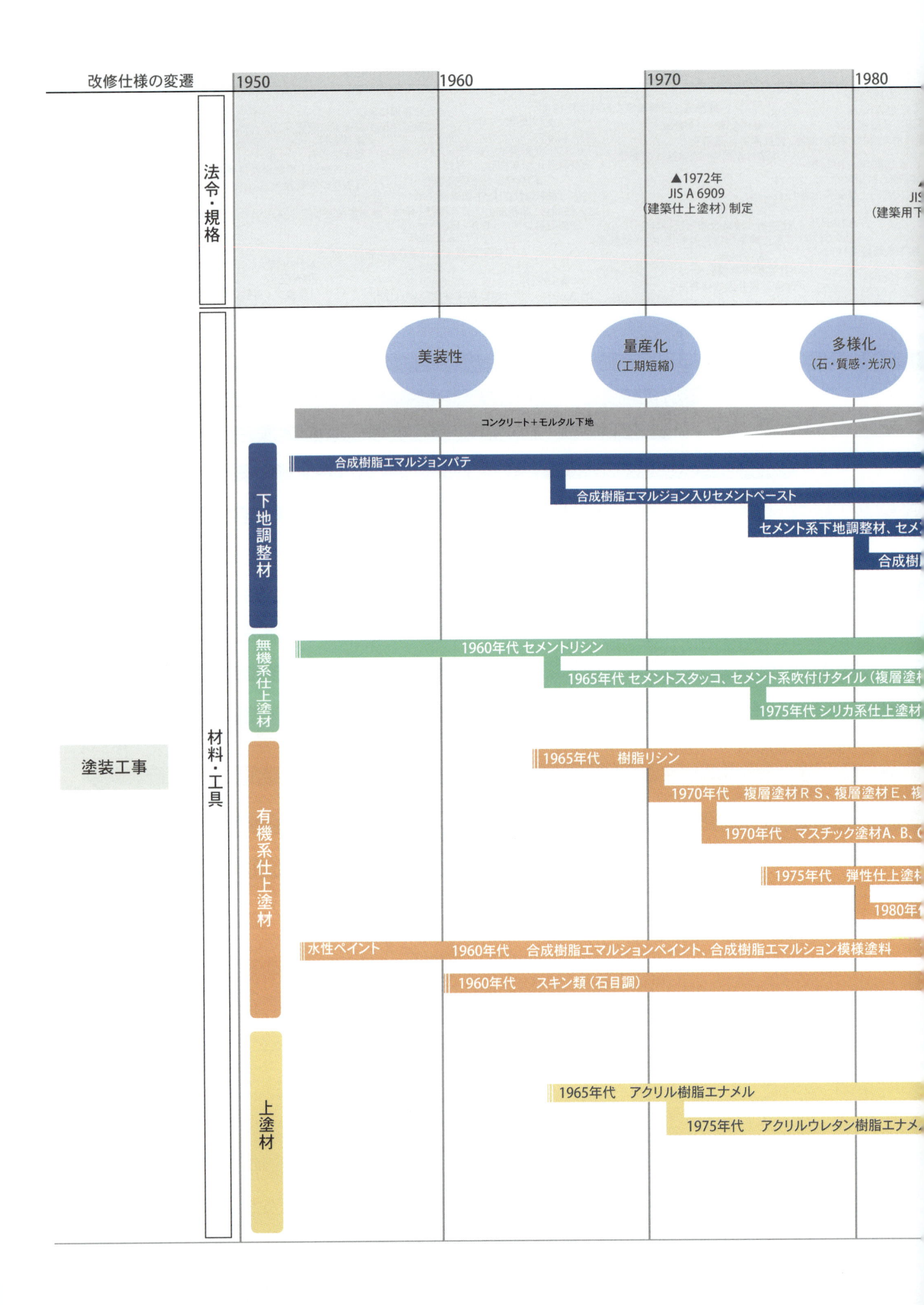

		1950	1960	1970	1980
	法令・規格		▲1967年 原爆ドーム補修工事 ▲1968年 十勝沖地震災害復旧工事	▲1970年 日本建築学会「建築用エポキシ樹脂による施工の手引き」	▲198 JISA 6(「建築補修 建築補強用エポキ ▲1980年 建設省「総合技 :建築物の耐久性向 「セメント系下地調整 ▲1980年 JISA 620 「セメント混和用ポリマーデ

モルタル・補修材

材料・工具

エポキシ樹脂系補修税

▲1951年 エポキシ樹脂輸入

1962年 エポキシ樹脂低粘度タイプ注入材

1976年 エポキ

セメント系補修

セメントモルタル

1980

ポリマーセメントモルタル

レジンモルタル

無収縮モルタル

タイル張り用接着材

セメントモルタル

ポリマーセメントモルタル

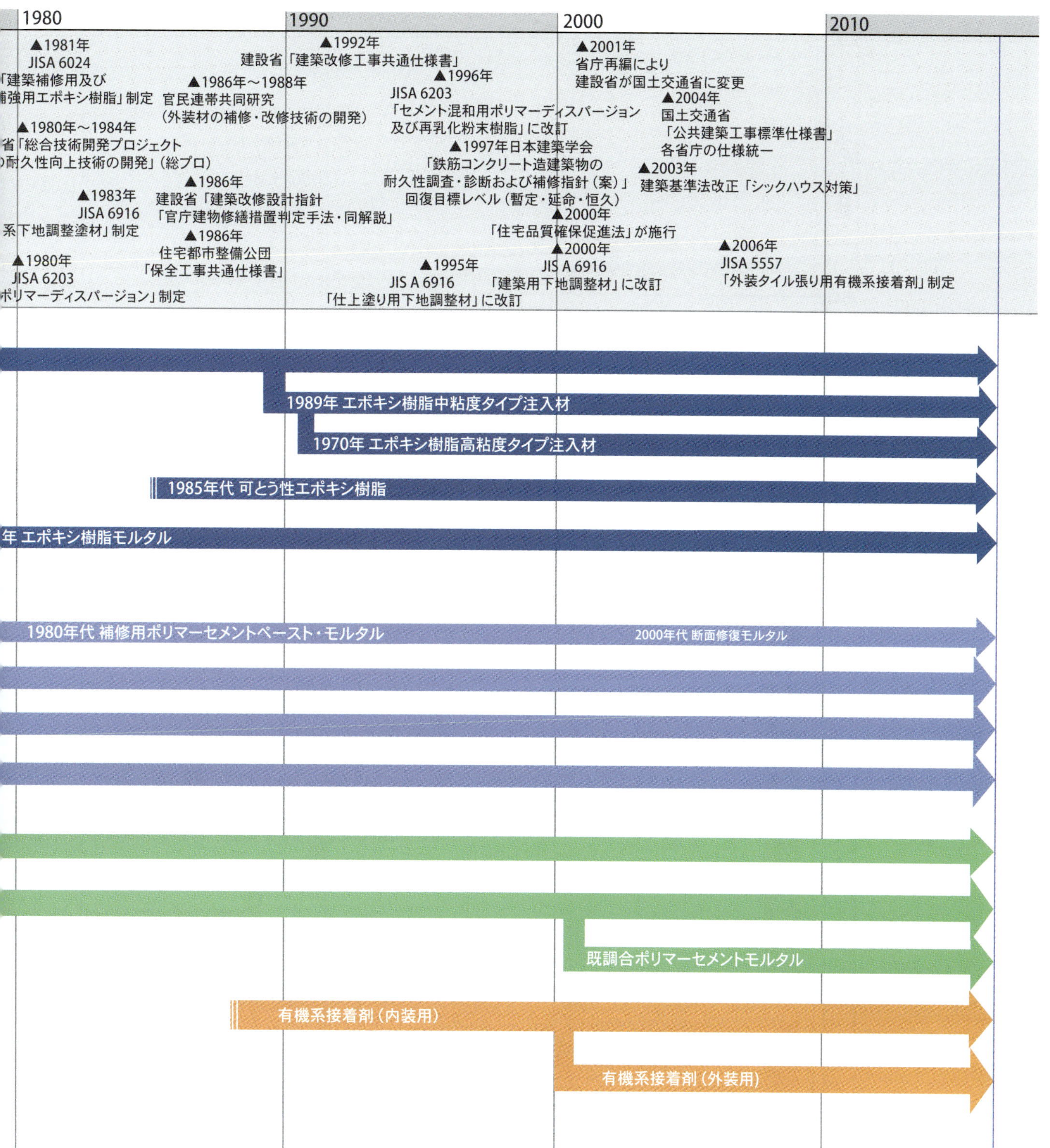
1980
1990
2000
2010
▲1981年
JISA 6024
「建築補修用及び
補強用エポキシ樹脂」制定
▲1980年～1984年
省「総合技術開発プロジェクト
の耐久性向上技術の開発」(総プロ)
▲1983年
JISA 6916
系下地調整塗材」制定
▲1980年
JISA 6203
ポリマーディスパージョン」制定
▲1986年～1988年
官民連帯共同研究
(外装材の補修・改修技術の開発)
▲1986年
建設省「建築改修設計指針
「官庁建物修繕措置判定手法・同解説」
▲1986年
住宅都市整備公団
「保全工事共通仕様書」
▲1992年
建設省「建築改修工事共通仕様書」
▲1996年
JISA 6203
「セメント混和用ポリマーディスパージョン
及び再乳化粉末樹脂」に改訂
▲1997年日本建築学会
「鉄筋コンクリート造建築物の
耐久性調査・診断および補修指針(案)」
回復目標レベル(暫定・延命・恒久)
▲1995年
JIS A 6916
「仕上塗り用下地調整材」に改訂
▲2001年
省庁再編により
建設省が国土交通省に変更
▲2004年
国土交通省
「公共建築工事標準仕様書」
各省庁の仕様統一
▲2003年
建築基準法改正「シックハウス対策」
▲2000年
「住宅品質確保促進法」が施行
▲2000年
JIS A 6916
「建築用下地調整材」に改訂
▲2006年
JISA 5557
「外装タイル張り用有機系接着剤」制定
1989年 エポキシ樹脂中粘度タイプ注入材
1970年 エポキシ樹脂高粘度タイプ注入材
1985年代 可とう性エポキシ樹脂
年 エポキシ樹脂モルタル
1980年代 補修用ポリマーセメントペースト・モルタル
2000年代 断面修復モルタル
既調合ポリマーセメントモルタル
有機系接着剤(内装用)
有機系接着剤(外装用)

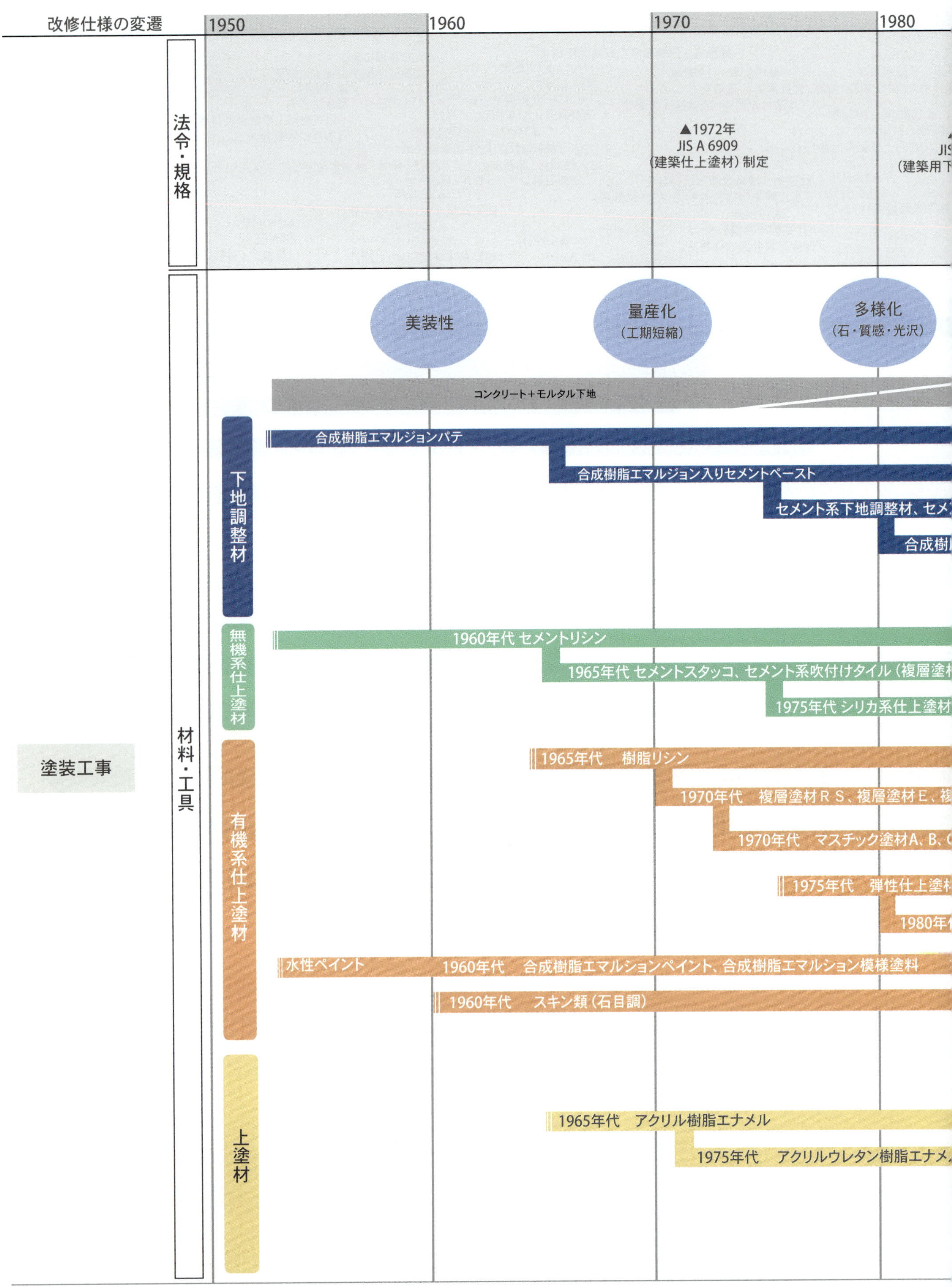
改修仕様の変遷
1950
1960
1970
1980
法令・規格
▲1972年
JIS A 6909
（建築仕上塗材）制定
（建築用下
塗装工事
材料・工具
美装性
量産化
（工期短縮）
多様化
（石・質感・光沢）
コンクリート＋モルタル下地
下地調整材
合成樹脂エマルジョンパテ
合成樹脂エマルジョン入りセメントペースト
セメント系下地調整材、セメ
合成樹
無機系仕上塗材
1960年代 セメントリシン
1965年代 セメントスタッコ、セメント系吹付けタイル（複層塗
1975年代 シリカ系仕上塗材
有機系仕上塗材
1965年代　樹脂リシン
1970年代　複層塗材ＲＳ、複層塗材Ｅ、複
1970年代　マスチック塗材A、B、
1975年代　弾性仕上塗
1980年
水性ペイント
1960年代　合成樹脂エマルションペイント、合成樹脂エマルション模様塗料
1960年代　スキン類（石目調）
上塗材
1965年代　アクリル樹脂エナメル
1975年代　アクリルウレタン樹脂エナメ

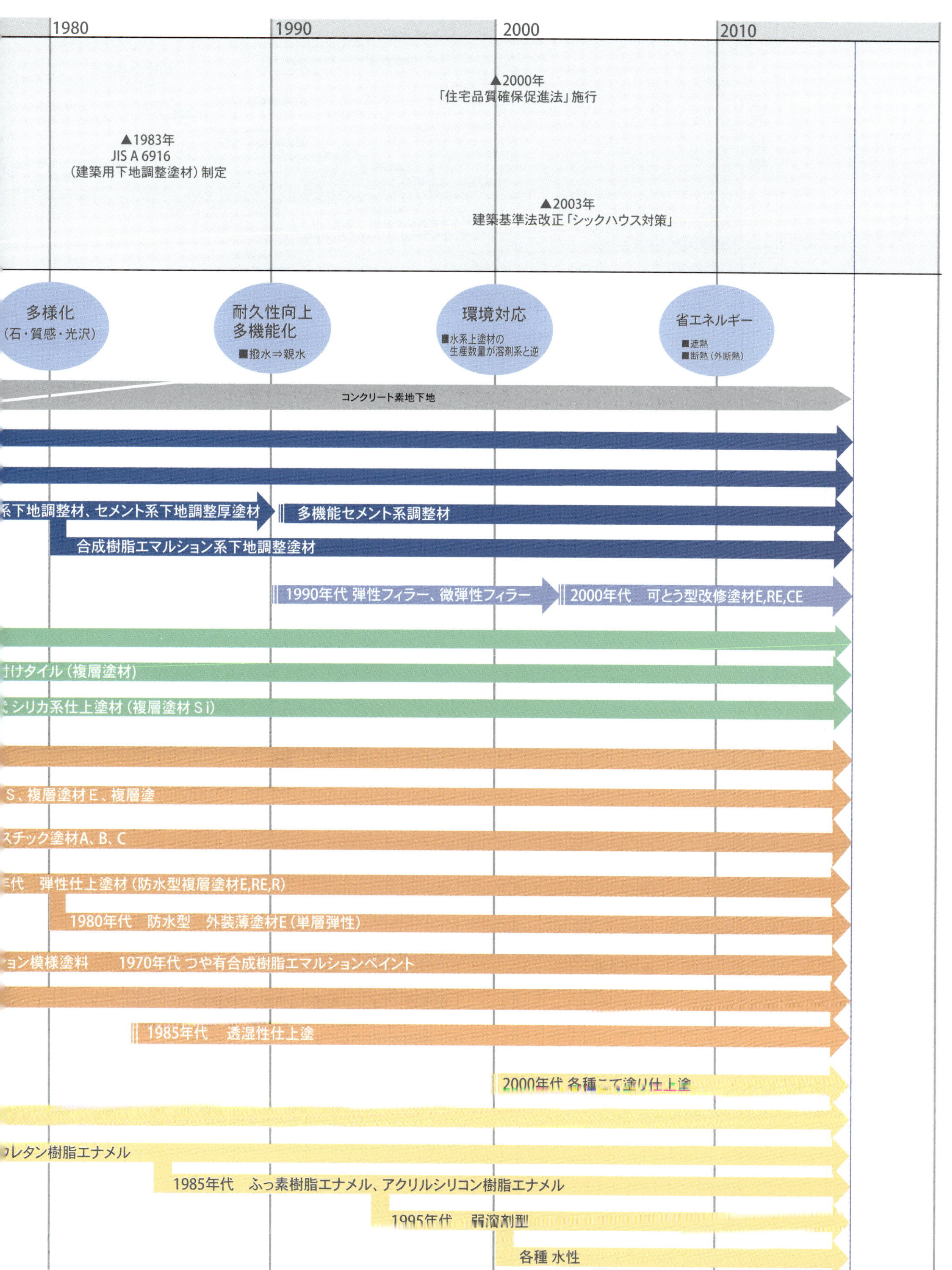
1980
1990
2000
2010
▲2000年
「住宅品質確保促進法」施行
▲1983年
JIS A 6916
（建築用下地調整塗材）制定
▲2003年
建築基準法改正「シックハウス対策」
多様化
（石・質感・光沢）
耐久性向上
多機能化
■撥水⇒親水
環境対応
■水系上塗材の
生産数量が溶剤系と逆
省エネルギー
■遮熱
■断熱（外断熱）
コンクリート素地下地
系下地調整材、セメント系下地調整厚塗材
多機能セメント系調整材
合成樹脂エマルション系下地調整塗材
1990年代 弾性フィラー、微弾性フィラー
2000年代　可とう型改修塗材E,RE,CE
けタイル（複層塗材）
シリカ系仕上塗材（複層塗材Si）
S、複層塗材E、複層塗
スチック塗材A、B、C
代　弾性仕上塗材（防水型複層塗材E,RE,R）
1980年代　防水型　外装薄塗材E（単層弾性）
ョン模様塗料　1970年代 つや有合成樹脂エマルションペイント
1985年代　透湿性仕上塗
2000年代 各種こて塗り仕上塗
レタン樹脂エナメル
1985年代　ふっ素樹脂エナメル、アクリルシリコン樹脂エナメル
1995年代　弱溶剤型
各種 水性

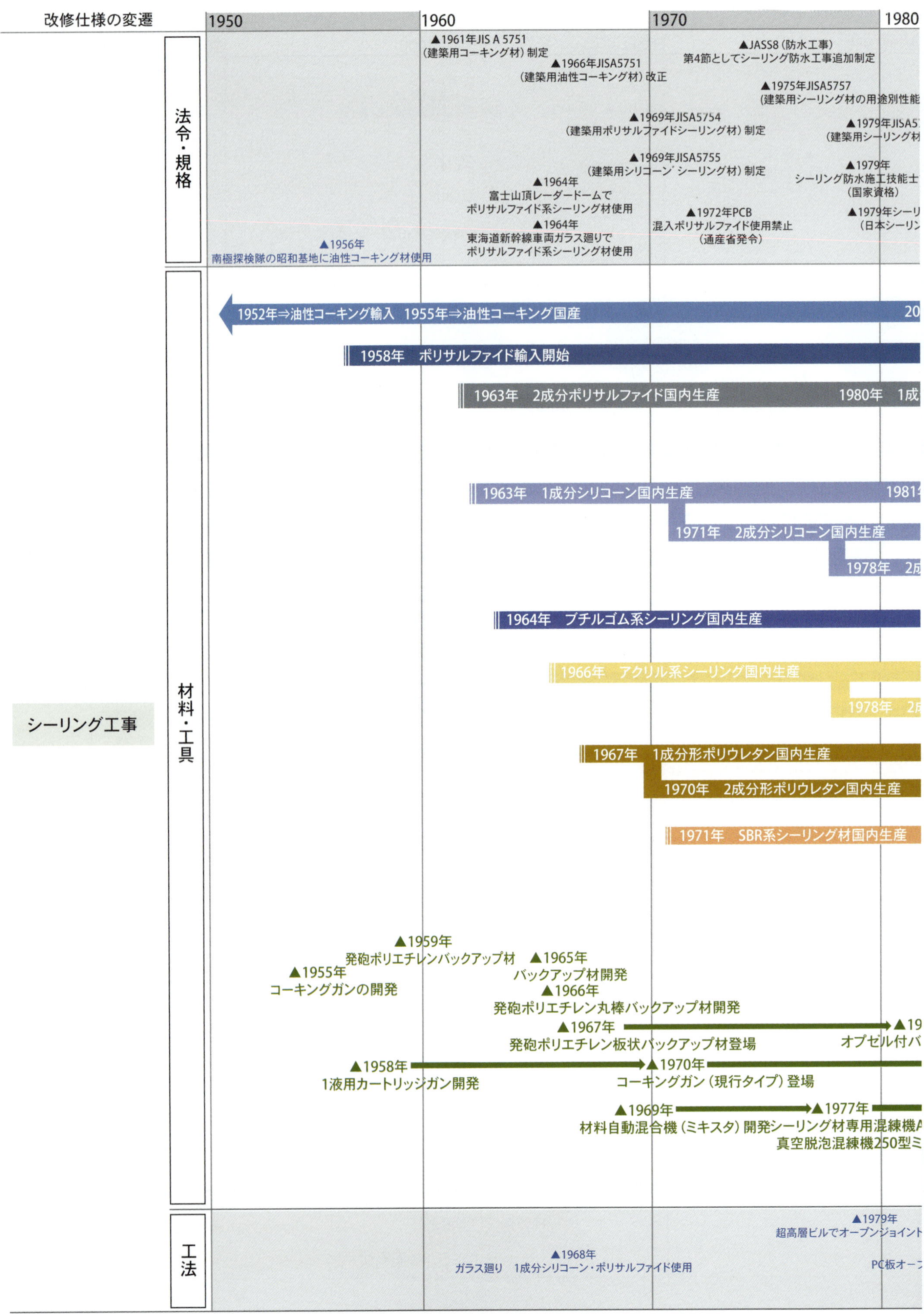

改修仕様の変遷
1950
1960
1970
1980
法令・規格
▲1961年JIS A 5751
(建築用コーキング材)制定
▲1966年JISA5751
(建築用油性コーキング材)改正
▲JASS8(防水工事)
第4節としてシーリング防水工事追加制定
▲1975年JISA5757
(建築用シーリング材の用途別性能
▲1969年JISA5754
(建築用ポリサルファイドシーリング材)制定
▲1979年JISA5
(建築用シーリング材
▲1969年JISA5755
(建築用シリコーンシーリング材)制定
▲1979年
シーリング防水施工技能士
(国家資格)
▲1964年
富士山頂レーダードームで
ポリサルファイド系シーリング材使用
▲1964年
東海道新幹線車両ガラス廻りで
ポリサルファイド系シーリング材使用
▲1972年PCB
混入ポリサルファイド使用禁止
(通産省発令)
▲1979年シーリ
(日本シーリン
▲1956年
南極探検隊の昭和基地に油性コーキング材使用
シーリング工事
材料・工具
1952年⇒油性コーキング輸入 1955年⇒油性コーキング国産
20
1958年 ポリサルファイド輸入開始
1963年 2成分ポリサルファイド国内生産
1980年 1成
1963年 1成分シリコーン国内生産
1981
1971年 2成分シリコーン国内生産
1978年 2成
1964年 ブチルゴム系シーリング国内生産
1966年 アクリル系シーリング国内生産
1978年 2成
1967年 1成分形ポリウレタン国内生産
1970年 2成分形ポリウレタン国内生産
1971年 SBR系シーリング材国内生産
▲1959年
発砲ポリエチレンバックアップ材
▲1965年
バックアップ材開発
▲1955年
コーキングガンの開発
▲1966年
発砲ポリエチレン丸棒バックアップ材開発
▲1967年
発砲ポリエチレン板状バックアップ材登場
▲19
オプゼル付バ
▲1958年
1液用カートリッジガン開発
▲1970年
コーキングガン(現行タイプ)登場
▲1969年
材料自動混合機(ミキスタ)開発
▲1977年
シーリング材専用混練機A
真空脱泡混練機250型ミ
工法
▲1979年
超高層ビルでオープンジョイント
▲1968年
ガラス廻り 1成分シリコーン・ポリサルファイド使用
PC板オープ

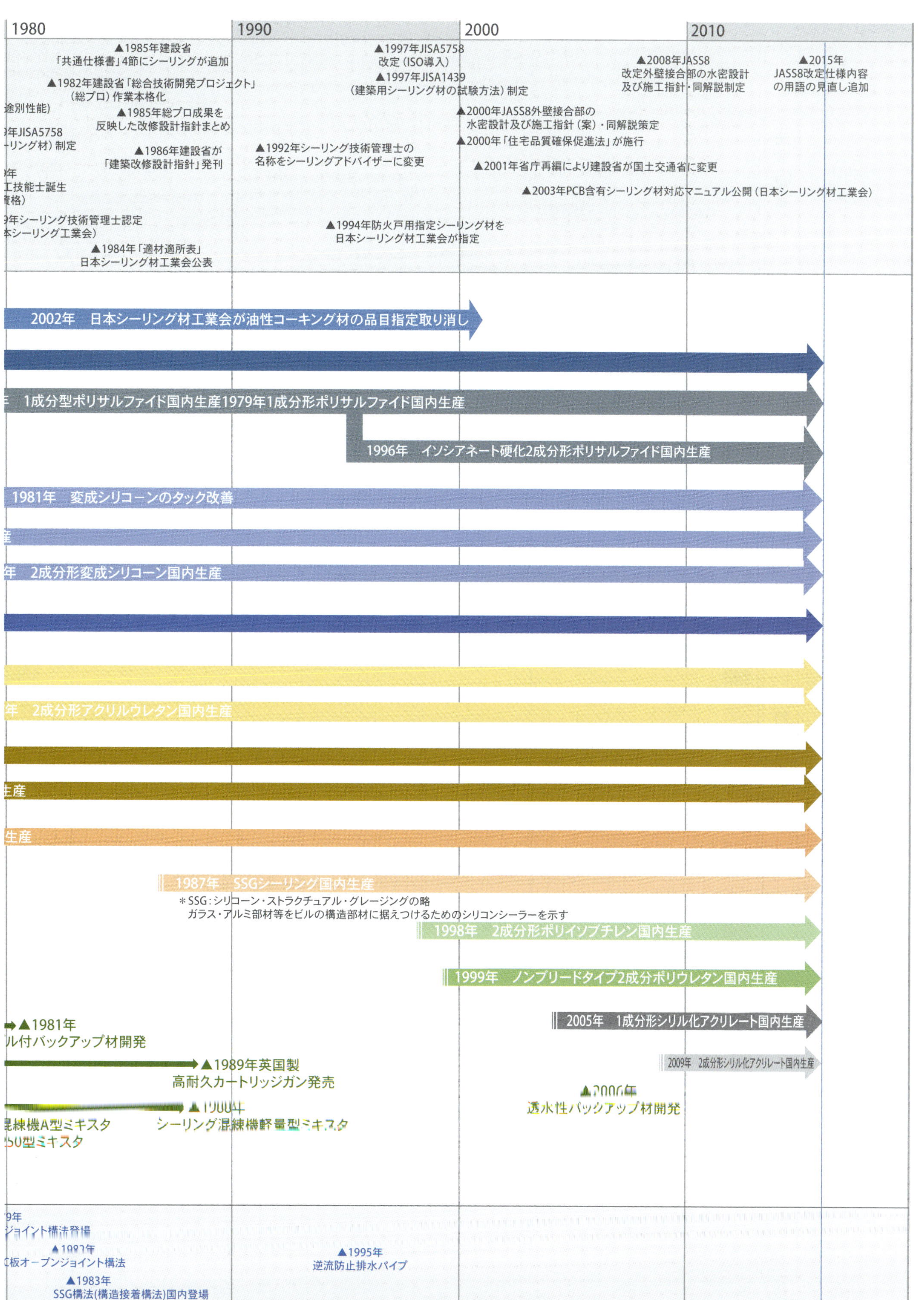
1980
1990
2000
2010
▲1985年建設省
「共通仕様書」4節にシーリングが追加
▲1982年建設省「総合技術開発プロジェクト」
(総プロ)作業本格化
途別性能)
▲1985年総プロ成果を
反映した改修設計指針まとめ
年JISA5758
ーリング材)制定
▲1986年建設省が
「建築改修設計指針」発刊
工技能士誕生
資格)
年シーリング技術管理士認定
本シーリング工業会)
▲1984年「適材適所表」
日本シーリング材工業会公表
▲1997年JISA5758
改定(ISO導入)
▲1997年JISA1439
(建築用シーリング材の試験方法)制定
▲1992年シーリング技術管理士の
名称をシーリングアドバイザーに変更
▲1994年防火戸用指定シーリング材を
日本シーリング材工業会が指定
▲2000年JASS8外壁接合部の
水密設計及び施工指針(案)・同解説策定
▲2000年「住宅品質確保促進法」が施行
▲2001年省庁再編により建設省が国土交通省に変更
▲2003年PCB含有シーリング材対応マニュアル公開(日本シーリング材工業会)
▲2008年JASS8
改定外壁接合部の水密設計
及び施工指針・同解説制定
▲2015年
JASS8改定仕様内容
の用語の見直し追加
2002年　日本シーリング材工業会が油性コーキング材の品目指定取り消し
1成分型ポリサルファイド国内生産1979年1成分形ポリサルファイド国内生産
1996年　イソシアネート硬化2成分形ポリサルファイド国内生産
1981年　変成シリコーンのタック改善
産
年　2成分形変成シリコーン国内生産
年　2成分形アクリルウレタン国内生産
生産
生産
1987年　SSGシーリング国内生産
＊SSG：シリコーン・ストラクチュアル・グレージングの略
ガラス・アルミ部材等をビルの構造部材に据えつけるためのシリコンシーラーを示す
1998年　2成分形ポリイソブチレン国内生産
1999年　ノンブリードタイプ2成分ポリウレタン国内生産
2005年　1成分形シリル化アクリレート国内生産
2009年　2成分形シリル化アクリレート国内生産
▲1981年
ル付バックアップ材開発
▲1989年英国製
高耐久カートリッジガン発売
▲2006年
透水性バックアップ材開発
▲1986年
シーリング混練機軽量型ミキスタ
混練機A型ミキスタ
50型ミキスタ
9年
ジョイント構法登場
▲1982年
板オープンジョイント構法
▲1983年
SSG構法(構造接着構法)国内登場
▲1995年
逆流防止排水パイプ

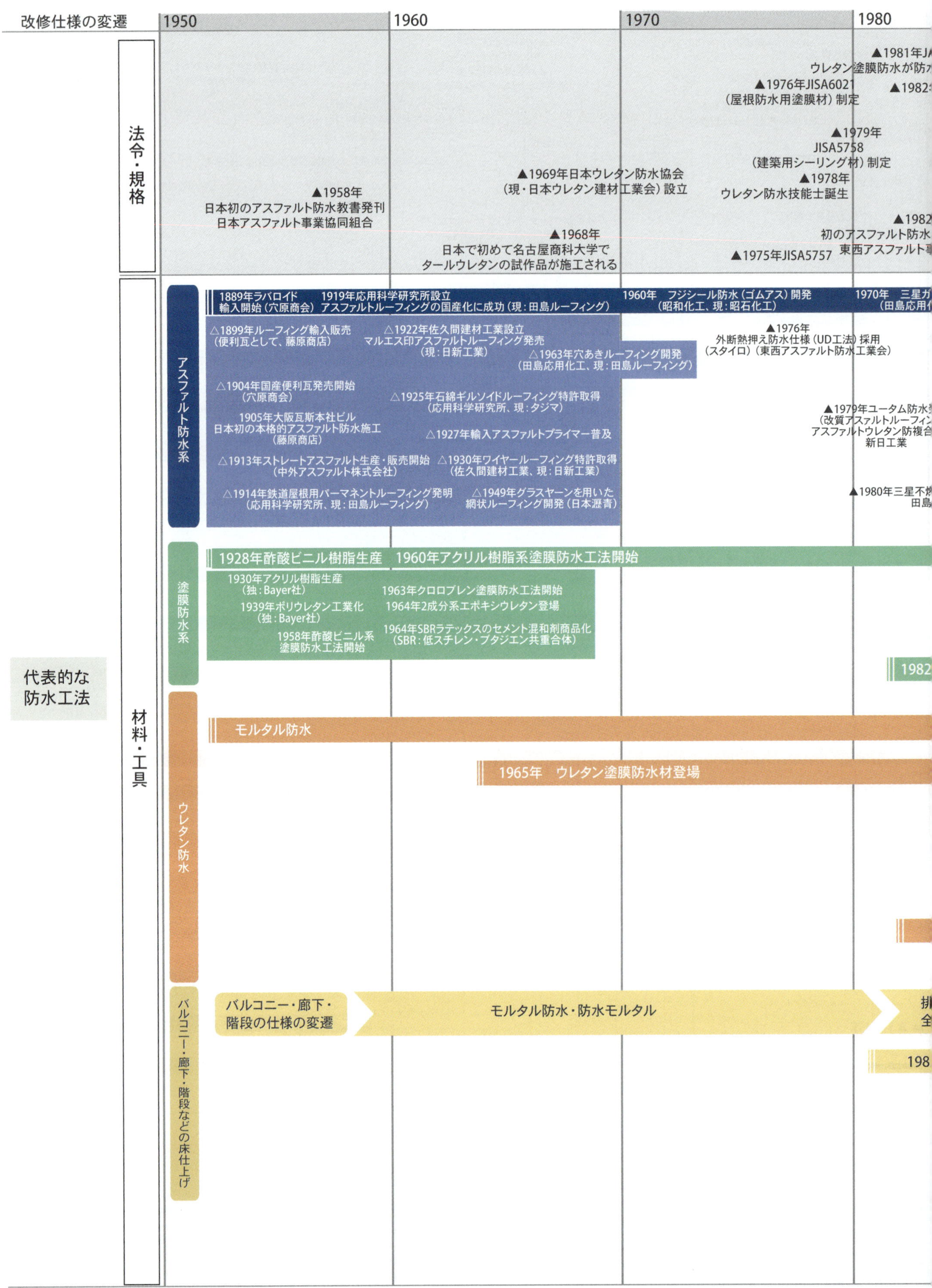

改修仕様の変遷
1950
1960
1970
1980
法令・規格
▲1981年JI
ウレタン塗膜防水が防水
▲1976年JISA6021
（屋根防水用塗膜材）制定
▲1982
▲1979年
JISA5758
（建築用シーリング材）制定
▲1969年日本ウレタン防水協会
（現・日本ウレタン建材工業会）設立
▲1978年
ウレタン防水技能士誕生
▲1958年
日本初のアスファルト防水教書発刊
日本アスファルト事業協同組合
▲1982
初のアスファルト防水
東西アスファルト事
▲1968年
日本で初めて名古屋商科大学で
タールウレタンの試作品が施工される
▲1975年JISA5757
代表的な防水工法
材料・工具
アスファルト防水系
1889年ラバロイド輸入開始（穴原商会）
1919年応用科学研究所設立 アスファルトルーフィングの国産化に成功（現：田島ルーフィング）
1960年 フジシール防水（ゴムアス）開発（昭和化工、現：昭石化工）
1970年 三星ガ（田島応用化
△1899年ルーフィング輸入販売（便利瓦として、藤原商店）
△1922年佐久間建材工業設立 マルエス印アスファルトルーフィング発売（現：日新工業）
△1963年穴あきルーフィング開発（田島応用化工、現：田島ルーフィング）
▲1976年 外断熱押え防水仕様（UD工法）採用（スタイロ）（東西アスファルト防水工業会）
△1904年国産便利瓦発売開始（穴原商会）
△1925年石綿ギルソイドルーフィング特許取得（応用科学研究所、現：タジマ）
1905年大阪瓦斯本社ビル 日本初の本格的アスファルト防水施工（藤原商店）
△1927年輸入アスファルトプライマー普及
▲1979年ユータム防水（改質アスファルトルーフィン アスファルトウレタン防複合 新日工業
△1913年ストレートアスファルト生産・販売開始（中外アスファルト株式会社）
△1930年ワイヤールーフィング特許取得（佐久間建材工業、現：日新工業）
△1914年鉄道屋根用パーマネントルーフィング発明（応用科学研究所、現：田島ルーフィング）
△1949年グラスヤーンを用いた網状ルーフィング開発（日本瀝青）
▲1980年三星不燃 田島
塗膜防水系
1928年酢酸ビニル樹脂生産 1960年アクリル樹脂系塗膜防水工法開始
1930年アクリル樹脂生産（独：Bayer社）
1963年クロロプレン塗膜防水工法開始
1939年ポリウレタン工業化（独：Bayer社）
1964年2成分系エポキシウレタン登場
1958年酢酸ビニル系塗膜防水工法開始
1964年SBRラテックスのセメント混和剤商品化（SBR：低スチレン・ブタジエン共重合体）
1982
ウレタン防水
モルタル防水
1965年 ウレタン塗膜防水材登場
バルコニー・廊下・階段などの床仕上げ
バルコニー・廊下・階段の仕様の変遷
モルタル防水・防水モルタル
198

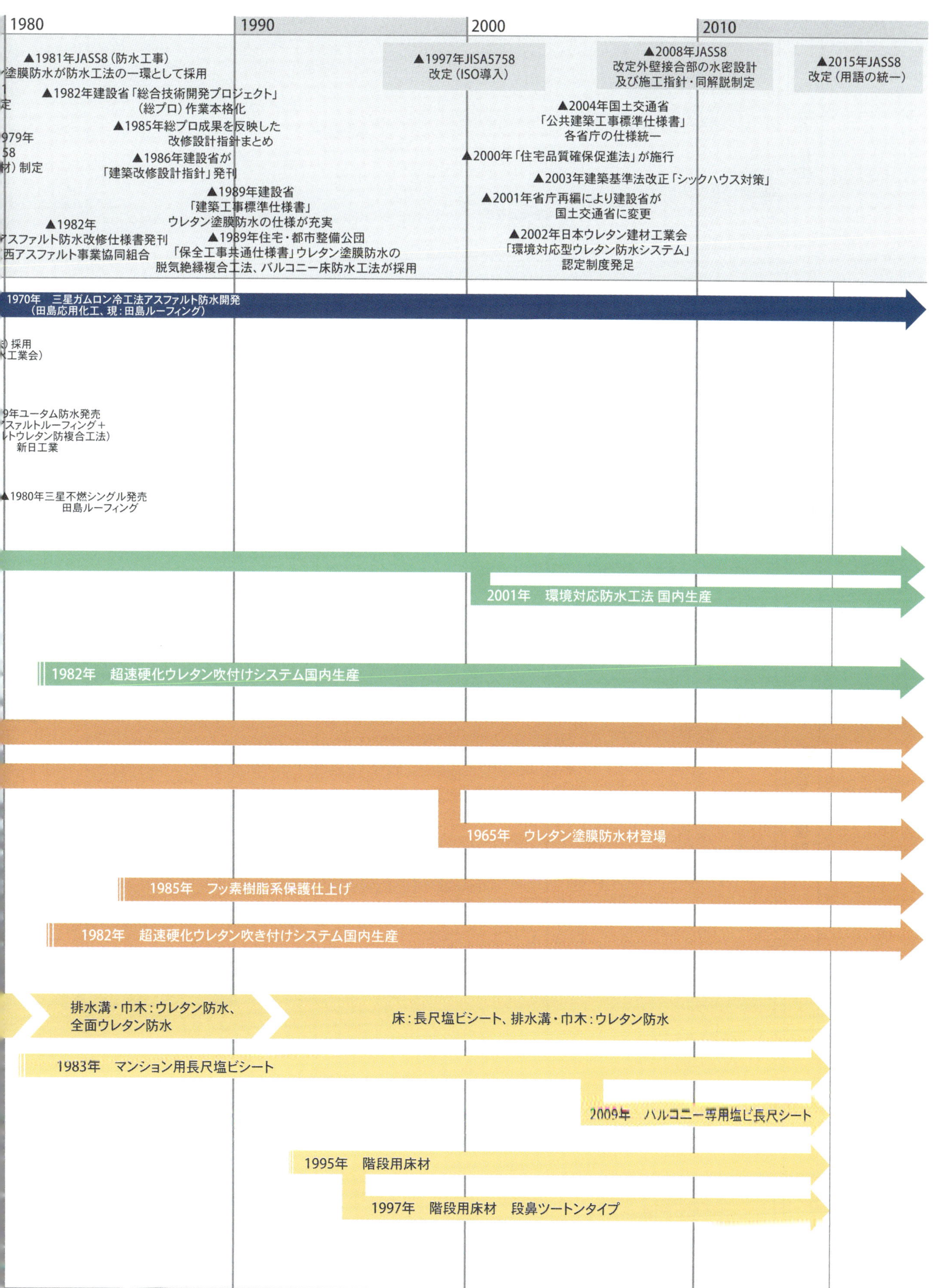
1980
1990
2000
2010
▲1981年JASS8（防水工事）
塗膜防水が防水工法の一環として採用
▲1982年建設省「総合技術開発プロジェクト」
（総プロ）作業本格化
▲1985年総プロ成果を反映した
改修設計指針まとめ
979年
58
才）制定
▲1986年建設省が
「建築改修設計指針」発刊
▲1989年建設省
「建築工事標準仕様書」
ウレタン塗膜防水の仕様が充実
▲1982年
アスファルト防水改修仕様書発刊
西アスファルト事業協同組合
▲1989年住宅・都市整備公団
「保全工事共通仕様書」ウレタン塗膜防水の
脱気絶縁複合工法、バルコニー床防水工法が採用
▲1997年JISA5758
改定（ISO導入）
▲2008年JASS8
改定外壁接合部の水密設計
及び施工指針・同解説制定
▲2015年JASS8
改定（用語の統一）
▲2004年国土交通省
「公共建築工事標準仕様書」
各省庁の仕様統一
▲2000年「住宅品質確保促進法」が施行
▲2003年建築基準法改正「シックハウス対策」
▲2001年省庁再編により建設省が
国土交通省に変更
▲2002年日本ウレタン建材工業会
「環境対応型ウレタン防水システム」
認定制度発足
1970年　三星ガムロン冷工法アスファルト防水開発
（田島応用化工、現：田島ルーフィング）
採用
工業会）
9年ユータム防水発売
スファルトルーフィング＋
トウレタン防複合工法）
新日工業
▲1980年三星不燃シングル発売
田島ルーフィング
2001年　環境対応防水工法 国内生産
1982年　超速硬化ウレタン吹付けシステム国内生産
1965年　ウレタン塗膜防水材登場
1985年　フッ素樹脂系保護仕上げ
1982年　超速硬化ウレタン吹き付けシステム国内生産
排水溝・巾木：ウレタン防水、
全面ウレタン防水
床：長尺塩ビシート、排水溝・巾木：ウレタン防水
1983年　マンション用長尺塩ビシート
2009年　バルコニー専用塩ビ長尺シート
1995年　階段用床材
1997年　階段用床材　段鼻ツートンタイプ

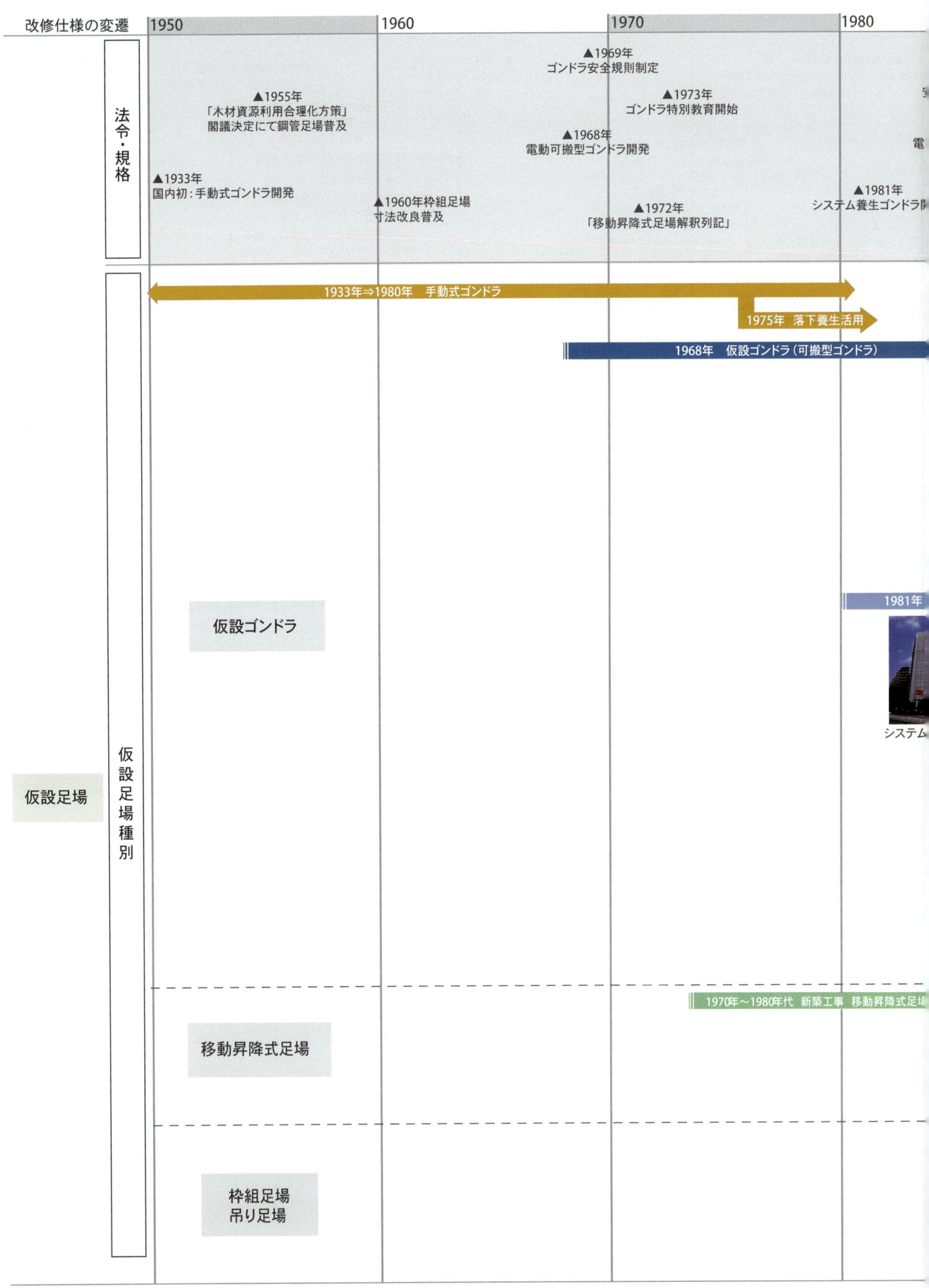

改修仕様の変遷
1950
1960
1970
1980
法令・規格
▲1969年
ゴンドラ安全規則制定
▲1955年
「木材資源利用合理化方策」
閣議決定にて鋼管足場普及
▲1973年
ゴンドラ特別教育開始
▲1968年
電動可搬型ゴンドラ開発
▲1933年
国内初：手動式ゴンドラ開発
▲1960年枠組足場
寸法改良普及
▲1972年
「移動昇降式足場解釈列記」
▲1981年
仮設足場
仮設足場種別
1933年⇒1980年　手動式ゴンドラ
1975年　落下養生活用
1968年　仮設ゴンドラ（可搬型ゴンドラ）
1981年
仮設ゴンドラ
1970年～1980年代　新築工事　移動昇降式足
移動昇降式足場
枠組足場
吊り足場

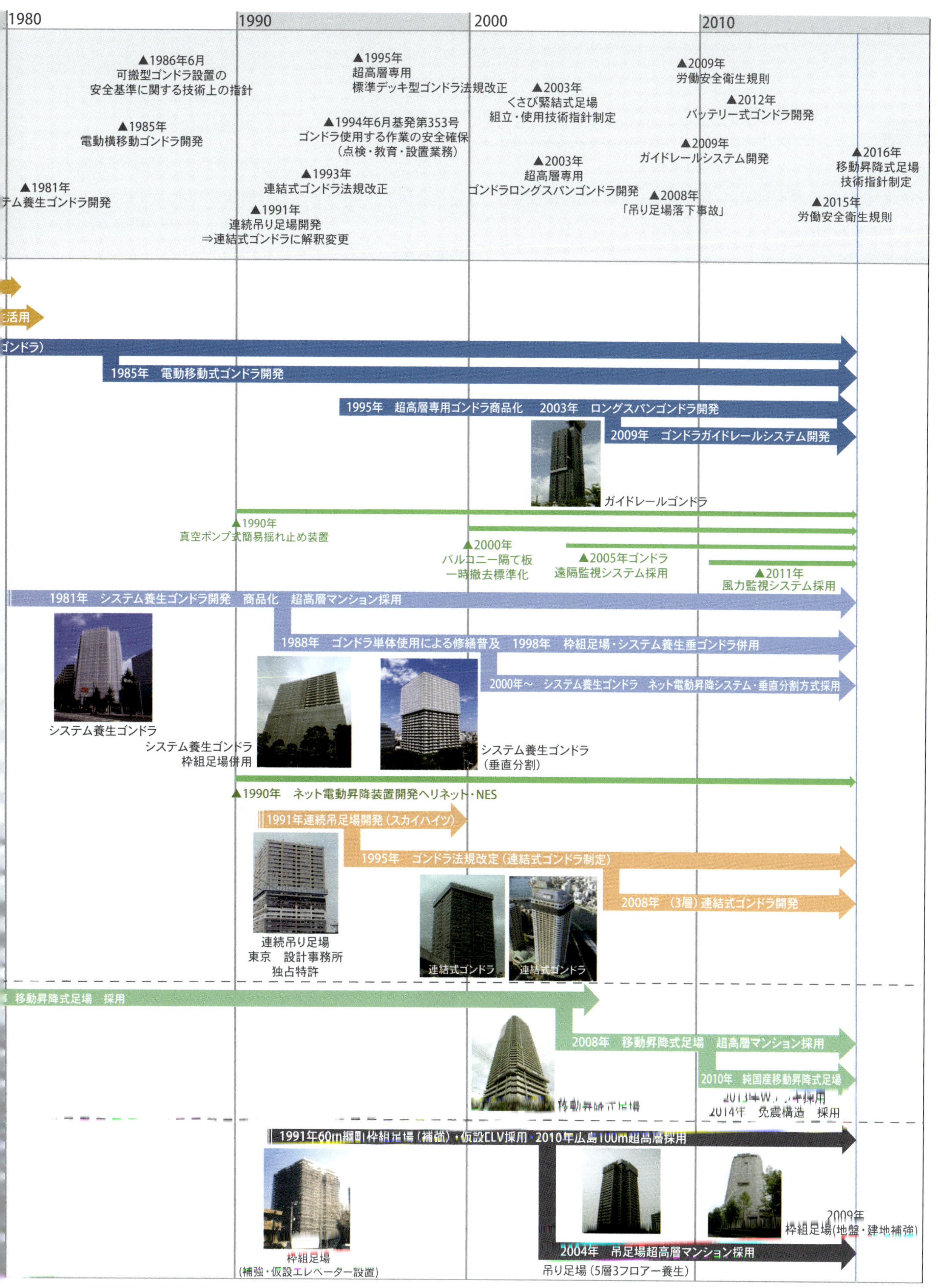
1980
1990
2000
2010
▲1986年6月
可搬型ゴンドラ設置の
安全基準に関する技術上の指針
▲1985年
電動横移動ゴンドラ開発
▲1981年
テム養生ゴンドラ開発
▲1995年
超高層専用
標準デッキ型ゴンドラ法規改正
▲1994年6月基発第353号
ゴンドラ使用する作業の安全確保
（点検・教育・設置業務）
▲1993年
連結式ゴンドラ法規改正
▲1991年
連続吊り足場開発
⇒連結式ゴンドラに解釈変更
▲2003年
くさび緊結式足場
組立・使用技術指針制定
▲2003年
超高層専用
ゴンドラロングスパンゴンドラ開発
▲2009年
労働安全衛生規則
▲2012年
バッテリー式ゴンドラ開発
▲2009年
ガイドレールシステム開発
▲2008年
「吊り足場落下事故」
▲2016年
移動昇降式足場
技術指針制定
▲2015年
労働安全衛生規則
活用
ゴンドラ）
1985年　電動移動式ゴンドラ開発
1995年　超高層専用ゴンドラ商品化　2003年　ロングスパンゴンドラ開発
2009年　ゴンドラガイドレールシステム開発
ガイドレールゴンドラ
▲1990年
真空ポンプ式簡易揺れ止め装置
▲2000年
バルコニー隔て板
一時撤去標準化
▲2005年ゴンドラ
遠隔監視システム採用
▲2011年
風力監視システム採用
1981年　システム養生ゴンドラ開発　商品化　超高層マンション採用
1988年　ゴンドラ単体使用による修繕普及　1998年　枠組足場・システム養生垂ゴンドラ併用
2000年～　システム養生ゴンドラ　ネット電動昇降システム・垂直分割方式採用
システム養生ゴンドラ
システム養生ゴンドラ
枠組足場併用
システム養生ゴンドラ
（垂直分割）
▲1990年　ネット電動昇降装置開発ヘリネット・NES
1991年連続吊足場開発（スカイハイツ）
1995年　ゴンドラ法規改定（連結式ゴンドラ制定）
2008年　（3層）連結式ゴンドラ開発
連続吊り足場
東京　設計事務所
独占特許
連結式ゴンドラ
連結式ゴンドラ
移動昇降式足場　採用
2008年　移動昇降式足場　超高層マンション採用
2010年　純国産移動昇降式足場
移動昇降式足場
2014年　免震構造　採用
1991年60m細間枠組足場（補強）・仮設ELV採用　2010年広島100m超高層採用
2009年
枠組足場（地盤・建地補強）
2004年　吊足場超高層マンション採用
枠組足場
（補強・仮設エレベーター設置）
吊り足場（5層3フロアー養生）

用語解説

目的：本項は当該書籍の本文をより深く理解をするためのものである。

あ行

裏足

タイルのはく離を防止するために、タイルの裏側に付けた凸凹。JIS品質基準にて表面積（一部形状）による裏足高さが規程されている。

オーバーハング【overhung】

建築物の形状で、下部よりも上層部がせり出している状態とその部分。

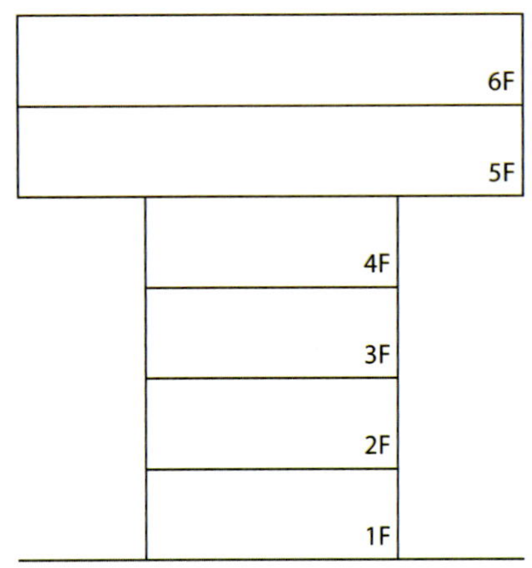

納まり

建築を構成する部材の取合いの取り付け具合をいう。「納まりが良い」「納まりが悪い」などと使う。

か行

ガスケット【gasket】

水密性、気密性の確保またはガラス等の取り付けを目的として、ガラス回りに使用するゴムまたはプラスチック系の定形材料。

かぶり厚さ

鉄筋コンクリート構造物において、鉄筋の表面からこれを覆うコンクリート表面までの最短寸法をいう。

共同住宅

集合住宅の建て方形式の1つで、複数の住戸が壁や床で区切られて独立しており、エントランスや廊下、階段等を共有している1棟の住宅を示す用語。

グラウト　【grout】

地盤、各種構築物などの空隙、目地、ひび割れなどにセメントペースト、モルタルなどの結合材料を注入または充填することをグラウティングという。

ケレン

塗装工事において、さび落としや脆弱な塗膜の除去などを行うこと。ケレンの語源は、clean。（掃除）

乾燥収縮

コンクリートなどが乾燥することによって収縮すること。ひび割れの原因となる。

コンクリート充填鋼管構造（CFT造）【Cowcvete filled stool tube】

鋼管の内部にコンクリートを充填した構造。

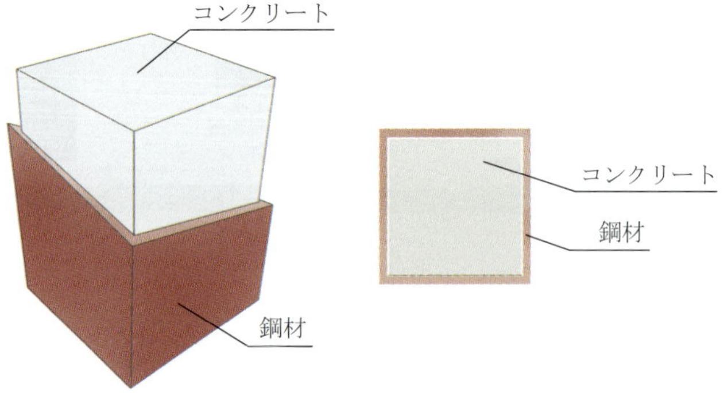

公開空地

総合設計制度に規定されている歩行者が日常自由に通行、利用できる建築物の敷地内の空地または開放空間。

さ行

サンダー【sander】

木材、鋼材、モルタル、コンクリートなどの表面を研ぐ電動の工具。

ジャンカ【rock pocket, honeycomb】

コンクリートの表面や内部で、骨材だけが塊状に集まってできた空隙の多い欠陥部分、コンクリート打設時の締固めが不十分だったり、コンクリートのセメントペーストが分離した場合に生ずる。

「豆板」、「あばた」、「す」などともいう。

自己収縮

コンクリートを練り混ぜた後に、固まり始めた時から、セメントの水和により生じる体積減少をいう。

集合住宅

住棟形式の一、一般に複数の住戸が集合して1種を構成する住宅をいうが、その範囲の取り方に2説ある。広義には独立住宅以外のすべての住宅を指し、これを連続住宅と共同住宅とに区分する。狭義には2戸建てや長屋建て（連続住宅）でないものをいい、この場合はさらに重ね建てと共同建てに区分する。

修繕計画

建築物及び設備の各部分において、修繕に関わる点検調査や工事を時間の経過で整理したもの。

修繕積立金

分譲の共同住宅などにおいて、将来の修繕工事の費用に充てるため、平素から一定額ずつ積み立てておくもの。

仕様書

建築工事における材料や製品の品質・性能、施工方式、製造者などについての指示を文章、数値などで示した文書。

制振構造

制振（制動制御）のメカニズムをとり入れた構造。風や地震による揺れを抑える目的で用いられる。

制震構造

制振構造のうち、特に地震に対する揺れを抑えるメカニズムを組み込んだ構造。

セットバック【setback】

建物上部を段上に後退させること。

層間変位

地震力または風圧力などの水平力を受ける骨組の各層位置における相対的な水平変位。

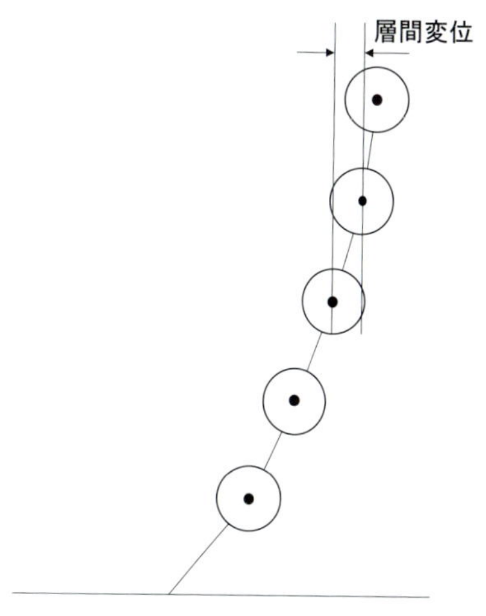

層間変形角

水平力による建築物のある層の層間変位を、その高さで除した値。

た行

耐震構造

地震力に耐えるように考慮して設計された構造。

中性化

モルタルやコンクリートが、空気中の炭酸ガスなどの作用によってアルカリ性を失って中性に近づくこと。

打診棒

外壁等の仕上げ材の表面をたたく等によって音を出し、その音から仕上げ材の浮き等を把握する調査用工具のこと。

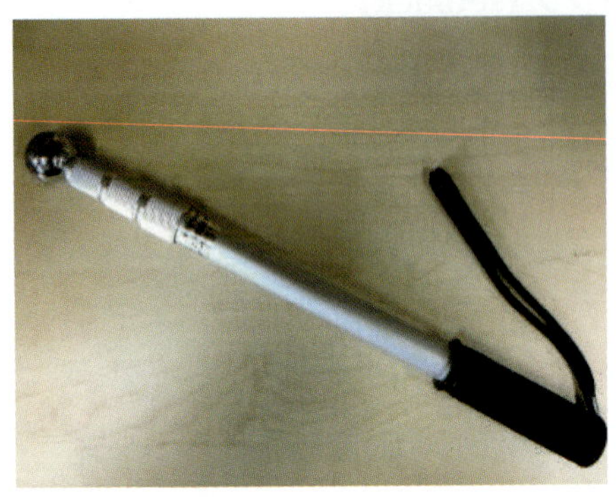

鉄筋コンクリート造(RC造)
【reinforced concrete construction】

圧縮力に強いコンクリートと引張力に強い鉄筋を組合せた構造。

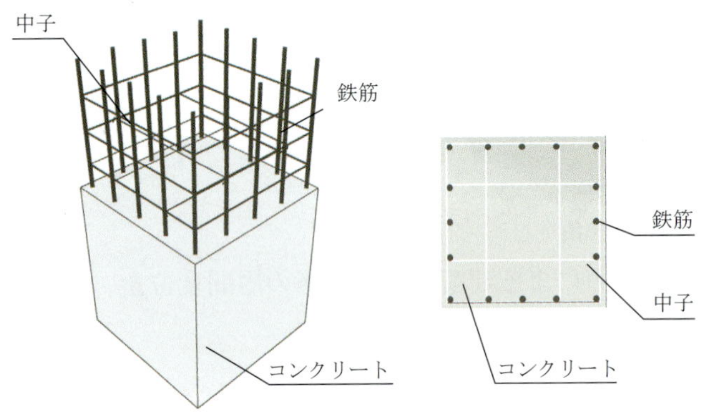

RC造(鉄筋コンクリート)

鉄骨構造(S造)【steel structure】

鋼製の建築用構造部材で組み立てる構造。

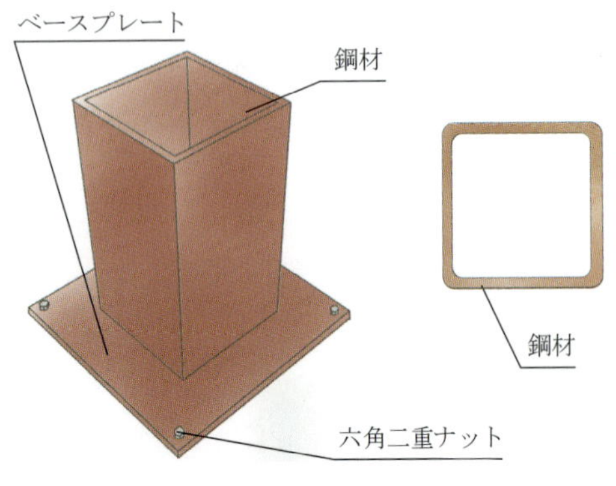

S造(鉄骨造)

鉄骨鉄筋コンクリート構造(SRC造)
【steel encased reinforced concrete construction;concrete encased steel construction】

鉄骨を中心にして、その周囲を鉄筋コンクリート構造で包んだ構造。

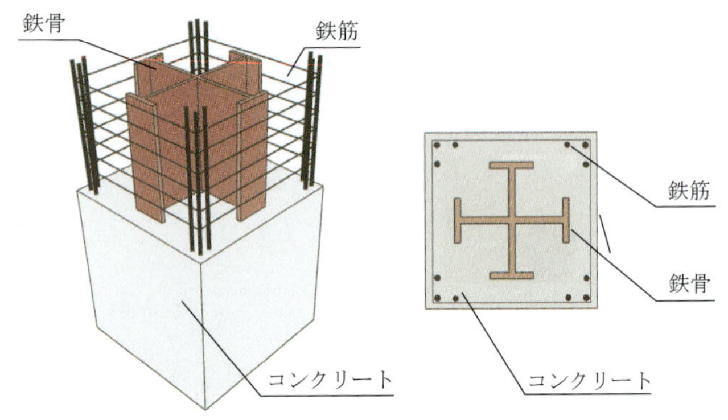

SRC造(鉄骨鉄筋コンクリート)

は行

はく離

接着していたのをはがすこと。またははがれること。

パネルゾーン
【panel zone、joint panel;connection panel】

ラーメン構造骨組における、柱部材と梁部材が交差する部分の領域。

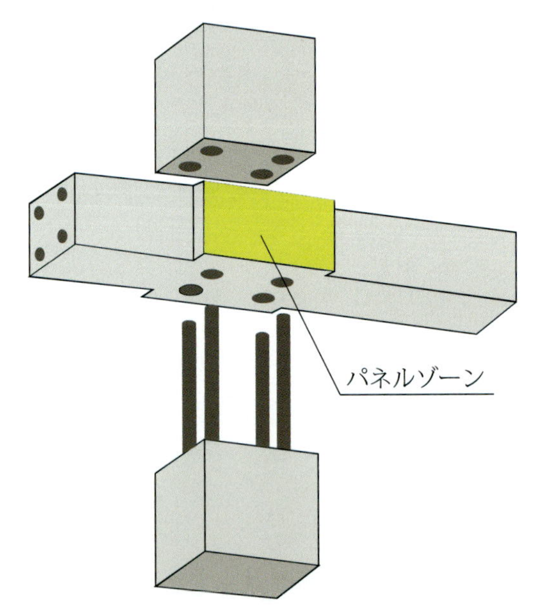

バルコニー隔て板

バルコニーにおいて隣戸との境に設ける板。避難に用いられるけやぶり板、隣戸避難板ともいう。

ピンホール【pinhole】

材料の表面に生じた針の先で突いたような微小な穴。例えば塗装面やタイルのうわぐすり面に生ずる。

プライマー【primer】

シーリング材、防水材など接着が重要な材料の施工において、良好な接着性を確保するためにあらかじめ被着材表面に塗布しておく材料。

膨張材

セメント及び水とともに練り混ぜる時、モルタルまたはコンクリートを膨張させるコンクリート用混和材。

ま行

目地

元来は石やレンガを積むときの継目を指したものであるが、現在ではあらゆる建築部材の接合端に生ずる線状の部分のこと。また同一部材において、一面を区画するように施された筋のこと。

免震構造【seismically isolated structure】

地震の揺れ、衝撃を吸収し、地震のエネルギーを建物に伝わりにくくする仕組み。地震力を抑制することにより、構造物の破壊を防止することを目的とする。

水セメント比

モルタルやコンクリートを練り混ぜるときのセメント量と水量の重量比。

ABC

ALCパネル
【Autoclaved light-weight concrete panel】

高温高圧蒸気養生(オートクレーブ養生)された軽量気泡コンクリート製品の一つ。

LGS【light-gauge steel】

軽量形鋼の略語。薄い鋼板を成形して亜鉛メッキを施して、作った軽くて一定の強度をもった部材。間地切壁や天井のボード下地として使われている。

PCa(プレキャストコンクリート)【precast concrete】

工場や工事現場構内で製造(コンクリート打設)した鉄筋コンクリート部材。広義にはセメントを原料とした二次製品全般の総称。

□超高層WG□

永井　香織	久保田　明	中村　武彦
天田　裕之	操上　悦郎	成田　一郎
飯島　義仁	高　治弘	鍋島　潔
梅本　忠	小寺　努	藤沼　智洋
大竹　宏	沢野　由美	星川　晃二郎
小野原　淳	齊藤　武雄	増田　伸一
小俣　由紀夫	三條場　信幸	南新　敏郎
鹿島　克美	島田　健一	山田　雅隆
柏　志郎	鈴木　祐一	山本　正人
兼松　学	遠山　芳久	吉岡　昌洋
岸崎　孝弘	戸村　英世	渡辺　由之

□学生サポーター□

日本大学	荒木　優也	大澤　彰蔵	桶屋　秀斗
	今　夏紀	佐藤　礼樹	那須　佑輝
	野村　価生	長谷川岳暉	林怡　伶
	山本明日香	若井　千秋	
東京大学	前田　誠也		
東京理科大学	丹羽　章暢		

定　価　本体価格　3,500円（＋消費税）

発行日　平成29年3月20日　第1版第1刷

編　著　日本建築仕上学会　超高層編集委員会
〒108-0014　東京都港区芝5-26-20　建築会館6F
TEL 03-3798-4921　FAX 03-3798-4922

発　行　㈱テツアドー出版
〒165-0026　東京都中野区新井1-34-14
TEL 03-3228-3401
https://www.tetsuadobook.com

ISBN 978-4-903476-59-9